Phébus *libretto*

MÉMOIRES
D'UN GENTILHOMME CORSAIRE

EDWARD JOHN TRELAWNEY

MÉMOIRES D'UN GENTILHOMME CORSAIRE

Texte français par
VICTOR PERCEVAL

Préface de
MICHEL LE BRIS

Phébus *libretto*

Illustration de couverture :
Samuel Walters
L'Indiaman « Euphrates » (détail)
Greenwich, National Maritime Museum

UN GENTLEMAN PEU ORDINAIRE

Une sorte de chevalier errant, « moitié arabe, moitié anglais, dont la vie est aussi pleine d'aventures qu'Anastasius, et qui la raconte avec l'éloquence du Grec de la fable, confie aussitôt Mary Shelley à une amie [1]*, taillé en Hercule, des cheveux d'un noir de jais, touffus et frisés comme ceux d'un Maure, des yeux magnifiques, gris foncé. Qu'il s'agisse de sang, d'horreurs, d'exploits à faire dresser les cheveux ou d'irrésistibles bouffonneries, il raconte ses aventures d'un même ton direct, énergique. Sa compagnie est un vrai régal. J'en suis tout excitée* [2]*! ».*

Il y a là les Shelley au complet, Thomas Medwin, le cousin, officier en demi-solde, un jeune ménage, les Williams, dont le mari a été lieutenant au 8ᵉ dragons, un Irlandais, Taaffe, venu étudier Dante, tous réunis chaque soir au troisième étage d'une vieille bâtisse, au bord de l'Arno, face au palais Lanfranchi,

1. *The letters of Mary W. Shelley*, Ed. Frederick Jones (Norman, 1946).
2. L'actrice Mary Kemble, qui le rencontra en Amérique, en 1833, le décrit ainsi : « Son visage est sombre comme celui d'un Arabe, avec un regard étrange, sauvage. Une cicatrice lui barre le visage. Cet homme-là, à n'en pas douter, a souffert, connu mille périls, vécu d'effrayantes aventures. Mais l'expression de sa bouche est incroyablement tendre. Sa voix, très grave, est douce » (*« Trelawney »* de R. Glynn Grylls, Londres, 1950).

qui écoutent bouche bée l'ahurissante histoire du « gentilhomme corsaire ». D'où sort donc ce Trelawney, arrivé à Pise en janvier 1822? Nul ne le sait. Du fond de l'enfer, suggère Williams, effaré. Un archange rebelle et satanique, rêve Shelley. Une aura de mystère l'enveloppe, dont il joue à plaisir. On le dit lié aux « carbonari » – et dans Pise courent sur lui des histoires inquiétantes. Mais ce qu'il leur raconte, là, tout de go, dépasse l'imagination. Cadet d'une vieille famille de Cornouailles, ignoré par sa mère, exécré par un père avare et méchant, enfant rebelle, il se serait échappé à l'âge de douze ans du pensionnat où l'on prétendait le mater, non sans avoir tenté au préalable de tuer son persécuteur. Repris, enrôlé de force à bord de la Superbe, *puis midship sur un sloop de guerre, il aurait couru sept ans toutes les mers du monde, jusqu'à ce qu'il déserte à Bombay, en 1811, après avoir roué de coups son lieutenant – tout cela pour s'enrôler au bout du compte en qualité de corsaire... au service des Français.*

Il n'a alors que dix-neuf ans, et le plus extraordinaire est encore à venir – que les lecteurs découvriront plus loin, avec délices. Et nul regret, chez lui, fausses pudeurs ou justifications, mais l'ironie mordante, la gouaille du rebelle vomissant le troupeau, revendiquant ses crimes comme autant de vertus – celui-là ressemble par bien des traits à Lacenaire « l'assassin romantique ». Ne se décrit-il pas lui-même « bourru, sauvage, amer... fier, irritable, dominateur et volontaire... vindicatif, implacable, ascétique » [1].

Byron lui-même, installé depuis peu au palais Lanfranchi, en reste épaté. Ce colosse à la voix tonnante, au regard de feu, n'est-il pas le modèle du Corsaire *« démon éveillant à la fois la rage et la crainte », le frère du* Giaour, *« comme si sur son front la mort avait mis son empreinte », le double de* Childe Harold *errant, « sombre et amer » – bref, l'incarnation du héros fatal, révolté satanique, déjà mis en scène par Ann Radcliffe et Schiller, et qu'il a lui-même porté, de livre en livre, à la perfection d'un type?*

1. *Letters of Edward John Trelawney*, Ed. H. Buxton Forman (London, 1910).

Byron est fasciné – et en même temps s'en défend. Par le sarcasme, comme d'habitude : « Si nous pouvions lui apprendre à se laver les mains et à ne pas mentir, nous en ferions un gentleman! » persifle-t-il. Mais il n'empêche : c'est lui qu'il appellera à ses côtés un peu plus tard. Et dès lors vont se nouer entre les deux hommes des rapports très particuliers.

D'abord Byron (dont le premier réflexe est toujours de rendre ses proches dépendants de lui – pour mieux les traiter en parasites, ensuite) s'efforce de séduire ce diable de pirate par le récit de ses aventures féminines, de ses conduites scandaleuses, de ses courses en Grèce et en Espagne, et, comme toujours, de sa traversée à la nage de l'Hellespont – sans succès, semble-t-il. Car Trelawney se trouve à Pise d'abord pour Shelley, qu'il admire – et qui lui rend pleinement son amitié. Aussi observe-t-il d'un œil quelque peu narquois les poses de Byron, ses efforts dérisoires pour se donner des airs d'aventurier, ses exercices au pistolet sans autre fin que d'effrayer le bourgeois et la domesticité crapuleuse sur laquelle le poète règne en tyran irascible et tatillon. Byron, vexé et jaloux, riposte en dénonçant Trelawney comme affabulateur. Ce qui ne l'empêchera pas de revenir peu après à la charge – en le priant de bien vouloir diriger pour lui la construction d'un yacht : le Bolivar*...*

C'est à la barre du Bolivar *que Trelawney croisera tout le long de la côte pour tenter de retrouver quelque trace de Shelley et Williams, perdus en mer le 8 juillet. Des débris de leur barque, l'*Ariel*, sont découverts d'abord vers Viareggio, puis leurs corps, le 18, atrocement mutilés. Dans ces journées terribles il fut le seul sur qui l'on pût compter, écrira plus tard Mary Shelley : « Les autres pleuraient, lui seul m'aidait. Tous les désagréments, toutes les fatigues, il les prenait sur lui... Sa générosité était sans bornes. » C'est lui encore qui organisera la crémation du poète ainsi que celui-ci l'avait souhaité, en bord de mer, avant de l'enterrer au cimetière protestant de Rome. Byron, qui multiplie les plaisanteries macabres au début de la cérémonie, se sent mal tout à coup et se réfugie sur le bateau. Fait étonnant, attesté pourtant par tous les témoins :*

Trelawney, à mains nues, arrache le cœur resté intact dans la fournaise – que Mary gardera dans un coffret, sur son bureau...

Toute cette petite troupe quitte Pise fin septembre, pour Albano, près de Gênes. Trelawney suit par mer – moins par souci de Byron, semble-t-il, que pour veiller à ce que Mary ne manque de rien dans sa nouvelle villa. Byron, lui, s'ennuie, se grise de visions épiques. La mort de sa belle-mère vient de le rendre immensément riche. Et s'il achetait une province du Pérou, pour y exploiter des mines? Ou bien au Mexique... Non, au Chili! Ou mieux encore dans la Van Diemen's Land, en Australie, où l'Angleterre déverse ses bagnards? Trelawney, exaspéré, le quitte, pour un hiver de chasse dans la Maremme toscane.

Et puis, il a d'autres projets en tête : la Grèce. La révolte y a éclaté en 1821. Jusqu'à présent, revers et succès s'équilibrent. Mais la cause grecque, si elle est compliquée de querelles intestines, n'en a pas moins le soutien de tous les libéraux d'Europe. Des comités philhellènes se forment un peu partout...

Dans quelle mesure Trelawney a-t-il forcé la main de Byron en cette affaire? Peut-on imaginer que le pirate, accusé d'affabulation, ait voulu rendre au poète la monnaie de sa pièce en le mettant au défi de conformer ses actes à ses écrits? Toujours est-il que, sans le prévenir, Trelawney fait élire Byron membre d'honneur du comité de Londres. Dès lors, Byron est pris au piège. De son image, de son succès, de son personnage.

Car ne nous leurrons pas : Byron ne croit plus à rien, surtout pas à la démocratie, et encore moins à la cause des Grecs, ramassis à ses yeux de « pillards avides, menteurs et cruels ». Mais comment faire, dès lors que le comité vient lui rendre visite, que la nouvelle se répand dans toute l'Europe, que les lettres d'encouragement affluent de partout? Byron se commande un uniforme avantageux, un casque sur le modèle des carabiniers français... et multiplie les prétextes pour retarder son départ. Au point que Trelawney finit par retourner à Rome.

Mais la pression populaire est décidément trop forte : le 15 juin Trelawney reçoit enfin une lettre de Byron, qui l'appelle.

Trelawney accourt au grand galop... pour trouver Byron sans la moindre idée sur la marche à tenir. Il a frété un brick, l'Hercule, *mais si lourd, si massif, proteste Trelawney, qu'il est à peu près incapable d'avancer! Le médecin est un novice. Et deux soi-disant Grecs embarqués à Livourne se révèlent être l'un un espion russe, l'autre un Turc! Byron n'en a cure : tout ceci est encore pour lui un jeu.*

Le 3 août ils arrivent enfin en Céphalonie. Pour découvrir que les chefs de guerre grecs sont en pleine discorde. Byron est d'avis d'attendre paisiblement la suite des événements. « Ce n'est pas une faction que je viens soutenir, explique-t-il, mais une nation. » Et puis il commence à rêver que les Grecs pourraient bien le réclamer comme roi : « S'ils me font une offre, jette-t-il négligemment, il se peut que j'accepte... si le métier ne va pas, j'abdiquerai comme Sancho. » Trelawney, plus que las, le laisse à ses rêveries et le 29 septembre s'embarque pour rejoindre Odysseus, le chef des armées de l'Est. Les deux hommes ne se reverront plus.

Accueilli triomphalement à Missolonghi le 4 janvier 1824, Byron s'y retrouve bloqué par les pluies – et meurt peu après, le 19 avril. Trelawney, lui, devient le bras droit d'Odysseus, et bientôt son beau-frère. Sa réputation de chef de guerre est alors telle que certains journaux anglais le donnent pour le général en chef des armées de l'Est. Ce qui n'est pas tout à fait faux si l'on considère qu'une fois Odysseus capturé et pendu à Athènes par les soins d'une faction rivale, Trelawney reste seul responsable en effet de la place forte du Mont Parnasse. Incapables de le réduire, les Turcs le font abattre, à l'intérieur, par un espion écossais, Fenton. Resté plusieurs mois entre la vie et la mort dans sa forteresse assiégée (l'opinion publique anglaise, émue, tentera d'obtenir du gouvernement que la Navy se porte à son secours), il réussira enfin à s'enfuir. En septembre 1825 il est à Céphalonie.

Il pourrait être accueilli à Londres en héros – pensez, le dernier compagnon de Byron, le combattant du Mont Parnasse!

Pourtant il n'y reste que le temps de retrouver Mary Shelley, et s'en retourne vite sur le Continent – le milieu londonien décidément l'insupporte, bougonne-t-il : « Ce ramassis d'animaux domestiques! »

Il entreprend alors – par défi? – d'écrire ses mémoires. Non pas de partisan de la cause grecque : ses mémoires de pirate. A leur lecture Colburn, l'éditeur, s'affole. Mary Shelley réussit à obtenir de son ami que quelques passages trop rudes, ou trop licencieux, soient supprimés. Il n'empêche : publiés anonymement en 1831 ces « Mémoires » font scandale. On s'indigne de leur audace. On s'interroge sur leur authenticité. On leur reproche un « style de ruffian ». Ou bien, au contraire, on s'émerveille de leur beauté littéraire : la cour faite à Zéla, les épisodes à Bornéo ne sont-ils pas à compter parmi les plus belles pages de la littérature d'aventure? Dumas crie au chef-d'œuvre lorsque le livre paraît en français, et s'offre le luxe de le faire retraduire (de le traduire? – en tous les cas il inclura l'ouvrage, sans le moindre complexe, dans ses « Œuvres complètes » [1]*). Bientôt il ne fait plus de doute que l'auteur de cette merveille n'est autre que Trelawney.*

Lequel Trelawney semble d'ailleurs se désintéresser de tout cela. Car il a déjà quitté l'Angleterre. En 1833 il est aux États-Unis – où l'on raconte qu'il a franchi à la nage les rapides au-dessus du Niagara. On le voit quelque temps en Italie. Puis en 1835 il rentre à Londres. Sa vie d'aventure s'achève. Il est célèbre, ses amis sont Walter Savage Landor, Seymour Kirkup, la plupart des philosophes « radicaux », Fanny Kemble, Caroline Norton, Swinburne, John Leach, sir John Millais, qui le peindra en vieux marin dans son tableau « le Passage du nord-ouest », Rossetti qui le décrit comme un « fier chevalier à demi barbare ». Pourtant il s'isole, se retire d'abord à Putney Hill, en 1841 puis à Usk dans le Monmouthshire, où il s'achète une ferme...

Mais le lion n'a pas fini de rugir. En 1858 il publie ses Recollections of Byron and Shelley – *souvent considéré comme*

1. Sous le titre : *Un cadet de famille. (NdE)*

son chef-d'œuvre, et son ultime témoignage : n'est-il pas la dernière personne vivante à avoir connu les deux poètes? Rossetti salue bien bas le livre; les byroniens quant à eux s'étranglent de fureur – et dès lors ils s'acharneront à ruiner la réputation du vieux pirate. On peut les comprendre : Trelawney dessine Byron tel qu'il fut, non tel que ses admirateurs veulent le camper (« Bon Dieu, écrivait-il à Mary Shelley en 1824, la gloire de Byron est bâtie sur de tels mensonges qu'il faudra bien dire, un jour, la vérité! »).

Puis il s'installe vers 1870 à Sompting, dans le Sussex. Un grand vieillard à l'œil terrible, à la voix caverneuse, amoureux des animaux, ennemi des chasseurs (« le seul droit que je leur reconnaisse, tonnait-il, est celui de se chasser les uns les autres! »). Il meurt le 13 août 1881, à l'âge de quatre-vingt-huit ans. Et ses cendres reposeront, comme il le souhaitait, dans le cimetière de Rome, aux côtés de celles de son plus grand ami : Shelley.

Reste la question, bien sûr, de l'authenticité des « Mémoires ». Les byroniens s'obstinent à faire de Trelawney un minable affabulateur, un intrigant intéressé – et l'on comprend pourquoi. Mais intéressé, vraiment? Lisez Mary Shelley (voir plus haut). Et les témoignages sont légion, de sa générosité proverbiale. Affabulateur? Son témoignage sur Byron et Shelley paraît aujourd'hui, pour l'essentiel, incontestable. Dans ses Mémoires, *alors? Peut-être. Mais pourquoi? Ses exploits en Grèce suffisaient à sa gloire. Et l'on ne peut dire qu'il ait cherché à tirer profit de sa célébrité. Alors? Disons que cet homme entier, mais ami de l'ombre et du mystère, gardera toujours aux yeux de ses contemporains – et aux nôtres – son secret caché dans sa manche... même s'il nous en livre ici une bonne part.*

Cependant la publication, en 1956, de lettres de famille découvertes en Cornouailles et dans le Sussex éclaire enfin une partie de ces Mémoires *: oui, sa famille était aussi abominable qu'il le dit; oui, son enfance fut bien celle-là. On peut l'affirmer aujourd'hui, tout ce qu'il nous raconte au début de son livre (au moins jusqu'au chapitre 17) est vrai. A-t-il ensuite été* *aussi pirate qu'il le dit? On sait de source sûre qu'il participa à la campagne de Java, et les renseignements précis qu'il donne sur les lieux de son aventure malaise sont à l'évidence de première main.*

Laissons-lui donc le bénéfice du doute. Et puis nous abuserait-il ici et là que ce serait au fond sans importance. De tels ouvrages – le lecteur comprendra bientôt pourquoi – se situent forcément au-delà des basses querelles de ce qu'il est convenu d'appeler le réel... *même si leurs racines plongent dans ce réel par la voie la plus directe. C'est que Trelawney, s'il ne fut peut-être pas la canaille qu'il prétend, se révèle de toute façon un écrivain de première grandeur dans ce livre : un livre violent et poétique, amer et emporté – superbe. De la longue saison en enfer des bateaux révoltés nous sont revenus peu de textes. Celui-ci est l'œuvre d'un homme qui sut peut-être l'art de mentir (comme le rusé Ulysse), mais qui ne nous trompe pas sur l'essentiel : sur l'expérience, vécue ou rêvée, qui forme le noyau irréductible de l'Aventure.*

Michel Le Bris

NOTE DE L'ÉDITEUR

Les Français ont bien de la chance, qui peuvent lire Trelawney dans une traduction d'une si fameuse venue. On pourra toujours chipoter sur sa fidélité à l'original : le XIX*e siècle ne se souciait guère de cela, et le brave Perceval (Victor de son prénom) n'est pas toujours sur ce point sans reproche – encore que les libertés qu'il prend soient des plus raisonnables pour l'époque. Il semble au reste que le rusé Alexandre Dumas ait regardé plus d'une fois par-dessus son épaule – et lui ait peut-être tenu la main à l'occasion... Peu importe, après tout. Le Perceval en question n'a pas démérité en cette difficile affaire. Par-delà les facilités du feuilleton, lesquelles induisent quelques faiblesses que l'on s'est employé à corriger ici et là, il a su conférer en français à la prose de Trelawney mieux que de l'allure : un style.*

Un mot, donc, sur les rares libertés qu'à notre tour nous avons prises avec son texte – paru, rappelons-le, sous forme de feuilleton dans « Le Mousquetaire » de Dumas au milieu du siècle dernier. Il a, ce texte, les vertus et les défauts qu'imposait alors aux pisse-copie, fussent-ils de talent (Dumas lui-même fut du nombre), le rythme périodique de la publication :

une spontanéité, un allant, un chic qui font souvent merveille... mais aussi une allure improvisée qui ne va pas toujours sans embarras, sans contradictions, voire sans bévues.

On s'est tenu dans la présente édition à respecter ces bizarreries, pourvu qu'elles ne gênassent point le lecteur. Certaines « fautes », par bonheur, ont pris avec le temps une saveur qui n'est pas toujours déplaisante. On n'est donc intervenu que dans le cas d'erreurs flagrantes (un marin digne de ce nom ne confond pas la dunette et le poste de vigie), parfois aussi – le moins possible – pour atténuer des lourdeurs ou des platitudes trop voyantes (ce qui n'est pas souvent le cas). Ainsi a-t-on maintenu la plupart des notes en bas de page, même quand elles s'avéraient sujettes à caution (cf. les définitions parfois fantaisistes de certains vocables indiens ou supposés tels), et n'en a-t-on ajouté de nouvelles que pour aider à la bonne lecture du texte. De même a-t-on été jusqu'à laisser au vocabulaire du traducteur ses orthographes très personnelles : celui-ci écrit « guavier » ou « goavier » pour « goyavier », « madégasse » pour « madécasse », « méphytique » pour « méphitique », « cric » pour « kriss », et persiste à dire « esparre » pour « espar » – mot qu'il met d'ailleurs le plus souvent au féminin. Mais le grand Pétrus Borel lui-même, vers la même époque, n'écrit-il pas « cigarre » avec deux R *– ce que lui laissent sagement les meilleures éditions d'aujourd'hui?*

On pourra nous reprocher cette fidélité tatillonne. On pourra à l'inverse nous tenir rigueur des menues corrections que l'on a jugé bon d'apporter à un texte qui ne nous demandait rien. Nous ne nous cachons pas que notre zèle comme notre retenue sont critiquables, au gré des lunettes que l'on voudra bien chausser. On veut simplement croire que le lecteur y trouvera tout compte fait la marchandise qu'il est venu chercher, la seule à nos yeux qu'il importe de ne pas pirater : son plaisir.

J.P.S.

AVERTISSEMENT

d'Alexandre Dumas
à son ami Barba,
libraire

Mon cher Barba,

Lisez le roman, les Mémoires, les aventures, « la chose », enfin, que je vous envoie, et que je viens de publier dans Le Mousquetaire, *sous le titre du* Cadet de famille.

Ce sont les aventures de jeunesse du fameux pirate Trelawney, ami de lord Byron. Il y avait autrefois un libraire modèle *qu'on appelait* Dumont. *Il fut alors ce qu'est aujourd'hui Cadot, l'étoile du Cabinet littéraire dans le ciel de la Librairie. Ils sont d'ailleurs les deux bouts d'une ligne d'horizon qui aboutit à moi. Dumont fut mon premier, Cadot sera probablement mon dernier libraire. J'allai un jour, je ne sais pourquoi, dans la librairie Dumont. Il y a bien longtemps de cela, mon cher Barba, il y a quelque chose comme* trente ans. *Je faisais* Henri III.

– Lisez donc cela, me dit Dumont en me remettant trois volumes dans la main, c'est amusant en diable.

– Qu'est-ce que c'est que cela, Dumont ?

– Un livre que je viens de faire traduire.

Je n'avais pas une énorme confiance dans le goût littéraire de Dumont, qui venait de refuser d'imprimer mon premier volume, Les Nouvelles contemporaines. *J'ouvris donc son livre, je dois le dire, avec une certaine nonchalance.*

J'y fus pris, mon cher Barba, je lus le livre de la première à la dernière page.

D'autres y furent pris comme moi, sans doute, car lorsque vingt-six ou vingt-huit ans après, voulant relire ce livre, qui m'avait tant plu pendant ma jeunesse, j'allais écrire mon enfance (ce que c'est d'être vieux!), je ne le pus retrouver.

J'eus alors l'idée de le faire traduire et de le publier dans Le Mousquetaire. *Je m'adressai à un de mes amis, garçon fort habile et que j'aime beaucoup, nommé Victor Perceval, et je le chargeai de ce travail.*

Ce travail accompli, à ma grande satisfaction, je le publiai dans Le Mousquetaire.

Publiez-le à votre tour, mon cher Barba, mettez-le dans votre collection, et je vous promets qu'il ne la déparera en aucune façon.

Tout à vous.

A. Dumas
20 novembre 1856

CHAPITRE PREMIER

Ma naissance.
Mon père maudissait la fécondité de ma mère et les mémoires du boucher et du boulanger. Un corbeau récalcitrant. Cruauté de l'école. Je deviens le chef de tous les jeux. Incendie de ma chambre, ou comment je suis renvoyé à mon père. Leçon d'économie domestique avant de se mettre à table. Embarquement à bord du Superbe. *Mon père me renvoie à l'école de navigation du docteur Burney. Dur apprentissage. Retour en Angleterre. Embarquement sur un vaisseau de guerre. Départ pour l'Inde.*

Ma naissance fut mon premier malheur. Dès mon entrée dans le monde, je fus signalé et flétri comme un vagabond, car j'étais le cadet d'une famille d'autant plus vaine de son antique noblesse que, depuis plusieurs siècles, la goutte et l'hypothèque figuraient sur son arbre généalogique comme apanages révérés. Dans une pareille maison, un cadet était regardé d'aussi bon œil qu'un louveteau.

Chaque année, mon père enregistrait en grimaçant, dans la bible de la famille, la venue d'un fardeau vivant, qui venait détruire ses beaux projets d'économie.

Malthus n'avait pas encore illuminé le monde, mais mon père n'avait pas attendu les théories de ce célèbre économiste pour maudire la fécondité de ma mère et les mémoires du boucher et du boulanger.

Il recueillit un héritage; dès lors, l'unique occupation de sa vie ne fut plus que d'amasser, empiler, thésauriser : il devint ce qu'on appelle un homme prudent. Il se plaignait de sa misère, des exactions et du prix déraisonnable des moindres objets; il assurait qu'il ne pouvait donner des maîtres à ses enfants, que l'éducation était très coûteuse, et qu'en outre elle n'était pas nécessaire; qu'il n'avait lui-même tiré aucun parti de ses études; que, depuis sa sortie de Westminster, il n'avait pas ouvert un livre de grec ou de latin, ni regardé tout ce grimoire dont la lecture lui avait été imposée; que cependant il n'était pas plus ignorant que ses voisins; qu'il connaissait l'importance de l'argent et la nécessité de l'accumuler, et pouvait calculer la valeur de l'éducation. Peut-être croyait-il au talent inné.

Mon frère était d'un caractère doux et paisible; moi, j'étais contrarié sans cesse, car je n'agissais que suivant mes inclinations, et les obstacles ne servaient qu'à irriter mes désirs. On ne nous permettait pas de franchir les plates-bandes du jardin : c'était une des petites restrictions de notre inexorable gouverneur. Mon frère obéissait à cet ordre avec une docilité silencieuse, tandis que j'allais chercher des compensations dans les jardins des environs, d'où je revenais chargé de fruits et de fleurs. Mon frère se contentait de sa promenade journalière sur la grande route ou dans les prés; mais moi, le cœur léger et les poches pleines de pommes et de gâteaux, je grimpais sur les collines ou descendais au bord des rivières pour apprendre à nager. Je haïssais tout ce qui me contrariait, vicaires, maîtres, curés et surveillants. C'était assez de me défendre une chose, comme dangereuse ou mauvaise, pour qu'elle eût mille attraits pour moi et me la faire souhaiter avec ardeur. Cependant j'aurais été, je crois, tel que mon frère, docile, doux et résigné, si l'on m'avait traité avec affection, ou seulement avec une ombre d'affection. Mais les châtiments de toute espèce et la sévérité la plus rigoureuse furent les seuls témoignages d'amour paternel que j'eusse reçus en partage dès ma première jeunesse.

Mon père s'était pris d'affection pour un corbeau qui, avec ses ailes mutilées et son aspect antique et funéraire, errait isolé dans l'enceinte du jardin. Il abhorrait les enfants; quand il nous voyait, il nous poursuivait et nous chassait loin de ses promenades solitaires. J'avais alors cinq ans; si le corbeau n'avait pas choisi pour résidence le jardin fruitier, jamais je ne lui aurais disputé son droit de possession. Quoi qu'il en soit, depuis le moment où nous pûmes marcher, nous avions tous considéré mon père et cet oiseau comme les deux personnes les plus puissantes, les plus solennelles et les plus tyranniques de la terre. Le corbeau vieillissait; son œil devenait grisâtre, blafard; il haletait sur une patte; ses membres étaient raides, ses jambes raboteuses comme l'écorce du liège et son corps couvert de verrues; son regard obscurci avait une expression sinistre; il passait une partie du jour à se promener au soleil sous la muraille méridionale du jardin, près de laquelle croissaient des prunes délicieuses. Nous employâmes une foule de stratagèmes pour le débusquer de cet endroit : ce fut en vain que nous lui présentâmes des entrailles d'animaux, dont il faisait ses délices; rien ne pouvait exciter son apathique voracité; son air maussade, et surtout la difficulté de dérober des fruits, nous étaient devenus intolérables. Nous essayâmes de l'intimider en le frappant avec des verges, mais nous étions trop faibles pour faire la moindre impression sur sa carcasse vieille et osseuse. Las de lui jeter des cailloux, je m'adressai successivement au jardinier et aux domestiques pour en obtenir justice, mais ils se contentèrent de me rire au nez.

Un jour, j'avais pour compagne de jeu une petite fille; j'étais parvenu à la soustraire à la surveillance de sa mère et l'avais emmenée voler des fruits avec moi. Nous avions pénétré dans le jardin; déjà nous étions au pied du cerisier; nous dévorions des yeux son fruit délicieux, quand le maudit corbeau se précipita sur nous. Il happa par le bas de sa robe la demoiselle, dont la peur avait étouffé la voix. Je n'hésitai pas un instant, et lui recommandai de ne point s'effrayer; je m'élançai sur la bête, qui lâcha sa proie pour tourner contre moi son bec et ses ergots. Je saisis mon ennemi par le cou, le lève, le frappe contre l'arbre et contre les cailloux. Mes coups sont sans effet, rien ne le blesse : il était dur comme un roc. Dans cette lutte, où certes je n'avais pas l'avantage, la petite fille s'écria :

– Je vais chercher le jardinier!

– Non, dis-je, il irait tout dire à mon père; j'aime mieux

pendre le vieux coquin (ce n'était pas de mon père, mais du corbeau que je voulais parler); donne-moi ta ceinture.

Elle me la donna, et je parvins, quoique avec peine, et les mains meurtries et ensanglantées, à glisser un nœud coulant autour du cou du vieux tyran. Je grimpai sur le cerisier, tenant un des bouts de la ceinture; je la passai sur une branche horizontale; je sautai ensuite à terre, suspendis mon adversaire, et contemplai son agonie.

Au même instant, mon frère accourut vers moi. Le sang dont j'étais couvert l'épouvanta d'abord, mais en voyant notre vieil ennemi voltiger en l'air, il jeta des cris de joie. Nous le lapidâmes jusqu'à ce que mort s'ensuivît, et lorsque nous fûmes fatigués de ce jeu, croyant l'animal sans vie, nous le détachâmes, mais pour nous en assurer nous le frappâmes sur la tête avec une branche de framboisier. Quelle fut notre surprise, ou plutôt notre consternation, en le voyant bondir! Faisant alors retentir l'air d'un cri rauque et sauvage, il s'élança sur moi. Notre premier mouvement fut pour fuir, nous n'en eûmes pas le temps; il s'attacha à ma jambe comme un forcené. Je tombai sur lui, et nous luttâmes corps à corps. J'appelai mon frère à mon secours, en lui disant de monter sur l'arbre avec la ceinture; je fis pendant ce temps les plus grands efforts pour empêcher la bête de s'échapper. Son aspect était affreux : un de ses yeux pendait hors de l'orbite, le sang sortait à flots de son bec, ses ailes traînaient à terre, sa queue était toute déplumée par suite du combat qu'elle avait soutenu lors de sa première exécution. La lutte fut acharnée; mon visage et mes mains étaient couverts du sang de mon ennemi, qui, haletant, harassé et épuisé, criait encore et se défendait avec le courage du désespoir. Je profitai de la faiblesse à quoi le réduisaient ses blessures, et, aidé par mon frère, nous l'accrochâmes à sa romantique potence, où nous l'assommâmes à coups de bâton; et après lui avoir attaché une pierre au cou, nous le lançâmes dans l'étang aux canards.

Ce duel fut le premier et le plus terrible de ma carrière. Quelque puérils qu'en paraissent les détails, je les mentionne ici non seulement parce que le souvenir en est encore palpitant à ma mémoire, mais encore parce qu'il fut le premier chaînon de ma destinée; c'est aussi une preuve de la constance avec laquelle j'ai résisté à l'oppression, une preuve que mon caractère, incapable de s'arrêter aux demi-mesures, s'est toujours porté aux moyens extrêmes, sans me laisser le temps de réfléchir ou de m'arrêter. Voilà ma faute : je m'en suis repenti amèrement, car j'ai donné la mort toutes les fois que la justice m'y autorisait, quand j'aurais dû, si j'avais été clément, n'infliger qu'une punition sévère; ce qui n'était que réciprocité a été considéré comme vengeance par ceux qui m'ont entouré.

Pour se conformer aux opinions de mon père sur l'inutilité d'une éducation anticipée, on ne m'envoya à l'école qu'à l'âge de neuf ou dix ans. J'étais alors un garçon de taille plus qu'ordinaire, osseux et mal bâti. Une circonstance assez commune vint trancher la question que l'on discutait chaque jour sur l'époque où nous devions commencer nos études. J'étais grimpé sur un pommier, jetant des pommes à mon frère, lorsque mon père parut tout à coup. Un rien le transportait de colère. Il me fit descendre, et nous ordonna de le suivre. Nous parcourûmes une distance de deux milles pour arriver à la ville, dont nous traversâmes les rues en silence. Je suivais avec l'indifférence d'un caniche, demandant parfois à mon frère quel serait le résultat de notre promenade, mais il ne me répondait pas.

Arrivés à l'autre extrémité de la ville, mon père s'arrêta, fit quelques questions que nous ne comprîmes pas, et se dirigea du côté d'un bâtiment triste et muré. Nous suivîmes notre guide dans un long passage, et nous nous trouvâmes devant une porte qui avait toutes les apparences d'un huis de prison. Il sonna; on nous ouvrit et l'on nous fit traverser une cour, puis une vaste salle obscure, avant de nous laisser dans un petit parloir. Le domestique fut nous annoncer. Punis d'école! L'aspect de ces lieux nous glaça d'effroi. Après dix minutes d'attente qui me parurent une éternité, nous vîmes entrer un petit homme égrillard, la tête haute, le cou serré d'une cravate étroite, les lunettes dorées, la perruque poudrée, avec de larges boucles à ses souliers; ses traits étaient d'un sinistre augure pour un enfant. Un regard d'abord sur mon père, et ensuite sur nous, suffit pour lui faire deviner le pourquoi de notre visite. Il s'épuisa en révérences avec notre père, le pria de s'asseoir, et du doigt nous montra deux sièges. On observait en tout ce qu'il disait une impatience et une rapidité qui annonçaient qu'il préférait les actions aux paroles.

– Monsieur, dit mon père, j'imagine que vous êtes M. Sayers?

– Si fait, monsieur.

– Avez-vous quelques places vacantes dans votre école?

– Oui, monsieur.

– Eh bien! monsieur, voulez-vous vous charger de ces deux incorrigibles garnements? Je ne puis rien en faire. Voyez-vous celui-là (me désignant)? il fait plus de mal chez moi que vos soixante élèves peuvent en faire ici.

A ce compliment, le pédagogue déplaça ses lunettes vers l'extrémité de son nez, lorgna en dessus, et me toisant de la tête aux pieds tout en crispant sa main droite comme s'il eût saisi le martinet, il fit un mouvement machinal et convulsif qui voulait dire : « Moi, je t'amadouerai. » Mon inauguration continua.

– C'est une bête fauve, un être intraitable. La corde l'attend, monsieur, si vous ne le domptez pas; il est, je crois, possédé du démon; étrillez-le, ou ce sera le plus mauvais sujet de la terre; je l'ai pris en flagrant délit au moment même où il me faisait un tour infâme. Quant à l'autre, qui est mon fils aîné, il est sans doute d'un meilleur naturel, mais ce vaurien n'a pas manqué de l'entraîner dans son complot.

Mon père, après avoir fait quelques arrangements indispensables, salua M. Sayers, et partit sans prêter la moindre attention à nous.

Réfléchissez sur l'outrage fait à mes sentiments : arraché de la maison paternelle sans y avoir été préparé, livré sans pitié au pouvoir d'un étranger, menacé, maltraité, abandonné sans transition dans une enceinte spacieuse destinée aux jeux des élèves, mais entourée de murailles qui lui donnaient l'aspect de la cour d'une geôle... Trente ou quarante garçons, depuis l'âge de cinq jusqu'à quinze ans, étaient groupés autour de nous, nous questionnant et faisant des commentaires sans fin. J'aurais voulu que la terre m'eût englouti, pour cacher les émotions douloureuses qui déchiraient mon sein. A présent que je jette un regard en arrière, je sens le même désir avec toute la force de mon âme. Si j'avais pu lever un coin du voile épais qui couvre l'avenir, ou si j'avais seulement rêvé le sort qui m'attendait, tout enfant que j'étais, je me serais brisé la tête contre ce même mur où j'étais appuyé, sombre et silencieux. Le caractère de mon frère lui faisait supporter son malheur avec plus de calme, mais la rougeur de ses joues, ses yeux baissés, son silence, tout révélait qu'il partageait les mêmes souffrances, quoique à un moindre degré d'intensité.

Misérable comme je le fus à l'école tout le temps que j'y demeurai, nul jour ne fut si cruel pour moi que celui de mon entrée. Au souper, je me rappelle que j'étais tellement opprimé par mes sentiments que je ne pus manger les maigres aliments qu'on me servit, et qui me parurent plus convenables à la nourriture d'un chien qu'à celle d'un homme. Je sentis mon cœur se soulager lorsque, les lumières éteintes, et au milieu du ronflement de mes camarades fatigués, je pus donner enfin libre cours aux larmes qui me suffoquaient. Au moindre bruit j'étouffais mes sanglots, jusqu'à ce que je n'entendisse plus rien; alors mes gémissements recommençaient. La nuit se passa ainsi tout entière jusqu'à ce qu'enfin, épuisé par la douleur, et après avoir mouillé mon oreiller de mes pleurs, je m'endormisse. Mais à sept heures du matin on me secoua brusquement et l'on me fit sauter hors du lit, sans que j'eusse véritablement reposé. Et je fus obligé de descendre à la classe.

Les enfants sont cruels et se plaisent à l'être; s'ils sont opprimés par un maître tyrannique, on éveille en eux toutes leurs mauvaises dispositions, et l'on étouffe tous leurs sentiments généreux. Ils se rappellent leur temps d'esclavage, les tours barbares qu'on leur a joués, les railleries que leur simplicité a souffertes; et comme ils ont tous été trompés par le plus adroit et battus par le plus fort, ils ne laissent pas un nouveau venu échapper aux épreuves par lesquelles ils ont passé. Les enfants commencent à l'école leur apprentissage d'égoïsme, de fourberie et de cruauté; celui qui conserve encore son innocence et sa candeur malgré ces mauvais traitements devient la victime et le jouet de tous.

Le professeur entra. C'était un de ces pédagogues de l'école ancienne. Il avait une foi implicite en sa canne miraculeuse, dont il se servait à tort et à travers pour trancher les cas douteux. Ce collège ressemblait plus à une maison de correction qu'à une académie de belles-lettres; et ce que je me rappelais de la recommandation de mon père me faisait trembler d'effroi. Comme tous mes souvenirs de collège ne me rappellent qu'un temps de souffrance et d'esclavage, j'en abrégerai le cours autant que possible; il suffit de dire qu'il ne se passait pas un jour sans que j'eusse à recevoir les verges au moins une fois, et pas une heure sans que je fusse bâtonné. Mais je finis par m'endurcir : mon corps devint de fer, je bravai les coups. Alors le directeur me regarda comme le garnement le plus violent, le plus incorrigible et le plus têtu qui fût jamais tombé sous son fouet. Il varia ses châtiments, sans produire le moindre effet sur moi. La douceur était sans doute étrangère à ses habitudes, car jamais il n'en fit usage.

Bref, je devins insensible à la honte et à la peur. Toutes les douces affections de l'âme s'éteignirent en moi, étouffées sous le poids du traitement sauvage de mes bourreaux; ils firent de moi un être vindicatif, rancuneux, insensible. Je commençai d'abord par exhaler ma rage aux dépens de mes compagnons d'infortune; je gagnai leur respect, la peur me servant mieux en l'occurrence que mon application à l'étude. Ce fut ma première leçon; elle me démontra la nécessité de ne dépendre que de soi-même; ce système se fortifia en moi chaque jour davantage, et, malgré les efforts que l'on fit pour le détruire, il grandissait dans mon esprit comme un jeune pin fleurit dans la crevasse d'un lit de granit.

Fort et vigoureux, je devins le chef, l'âme de tous les jeux et de tous les exploits, mais j'étais en classe le dernier de mes camarades. Ma résolution cependant était prise; je ne voulais pas étudier, et riais des corrections et des mercuriales. Lorsque je fus satisfait de l'ascendant que j'avais gagné sur mes compagnons, je résolus de me venger du directeur, et commençai par son substitut. Ayant rassemblé les plus audacieux de mes mirmidons, je concertai et arrêtai un plan de châtiment pour notre professeur. Dans une des promenades que nous faisions une fois par semaine, il s'était assis pour se reposer; ceux des élèves qui ne savaient rien de notre conspiration s'amusaient à abattre des noix. Ma bande choisie s'avance et prépare des verges, tandis que, soutenu par trois de mes plus forts gaillards, je tombe brusquement sur notre ennemi. Je le saisis à sa sale cravate, que je tords avec force; les autres le prennent par les bras et les jambes, et le jettent par terre.

Un cri nous amena six ou sept auxiliaires. Notre adversaire parvint plusieurs fois à nous faire lâcher prise, et jusqu'à se débarrasser de nous; mais il ne put se délivrer de mes étreintes. Toutes les fois qu'un de mes braves était terrassé, un autre le remplaçait aussitôt. Enfin, vaincu complètement, il demanda grâce et me supplia par signes, car il ne pouvait plus parler, de ne pas l'étrangler; mais je fus inexorable, et lui tordis le cou jusqu'à ce que la sueur dégouttât de son front, comme après une averse la pluie découle d'un toit de chaume. Bref, nous lui donnâmes une leçon qu'il n'aura sans doute jamais oubliée.

A mon retour à l'école, mon directeur et pasteur (car il était ecclésiastique) prit cet événement comme un indice de ce que ses élèves et moi étions capables de faire. Le récit vraiment terrible que le sous-maître fit de ma violence lui fit craindre que, encouragé par le premier succès, je ne vinsse un beau jour à manquer de respect à sa robe sacerdotale et à la sainteté de son caractère. Il ouvrit les yeux sur la nécessité de prendre des mesures décisives et de faire un exemple, avant que mon audace ne s'accrût jusqu'à machiner un complot contre lui-même. Cette prévoyance était tardive. Il me fit appeler. Je le trouvai monté sur une plate-forme élevée à trois pieds du sol. La jeunesse est indomptable lorsqu'elle a découvert sa force. Je comparus le front haut, le regard assuré, le maintien ferme et plein de confiance. Il m'accusa, je plaidai ma justification; il se mit en colère, le sang me monta au visage; il me frappa, je m'élançai, le pris par les jambes, et le renversai lourdement à terre. Le sous-maître, le maître d'écriture et plusieurs autres scribes accoururent à son aide. Les élèves étaient là, tous en silence, pleins de joie, et attendant l'issue de notre combat. Ne me souciant nullement de devenir prisonnier du sous-maître, qui balançait entre la crainte des écoliers et son devoir envers son supérieur, je me hâtai de gagner le jardin, où, joyeux et triomphant, je résolus, en dépit de tout le monde, de ne plus poursuivre le cours de mes études; c'était une détermination que la sévérité de mon père m'avait jusqu'alors empêché de prendre, mais j'avais supporté dans cet enfer deux années de souffrances atroces : ma patience était épuisée, le désespoir l'emportait sur l'espérance et la crainte. Quelque temps après, un domestique vint me prier de rentrer dans la maison. J'hésitai quelques moments; enfin je le suivis. Je fus confiné dans une chambre à coucher, et à l'heure du souper on ne m'apporta que du pain et de l'eau; ce qui sans doute était mesquin, mais différait peu du traitement habituel. Je ne vis que le domestique. Le lendemain, même solitude, même diète. La nuit, on me donna pour me coucher un reste de chandelle; malgré ce procédé délicat, je n'étais pas satisfait. Je ne sais quel démon me saisit, quelle impulsion me fit agir; je pense que ce fut le désir de recouvrer la liberté, plutôt que celui de me venger; toujours est-il que je mis le feu aux rideaux de ma couchette. En un instant le lit fut en flammes; la fumée s'éleva avec rapidité en une noire et épaisse colonne; la cloison, échauffée par l'ardeur du feu, se disjoignit et craqua. Bien que je respirasse avec peine au milieu de cet embrasement, je regardais avec une joie d'enfant les progrès de l'incendie. Lorsque le domestique vint chercher la chandelle, la porte brusquement ouverte donna au feu une nouvelle force.

– Tenez, Georges! m'écriai-je, voyez, j'ai fait du feu moi-même, puisque vous ne vouliez pas m'en faire, quoiqu'il fît bien froid.

Les cris de Georges donnèrent l'alarme à la maison. Dans un instant tout fut sur pied; heureusement la chambre était peu garnie : le feu, ne trouvant plus d'aliments, ne tarda pas à s'éteindre. On me relégua dans un autre appartement, où un homme fut chargé de me surveiller toute la nuit. Je me rappelle comme mon cœur palpitait d'aise en voyant l'effroi que j'inspirais; on me donnait les noms d'incendiaire, de traître, de blasphémateur. Ces accusations me faisaient quelque impression, car je n'en connaissais pas la valeur. Je ne vis plus mon révérend précepteur : peut-être avait-il mal à la tête. Le seul chagrin que je ressentis fut de ne plus pouvoir parler à mes camarades; on me défendit même de revoir mon frère; on craignait sans doute que mon contact ne lui devînt funeste.

Le lendemain matin je fus renvoyé à ma famille sous l'escorte d'un gardien. Mon père, ô heureux hasard! était absent. Un héritage considérable et inattendu lui était échu. Quand il fut de retour, soit par politique, soit que sa bonne fortune l'eût mis de meilleure humeur qu'à l'ordinaire, il ne me fit aucun reproche. Cependant il dit à ma mère :

– Vous semblez avoir de l'influence sur votre fils; je vous l'abandonne; si vous réussissez à le faire agir raisonnablement, soit; sinon il faudra qu'il se pourvoie ailleurs.

J'avais onze ans à cette époque.

Pour donner une idée des progrès que je fis dans cette école maudite, il suffira de citer l'anecdote suivante. Un jour, après dîner, mon père, en parlant avec ma mère des dépenses énormes de l'éducation et de l'école gratuite du village, pour laquelle il était obligé de payer et qui aurait produit les mêmes résultats, finit par se tourner vers moi :

– Voyons donc, mon petit monsieur, ce que vous avez appris.

– Appris! m'écriai-je en hésitant, car je ne voyais pas bien ce qui allait s'ensuivre.

– Est-ce ainsi que vous devez me répondre? Parlez donc, lourdaud... ou me prendriez-vous pour un laquais?

Il me dit ces derniers mots d'une voix rugissante et terrible. La fureur dont il fut saisi tout à coup me troubla et me fit oublier sur-le-champ tout ce qu'on avait pu me mettre dans la tête à force de travail et de châtiments.

– Allons! qu'est-ce que vous avez appris, fainéant? répéta-t-il; que savez-vous?

– Pas grand-chose, monsieur.

– Que savez-vous du latin?

– Latin, monsieur? Je ne sais pas le latin, monsieur.

– Comment, vous ne savez pas le latin, idiot que vous êtes! Je croyais pourtant qu'on n'enseignait là-bas que le latin.

– Oui, monsieur, et à compter.

– Eh bien! connaissez-vous l'arithmétique?

– Non, monsieur, on ne m'a appris qu'à compter et à écrire.

La figure de mon père se rembrunit.

– Savez-vous la règle de trois, imbécile?

– La règle de trois, monsieur?

– Connaissez-vous au moins la soustraction? Voyons, balourd, répondez donc; dites-moi, si de cinq vous ôtez quinze, combien reste-t-il?

– Cinq et quinze, monsieur, font (comptant sur mes doigts, mais oubliant le pouce) font... font dix-neuf, monsieur.

– Quoi! bête incorrigible! Je parie que vous ne savez même pas la table de multiplication!...

– Quelle table, monsieur?

Alors, se tournant du côté de ma mère :

– Madame, votre fils est une oie, l'ignare le plus achevé; peut-être ne sait-il pas son propre nom; écrivez votre nom, imbécile.

– Écrire, monsieur; je ne puis pas écrire avec cette plume, monsieur; ce n'est pas ma plume.

– Au moins épelez votre nom, rien que votre nom, rustre, ignorant, bête!...

– Épeler, monsieur!...

J'étais si confus que j'embrouillais toutes les lettres. Il se leva furieux, renversa la table, et se meurtrit la jambe en voulant me donner un coup de pied que j'esquivai en me sauvant.

Mon père n'avait en rien augmenté sa dépense, malgré l'augmentation de sa fortune; il s'était borné à établir un système d'économie plus strict encore qu'auparavant : aussi strict qu'il pouvait être. Accumuler des richesses avait toujours été pour lui une source plus féconde en jouissances que s'adonner aux plaisirs de la vie sociale. A l'aide du *Manuel du calculateur*, son compagnon de poche, il se forma dans l'arithmétique, et fixait jusqu'à la dernière fraction la valeur *réelle* de toute sa famille, de celle de sa femme, de ses héritiers et parents éloignés, de leur âge à une minute près, et de l'état de leur force et de leur santé. Il consultait la table des assurances pour calculer la valeur de leur vie, ajoutant à cela toutes les chances probables de maladies, tant héréditaires qu'acquises, mais sans songer à sa propre goutte. Sa conduite était conforme à ses calculs : il conservait les relations les plus amicales avec ses parents riches; ceux qui étaient pauvres, il les tenait à l'écart; enfin, n'ayant pas besoin d'emprunter, son aversion pour prêter allait jusqu'à l'antipathie.

Nous ne nous mettions jamais à table sans avoir à subir une leçon d'économie domestique. Avant d'avoir éprouvé les mille et mille vexations dont on se plut à m'accabler, et auxquelles je dois mes habitudes de contradiction, j'avais le cœur franc, l'âme désintéressée. Je fus forcé, pour me soustraire à la parcimonie de mon père, de recourir à la ruse. J'avais peu de respect pour la propriété, comme la plupart de ceux qui ne possèdent rien. Les buffets se dégarnissaient; le vin, les confitures et les fruits, pour lesquels j'avais un faible très prononcé, disparaissaient à vue d'œil. Enfin, je fus pris sur le fait et convaincu d'un péché ignoble dont je ne devais pas espérer de pardon. Mon père se déchaîna en imprécations contre le ciel, le maudit de lui avoir donné un fils aussi indigne, aussi dégénéré.

Tout mon crime pourtant était d'avoir escamoté un pâté de pigeons, que j'avais donné avec le plat à une femme qui demandait l'aumône. Si elle n'eût pas rapporté le maudit plat, je n'aurais pas été découvert; aussi l'envoyai-je à tous les diables, elle et sa probité... et toutes les vieilles femmes de sa sorte, que j'ai depuis ce jour en aversion. Cette malheureuse fut forcée de comparaître devant mon père, qui la menaça de la traduire devant les tribunaux, de la faire condamner à la déportation, mais rien ne l'émut, elle refusa de me trahir; et la vérité ne serait pas encore connue si je ne me fusse avancé pour tout avouer. Je n'oublierai jamais la fureur de mon père. Il clamait à tous les vents que j'étais non seulement un voleur, mais un voleur endurci; et ses pieds et ses mains achevèrent cette brillante péroraison. Je me tins ferme devant lui, comme autrefois devant mon pédagogue, car je savais supporter la souffrance; je ne versai pas une larme, et dédaignai de demander merci; aussi les coups ne cessèrent-ils de pleuvoir sur moi que lorsque les forces de mon père le trahirent.

On parlait de m'envoyer à Oxford, car un de mes oncles avait là-bas un bénéfice que mon père considérait comme une propriété et qu'il n'aurait pu voir sans peine sortir de la famille. Quand on me consulta, la manière résolue avec laquelle j'exprimai ma répugnance pour l'état ecclésiastique dissipa chez mes parents toute espérance de pouvoir me guider jamais par l'intérêt. Bientôt je fus conduit à Portsmouth et embarqué comme passager pour joindre une des escadres de Nelson, à bord du *Superbe,* vaisseau de ligne commandé par le capitaine Keates.

Nous fîmes d'abord voile pour Plymouth; là nous reçûmes à notre bord l'amiral Duckworth, qui hissa son pavillon et retint notre navire trois jours en panne pour faire provision de moutons et de pommes de terre de Cornwall. Ce fut à ce fâcheux retard que nous dûmes de ne rencontrer la flotte de Nelson qu'au large de Trafalgar, deux jours après sa victoire immortelle.

Tout jeune que j'étais alors, je n'oublierai de ma vie notre rencontre avec le schooner-pickle qui portait les premières dépêches du combat et l'annonce de la mort de son héros. Nous l'avions chassé depuis plusieurs heures hors de notre route, et nous n'aurions pu le forcer à mettre en panne si le vent n'avait fraîchi et si notre vaisseau n'eût été fin voilier. Le commandant du pickle, malgré son impatience et son désir d'être le premier à porter la nouvelle en Angleterre, fut obligé de virer au cabestan et de venir à notre bord. Le capitaine Keates le reçut sur le pont. J'étais près de lui quand il lui apprit l'affaire. Le silence le plus profond régnait à bord; les mousses, les matelots et les soldats étaient rangés autour de nous sur le tillac, ou perchés sur les cordages et dans les haubans; les officiers formaient des groupes, écoutant avec anxiété la conversation des deux commandants qui se promenaient : *« combats, Nelson, vaisseaux »*, étaient les seuls mots intelligibles qu'ils pussent entendre. Je vis le sang monter au visage de Keates; il frappa le pont avec le pied, marcha précipitamment et parla d'un ton très animé. Jamais je ne l'avais vu si ému; j'en fus surpris, car il était ordinairement calme et d'un sang-froid imperturbable. Je ne doutais plus qu'il ne fût arrivé quelque sinistre événement, ou que nous n'en fussions menacés.

L'amiral attendait avec impatience des nouvelles de la flotte de Nelson. Irritable et violent, il était furieux que le schooner n'eût obéi à son signal qu'après y avoir été forcé. Un ordre fut envoyé à Keates, qui n'en continua pas moins à se promener à grands pas, oubliant pour la première fois de sa vie les ordres de son supérieur. La nouvelle qu'il venait d'apprendre lui causait une douleur profonde; il maudissait son sort et les délais de l'amiral, qu'il accablait de malédictions; sans lui, il aurait pris part au combat naval le plus glorieux. Un second ordre plus péremptoire le fit descendre à la hâte chez l'amiral, dont l'impatience et la rage étaient au comble.

Keates, que j'avais dû suivre dans la cabine de l'amiral, déclara d'une voix étouffée :

– Un grand combat a été livré à la hauteur du cap de Trafalgar, il y a deux jours. Les escadres combinées de France et d'Espagne sont anéanties. Nelson n'est plus.

Et puis il murmura :

– Sans notre délai, nous nous y serions trouvés. Le capitaine du schooner vous prie, monsieur, de ne pas l'arrêter ni détruire ses espérances comme vous avez détruit les nôtres.

Duckworth, dont la conscience sentait la justice de ce reproche, ne répondit pas et monta sur le pont. Il paraissait fuir les regards du capitaine et se tournait systématiquement du côté du commandant du schooner, qui répondait à ses questions avec le laconisme d'un homme contrarié : « Oui, non. » Enfin, il le congédia, ordonna de forcer de voiles, et resta sur le gaillard d'arrière à se promener tout seul. Un silence sépulcral régnait sur le vaisseau, interrompu de temps à autre par les murmures de l'équipage. On ne distinguait que ces mots : *« Combat, Nelson. »* Une morne stupeur s'était répandue sur les visages; la consternation était générale, et, sans que j'en connusse la cause, j'éprouvais les mêmes sensations.

Le lendemain, nous rencontrâmes une partie de la flotte victorieuse; notre amiral communiqua avec elle, et puis, joignant Collingwood, obtint le commandement d'une division de six vaisseaux de ligne et reçut l'ordre de donner la chasse aux bâtiments de l'escadre ennemie qui avaient pu échapper. Je montai sur le navire qui m'avait été désigné : c'était un brick servant d'ambulance au reste de l'escadre. Je ne m'appesantirai pas sur les misères de la vie du matelot, que je trouvais plus supportable, après tout, que celle que j'avais connue lors de mon séjour à l'école, et moins ennuyeuse à coup sûr que la maison paternelle. Du reste, j'étais traité avec beaucoup d'amitié et d'égards et commençais à prendre goût à ma nouvelle profession. De retour à Portsmouth, le capitaine écrivit à mes parents, afin de savoir ce qu'il devrait faire de moi, car on allait désarmer notre vaisseau. Mon père, qui sans doute se souciait peu de me revoir, donna l'ordre, dans sa réponse, de m'envoyer à l'école de navigation du docteur Burney. Je fus saisi d'horreur à cette nouvelle, car je pensais en avoir fini avec toutes les écoles, et m'imaginais qu'elles ressemblaient toutes à la première. J'éprouvais, par anticipation, de cruelles angoisses.

Notre traversée fut fort pénible; nous marchions de conserve avec cinq ou six navires démâtés, les uns en partie, les autres entièrement. Le nôtre avait été non seulement désemparé, mais encore rasé par le feu de l'ennemi (c'est-à-dire que le second pont avait été presque tout enlevé); notre passage fut donc des plus difficiles. Ce brave navire, dont les voiles orgueilleuses semblaient sillonner les nues lorsqu'il fondait sur l'escadre ennemie, maintenant criblé, brisé, n'était plus, quoique son pavillon déchiré flottât encore triomphant, qu'un misérable ponton, jouet des vagues et des vents. Enfin, après des dangers et des fatigues sans nombre, nous arrivâmes, non sans être remorqués, jusqu'à Spitead, et fûmes salués à notre passage par les hourras et les acclamations des bâtiments en rade. Nous désarmâmes aussitôt.

C'est alors que nous fûmes témoins de scènes variées de douleur et de joie. La mer était couverte de barques qui luttaient de vitesse pour atteindre les larges flancs de notre navire; du rivage on aurait pu venir jusqu'à nous comme sur un pont de bateaux. Parmi cette foule immense qui nous entourait, les uns retrouvaient un père, un fils, un frère, les pressaient sur leur cœur, et faisaient retentir l'air de leurs cris d'allégresse. D'autres nous interrogeaient en tremblant sur le sort des êtres chers à leur cœur, et, suivant ce que nous leur répondions, ils retournaient au rivage joyeux et bénissant le ciel, ou la tête baissée et les traits empreints d'un profond désespoir. En apprenant la mort d'un amant, des jeunes filles essuyaient un œil humide, tandis que de l'autre elles regardaient tendrement les jolis garçons qui s'efforçaient de les consoler et qui y réussissaient sans beaucoup de peine. Le juif, avec le sourire du singe, à la pensée d'un prêt à usure, offrait son or à un intérêt exorbitant. Des barques remplies de vivandières portaient des provisions de toute espèce. Les canots formant cercle autour de nous étaient pleins de femmes de marins, de leurs enfants... et de filles de joie qui nous assaillirent comme des nuées de sauterelles; on dit qu'à cette époque il n'y en avait pas moins de huit mille à Portsmouth et à Gosport, et sur ce nombre, je crois qu'il n'en resta pas huit à terre. Elles parvinrent à opérer ce que les escadres combinées d'Espagne et de France avaient tenté vainement à Trafalgar, c'est-à-dire de prendre notre flotte à l'abordage. Le lendemain, je m'en souviens, tandis qu'on désarmait le bâtiment, ces filles joyeuses levèrent les trois premières pièces de trente-deux, et il n'en fallut pas moins que trois ou quatre cents pour hâler le cabestan.

Notre capitaine, qui souffrait d'une blessure grave, descendit à terre et me confia, ainsi que deux jeunes gens de mon âge, aux soins du contremaître de l'équipage, qui, peu de temps après, fit voile pour Gosport avec nous. Il avait l'ordre de nous conduire au docteur Burney.

Le vieux Noé et sa famille hétérogène n'éprouvèrent pas un plaisir plus vif en mettant le pied sur la terre ferme que celui que nous ressentîmes à notre débarquement. La figure du contremaître perdit toute la gravité qu'une longue habitude de l'obéissance et du commandement lui avait fait contracter. Il devint joyeux comme un compagnon de bouteille, et, promenant ses regards autour de lui comme s'il eût pris possession de l'île, il nous déclara qu'il considérait la tristesse comme un crime de trahison, qu'il n'entendait pas que ses sujets s'en rendissent coupables, et, se tournant brusquement vers moi, il me cria dans l'oreille, d'une si grande force que j'en tressaillis :

– Holà! mon garçon, qu'as-tu? Quoi! tu as l'air aussi contrit que si la cloche du dimanche sonnait pour la prière. Ah ça! est-ce que par hasard tu me prendrais pour ce vieux pédagogue de collège qui était à bord?

Il avait presque touché le point délicat : la maudite école me trottait dans la tête, et je m'imaginais qu'il nous y conduisait tout droit. Cependant je ne répondis rien, et il continua :

– N'allez jamais à l'église tant que vous serez à terre; en mer, à la bonne heure, on ne peut pas toujours s'en dispenser, afin d'avoir beau temps et bonne paie; à terre, on n'a besoin de rien. Allons donc, enfants, tournez l'œil du côté de la Couronne et de l'Ancre; elle doit être dans cette latitude, si ses amarres ne sont pas f...

Voilà un instant de répit, pensai-je, il a oublié l'école pour la taverne; et, portant devant moi mes yeux perçants, je vis reluire une couronne au-dessus de la porte d'un cabaret. Je lui fis part de ma découverte. Au moment d'y entrer, le maudit contremaître s'arrêta et, frappant de sa main son large front, il s'écria :

– Halte-là, gamins! Voyons... voyons... hé mais... hé mais, oui! le capitaine ne m'a-t-y pas recommandé d'amener ces trois garnements à... à..., où diable m'ont-y donc dit de les mener? Ah ça! enfants, où allez-vous?

– Où nous allons? répétâmes-nous.

– Oui, ousque vous allez? On m'avait ordonné de vous conduire dans certain parage, mais que je sois dammé si je me ressouviens du nom!... Ah, ah! victoire! je l'ai! c'est au docteur chose, machin, à Gosport; oui, où j'ai entendu parler de la vieille perruque. Moi aussi, on a voulu m'y envoyer, mais baste! Trop fin pour eux, j'ai l'œil au quart, je ne m'y suis pas laissé attraper; faut pourtant obéir aux instructions... Cela dit, je suis libre de ma volonté, n'étant pas sous le pavillon... Allons, voyons, enfants, que décidez-vous? Voulez-vous aller à l'école, ou bien... Par ma foi! oui, de par saint André! vous êtes taillés pour ça; entrons, nous en reparlerons quand nous aurons un verre de grog au fond du gosier.

On nous introduisit dans une salle remplie de monde. Notre commodore nous demanda ce que nous désirions et, se tournant vers le garçon qui arrangeait le feu, il s'écria en frappant du poing sur une table :

– Mille bombes! au lieu de remuer tes cendres, apporte-nous du grog pour nous réconforter, garçon de malheur! ou sacrebleu!... Allons, file ton nœud, et vite!... Attends, attends, brigantin! est-y sept heures?

– Non, monsieur, répondit le garçon, il n'est que dix heures.

– N'importe, donne-nous des munitions.

– Que vous plairait-il d'avoir, monsieur? Voudriez-vous un bon roastbeef froid avec du jambon? Nous en avons de délicieux à la maison.

– Non, non, tonnerre de D...! voudrais-tu nous donner le scorbut, vilain marsouin?

– Désireriez-vous alors une côtelette, monsieur, ou un beefsteak?

– Oui, oui, de par tous les diables! cela nous accommodera à merveille... Ah ça! pourquoi restes-tu en panne? Pars donc, imbécile! Non, arrête, peut-on avoir de la volaille rôtie?

– Oui, monsieur; nous avons un poulet superbe à la broche.

– Au diable ton poulet! Fais-nous griller au plus tôt tout un poulailler; dépêche-toi surtout; s'ils ne sont pas ici dans cinq minutes, dis à la mère – comment donc l'appelle-t-on, la bourgeoise? – que je la grillerai à leur place.

Lorsque nous eûmes commencé à garnir nos estomacs affamés, le souvenir des vaisseaux et des écoles commença aussi à se dissiper, comme le brouillard qui fond à l'ardeur du soleil. Notre pilote nous emmena faire un tour avec lui et nous fit entrer dans quantité de boutiques, où il nous engageait à choisir et à prendre tout ce qui nous plaisait, nous assurant que c'était lui qui payait, que ces gens le connaissaient et qu'ils ne le tromperaient pas. Il pénétrait parfois jusque dans l'arrière-boutique des marchands, pour voir leurs femmes et leurs filles, et pour avoir un verre de grog.

Pendant cette croisière, ainsi qu'il l'appelait, il invita tous ses camarades et divers personnages de rencontre à venir dîner avec lui, à deux heures, à la taverne. Il y comprit toutes les jeunes et jolies femmes de sa connaissance, lesquelles n'étaient pas en petit nombre.

Ses connaissances ne tardèrent pas à affluer; leur arrivée fut bruyante et leurs expressions peu choisies. On servit le dîner; c'était plaisir à voir l'ardeur avec laquelle il fut attaqué; tous les plats disparaissaient comme par enchantement; les bouteilles désemplissaient cependant que s'emplissaient puis se vidaient les verres, et il en allait de même pour les plats et les assiettes; mais toute chose a un terme, même la faim des marins. Des fruits frais, secs et confits, des liqueurs de tout genre, du curaçao, du rhum, de l'eau-de-vie, des fromages de Chester, de Hollande, du Parmesan, des toasts, des refrains, des chansons succédèrent aux plats de résistance, et firent passer le temps. Quand le dessert fut à peu près englouti, le président du joyeux banquet, l'amphitryon, notre méthodique contremaître, posa sur la table le quindale de kirsch qu'il portait à ses lèvres et lança d'une voix solennelle, en s'adressant d'abord à moi, et ensuite à mes deux compagnons :

– Un instant! jeunes requins, relâchez un moment la manœuvre de vos maudites mâchoires, ou je vous livre sans miséricorde au docteur... Vous m'entendez?... Maintenant, mes amis, que notre panse est bien garnie et que le démon de l'appétit a eu sa première pâture, que penseriez-vous si nous levions l'ancre? Il est temps de partir pour *l'espectacle*, car vous savez qu'à l'église et à la comédie il faut être sobre, par respect pour les curés et les dames; d'ailleurs, il est contraire à la discipline de se griser avant le soleil couché; ce n'est pas décent, et je ne le permettrai point. Ainsi donc debout! Je n'ai plus qu'un toast à porter, et après nous mettrons à la voile... Allons, messieurs, remplissez vos verres jusqu'au bord; attention au commandement, et ne pressez ni le genou ni le pied de vos dames; c'est un toast solennel! J'ai remarqué avec beaucoup de peine que, grâce à la négligence de ces pékins de terre, il n'y avait absolument que des bouteilles vides sur la table; c'est pourquoi je vous ordonne de vous en emparer, pour leur en rompre le cou.

Le garçon supplia le président d'épargner les bouteilles, mais celui-ci, sans l'écouter, s'écria de toute la force de ses poumons :

– A moi, à moi, lurons! les coquins se révoltent; rassemblez-vous autour de votre chef! Garçon de malheur! dégringole tes escaliers; débarrasse le tillac de ta présence... Ah! scélérat, tu ne veux pas... Vous autres, attention à la manœuvre : une... deux... et lorsque je dirai *trois*, rappelez-vous que voici votre point de mire (montrant le garçon), et rompez-lui le cou!

Il était temps que le malheureux disparût, car toutes les bouteilles vides vinrent se briser en mille éclats contre la porte, qu'il avait eu soin de tirer après lui en se sauvant. Après ce bel exploit, on but respectueusement à la mémoire de Nelson, et la compagnie sortit. Lorsque je respirai le grand air, il me sembla qu'il était imprégné d'alcool : j'en étais bel et bien aux premiers symptômes de l'ivresse. Le contremaître qui nous conduisait, malgré l'énorme quantité de vin et de liqueurs qu'il avait consommée, n'avait pas la tête plus malade que le bondon de bois d'une barrique de rhum. Quant à moi, qui n'étais pas aussi habitué à encenser Bacchus, et qui étais soûl pour la première fois de ma vie, je n'y voyais pas très clair; les objets dansaient autour de moi, la terre me paraissait s'enfoncer; chaque fois que j'avançais mes jambes chancelantes l'une devant l'autre, elles menaçaient de me trahir; et aux menaces, elles joignirent bientôt l'effet, car au bout d'un quart d'heure elles me laissèrent tomber sur le pavé, que je frappai de colère. Il me semblait que la rue dans laquelle nous nous étions engagés n'avait ni commencement ni fin; à mesure que je me relevais, je me figurais que je marchais sur des vagues.

Nous arrivâmes enfin au quartier général, selon l'expression du contremaître, qui me confia alors, ainsi que mes deux camarades, aux soins et à la garde d'une vieille édentée, maigre et desséchée comme une haridelle, et à laquelle il donna l'ordre de veiller sur nous comme si nous étions ses propres enfants. Comptant bien qu'il serait obéi, il sortit pour inspecter la côte, en commandant qu'on lui tînt prêt à son retour un lit, une bassinoire, un hareng saur et un bol de punch.

Notre soigneuse, obéissante et très morale hôtesse fit préparer un lit à chacun de nous, nous donna de l'eau et de l'eau-de-vie, et, observant judicieusement qu'il était dangereux pour les jeunes gens de veiller tard, elle voulut que je me couchasse le premier, me coiffa d'un de ses bonnets de nuit, l'attacha sous mon menton avec un ruban bleu, ferma les rideaux sur moi, m'appela douce créature, borda mes draps, me donna une petite tape sur les joues et me dit en me quittant :

– Soyez sage maintenant, et n'oubliez pas de réciter vos prières avant de vous endormir.

Je fus éveillé au point du jour et elle m'apporta ce qui m'était nécessaire pour ma toilette du matin; je m'habillai et, dirigé par la voix retentissante et bien connue du contremaître, je descendis au parloir, honteux de l'état dans lequel je m'étais trouvé la veille, et ne songeant même pas qu'il en était la cause.

Un ou deux jours après, le vaillant contremaître nous conduisit au docteur Burney et le chargea de notre instruction. Il se comporta avec tant de gravité, de décence et d'aplomb que le docteur, enchanté de ses manières, le pria de rester avec lui à dîner, mais le marin s'excusa sur ce qu'il fallait qu'il retournât au plus tôt à bord, et nous souhaita le bonjour; en nous donnant amicalement une poignée de sa large main, il nous glissa à chacun une couple de guinées, et nous dit de nous adresser à lui si nous avions besoin de quelque chose. Il nous recommanda enfin de ne pas parler au vieux ladre de ce qui s'était passé, et nous le perdîmes de vue pour jamais.

Plusieurs d'entre mes nouveaux camarades d'études avaient été déjà embarqués comme moi. Leur nombre était au moins de cent. La discipline étant très relâchée, et les élèves jouissant d'une grande indépendance, on apprenait fort peu de choses dans les classes. Jamais on ne m'y infligea de correction; il est vrai qu'il était entendu que j'y resterais seulement le temps d'obtenir un emploi à bord de quelque bâtiment.

Une circonstance ayant rapport à cette école vit encore présente à ma mémoire. Le capitaine Morris m'avait confié une lettre pour l'envoyer à mon père; j'allai à la poste avec un de mes compagnons, jeune homme d'environ seize ans, et qui avait été deux ans en mer. Il me demanda la lettre pour la voir, la palpa, sentit quelque chose, l'entr'ouvrit, et s'écria :

– Par Jupin! quelle prise! Qui te l'a donnée? ajouta-t-il.

– Le capitaine Morris.

– Alors c'est le surplus de l'argent que ton père lui a remis pour toi. Quoi! est-ce que tu vas faire la sottise de le lui envoyer?

– Mais oui, certainement.

– Ô Dieu! quelle niaiserie! il est à toi cet argent, et pourvoira fort bien à tout ce dont tu pourrais avoir besoin.

Sur quoi il se mit à me railler de ce que je n'avais pas le sou, et continua son persiflage jusqu'à ce qu'enfin, réfléchissant à l'avarice de mon père, et pensant que jamais je ne trouverais une occasion aussi favorable, j'écoutasse son argument. Il prétendait qu'en tout cas j'avais droit à une partie de cette somme, parce qu'un jeune homme doit toujours avoir de l'argent dans sa poche. Tandis qu'il parlait, il brisa le cachet et s'écria :

– Tiens, elle s'est décachetée par hasard! En attendant, voici l'argent.

Cette vue, comme il l'avait prévu, fut plus efficace que son éloquence. La somme était minime, quoique je la crusse inépuisable, et elle fut bientôt dépensée grâce à l'assistance de mon camarade qui profita de la portion la plus large, car la mienne fut absorbée par l'achat d'un fusil, de poudre et de plomb.

Le lendemain matin, nous allâmes à la chasse aux oiseaux. Mon compagnon me laissa le premier coup, et puis, conformément à notre convention de tirer chacun à notre tour, je lui donnai le fusil. Une fois qu'il l'eut entre les mains, il ne voulut plus me le rendre; ce fut en vain que je le suppliai de me le remettre et que je lui reprochai son manque de foi. Je lui rappelai que c'était mon fusil; pour toute réponse, il braqua l'arme contre moi et me donna des coups de pied. Je dissimulai mon ressentiment, et nous continuâmes de battre la campagne jusqu'à ce que, fatigués de ne trouver rien à tuer, ou plutôt ne pouvant rien tuer de ce que nous rencontrions, nous finissions par sentir l'aiguillon de la faim. Il était environ midi lorsqu'il m'ordonna d'aller, avec ma dernière *couronne*, acheter des rafraîchissements à une ferme voisine. Il n'y avait pas à balancer; j'obéis, car, avec le fusil, il était mon maître; il poussa encore plus loin l'insolence et, pour me narguer davantage, il m'ordonna de placer mon chapeau à quelques pas de lui pour lui servir de cible. Je refusai d'abord, mais il jura qu'il me permettrait de tirer le second coup, et que si je ne touchais pas le but autant de fois que lui, je perdrais ma couronne. J'acceptai les conditions; il fit feu et me donna le fusil chargé. A peine l'eus-je reçu que je visai non mon chapeau, mais le sien, qu'il avait sur la tête :

– Chapeau pour chapeau! m'écriai-je en plaçant le doigt sur la détente.

Saisi d'effroi, il hurla :

– Mais tu vas me tuer!

Je lui répondis que telle était mon intention. Je tirai, mais l'arme n'était pas amorcée. Pendant que je mettais une amorce, il prit la fuite. Je le poursuivis, mais il m'avait devancé de quarante ou cinquante toises. Saisissant l'instant qu'il sautait par-dessus une haie, je m'arrêtai et fis feu sur lui. Il tomba; ma rage se changea en une stupeur profonde. Il était étendu, le visage contre terre, criant que je l'avais tué. Je jetai mon arme loin de moi et m'empressai de le secourir; sa blessure était légère. Il me supplia de ne plus lui faire de mal, car, disait-il, il allait mourir. Je réussis enfin à le ramener jusqu'à la pension, après lui avoir remontré qu'il n'était pas blessé dangereusement. Avant même d'atteindre la porte, il se sentait beaucoup mieux; cependant, sitôt que nous fûmes rendus, et en dépit du serment qu'il avait fait de garder le silence, il porta plainte auprès du directeur qui, sans se soucier de ma justification, séquestra le fusil et me mit aux arrêts.

Au bout de deux jours, ont vint me chercher; on me tança vertement, et l'on m'avertit qu'une lettre de mon père ordonnait que l'on m'envoyât à bord d'une frégate qui se préparait à mettre à la voile. En effet, le lendemain matin je m'embarquai, et, peu de jours après, nous quittâmes le port pour croiser devant le Havre-de-Grâce. Le capitaine connaissait particulièrement ma famille. C'était un Écossais parasite et flatteur, fils d'un digne procureur, qui, comme lui, avait fait le métier de courtisan, et avait gagné les bonnes grâces de la cour. Son premier lieutenant, natif de Guernesey, était sans éducation et d'un esprit borné, mais plein de malice; il haïssait ceux qui valaient mieux que lui, c'est-à-dire qu'il détestait tout le monde.

J'avais pour camarades de bons, braves et joyeux garçons, avec lesquels je passais mon temps d'une manière supportable. Néanmoins je vis bientôt que le service de la marine ne me convenait point. Le capitaine, armé d'un pouvoir sans bornes, pouvait selon son humeur faire un paradis ou un enfer de son bâtiment. Je ne savais pas étudier les caprices des hommes, ni ramper sous ceux qui occupaient le pouvoir; je fus par conséquent détesté. Je ne tardai pas à me dégoûter de tout et à soupirer après la liberté. J'avais espéré trouver dans la marine un service actif et des combats, mais il n'y en avait plus à attendre, et je n'en entrevoyais pas même l'espérance; plusieurs marins assuraient qu'ils avaient passé toute leur vie en mer sans entendre un coup de canon. En un mot, la bataille de Trafalgar semblait le dernier acte de la guerre navale menée contre nos ennemis.

Si j'en avais eu le choix, j'aurais quitté la marine, quoique ma passion pour la mer n'eût pas diminué. Je sentais qu'il n'entrait pas dans mon naturel de me soumettre à un long apprentissage de servitude. Il devait s'écouler quatorze années, et peut-être plus, avant que je pusse devenir maître à mon tour; et quatorze années étaient pour moi toute une vie, toute une éternité. Dès lors je ne pensai qu'à la possibilité de rompre mes engagements et de chercher ma propre fortune, ainsi que l'on faisait au bon vieux temps, si nous en croyons les romans et l'histoire. Mais comment y parvenir sans amis? Dans mon ignorance du monde, je ne pouvais rencontrer que des obstacles. Mon cœur palpitait encore au seul nom de ma mère, ma mère que j'adorais d'un culte presque religieux; la mémoire de mes sœurs vivait dans mon âme; mille tendres souvenirs de mon enfance se présentaient à mon imagination. Cependant la persévérance de ma mauvaise destinée, ma longue absence, l'abandon à quoi j'étais réduit, et l'idée cruelle de mon implacable père, toutes ces images jetaient dans mon âme une tristesse profonde, qui allait parfois jusqu'au désespoir.

Dans cette période de ma vie, je sentis s'éveiller en moi une vive passion pour la lecture; je saisissais toutes les occasions d'emprunter et de réunir des livres, et je leur consacrais mes instants de loisir. Des drames anciens, des voyages de long cours, sur mer et sur terre, étaient mon étude favorite. Je savais presque par cœur la narration du *Voyage du capitaine Bligh aux îles de la mer du Sud*, et je n'ignorais rien de l'insurrection de son équipage. Ces détails, empreints de partialité, ne me trompaient pas; je détestais Bligh à cause de sa tyrannie; mon héros était Christian; je souhaitais son sort et m'efforçais en tout de l'imiter; bref, ce personnage fit sur moi une impression dont toute ma vie a ressenti l'influence.

Le secrétaire de notre capitaine, voyant que j'avais un assez bon nombre de livres sans avoir de place où les mettre, crut qu'ils seraient un ornement dans sa cabine. Il me proposa de s'en charger, et m'offrit l'usage de sa chambre pour y lire quand bon me semblerait. J'acceptai sa proposition avec plaisir, croyant, simple que j'étais, que c'était une offre des plus obligeantes. Nous fûmes très bien ensemble pendant quelque temps, mais un jour que j'allais chercher un livre, je le trouvai de mauvaise humeur; qu'il en eût sujet ou non, je l'ignore, mais il eut l'insolence de me dire :

– Vous pouvez lire ici, si cela vous plaît; mais je ne veux pas qu'on emporte les livres hors de ma cabine.

– Ne sont-ils pas à moi? lui demandai-je.

– Pas à présent, répondit-il.

– Quoi! protestai-je, voulez-vous dire que vous songez à vous les approprier?

Je ne reçus d'autre réponse que :

– Allons, voyons, point d'insolence!

Alors, avec toute la fermeté dont j'étais capable :

– Vous allez me rendre ces livres; je ne veux pas les laisser ici plus longtemps; à présent, je connais votre but.

Il me défendit, avec menaces, d'y toucher. J'en pris un de la tablette. Il me frappa, et je ripostai. Jusqu'ici ce fut une querelle ordinaire.

Mon adversaire était un jeune homme de vingt-trois ans, fort et trapu; j'étais un grand garçon de quatorze ans, grêle et fluet. Mon audace, en le frappant, l'étonna; il hésita sur ce qu'il devait faire, car il était naturellement lâche. Mais quelques mousses qui s'étaient rassemblés à la porte crièrent : « Bravo! bien joué, gamin! » Cette approbation piqua la vanité du griffonneur; il s'élança sur moi en s'écriant :

– Attends un peu, blanc-bec! tu vas passer par mes mains...

Et saisissant une règle, il m'en administra un coup si violent qu'il la brisa, puis, me serrant contre la cloison sans qu'il me fût possible de lui échapper, il me frappa sans pitié. Ma résistance ne s'affaiblit qu'avec mes forces. Les spectateurs m'encourageaient en même temps qu'ils blâmaient mon ennemi. Ma tête était toute meurtrie, le sang me sortait par le nez et par la bouche, mon corps était comme mutilé, mais mon courage ne m'avait pas abandonné. Pas de grâce, je n'en voulais pas. Enfin, lorsqu'il voulut me chasser de sa cabine à coups de pied, je lui déclarai que je n'en sortirais pas avant qu'il ne m'eût rendu mes livres. Nous luttâmes de cette manière, lui pour me jeter hors de la cabine, et moi pour y rester, jusqu'à ce qu'il me lançât un coup de pied dans l'estomac, qui me fit tomber presque sans connaissance, et s'écriât pour finir :

– Va-t'en, misérable, ou je vais t'arracher les entrailles!

Je sentais que je ne pouvais plus me soutenir; j'étais au désespoir. La rage d'être assassiné par ce lâche et son insultante ironie après la victoire m'avaient exaspéré; j'étais agité de mouvements convulsifs; le désir de la vengeance renouvela mes forces. Mes yeux découvrirent quelque chose qui brillait près de moi. La table avait été renversée dans la lutte; un canif était sous ma main; je m'en saisis et, revenant sur sa menace de m'arracher les entrailles, j'ajoutai :

– Infâme! prends garde aux tiennes!

J'avais un genou en terre et faisais de grands efforts pour

me lever. Le griffonneur recula d'effroi en voyant le canif et mes yeux égarés. Depuis ce moment, ce dont je me souviens, c'est que je lui portai plusieurs coups, qu'il ferma les yeux, porta les mains à sa figure et demanda grâce. Quelqu'un me cria : « Holà ! que faites-vous ? »... Je me retournai et répondis :

– Ce lâche assassin en voulait à ma vie, et je l'ai tué !

Je jetai alors l'arme, pris mon livre, et sortis de la cabine.

On envoya un sergent de marine avec l'ordre de me conduire sur le pont. Le capitaine y était, entouré de ses officiers, et demanda au premier lieutenant ce qui s'était passé.

– Ce jeune homme, dit-il, est entré dans la cabine de votre secrétaire avec un couteau, et il l'a tué.

Le capitaine me regarda avec horreur, et, sans me faire la moindre question, s'écria :

– Mon secrétaire tué !... Mettez les menottes et les fers à l'assassin... Mon secrétaire tué !... Entraînez-le, descendez-le donc au fond de la cale ; je ne veux pas entendre un mot de sa justification ; non, pas un mot !... Mon secrétaire tué !...

Quand le sergent voulut me mettre le collier, je lui dis :

– Ne me touchez pas !

Je le toisai avec fierté, car dès lors je me croyais un homme, et descendis lentement par l'écoutille. On plaça une sentinelle près de moi, et le maître d'armes apporta les fers. Le capitaine, à ce que je suppose, dut entendre une version différente sur cet événement, car un *midshipman* [1] appelé Murray vint contremander la sentence et me glissa ces mots :

– Ne craignez rien ; on ne va pas vous faire de mal. Nous dirons la vérité. Vous avez agi en homme. Courage !

– Avoir peur !... répliquai-je en haussant l'épaule.

Quelque temps après, le capitaine vint et me dit :

– N'avez-vous pas honte de votre conduite, monsieur ?

Je répondis d'un seul mot :

– Non.

1. Officier du tillac.

– Comment, monsieur! est-ce là la manière de me répondre?... Levez-vous; ôtez votre chapeau!

Je me contentai de lui répondre que j'attendais les fers; cependant je me levai.

– Vous serez pendu pour meurtre, monsieur!

– Je préfère être pendu que foulé aux pieds par vos valets.

– Êtes-vous fou?

– Oui, grâce à vos infâmes traitements et à ceux de votre lieutenant français, grâce à vos injustes punitions, mais je ne m'y soumettrai pas. Je suis entré dans la marine comme futur officier, comme gentilhomme, et l'on me traite en esclave. Jetez-moi à terre, je ne ferai plus de service et ne serai plus la victime et le jouet ni de vous ni de votre valetaille.

Je fis un pas en avant, je ne sais pas dans quelle intention; il me saisit par le collet et m'ordonna de m'asseoir sur l'affût d'un canon.

– Non, dis-je, vous m'avez défendu de m'asseoir en votre présence, je ne le ferai donc point!

– Vous ne vous assiérez point? dit-il en me serrant, comme s'il eût voulu m'étrangler.

Ne pouvant parler, je m'efforçai de lui faire lâcher prise. Lui, tout en répétant : « Vous ne vous assiérez point? », m'appliqua un violent soufflet. Moi, entêté à lui dire non... je lui crachai au nez.

Son visage enflammé passa, dans l'instant même, d'une écarlate foncée à une teinte violette, presque noire; il lui était impossible d'articuler un seul mot. Il me repoussa de toute sa force, et rentra dans sa cabine, écumant de rage. Plusieurs des officiers, particulièrement les *midshipmen*, s'étaient groupés autour de nous. Je me relevai de l'affût contre lequel j'étais tombé. Deux de mes compagnons vinrent me répéter :

– Bien joué, mon garçon! n'aie pas peur.

– En ai-je l'air? fut ma réplique.

Au coucher du soleil, on m'avertit que je devais descendre pour ne plus reparaître sur le pont, et dès ce moment je ne vis plus notre capitaine écossais.

Le reste de notre croisière ne me présenta plus que des

jours de fêtes continuelles. J'avais des livres, et pouvais par la lecture suppléer à mon défaut d'éducation. Le secrétaire s'était rétabli, et quoiqu'il eût soin de se tenir au large quand il était obligé de passer près de moi, j'avais la malice de lui lancer, montrant la balafre qu'il avait à la joue :

– Prends garde, griffonneur, de prendre mes livres pour des retailles de drap, et ne t'avise plus de te ruer sur un gentilhomme.

Il était fils du tailleur de notre noble capitaine qui, pour payer les mémoires de son père, lui avait accordé cet emploi : c'était là l'expédient d'un Écossais en peine de payer ses dettes.

A notre retour en Angleterre, je passai à bord d'un vaisseau de guerre à Spithead; et bientôt après, sans aucune nouvelle de mon père, je m'embarquai sur une corvette. Quoique jeune, j'avais assez d'orgueil pour éviter toute plainte inutile, et assez de philosophie pour supporter tous les maux. Dès mon enfance, j'avais été habitué à obéir par force; j'essayai donc de paraître insouciant, fronçant seulement le sourcil et étouffant mes émotions.

Jusqu'à ce moment, j'avais été confié aux mains de personnes qui connaissaient ma famille; mais maintenant, jeté sur un bâtiment où tout le monde m'était étranger, je me trouvais sans argent et privé de beaucoup de choses nécessaires.

Nous fîmes voile pour Cadix, Lisbonne, l'Amérique du Sud et la côte d'Afrique. Notre absence dura dix-huit mois, pendant lesquels nous parcourûmes les quatre parties du monde. Bref, ce voyage de dix mille lieues me valut quelques connaissances en géographie pratique.

Notre commandant était un petit homme vif, brouillon, qui, comme la plupart des gens de sa stature, se croyait un grand homme. La seule chose dont je me souvienne quand j'évoque cet officier minuscule, c'est qu'il avait l'habitude de renverser sa tête de côté pour me regarder de bas en haut, tout en grognant des mots trop gros pour passer par sa toute petite bouche. Ainsi m'insultait-il de sa voix grêle :

– Monstre parachevé, lourdaud, fainéant, sans nerf ni sentiment, que faites-vous là, les bras croisés, au lieu de vous occuper de mes ordres?

Il me haïssait parce que, malgré mon âge, j'étais déjà formé comme un homme; et je le méprisais, parce qu'il en avait si peu l'apparence. Pour frapper les hommes à la tête, il était obligé de sauter sur une caronade.

De retour en Angleterre, notre commandant *circum-navigateur* écrivit à mon père pour prendre ses ordres. Le temps n'avait pu adoucir ce dernier : il reproduisit sans pitié l'ordre d'un autre embarquement. Je dus passer à bord d'un vaisseau qui se disposait à mettre à la voile pour l'Inde.

Nous fûmes bientôt prêts. Pour peindre ce que je ressentais, il faut songer que je quittais ma patrie contre ma volonté, que j'allais traverser l'immense Océan pour gagner des contrées sauvages, déporté comme un criminel, pour le reste de ma vie peut-être, car à cette époque les navires ne faisaient guère ce trajet que tous les six ou sept ans; sans avoir pu embrasser ma mère, voir mon frère ni mes sœurs; sans une voix pour me consoler, pour m'apprendre qu'il y avait un être au monde qui s'intéressait à mon sort. Si j'avais eu près de moi, et pour une heure seulement, un serviteur de ma famille, ou même un vieux dogue compagnon de mon enfance, je l'aurais comblé de caresses, j'aurais reçu les siennes, et mon âme aurait senti la douce consolation de voir partager sa tristesse. Le cruel abandon de mes parents pénétra mon âme de douleur et diminua sensiblement l'affection que j'avais pour eux; et pourtant, je sentais le besoin d'aimer. Je recherchai donc l'amitié des étrangers, mais à peine avais-je eu le temps de m'attacher à eux que l'on m'en séparait. Ces souffrances on les éprouve, mais on ne les explique pas.

Je ne pus me dissimuler plus longtemps ce que ma position avait d'affreux; j'étais un véritable proscrit. Mon père m'avait rejeté loin de lui, espérant se débarrasser de moi à tout jamais, sans que l'intercession de ma mère pût le fléchir. Je restai seul au monde, sans appui; une pension annuelle fut la seule marque de souvenir que mon père se crut obligé de me donner; je la dus à sa conscience ou à son orgueil; peut-être se dit-il en lui-même, comme tant d'autres gens qu'on qualifie d'hommes prudents : « J'ai pourvu aux besoins de mon fils; s'il se distingue et revient un jour avec un rang élevé, je pourrai dire : c'est mon fils, je l'ai fait ce qu'il est. J'espère seulement que son caractère entreprenant et audacieux le fera réussir dans la marine. » Ce fut en faisant ce beau raisonnement qu'il m'abandonna à mon sort, avec le même sang-froid que s'il eût noyé une portée de petits chiens aveugles.

Je quittai l'Angleterre dans un état de souffrance et d'abattement qui donnait une teinte de tristesse à toutes mes pensées; malgré mon extrême jeunesse, mon esprit inconstant et mes dispositions à la confiance, je ne conservais même pas l'illusion d'un avenir plus heureux.

J'étais en mer depuis deux ou trois jours lorsque le capitaine, irrité contre un de ses lieutenants qui était de quart avec moi, se tourna de mon côté et me dit :

– Prenez garde à vous. J'ai appris du capitaine A... la conduite infâme dont vous vous êtes rendu coupable à son bord.

Je lui répondis que je n'avais aucun crime à me reprocher.

– Comment! continua-t-il, car il avait besoin d'épuiser les restes de sa fureur sur une personne plus faible qu'un officier breveté; comment! monsieur, pensez-vous que ce ne soit rien que de poignarder les gens! Je vous prouverai le contraire : à la première plainte qui me parviendra contre vous, je vous chasse de mon vaisseau!

Cette menace, dont l'accomplissement était le plus ardent de mes vœux, me fit sourire. Il prit cela pour du mépris et s'en alla furieux. Je reconnus bientôt qu'il n'était pas méchant, mais seulement faible et colérique. Il avait été pendant plusieurs années à demi-solde. Élevé à la campagne, il avait conservé ce goût qu'ont les fermiers pour le fumier et la fange, et que sa profession de marin avait contrarié sans le changer pendant le long intervalle qui s'était écoulé depuis sa première promotion jusqu'à l'époque de sa mise en non-activité. Alors il avait repris ses inclinations naturelles, se dévouant avec une forte ardeur à la culture du sol paternel, et était plus fier de voir ses porcs et ses moutons bien gras et de labourer son champ, pour y planter ses navets de Suède, que de sillonner la belle mer des Indes. Son nouveau commandement était un honneur qu'il ne désirait pas; c'était un honorable membre de sa famille, dignitaire de l'Amirauté, qui, scandalisé de ses viles occupations, avait employé son crédit pour lui jeter des honneurs à la tête et le rappeler au service.

Il avait quitté avec répugnance ce qu'il ne pouvait pas emporter : sa maison et ses terres. Il avait pleuré son enfant et sa mère, et son cœur s'était brisé de regrets en contemplant le riche coteau qu'il avait embelli de ses mains et qu'il était obligé de laisser. Quant au fonds vivant de sa propriété, ses porcs, moutons et volailles, il lui était trop pénible de s'en séparer après avoir dépensé, pour les élever et les nourrir, plus que la plupart des pères ne dépensent pour leurs enfants, aussi les avait-il emportés à bord avec lui : la ressemblance du vaisseau avec la cour d'une ferme était à l'évidence à ses yeux une source de jouissances. Il passait une grande partie de son temps avec sa famille adoptive, et confiait la conduite du bâtiment à son premier lieutenant; nous autres, *midshipmen,* nous tourmentions plus le pauvre homme qu'il ne nous tourmentait. Une de nos espiègleries, je m'en souviens, était d'enfoncer une aiguille dans la tête de quelques poulets. Le capitaine, s'imaginant que les bêtes étaient mortes de maladie, ordonnait qu'on jetât les cadavres à la mer. Mais nous nous tenions aux aguets pour les rattraper au vol, et ne manquions pas de les faire rôtir afin de nous dédommager de ses tracasseries.

CHAPITRE DEUXIÈME

J'embrasse la profession de marin.
Premier combat. Méchanceté d'un officier écossais.
Caricature de cet officier. Le feu dans la frégate.
Heureux dénouement de l'incendie.

Étant décidé à embrasser la profession de marin, je me mis à remplir mes devoirs avec plus d'attention. Je commençai par étudier le dessin et la navigation en m'aidant de tout ce qui me tombait entre les mains, et recueillis toutes les relations des officiers et des matelots ayant rapport à l'Inde et à ses îles innombrables [1]. Nous suivîmes la route ancienne; nous touchâmes à Sainte-Hélène et au cap de Bonne-Espérance, et mouillâmes pour finir, sans aucun événement remarquable, dans la rade de Bombay.

La seule circonstance qui se lie avec le fil de mon histoire, et qui mérite d'être mentionnée ici, c'est l'amitié constante que je formai, durant mon passage, avec le jeune lieutenant Aston. Nous avions été souvent de quart ensemble, et dans les longues nuits que nous avions passées à veiller, il avait assez étudié mon caractère pour découvrir que je n'étais pas tel que je paraissais : sa douceur seule avait pu déchirer l'enveloppe sous laquelle je me cachais à l'approche des étrangers,

1. On entendait alors par Inde l'ensemble des pays s'étendant entre le golfe d'Oman et la mer de Chine-Malaisie et l'Indonésie comprises. *(NdE)*

que je regardais comme autant d'ennemis. Il éveilla des sentiments qui n'étaient qu'engourdis, et en fit naître d'autres que je n'avais jamais éprouvés. Il devint mon champion contre ceux de mes supérieurs qui étaient injustes envers moi. Les circonstances de ma jeunesse, me disait-il, l'avaient frappé d'admiration.

Pendant notre traversée, le second lieutenant, Écossais fourbe, rusé et brutal, qui n'avait d'autre bonheur que de torturer ceux qu'il commandait, me questionnant un jour sur un point du service, me dit :

– Monsieur, quand vous me parlez, ayez soin d'ôter votre chapeau.

– Je vous ai salué, répondis-je, comme je salue le capitaine, en portant la main à mon chapeau.

Il vint sur moi, tout en répétant :

– Découvrez-vous, monsieur, quand vous parlez à votre supérieur !

– Je n'en reconnais pas.

– Comment ! ne suis-je pas votre chef ?

– Oui, monsieur, vous l'êtes, mais voilà tout.

– Eh bien ! pourquoi n'ôtez-vous pas votre chapeau ?

– Je ne l'ôte jamais.

– Chapeau bas, monsieur ! hurla-t-il d'une voix exaltée.

– Non, il n'en est pas question.

– Quoi ! non ?

– Non ! pour nul autre que Dieu !... et me rappelant que je l'avais ôté pour le roi, j'ajoutai : et le roi.

Cet être parasite considérait le chapeau comme un instrument devant servir à montrer de la soumission, ou plutôt de la bassesse. Il avait obtenu par ses flatteries les bonnes grâces du capitaine; néanmoins, lorsqu'à cette occasion il se plaignit de ma mutinerie, de mon insubordination, celui-ci ne l'écouta pas. Sa rage s'accrut tellement par le sentiment de son impuissance qu'il redoubla de tracasseries. J'eus soin de les recueillir dans ma mémoire pour les lui rendre un jour avec usure.

Un autre événement, qui excita l'admiration d'Aston, arriva pendant que nous croisions entre Madras et Bombay, le long de la côte de Goa, si infestée de pirates. Nous avions donné la chasse pendant une partie du jour à un petit navire dont l'empressement à fuir nous avait paru suspect. Vers la brune, il mit en panne. Trois canots furent mis à la mer pour tâcher de l'aborder. Je me trouvais dans celui que le lieutenant écossais commandait; c'était le mieux armé, le mieux équipé et le meilleur voilier. Aston était dans le second et se tenait à notre portée. Le supposé pirate, apercevant notre manœuvre, gagna la côte et rasa le rivage. On crut que nous ne pourrions l'aborder que lorsqu'il serait échoué. Voyant qu'il s'élevait une brise légère, et sachant que les ordres généraux de la flotte des Indes étaient de détruire mais non de prendre à l'abordage les pirates malais, la frégate tira un coup de canon et hissa le signal de rappel. Nous n'étions alors qu'à deux portées de fusil du pirate, qui s'était réfugié derrière des écueils, et les naturels en armes couvraient le rivage. Lorsque notre lieutenant entendit le canon de signal, il nous déclara qu'il nous fallait virer de bord et ordonna de se tenir sur les rames pour attendre le canot d'Aston.

– Aston, lui cria-t-il, vous voyez le signal de rappel, nous allons regagner la frégate.

– Quel signal? répondit Aston... Je ne le vois pas.

– Si vous voulez le regarder, vous le verrez facilement, dit le lieutenant.

– Peu m'importe, répondit-il; nous avons l'ordre de reconnaître ce bâtiment-là; c'est mon devoir de continuer. Allons, larguez mes enfants!...

Je priai Aston de rester sur les rames un instant, et puis, me tournant du côté de l'Écossais, je lui demandai respectueusement si nous devions ou non avancer, car j'étais au gouvernail. Il répondit « Non! » et m'ordonna de retourner vers le navire. J'abandonnai le gouvernail et sautai à la mer; et, criant à Aston de me tendre une perche, je nageai vers son canot. Le lieutenant furieux s'écria :

– Je rendrai compte de votre conduite, monsieur!

Aston ordonna à son équipage de faire voile vers la terre, et dans dix minutes nous fûmes à bord du malais. J'étais sur l'avant du canot, brûlant du désir de combattre. Aussitôt que nous eûmes atteint la barque ennemie, une hache à la main, je me saisis d'une corde qui pendait à la mer, et, sans autre aide, je grimpai le long des agrès. A peine étais-je sur le pont qu'une tête roula à mes pieds. Suivi par deux ou trois matelots, nous fîmes des Malais un affreux carnage; il ne réchappa que ceux qui cherchèrent leur salut dans les flots, car la rage m'aveuglait au point que je ne voyais pas si l'on m'opposait ou non de la résistance. Furieux que quelques-uns se dérobassent à nos coups, je pris un mousquet, mais, à l'instant où j'allais faire feu sur un des fuyards, Aston s'empara soudain de mon bras, en s'écriant :

– N'entendez-vous pas ? Il y a une heure que je vous appelle. Que faites-vous là ? Êtes-vous fou ? Vous êtes cause que mes gens n'ont pas écouté mes ordres. Jetez ce mousquet, vous n'avez aucun droit sur l'équipage de ce navire.

Je demandai avec surprise si la barque n'était pas malaise ?

– Comment puis-je le savoir ? répliqua-t-il; vous auriez dû attendre mes ordres ! Peut-être était-ce un bâtiment inoffensif.

Ce fut alors que je commençai à craindre d'avoir été imprudent et trop prompt. Mon ardeur se refroidit à l'idée d'avoir compromis Aston, mais ce fut avec une joie inexprimable que je vis les sauvages faire feu sur nous avec des mousquets à mèches et mettre à la mer leurs chaloupes pleines d'hommes armés. Tandis qu'ils perdaient le temps à rassembler leur monde, nous coulâmes la barque à fond, et rejoignîmes nos canots. La frégate, s'étant avancée vers nous, nous prit à son bord, ainsi que deux Malais blessés, qu'Aston avait emmenés avec lui.

Après cette équipée guerrière, je m'efforçai de calmer le mécontentement d'Aston par ma docilité et mon activité. J'y réussis si bien qu'après m'avoir fait une légère réprimande, il représenta ma conduite en termes si favorables au premier lieutenant que le récit du farouche Écossais ne m'attira d'autre punition qu'une petite mercuriale.

Avant cet événement, j'avais déjà commandé le respect à bord par mon audace. Mon indifférence et même ma négligence aux devoirs ordinaires du service étaient en quelque sorte tolérées, en faveur de l'incroyable activité et du zèle que je déployais dans les mauvais temps et les plus grands dangers.

Tout le pouvoir de mes chefs s'était brisé contre mon obstination; la torture ne m'eût pas intimidé. Pour nous punir, on nous envoyait passer quatre ou cinq heures sur la mâture. Quand j'y allais, j'avais l'habitude de m'étendre le long des vergues, et là, comme dans un lit d'édredon, je feignais de m'endormir, ou réellement je m'endormais quand la chaleur était étouffante. Ma situation périlleuse excitait les alarmes; on craignait de me voir tomber. Un jour l'Écossais m'ordonna dans un moment de colère, pensant que je ne pourrais m'y livrer au sommeil, de monter à l'extrémité de la vergue des huniers, et d'y rester quatre heures. La mer était houleuse et le vent abattu. Je murmurai bien un peu, mais il fallut obéir. Lorsque je parvins à cette hauteur, d'où l'on ne pouvait sans étourdissement regarder en bas, me cramponnant à la balancine des huniers et me couchant sur le boute-hors, je feignis de dormir. Le lieutenant me criait fréquemment de veiller à moi si je ne voulais pas tomber à la mer. Ses avertissements répétés m'inspirèrent l'idée de justifier ses craintes en me laissant choir. J'étais sûr de ne pas me noyer, car je nageais mieux que quiconque dans l'équipage; j'avais vu sauter un homme de la basse vergue inférieure, et le désir d'en faire l'expérience de là-haut me décida. Le mouvement du vaisseau favorisait mon dessein; j'attendis le moment opportun. Le soleil se couchait, les officiers et l'équipage étaient à leur quart; je profitai du balancement du navire et, me jetant sur la crête d'une vague monstrueuse, je plongeai dans sa profondeur. Les angoisses que je ressentis après ma chute furent horribles; si je n'avais pas eu la précaution de maintenir mon équilibre et de tenir mes mains élevées au-dessus de ma tête, en conservant une position verticale tant que j'étais en l'air, j'aurais infailliblement perdu la vie.

J'étais dans un état d'insensibilité complète, à l'exception d'une douleur aiguë qui déchirait ma poitrine. L'affreuse conviction d'aller au fond de l'abîme avec la rapidité de la foudre, malgré mes efforts convulsifs pour remonter à la surface des flots, était un supplice que j'essaierais en vain de décrire. Le froid de la mort pénétrait tous mes sens; j'entendais au-dessus de moi un son confus de voix et le bruissement des vagues, et au-dessous un bruit semblable aux mugissements de la tempête; il me semblait que ma tête et mon sein allaient se briser. Bientôt après je crus voir une foule confuse de figures qui se penchaient sur moi et ressentis une nausée mortelle; mes membres étaient saisis d'un froid glacial, et mes dents claquaient avec force. M'imaginant que je luttais encore avec la mort, je faisais des efforts inouïs pour me délivrer des vagues. Cette affreuse position doit avoir duré longtemps. La première circonstance que je me rappelle distinctement, c'est la voix d'Aston, qui me demandait :

– Comment vous trouvez-vous?

En vain j'essayai de répondre; mes lèvres remuèrent sans que je pusse articuler une parole. Aston me dit que j'étais à bord et hors de danger. Je regardai autour de moi : il me semblait que l'eau remplissait tout mon corps et que je me trouvais encore au milieu des flots. Pendant quarante-huit heures je souffris des tourments inexprimables, et mille fois plus cruels après mon retour à la vie qu'avant que je perdisse connaissance.

Mais qu'était cette agonie? J'avais atteint mon but. Le lieutenant écossais fut sévèrement réprimandé pour sa conduite inexcusable dans un châtiment si dangereux. La pitié toucha le cœur du capitaine : il fit tuer un poulet pour me faire du bouillon et m'envoya une bouteille de vin. Je fis un rôti du premier et sucrai mon vin, car j'ai toujours eu de l'antipathie pour les choses fades. On ne m'envoya plus en punition à la mâture. Personne ne put soupçonner qu'un tel événement eût été la conséquence de ma propre folie.

Outre Aston, j'aimais particulièrement plusieurs de mes camarades. Parmi eux était un jeune homme à peu près de mon âge, dont le nom était Walter. Il n'y avait pas beaucoup de ressemblance entre nos caractères et nos goûts, mais son père l'avait traité avec plus de brutalité même que ne l'avait fait le mien à mon égard. Peut-être, aux yeux de certaines gens, méritait-il la haine de son père pour avoir paru sur la scène de la vie d'une manière illégale, peu orthodoxe et anti-canonique... Les parents et les tuteurs n'avaient pas été dûment consultés... On avait empiété sur les droits de l'Église : sa discipline avait été méconnue, ses ministres frustrés de leurs redevances; point de cloches dont les gaies volées eussent réjoui le village!... point de joie!... point de banquet!... Le pauvre étranger vint au monde sans avoir une voix pour lui dire : *« Soyez le bienvenu! »* Au lieu de ces fêtes, de ces chants, de ces rires, augures joyeux qui accompagnent une naissance heureuse, la mère et le fils furent forcés d'aller se cacher dans le coin le plus obscur d'une grande ville. On se servit des mêmes artifices, des mêmes précautions et des mêmes prodigalités pour cacher sa naissance que l'on eût employés si un meurtre avait été commis. Telle fut la seule marque de sollicitude et d'intérêt que lui donna son père.

Walter fut élevé dans une école de charité, l'école des habits bleus, un établissement fondé pour l'entretien et l'éducation des pauvres et des orphelins. Hé! n'était-il pas pauvre et orphelin, cet enfant d'un homme qui n'avait qu'un million de rente (40 000 livres sterling)? Sa mère fit tous ses efforts pour le placer dans la marine, et elle réussit. Pauvre et sans protection, il traînait une vie mélancolique; les persécutions qu'il endurait étaient humiliantes et paraissaient se perpétuer sous la tyrannie du lieutenant écossais. Son caractère devint sombre; il s'éloignait de nos jeux et de nos plaisirs, et tandis que nous nous plongions dans nos orgies il se livrait à l'étude. Je sentais un vif intérêt pour lui; souvent je m'avouais coupable de ses négligences dans le service, pour attirer sur moi les châtiments qu'il avait encourus; de cette manière je gagnai son cœur.

Pour tourner en ridicule le lâche Écossais, je fis une caricature : je le représentai obéissant au signal de rappel, tandis que les deux autres canots se précipitaient sur les Malais.

Walter dessinait mieux que moi, je le persuadai de me faire une copie soignée. Je choisis, pour la produire, le moment où les officiers étaient réunis autour du dîner; la caricature tomba par l'écoutille au milieu de la table. On entendit un long éclat de rire, et il se passa quelque temps avant que le susdit personnage fût reconnu. La longue et pâle figure de l'Écossais prit alors une teinte jaune comme celle du citron : tout donnait à penser qu'il en avait une attaque de jaunisse, sans doute causée par l'effort qu'il faisait pour retenir sa bile. Il n'épargna rien pour découvrir l'auteur de cette satire. Je dois ajouter que nous y avions adjoint, par voix d'explication, quelques vers que j'avais rimaillés, et que, soit vanité d'auteur, soit à l'exemple des anciens bardes ou de quelques poètes modernes, je les chantais sans cesse, sans tenir compte ni du temps ni des lieux. Bientôt ils devinrent aussi populaires parmi les matelots de l'équipage que *Calme ô rude Boreas*, ou *Tom Bowling*, etc., auxquels, sans m'ériger en critique, je les trouve supérieurs.

Quelque temps après, notre ennemi découvrit que le dessin était de Walter.

– J'ai cru d'abord que c'était l'œuvre de celui-là, dit-il, me désignant; il était certainement digne de le faire, car il est le fils de tous les diables et capable de toutes les horreurs; il brave toute autorité depuis qu'Aston et le premier lieutenant protègent son insolence. Quant à ce drôle, pâle et langoureux, de Walter, que tout le monde mène à coups de pied, pardieu! je vais lui faire prendre un bain avant qu'il soit d'une semaine plus vieux!

En effet, il tâcha de tenir parole, et sa perfidie, ses mensonges et ses ruses ne tardèrent pas à triompher. Le capitaine et le premier lieutenant, poursuivis sans cesse par ses plaintes et ses délations contre Walter, punirent ce dernier et le maltraitèrent si durement que son désespoir n'eut plus de bornes. L'oppression lui arracha des répliques vives et colères; il fut dégradé, tourné devant le mât et envoyé à la hune d'artimon. Quoiqu'on nous défendît de lui parler, je continuai à l'encourager. Son cœur sensible et délicat était brisé et plongé dans une noire mélancolie; je craignis qu'il ne justifiât la prédiction du lieutenant. Il m'écoutait avec indifférence. Je lui confiai ma détermination d'abandonner le bâtiment et la marine dans le premier port où nous toucherions; je lui conseillai d'en faire autant, et lui montrai la jouissance que nous pourrions encore ressentir à échapper à notre ennemi. L'espoir de cette vindicte sauvage réussit à le calmer, il feignit même de remplir son devoir avec gaieté.

Quand Walter était de service, surtout durant ses quarts de nuit, j'allais lui tenir compagnie dans la hune. Je calmais ses douleurs et ses plaintes en lui révélant un avenir de vengeance; je lui montrais la facilité avec laquelle nous pouvions exécuter notre projet; je lui rappelai que nous étions des hommes, que nous avions le pouvoir de rompre la chaîne qui nous liait; que notre vaisseau n'était pas le monde; que si les Anglais attentaient à notre liberté, ils étaient des tyrans, et que l'Inde, avec ses mille monarques, nous offrait un asile. « Oui, lui disais-je, de notre désespoir naîtra notre espérance, car pour être misérables, nous ne pouvons l'être davantage; tout changement dans notre situation ne peut être qu'un bienfait pour nous. »

Walter, enflammé par son imagination, se crut transporté dans une des îles innombrables de l'archipel indien, où déjà il se voyait avec son arc et ses flèches, sa ligne et son canot.

– Non, non! point de canot! s'écria-t-il, frappé d'une réflexion soudaine; jamais je ne verrai le rivage de la mer; mon sang se glacerait! Non, je trouverai, à l'abri de quelque ravin, le bord d'une rivière ombragée par des arbres; et là je vivrai en frère avec les naturels.

– Tout en séduisant leurs sœurs... ajoutai-je.

– Je me marierai, continuait-il, je me bâtirai une hutte, j'aurai des enfants.

– Tous isolés, nus?

– Oui, répondait-il, n'importe! ce qu'ils feront, je le ferai aussi.

Mais, telle est la force de l'habitude, nous glissions le long des manœuvres et, nous blottissant dans nos hamacs, nous

nous éveillions pour reprendre notre esclavage le jour, et continuer notre roman la nuit. Nous attendions tous les deux les quarts de nuit avec une égale impatience. Aston, de son côté, ne cessa jamais de traiter Walter comme un homme de mérite; et l'équipage, observant sa conduite, suivait son exemple avec cette pénétration rapide qui distingue l'empressement des esclaves.

Après une courte station à Bombay, nous fîmes voile pour Madras; et puis nous retournâmes au premier port avec des instructions secrètes de l'amiral. Un jour, pendant notre traversée de Bombay à Madras, je dormais dans un des canots de garde lorsque tout à coup je fus éveillé par un tumulte effroyable sur la frégate. La première pensée qui frappa mon imagination fut le souvenir de la révolte de Bligh. Jamais semblable confusion ne s'était offerte à ma vue. Les hommes débouchaient par toutes les écoutilles et se précipitaient sur le pont; il n'y avait plus de discipline; le lieutenant qui commandait demeurait stupéfait; le capitaine et la plupart des officiers s'agitaient à travers la masse épaisse de matelots, commandant, interrogeant, mais aucun ordre n'était écouté. Je vis bientôt que ce n'était pas la fureur, mais le désespoir qui se peignait sur le front ridé et noirci des marins, et tous s'écrièrent à la fois :

– Le feu! le feu, dans le magasin d'avant!

Ce cri terrible produisit un effet que rien ne pourrait dépeindre. Le robuste, l'endurci, le brave matelot démentit dans ce moment toute la gloire d'une vie entière. Une irrésistible terreur s'était emparée de son âme; il reculait devant le seul élément contre lequel il lui fût impossible de combattre : le feu, et le feu dans le magasin aux poudres! Au premier cri d'alarme, les officiers semblèrent partager la frayeur générale, mais l'habitude, ou une sorte d'instinct, leur rendit toute leur énergie. Tous, la tête haute, les yeux tournés du côté de l'écoutille, attendaient un malheur qu'ils ne pouvaient pas éviter. Nous étions hors de vue de la côte; pas une voile sur la mer, pas une tache à l'horizon; le seul objet qui traversât la voûte limpide et transparente du ciel était la fumée dense, noire, qui se déroulait à partir de l'écoutille et s'élançait comme une colonne que nous devions bientôt suivre.

Au milieu du désordre général, j'entendis la voix d'Aston, claire, forte comme le son d'une trompette : il commandait aux pompiers de prendre leurs seaux, aux marins de se mettre sous les armes, aux officiers de suivre son exemple. En même temps il se saisit d'un coutelas. A son exemple, le premier lieutenant et les autres officiers, éveillés par la voix du devoir, firent sortir l'équipage des canots et obligèrent les hommes à quitter les chaînes auxquelles ils s'étaient cramponnés.

Lorsque j'entendis la voix d'Aston, j'allai le rejoindre et lui dis :

– Je suis prêt à descendre dans le magasin, si vous m'envoyez les canonniers et de l'eau.

Je m'élance par la grande écoutille, traverse le premier pont, saisis une corde et descends, au milieu de la fumée, dans la soute aux poudres. L'avant de notre frégate était plus obscur qu'une nuit d'orage; il était impossible de distinguer le foyer de l'incendie. Je tâte autour de moi; ma tête et mes mains brûlent, ma respiration est comprimée par la fumée, puis je bronche sur un homme mort, ou asphyxié. Des paquets de mèches étaient incendiés, je les arrache et les disperse. Les fusées bleues des signaux prennent feu, et les hommes qui venaient me seconder s'écrient :

– Elle est perdue!

Sur quoi tous s'empressent de regagner le pont, où ils répètent avec l'accent du désespoir :

– Elle est perdue!

Rien n'interrompit alors le silence sépulcral qui succéda à leur cri.

La lueur des fusées enflammées nous dévoila la cause de cette scène. Le maître canonnier était étendu à mes pieds; il avait encore le tuyau d'une pipe à la bouche et jetait par intervalles des bouffées de fumée : c'était le seul symptôme qu'il donnât de vie. Le feu venait de prendre aux mèches déjà prêtes pour le service des canons. Des paquets entiers commençaient à brûler sourdement et vomissaient la fumée qui remplissait le vaisseau, mais il n'y avait de danger que dans la proximité de la poudre. Je m'élance sur les fusées avec l'ardeur que m'inspire l'espoir de sauver la frégate. Dans mon enthousiasme, je me croyais incombustible. Pendant que je faisais tous mes efforts pour me rendre maître du feu, qui avait déjà atteint les fusées des signaux, et que je demandais un renfort, Aston vint à moi.

– Ne descendez pas, lui dis-je; retirez ces maudites machines; qu'on apporte une douzaine de seaux d'eau... et c'est fini.

Il envoya dire au capitaine, par un des vétérans qui le suivaient, qu'il n'y avait plus de danger, et que l'eau était la seule chose dont nous eussions besoin.

Ce fut sur moi qu'Aston jeta le premier seau qu'on apporta, en hurlant :

– Mais vous êtes en feu!

Mes cheveux et ma chemise brûlaient en effet; mes habits étaient en flammes, et la fumée qui m'entourait de toutes parts ne tarda pas à me faire perdre tout sentiment. L'air frais ranima mes sens. Aston m'avait remplacé; en peu d'instants le magasin fut inondé d'eau, et tout danger disparut bientôt.

On m'appela; je parus sur le pont, les traits noircis par la poudre, n'ayant pour vêtements qu'un pantalon, les cheveux et les sourcils brûlés, les mains et le visage déchirés; enfin, je représentais, je crois, la figure d'un démon qui vient d'échapper aux enfers. Tous les officiers souriaient, mais ils paraissaient aussi louer hautement ma présence d'esprit. J'ai dit *paraissaient*, parce qu'il est contre la coutume ordinaire des marins de s'exprimer avec plus de franchise. Ils auraient cru se manquer à eux-mêmes s'ils m'avaient remercié.

CHAPITRE TROISIÈME

Second voyage à Bombay.
Rencontre avec De Ruyter. Sa sagesse, ses bons conseils.
Ma vengeance sur l'officier écossais. Ma fuite de la frégate.
Rencontre d'un cavalier en difficulté.

Lorsque nous mouillions dans un port, je guettais le moment d'aller à terre, et jusqu'à ce que l'on fît le signal d'embarquement et qu'on larguât le grand hunier, il y avait peu de chance de me voir à bord. En entrant pour la seconde fois dans la rade de Bombay, je trouvai un prétexte pour me jeter dans un des canots de terre. J'avais établi mon quartier général de prédilection dans un restaurant de la ville, où je m'abandonnais aux plaisirs les plus extravagants. Le temps que je dérobais aux femmes et au vin, je l'employais à courir le pays, portant la débauche dans les bazars et le tapage dans les billards; comme à bord, on m'accusait généralement à terre de toute commotion, de tout désordre. Dans l'Inde, les Européens traitent les habitants subjugués avec la morgue de véritables seigneurs : on y peut commettre, presque impunément, toute espèce d'outrage.

J'entretenais des relations avec Walter par écrit ou par des messagers. Il fut décidé qu'il n'abandonnerait la frégate que lorsqu'elle mettrait à la voile. Alors je devais fréter un canot pour le transporter à la faveur de la nuit : lui-même me rejoindrait à la nage en se jetant à la mer par le sabord d'avant. Quant au lieutenant, c'était moi qui devais prendre soin de lui, car j'étais grand et fort, et il y avait peu d'hommes avec qui j'hésitasse à me mesurer.

Dans le restaurant où je m'étais installé, je fis la connaissance d'un marchand. La jeunesse forme et resserre, en peu de jours, des liens d'amitié qu'un âge plus avancé ne contracte qu'après des années. Nous fîmes ensemble deux ou trois parties de billard et quelques promenades, et nous devînmes camarades. Plusieurs officiers de marine venaient me visiter au restaurant; nous en sortions pour faire mille et mille escapades. Mon ami, qu'on désignait sous le nom de l'Étranger, semblait rechercher la société des officiers de la marine et prendre un vif intérêt aux détails qu'ils lui donnaient sur leurs courses, sur les vaisseaux auxquels ils appartenaient, sur la force de leurs voiles, sur le caractère et les talents de leurs capitaines respectifs. Sa conversation se bornait, en général, à des questions; c'était là ce qui le faisait préférer aux autres, car la plupart des hommes parlent toujours avec plus de plaisir qu'ils n'écoutent. Il visitait souvent avec moi les vaisseaux de guerre qui se trouvaient dans le port; j'en excepte ma frégate, où je ne le conduisais pas; cependant, pour l'en dédommager, je lui donnai sur ce navire tous les renseignements qu'il lui plut de me demander. Il se faisait appeler Dewith. Je vais le désigner dès à présent par son véritable nom : De Ruyter.

Il me dit qu'il attendait une occasion pour Bantam; il avait une connaissance parfaite de l'Inde et de ses mers. La plupart des langues d'Europe lui étaient familières, et il parlait l'anglais sans le moindre accent. Presque chaque nuit, je le rencontrais se promenant dans les bazars, et il m'engageait à l'accompagner. Il n'y avait pas dans cette ville, la plus irrégulière du monde, un seul coin qui lui fût inconnu. De Ruyter pénétrait sans cérémonie dans une foule d'habitations obscures; il conversait avec les naturels dans leurs divers idiomes, et c'était toujours avec la même facilité, soit qu'il articulât le grognement guttural et sauvage des Malais, les sons plus humains des Indous, ou la langue persane, si douce et si harmonieuse. Mais ce qui me frappait le plus, c'était la grande déférence que ces gens avaient pour lui; le marchand arménien, même avec son orgueil, sa suffisance et ses manières guindées, descendait de son palanquin pour lui parler, et, qui plus est, paraissait enchanté de le rencontrer.

Ces circonstances et plusieurs autres m'étonnaient; à dix-sept ans on ne voit pas, comme à trente, un fripon dans chaque homme. De Ruyter avait tant d'empire sur lui-même, tant de décision dans ses actions, une instruction si universelle, que je me sentais subjugué en l'observant, et je n'aurais pas su le moindre gré à celui qui m'en eût averti, car à cet âge on n'avoue pas volontiers la supériorité d'un autre. Peut-être mon admiration n'eût-elle pas été si forte sans les avantages physiques qu'il avait aussi sur moi. Sa taille était majestueuse, ses membres bien proportionnés, et la finesse de son corps arrondi dénotait chez lui cette légèreté élastique dont les Orientaux offrent le modèle, et que l'on trouve ailleurs si rarement. Il fallait l'examiner avec attention pour découvrir, sous la forme svelte du palmier, la force et la solidité du chêne. Un artiste eût désiré plus de largeur dans son visage, mais ce défaut ajoutait à l'effet de son front élevé, clair, hardi, aussi doux que le marbre sculpté. Ses cheveux étaient bruns et abondants, ses traits bien dessinés. L'œil était ce qu'il avait de plus remarquable : les nuances de la prunelle changeaient avec une étonnante rapidité, et il était impossible d'en distinguer la couleur. Comme le caméléon, elle n'avait pas de teinte fixe, c'était une glace qui reflétait son âme. Un voile sombre comme un nuage couvrait sa pupille dans l'état de repos, mais lorsqu'un sentiment agitait son cœur avec force, le brouillard s'évaporait, l'œil resplendissait et son regard brillait comme les rayons du soleil. Ses cils étaient d'un brun noir; il avait de gros sourcils, droits et proéminents; l'habitude de les froncer, causée par la chaleur intense du soleil d'Orient, avait formé autour de ses yeux une infinité de rides, différentes de ces sillons profonds qui caractérisent dans nos climats la vieillesse ou la débauche : les lignes de sa bouche, pleine d'expression, étaient fortement tranchées; les lèvres étaient musculeuses, et celle de dessus, qui s'élevait un peu, faisait quand il parlait un mouvement convulsif; les mâchoires saillantes donnaient au reste de la physionomie un air déterminé. Son teint était plus clair que le mien, partout où le soleil ne l'avait pas brûlé, mais où ses rayons avaient frappé, il avait la peau hâlée, noire et comme desséchée. Tel était le portrait de De Ruyter à sa trentième année.

Je ne suis si minutieux dans le portrait que je donne du personnage que pour mieux faire comprendre l'influence extraordinaire qu'il acquit sur mon esprit dans une période si courte. Il devint un type pour moi : toute mon ambition était de l'imiter, même en ses défauts. Je sentis s'éveiller toute mon émulation; pour la première fois de ma vie, j'avais reconnu la supériorité d'un homme. Il était impossible de l'égarer; il avait, dans ses actions les plus indifférentes, une manière si prompte, si libre, si noble, qu'elle semblait une émanation toute fraîche, toute nouvelle, de son individualité. Tout le reste, par comparaison, tombait dans l'imitation, la singerie.

L'influence d'un long séjour sous le climat brûlant des tropiques ne l'avait pas affaibli; sa force et son énergie paraissaient insurmontables. La fièvre du Tropique, qui voue ses victimes à la folie, n'avait pas corrompu son sang; le soleil dardait sur sa tête nue ses rayons sans qu'il en résultât le moindre accident; il était le seul qui vaquât à ses occupations sans avoir égard au temps ou à la température. Mais ensuite j'observai qu'il buvait peu, mangeait peu, dormait peu. Lorsqu'il venait nous joindre au milieu de nos orgies dans la nuit, il se contentait de prendre son *houka* [1]. Les plus jeunes d'entre nous ne savaient pas jouir si bien que lui de l'heure présente : malgré les vertus sédatives de son houka, il nous surpassait en gaieté lorsque les vapeurs du vin échauffaient notre cerveau, ou que le punch au rack nous donnait la rage de l'ivresse. Il prenait sans effort le ton de la société dans laquelle il se trouvait. Cette tolérance était un résultat de la

1. Chalumeau indien, espèce de cigare.

conviction qu'il avait de son pouvoir et du charme qui enchaînait à sa volonté l'homme le plus mutin et le plus étourdi, et qui les modelait tous d'après la forme qu'il plaisait à sa fantaisie de leur donner. Il aimait étudier les caractères des autres, les voir sous leur teinte naturelle; il prenait aussi plaisir à relâcher la tension violente de son imagination exaltée en réveillant dans son cœur les souvenirs de son enfance. Ce fut en descendant à notre niveau qu'il gagna sur nous cette influence que Salomon lui-même n'aurait pas obtenue, en dépit de sa sagesse et de ses judicieux proverbes.

Traité en égal par un être qui me surpassait en âge et qui m'était si supérieur en intelligence, je me sentais une importance, un orgueil que je n'avais jamais connus. De Ruyter, par sa conduite, avait acquis ma confiance; je la lui avais vouée sans bornes, et bientôt il devint insensiblement maître de mes pensées les plus secrètes. Je lui fis connaître la résolution que j'avais prise de quitter la marine. Dans cette profession, je ne pouvais pas accomplir ces plans ambitieux de gloire qu'avait développés mon imagination. Au lieu de m'encourager dans ces idées, il me conseillait toujours de ne rien faire avec précipitation ou avec colère. Je lui parlais de l'abandon et des outrages que j'avais soufferts, de mon dégoût de la vie, conséquence inévitable de mon affreuse position, et je finissais par la détermination inébranlable de briser les fers sous lesquels je gémissais; enfin, je lui déclarai que s'il ne me restait pas d'autre moyen, j'aimerais mieux vivre au milieu des buffles et des tigres, jusqu'à ce que j'en fusse dévoré, que de demeurer plus longtemps sous un despotisme qui tenait jusqu'à mes pensées en esclavage.

– N'est-il pas écrit, disais-je avec véhémence, dans notre code naval, que vous ne devez montrer ni dans vos gestes ni dans vos regards votre mécontentement envers ceux qui vous gouvernent avec le fouet toujours menaçant et ensanglanté? Qui ne se révolterait pas contre les dieux s'ils voulaient nous inspirer de telles lois? Et s'il faut que nous ayons un maître, pourquoi ne pas choisir le service des démons et s'y engager avec de bonnes conditions et de franches paroles?

– Eh bien! se bornait à dire De Ruyter, vous allez vous échouer; comprimez votre colère; voyez les choses sous leur couleur véritable, non telles que votre imagination maladive vous les dépeint. Nous ne pouvons tous être maîtres, ni le meilleur commandant satisfaire chacun de ceux qui sont sous ses ordres. Vous êtes froissé par la froideur et les sottises d'hommes faibles, mais peu méchants. L'esprit borné des autres vous a fait endurer assez de maux pour que vous raisonniez avec justesse; il vous faut distinguer si ceux qui vous ont offensé l'ont fait par malice ou par ignorance. Le seul cas où vous ayez eu droit de vous plaindre ne vaut pas la peine d'y penser, je veux dire le lieutenant écossais dont vous m'avez parlé...

– Pas la peine! protestai-je. Vous ne croyez pas que j'aie quelques bonnes raisons d'y penser, quand il a causé la ruine et la dégradation de mon ami Walter! Et puisque j'en suis la cause, c'est moi qui dois venger ses injures. Que tous les maux de la vie tombent sur ma tête, que le paria me crache à la figure en me foulant aux pieds, et que les chiens sauvages me dévorent, si je pardonne à ce vil...

Le nom détesté tremblait sur mes lèvres, lorsque ce misérable entra seul dans la salle où nous parlions. Il vit ma figure enflammée, brûlante, et hésita. Il se décida enfin; il s'avança avec son air flatteur, son sourire, ses grimaces et cet air de bonhomie sous le couvert duquel il avait détruit les espérances de tant de braves et loyaux marins. Je l'avais souvent rencontré dans cette taverne, mais il était aussi rampant à terre qu'il était insolent à bord. Me croyant sans doute sous son commandement, et par conséquent en son pouvoir, il me dit, en s'approchant de moi :

– Eh bien! ignorez-vous qu'on vous attend à bord? Nous avons l'ordre de mettre à la voile demain, et tous les officiers doivent s'y rendre à la pointe du jour.

– Est-ce bien vrai? m'étonnai-je, étouffant ma voix pour cacher mes projets – mais toutes mes fibres s'agitaient et mon sang brûlait et se glaçait tour à tour. Alors il est temps d'arranger mon compte. Voilà, par bonheur, mon principal créancier.

– Que voulez-vous dire? demanda-t-il.

– Un jour vous m'avez prescrit de ne jamais être en votre présence le chapeau sur la tête; voici que je vous obéis pour la dernière fois.

A ces mots, je lui jetai mon chapeau à la figure.

Tandis qu'il me regardait d'un air stupéfait, je détachai le seul signe de servitude que j'eusse sur moi et, le foulant aux pieds, je m'écriai :

– A présent, monsieur le lieutenant, je suis libre; vous n'êtes plus un chef pour moi. S'il faut que je reconnaisse en vous mon supérieur comme homme, prouvez-moi que vous l'êtes l'épée à la main.

Et me plaçant entre lui et la porte, j'ajoutai :

– Tirez donc un peu votre épée, monsieur, et les garçons du billard verront jouer beau jeu.

Il tenta de passer en me lançant dans un murmure :

– Que me voulez-vous? Êtes-vous fou?

Le saisissant par le collet, je le poussai jusqu'au milieu de la salle et répliquai :

– Il n'y a pas à dire; vous ne pouvez pas m'échapper; défendez-vous!

Il alla vers De Ruyter, lui demanda sa protection, et lui jura qu'il ignorait ce que je voulais dire et ce que je voulais faire. De Ruyter continua tranquillement à fumer et lui répondit :

– Comment! cela paraît assez clair. Je n'ai rien à faire à votre querelle. Vous feriez mieux de tirer votre épée et de vous battre; ce n'est qu'un enfant, et, à en juger par votre barbe, vous devez être un homme.

La peur s'empara du lieutenant. Il protesta que jamais il n'avait eu la moindre intention de me nuire, qu'il me demandait pardon si je le pensais. Il me pria de rengainer mon épée et de l'accompagner à bord, faisant le serment solennel de ne pas profiter contre moi de cet événement.

Sa bassesse me révolta ; je le repoussai, lui crachai au visage, et m'écriai :

– Rappelle-toi Walter, lâche, infâme assassin ! Quoi ! scélérat, poltron ! ces paroles ne font-elles sur toi aucune impression ? Voyons si les coups...

Je le frappai sur la bouche de la poignée de mon épée et le renversai par terre à mes pieds ; puis je lui arrachai son uniforme et, le déchirant, je lançai :

– C'est la première fois qu'un pareil lâche a dégradé ces nobles couleurs.

Ses cris, ses protestations augmentèrent mon mépris et ma colère, furieux que j'étais d'avoir été si longtemps tyrannisé par ce misérable.

– Pour le mal que tu m'as fait, je te tiens quitte, mais rien, sinon ton sang, ne lavera ta cruauté envers Walter.

Ayant brisé mon épée dans l'attaque, je retirai la sienne de dessous sa carcasse étendue, et je l'aurais dépêché sur-le-champ sans l'intervention d'une main robuste qui saisit fortement mon bras. C'était celle de De Ruyter, lequel me dit d'une voix tranquille et suave :

– Allons ! pas de meurtre ! – et me tendant une queue de billard cassée – un bâton vaut mieux pour châtier un lâche ; ne rouillez pas ce fin acier.

Toute observation était inutile : De Ruyter s'était emparé de l'épée. Mais la queue arracha au drôle des hurlements épouvantables ; et mes coups ne cessèrent que lorsqu'elle se fut brisée et qu'il ne donna plus aucun signe de vie.

De Ruyter avait fait sentinelle à la porte, défendant l'entrée à ceux qui étaient au dehors. Je ne m'en étais pas aperçu ; un moment après, il ouvrit, et une foule de nègres et de blancs se précipitèrent dans la salle.

A ma grande surprise, Walter parut à la tête de ces gens. Son étonnement fut extrême à la vue de la scène qui s'offrait à ses yeux. L'homme qu'il abhorrait le plus était étendu sans mouvement à ses pieds. Il le regarda avec une sorte de triomphe ; ses lèvres palpitaient, mais son visage, d'abord rouge, pâlit aussitôt. Il leva les yeux et, me voyant haletant, muet de rage et mon épée à terre et brisée, il devina la vérité et fixa un regard curieux sur De Ruyter, qui non seulement en comprit le sens mais parut même reconnaître le nouveau venu, car il lui demanda si son nom n'était pas Walter.

– Eh bien! reprit-il, quand l'autre lui eut répondu affirmativement, voilà votre ennemi. Je crois que notre ami en a tiré une éclatante vengeance. Je désirerais pourtant qu'il s'emportât moins.

– J'espère, répliqua Walter, qu'il ne l'aura pas tué.

De Ruyter n'en était pas certain. Il se leva, tâta le pouls au lieutenant et répondit :

– Non, il n'est pas encore mort. Holà! qu'on emporte cet homme.

Les domestiques l'enlevèrent. Le moribond ouvrit les yeux; le sang sortait en écume de sa bouche, et je pus voir qu'une partie de ses dents avait été brisée. Sitôt qu'il vit Walter, sa terreur s'accrut, et Walter à son tour eut de la peine à contenir sa rage quand il entendit De Ruyter dire que l'épée ne s'était pas brisée *dans* le corps mais *sur* le corps du misérable... d'où il s'imagina que l'Écossais était plus effrayé que battu. De Ruyter lui assura le contraire :

– Allons, il est plus difficile à tuer qu'un tigre : jamais je n'ai vu coquin endurer une pareille bastonnade. Voyons, jeunes gens, il en a assez, trop même, si l'on venait à vous arrêter; et la manière dont vous vous êtes congédiés vous-mêmes du service pourrait paraître peu régulière. Ne serait-ce donc pas mieux de vous sauver avant que l'affaire ne soit ébruitée et que l'on ne vous ferme la porte de la ville? Mais voyons, Walter, n'auriez-vous pas suivi l'exemple de votre ami? Je vois que vous êtes dépouillé de l'habit bleu! Que signifie ce rouge-là? Avez-vous changé sérieusement votre uniforme, ou est-ce une plaisanterie?

J'avais observé avec surprise que Walter était en uniforme d'officier.

– Grâce à Dieu et à ma mère! s'écria-t-il, j'ai obtenu un

brevet d'officier au service de la Compagnie [1], et dès ce matin, j'ai pu prendre congé de la frégate. J'étais pressé de payer ma dette à ce drôle : par chance, un officier en partance pour l'Angleterre m'a cédé son uniforme; je me suis hâté de venir vous surprendre et vous consulter sur les moyens de nous emparer de cet infernal vilain, car ils vont mettre à la voile demain. En entrant dans la maison, j'ai entendu vos cris furieux, sans m'imaginer que vous aviez anticipé sur ma vengeance; mais la fortune ne donne jamais d'une seule main.

De Ruyter l'interrompit.

– Allons, dit-il, plus vite que le vent, partez! Vous aurez assez de loisir pour parler dans une meilleure occasion. Le temps presse. Allez, continua-t-il à mon intention en abaissant la voix, allez au Bangala, que je vous indiquai l'autre jour, près du village de Punce. Vous connaissez le chemin. L'un de nous deux ira vous rejoindre sitôt que la frégate sera partie. A présent, plus de bavardage. Allez, vous dis-je.

On m'amena mon cheval. C'était une vilaine bête, capricieuse, sauvage et revêche, à qui des yeux louches donnaient une expression des plus sinistres. Venue de la campagne, elle avait jeté par terre plusieurs officiers de marine qui avaient eu la présomption de la monter; personne n'en voulait. J'avais trouvé l'animal en possession tranquille d'une sinécure. Jusqu'alors je n'avais rien vu d'aussi obstiné au monde – moi-même excepté. Son esprit indépendant avait finalement acquis à la bête mon estime; je l'aimai et, la prenant sous ma protection spéciale, je m'étais fait une jouissance de lutter avec elle. Un cheval fougueux et rétif n'est pas considéré comme un moyen de récréation dans les climats brûlants du Tropique, mais je me plaisais à marcher contre le torrent, sans suivre jamais les traces des hommes sages qui continuent leur route par les sentiers fréquentés du monde. Mon cheval et moi ne tardâmes pas à devenir un objet de curiosité pour les tranquilles habitants du pays; il y avait de l'intérêt à voir qui de nous deux triompherait de son adversaire. Au péril

1. La Compagnie des Indes. *(NdE)*

de la vie des hommes, des femmes et des babouins, je galopais tous les jours dans les rues étroites de la ville. On portait des plaintes innombrables pour des étalages renversés, des contusions, des fractures. Il n'y avait dans toute l'étendue de la cité, et parmi ses cent castes, qu'un sentiment unanime, et qui venait du cœur : c'était une inimitié sincère contre moi. Si les malédictions avaient pu me démonter et diriger les pieds de mon cheval contre ma tête, personne d'entre les habitants du lieu, ni chrétien ni païen, n'eût fait un pas pour arrêter ma juste punition. Grâce à une selle et à un mors turcs que j'avais substitués au ridicule équipement anglais, ivre ou à jeun, je gardais mon aplomb, quoiqu'il me fût impossible de dompter l'entêtement de ma monture. Nous finîmes pourtant par nous entendre, à l'exemple des maris et des femmes comme il faut, qui, las de se quereller en particulier, continuent de pointiller en public.

Ce fut sur cet animal que je montai, avec la jaquette blanche de De Ruyter, et que je me hâtai de gagner la porte de la ville, tout ému encore de la bastonnade que je venais d'appliquer au lieutenant écossais, mais un peu soulagé par deux bouteilles de clairet que nous avions dépêchées, Walter et moi. La garde des *sepoys* [1] était rangée sous la porte de la cité. Ma haine pour la livrée de l'esclavage s'étendait à tous ceux qui la portaient. Me croyant déjà une taille plus élevée, des forces plus redoutables, et voulant faire parade de ma nouvelle liberté, je pousse mon cheval en avant. Le vilain, comme s'il eût partagé mes sentiments, se prête sans résistance à l'impulsion qu'il reçoit. Il se précipite à travers les rangs avec la rapidité de la pensée. « Hurrah ! » m'écriai-je de toute la force de mes poumons, « hurrah ! hurrah ! », et bientôt je me trouve dans la plaine de sable qui environne la ville.

Là, tout entier à ma joie, je m'abandonne aux extravagances, aux folies d'un furieux qui vient de rompre sa chaîne. Je pique les flancs de mon cheval qui s'élance, docile, vers

1. Espèce de garde mobile des naturels du pays.

l'intérieur d'un désert de sable; je crie, je hurle jusqu'à extinction de voix; je tire le sabre que De Ruyter m'a donné et me mets à faire le moulinet, sans égard pour les oreilles et la tête de ma bête. Enfin, lorsque j'ai perdu de vue la porte de la ville, j'arrête mon *compagnon* couvert d'écume; je jette un regard autour de moi, puis, sautant à terre et n'apercevant plus de trace d'hommes :

– Noble ami! m'écriai-je en caressant de la main son cou fumant, ô toi la seule créature honnête de ce bas monde, vois donc! Voici le sol de la liberté; ici, plus d'esclavage! plus de chaînes!... ma volonté, rien que ma volonté!... Où sont-ils, ceux qui prétendent m'imposer leur joug? Ah! maintenant je ne connais plus de maître; je suis à moi, tout à moi!... Qu'ils viennent! qu'ils viennent donc, les braves de la flotte et les braves de la garnison! Qu'ils viennent tous! je les défie; je les attendrai sans bouger!

Et le vent emportait mes bravades. Les battements précipités de mon cœur soulevaient ma poitrine. J'errais en liberté; je pouvais agir par moi-même et pour moi-même, sans tyrans à craindre, sans esclaves à mépriser. Cette pensée me jetait dans l'extase, dans le délire du bonheur. Je lançai mon bonnet au loin. Le ciel semblait enflammé comme une lame immense d'or ou de cuivre qui aurait reflété les feux d'un volcan. Chaque grain de sable était une étincelle qui brûlait et pénétrait de son ardeur la plante de mes pieds; telle était l'horreur que j'éprouvais à la vue du moindre signe d'esclavage, ou, ce qui était la même chose pour moi dans ce moment, du moindre vestige de civilisation, que je fus près de déchirer tous mes vêtements, qui me la rappelaient; durant ce paroxysme, j'aurais dessellé, débridé mon cheval, pour lui donner aussi la liberté.

Mais une apparition soudaine vint fixer mon attention. L'impression qu'elle m'avait d'abord causée se dissipa bientôt. Je ne craignais pas qu'on me poursuivît de ce côté-là, car j'étais déjà en avant de la forteresse. Malgré mes efforts pour découvrir ce que cela pouvait être, je ne distinguais qu'un corps noirâtre qui reparaissait par intervalles, au milieu d'un tourbillon de sable blanc et resplendissant. Je m'élançai sur ma monture et galopai dans cette direction. En avançant, je distinguai la forme d'un cheval qui courait en décrivant un cercle. Plus j'en approchais, plus il redoublait de rapidité, en élevant sous ses pieds des nuages de poussière. Ma bête dressa sa crinière, répondit aux hennissements bruyants de son frère, et accéléra sa marche. Mais lorsque je fus assez près pour contempler cette scène étrange, ma surprise fut à son comble en entendant une voix qui s'adressait à moi; j'aperçus un peu plus loin un homme en uniforme de cavalerie, à moitié couvert de sable, trempé de sang et de sueur.

– Qu'est-ce cela? lui criai-je; et son cheval s'avança vers moi.

Ses grands yeux et ses narines ouvertes étaient d'un cramoisi foncé, et le sang qui coulait de plusieurs blessures qu'il avait reçues à la tête, à l'encolure et sur ses flancs se mêlait à la blanche écume qui couvrait sa peau noire et brillante. La crinière et la queue redressées, la bouche ouverte, il s'approcha de moi jusqu'à la distance de quelques toises. Je m'avançai et tirai mon sabre. Il recommença alors sa course, se retournant et décrivant des cercles de plus en plus serrés, galopant avec une étonnante vitesse, et finit par se ruer sur le soldat abattu qui avait peine à se défendre avec son sabre. Le cheval évitait les coups avec adresse et agilité. La selle était à terre, près du soldat qui s'en faisait comme un rempart. L'ayant manqué de ses pattes de derrière, le cheval se retourna, s'élança comme un tigre pour le frapper de ses sabots de devant, puis il se saisit du malheureux avec ses dents.

C'était chose inouïe que ce cheval qui attentait à la vie de son cavalier et cherchait à lui écraser la tête de son sabot ferré. D'après mes idées d'indépendance, j'aurais dû protéger l'animal, ou bien demeurer neutre, mais par instinct, je me rangeai du côté de l'homme. J'essayai de m'interposer entre l'un et l'autre, ce qui n'était pas facile, car le cheval, au lieu de m'attaquer, faisait tous ses efforts pour éviter mon intervention. Je voulus le chasser au loin avec des cris; il se retira en effet à une distance de cent pas, mais par trois fois, au moment où j'allais mettre pied à terre pour secourir son maître, épuisé, il revint à la charge. Cependant la fatigue, ou le sang qu'il perdait, l'avait affaibli au point que je réussis enfin, après plusieurs tentatives inutiles, à lui couper le jarret. Il fit un bond horrible et s'enfuit en galopant, bronchant à chaque pas. Je le poursuivis, lui administrant plusieurs estafilades, jusqu'à ce qu'épuisé par la perte de son sang il tombât sans pouvoir se relever.

Je le laissai pour revenir à l'homme qui me paraissait un peu en meilleur état. Sa seule réponse à toutes mes questions était : « De l'eau!... De l'eau!... De l'eau! » Mais je n'en avais pas et n'en voyais point dans les environs. Ce malheureux avait la bouche pleine de sang et les lèvres presque collées par des caillots mêlés de sable. Je les lui nettoyai, ainsi que les narines, avec ma jaquette. Il me fit comprendre, partie par signes, partie par des mots à demi articulés, qu'il désirait que j'ouvrisse les fourreaux de sa selle. J'y trouvai le pistolet de Falstaff : une bouteille non pas de sack (vin de Canarie), mais d'arrack (tafia ou eau-de-vie de riz). Je lui en donnai à boire et lui frottai le visage et la tête avec le reste. Ces soins le remirent un peu; je lui offris pour finir de monter sur mon cheval jusqu'à la première hutte que nous rencontrerions.

– Non, dit-il en agitant sa main, j'ai assez fait de cheval pour aujourd'hui.

– Mais vous voulez donc marcher?

– Est-ce que je le puis? J'ai la jambe et le bras gauches fracassés; sans cela, vous ne m'eussiez pas vu battre de la sorte. Si vous n'étiez pas venu, cette brute-là m'eût bientôt dépêché; c'était presque déjà fait. Jamais de ma vie je n'ai vu chose pareille, quoique depuis seize ans je sois l'un des plus hardis cavaliers du régiment et que j'aie enfourché toutes sortes et toutes castes de bêtes revêches. Jusqu'à ce jour nulle n'avait tenté de me jeter par terre sans être forcée de plier sous le frein et de courir en plaine; et voilà que celui-ci me saute dessus avec ses pieds et ses dents, comme une bête fauve... Il doit être fou. Vous l'avez tué, j'espère.

Dungarce était le village le plus voisin. J'y allai sur mon cheval; je pris un palanquin et m'en retournai près du soldat. Il souffrait beaucoup, mais était plus calme. Le cheval, d'après le récit qu'il me fit, appartenait au colonel de son régiment, qui l'avait acheté à un Arabe. D'abord il avait été paisible, puis était devenu vicieux et méchant.

– J'avais entrepris, continua-t-il, de le dompter, sinon de le tuer. J'ai fait de mon mieux. J'essayai d'abord de réprimer sa fougue : impossible. Privé de nourriture, il était plus furieux et guettait avec une astuce surprenante le moment de ruer et de me frapper. Une fois, il me prit par-derrière et me fourra dans sa mangeoire; si je n'avais été aussi fort que je le suis, et si l'on ne m'avait secouru, il m'aurait tué. Quand je le montais, il faisait tout pour me renverser. Il n'avait pu encore y réussir, mais cette fois il a fait tourner la selle à force de sauts et de courbettes et, courant alors à travers champs, il m'a jeté par terre. Il s'est retourné, sans me donner le temps de me relever, et m'a cassé la cuisse et, je crois, aussi le bras; puis, après s'être éloigné à quelque distance, il s'est arrêté, a fait un cercle et a cherché à renouveler son attaque. J'avais tiré mon sabre avec beaucoup de difficulté, mais jusqu'au moment où vous êtes venu, monsieur, il n'a pas cessé de me battre comme vous avez vu. Les blessures que je lui faisais le rendaient plus féroce. J'étais plus effrayé de ses regards que de toute autre chose, car je crois, monsieur, et je le crois de toute mon âme, que c'était le diable en personne!

– Le croyez-vous? lui demandai-je. Alors c'est une consolation que de le voir mort.

Je l'envoyai à Bombay, dirigeant les hommes du palanquin sur l'hôpital, non sans leur avoir donné de l'argent et leur avoir promis encore davantage s'ils arrivaient promptement.

CHAPITRE QUATRIÈME

Retour au village
pour une nuit de plaisirs.
Rencontre imprévue du capitaine. Incendie de la maison de plaisirs, ma fuite. Retour vers De Ruyter au Bangala. *Il apprend le départ de la frégate. Arrivée de De Ruyter et de Walter.*

Au coucher du soleil, je retournai au village dans l'intention de finir une journée si bien remplie par une nuit de plaisirs. Ce village a été donné par le gouvernement à une caste particulière pour résidence exclusive. Il s'y était formé une petite utopie.

Je laissai mon cheval et fis un tour, afin d'examiner le groupe bigarré que présentaient aux yeux les différentes huttes, faites de limon et de bambous, qui composent le village. Ce furent les beautés noires et bien graissées de Madagascar que je rencontrai les premières. Il y en avait un assez grand nombre dans la hutte voisine, à la porte de laquelle vint regarder une Japonaise aux yeux de furet, à la teinte d'ambre, aux formes épaisses et brillantes comme un tournesol.

Une de mes anciennes relations, qui vendait parfois des liqueurs aux personnes de sa connaissance, me reçut chez elle. C'était la *schaich* [1] de la tribu. Son habitation était élevée, car elle avait un second étage orné de vérandas (belvédère

1. Schaich ou scheik, prêtre ou prêtresse d'une tribu. Parmi les naturels, c'est le patriarche d'une caste.

indien). Les Européens y avaient établi leur principal rendez-vous et, pour leur faire fête, elle avait couronné d'une espèce de coiffure anglaise son visage d'acajou. Elle réunissait dans sa personne les traits caractéristiques du buffle des jungles : son cuir à l'épreuve de la balle, sa couleur basanée, ses poils rares et durs comme des soies de sangliers; ses yeux enfoncés, sa figure cornue et ses pattes cagneuses. Bref, elle était un monstre parfaitement hideux, qui semblait une contemporaine du péché originel.

Bientôt s'approchèrent les habituées de la maison. J'entendis d'abord leurs piétinements enfantins, puis le tintement des boucles et des colliers. Leurs bras, leurs poignets, leurs chevilles, leurs doigts, même le gros doigt de leurs pieds, brillaient des étincelles du laiton, de l'argent et du verre, et faisaient une musique harmonieuse. Elles descendaient par une échelle de bambou semblable à une échelle de fées, comme une procession de fourmis descend du haut d'un vieux mur crevassé. Toutes les femmes portaient des pantalons flottants et une étroite et courte veste. Sur leur front luisaient, ainsi que des étoiles, des petites taches d'ocre jaune ou rouge. On y voyait toutes les gradations de couleurs, comme marque distinctive des castes : l'orange, l'olive, le plomb, le cuivre et la famille entière des bruns, depuis le rouge foncé des roses des Indes jusqu'au jais noir et luisant de l'escarbot de mon pays. On y trouvait aussi tous les âges et tous les degrés de stature; la fille de neuf ans et la matrone de quatre-vingt-dix, âge présumé de la vieille Hécate; les unes belles, grandes comme le tuyau de ma pipe; les autres de la hauteur d'un palmier. Svelte et légère, la Kushbie aux membres flexibles déployait ses mouvements aériens, au milieu des Hottentotes lourdes et joufflues, qui se traînaient comme des marsouins. Près de la belle Arménienne, au visage rond, à la peau huileuse, aux formes charnues, façonnée comme une tortue, on admirait dans la fille indoue les yeux du cerf et la croupe gracieuse de l'antilope. Là, on entendait la douce Parsie, tendre et mignonne comme la tourterelle amoureuse. Les Chichies occupaient leur rang parmi ces beautés. C'est une race du sang mêlé de l'Europe et des Indes, un composé de glace et de feu, blanches de peau comme le suif anglais, avec les cheveux noirs des Orientales. Elles n'ont pas les teintes rosées de leurs ancêtres de l'Ouest, mais cet inconvénient est largement compensé par les yeux qu'elles tiennent de leurs mères : des yeux de feu, qui parlent et qui brûlent, et dont l'éclat n'est pas terni par ces nuances fades des yeux du Nord, semblables à ceux des poissons.

En entrant dans la hutte, j'avais demandé force ingrédients pour composer ce que les médecins désignent sous le nom de feu liquide, et que le vulgaire appelle punch. Je m'abreuvai de cette boisson jusqu'à perdre mes sens à moitié, et dus fournir un gros effort pour gagner la partie supérieure de la hutte. La vieille schaich se mit devant moi pour m'empêcher d'arriver à l'échelle. Je l'envoyai d'un coup tournoyer au milieu de la chambre, pris une torche de pin et grimpai jusqu'à une espèce de grenier où il se leva une dizaine à peu près de ceux qui l'occupaient, tous résolus à me barrer le passage. Cette opposition m'aurait provoqué quand bien même j'eusse été à jeun. Dans la chaleur de l'ivresse, elle me poussa plus loin. Je m'écriai :

– Allons, laissez-moi le champ libre, ou je vais voir si vous êtes de vraies salamandres!

Et je me disposai à mettre le feu à la fabrique de cannes qui leur servait d'habitation.

Mes adversaires reculèrent, avec un croassement discord, et je me fourrai dans une chambre intérieure, en poussant la natte qui la fermait.

– Arrête, chien de démon! brailla une voix rude.

– Ah! est-ce toi, vieux sabot! m'écriai-je, reconnaissant la voix de mon ancien capitaine et le saluant par le sobriquet que lui avaient mérité les dimensions énormes de ses pieds; te voilà, vieux sauteur de mottes! tu viens te soûler ici!

– Retirez-vous, monsieur. Que veut dire cette audace? Pourquoi n'êtes-vous pas à bord? Ne savez-vous pas l'ordre?

– Me retirer!... Non, je ne le souhaite point. Quant à mon

retour à bord, apprenez que je suis congédié, puissantissime signor!

– Que dites-vous là, gredin?

– Ce que je dis! mais, que nous allons prendre un glorieux bol de punch, en dépit de votre gravité, avant de nous séparer.

Voyant qu'il n'était pas prudent de me contrarier dans ma fantaisie, il céda; et comme l'austérité n'était pas le régulateur de ses habitudes, il tira parti de cette boutade, car s'il n'était pas ivrogne, il n'était pas non plus des plus sobres.

Nous nous assîmes à notre punch, et je me mis à chanter, avec la voix d'un bœuf, *le Vieux Commodore*. Puis, pour reconnaître la bonté qu'il avait eue de jouer le rôle de prêcheur hors de chaire, je le régalai d'un sermon, m'étendant sur ses nombreux péchés et iniquités de toute espèce, notamment sur le vice horrible de s'enivrer. Malgré l'orthodoxie de ma morale, le vieux commodore était aussi mal à son aise que s'il eût été sur des charbons brûlants.

Du reste, il me versa du grog jusqu'à ce que les dernières lueurs de ma raison commençassent à pâlir, pour s'éteindre. Quelques filles qui dansaient dans l'appartement et faisaient résonner leurs grelots me semblaient des lutins, tandis que le feu volcanique de mon corps et la chaleur étouffante d'une chambre pareille à un four me laissaient croire que j'étais dans les régions de l'enfer. Le capitaine se sauva, pendant que je m'emparais d'un gros bambou qui servait de chevron, avec lequel je brisai tout ce qui se trouvait à ma portée. La vieille sorcière, furieuse de voir la destruction de ses dieux et de son ménage, appela à la rescousse les burkandazers (officiers de police du village). Soutenue par ces auxiliaires, elle tomba sur moi, s'écriant :

– Vous, plus que tigre; vous pas un homme, vous, loin de ma maison! Moi dire aux sepoys venir vous tuer; moi n'a jamais vu semblable *riot* (vacarme) quand je vive.

Les cris qui partaient de la hutte attirèrent bientôt quelques sepoys du dehors. La vue d'une pique qui paraissait sur l'échelle me fit monter le sang à la tête, et mon ivresse commença à se dissiper. La vieille Hécate et ses sorcières m'avaient saisi et s'étaient cramponnées à moi, comme une meute de bassets après un blaireau. D'un effort soudain, je secouai l'effet léthargique des liqueurs et me débarrassai d'Hécate et de ses guenons, comme un tigre poursuivi se délivre de ses pourvoyeurs parasites, les chacals. Je ramassai le bambou et jetai en bas tout ce qui se trouvait sur l'échelle. Dans la confusion, le poids et l'addition de la flasque gouvernante firent tourner cette machine mal assurée au moment où ces femmes descendaient; toutes tombèrent, formant un tertre conique dont la pointe était ma vieille amie, laquelle ne tarda pas à s'aplatir comme un dogre hollandais, faisant tout disparaître sous sa large surface. Le brouhaha qui succéda à cette scène fut terrible, car déjà une multitude nombreuse s'était rassemblée à la porte avec des péons, des sepoys et des mouchards.

Il était temps de me retirer. Une mèche de la lampe qui avait été cassée brûlait encore; j'y allumai du coton trempé dans l'huile et mis le feu à la maison en plusieurs endroits. Les matériaux secs et combustibles de la hutte brillèrent bientôt d'une flamme dévorante. Un cri formidable partit du dehors : c'était l'annonce de l'incendie. Je n'avais plus un instant à perdre. Au milieu des flammes, du craquement des poutres qui se brisaient, des tourbillons de fumée, je me précipitai par la fenêtre, et tombai heureusement sur le hallebardier de garde. Je n'eus pas de mal, mais je lui en fis beaucoup. Me relevant d'un saut, je m'emparai de la pique qui lui était échappée des mains; je m'en servis comme d'un bâton et m'ouvris alors un large passage jusqu'au hangar où mon cheval était attaché. Je lui mis le mors à la hâte et sans y voir clair; il ne me fut pas possible de trouver la selle; je montai donc à poil, et lâchai la bride.

Notre course fut libre et rapide comme celle du vent, mais ma tête s'égara. Ce contraste subit entre l'air extérieur et l'atmosphère étouffante d'un appartement en feu me donna comme des vertiges; je me sentais mourir. Ce n'était qu'en me cramponnant à l'encolure du cheval et en m'attachant à son épaisse et longue crinière que je conservais encore mon aplomb. Autour de moi, tout était sombre et confus. Je tombai dans une pièce d'eau, d'où mon bucéphale intelligent me retira en gagnant un gué. Toujours à sa discrétion, je m'inquiétais peu de l'endroit où il voudrait me porter; il me suffisait de savoir que nous nous éloignions de la forteresse. Cependant j'aurais voulu me reposer, car l'assoupissement de l'ivresse s'était emparé de moi. J'avais perdu une des rênes; aussi mon coursier fougueux ne cessait-il de broncher, de se cabrer et de souffler comme un veau marin. Dans l'état d'insensibilité où je me trouvais, il m'était impossible de calculer la durée de cette course vagabonde. Enfin mon cheval prit la direction d'une lumière qui brillait à quelque distance; elle venait d'un *chokey*. C'est alors qu'il trébucha sur un obstacle d'une manière si furieuse que ce choc me parut celui d'un navire contre un roc. L'animal roula deux ou trois fois et tomba sur moi, comme j'étais tombé sur le sepoys. Je perdis tout sentiment, et je dus rester longtemps évanoui.

Quand mes yeux se rouvrirent, je me sentis comme revenu d'un songe et portai autour de moi mes regards étonnés. Un groupe de personnes accroupies et formant un cercle dont j'étais le centre me contemplaient silencieusement, tandis qu'un vieillard au visage de conspirateur orné de la *pita* des bramins paraissait marmotter quelques mots dont je n'entendis que ceux-ci : *« Sopi sahib! Rum, rum, rum!... dum, dum, dum! »* Un homme à barbe grisonnante, d'une mine plus douce et d'un costume plus recherché, se contentait d'ajouter : *« Inch' Allah! »*

J'essayai de m'asseoir sur la natte où l'on m'avait placé, à l'ombre de la boutique d'un banian [1], sous des vérandas. J'avais la bouche pâteuse et mourais de soif; je demandai de l'eau par signes, mais l'on ne me répondit que par des mouvements de tête. Apprenant que je vivais encore, le maître de la maison vint à moi et me parla en anglais. Jamais musique ne me parut plus harmonieuse. Il m'apporta une tasse de toddi [2] qui me rendit la vie et qui me parut la plus

1. Idolâtres indiens qui croient à la transmigration des esprits.
2. Liqueur spiritueuse tirée par incision du palmier à vin.

délicieuse des boissons. Près de moi, ouvrant de grands yeux et la bouche béante d'admiration, était un *bheestie*, avec un bambou sur les épaules où se balançaient deux seaux de feuilles de palmier nain pleins d'eau. Il s'était jusque-là refusé à m'en donner, mais je saisis le bord du seau et le versai sur ma tête. L'eau fumait sur mes tempes brûlantes; je sentis un frissonnement agréable me parcourir tout le corps et réussis enfin à me lever.

Je m'aperçus alors que j'étais dans un village près de la route de Callian, mais ce ne fut que longtemps après que ma mémoire put me rappeler les événements de la veille. J'avais les os moulus, le visage et les mains saignant de cent blessures. Ce fut une mèche de la longue crinière de mon cheval, que je serrais encore entre mes doigts, qui me les rappela. J'entrai dans la boutique, je m'y couchai, et, après avoir dormi profondément, je m'éveillai, trempé de sueur, au moment où le soleil se plongeait à l'occident. Je mangeai, puis j'allai prendre un bain dans un tank [1], et j'en sortis ranimé d'une vie nouvelle.

Réfléchissant sur ma situation, et songeant que je devais rencontrer De Ruyter au bangala, je demandai mon cheval. Les marchands du bazar ne pouvaient m'en donner de nouvelles, car on m'avait amené et laissé là sans autre explication. Sur leur conseil, je louai une charrette attelée de buffles et pris le chemin du rendez-vous.

En vingt-quatre heures j'arrivai à un village sur la frontière du Décan. Là, je renvoyai ma charrette et pris deux coolies qui me transportèrent, à travers des champs de maïs et par un gué, jusqu'au bangala de De Ruyter, que je trouvai à l'aide des indications qu'il m'avait fournies et par la direction de mon compas. Cette villa, ou grande chaumière, appelée bangala (du mot *bangue*, ou chanvre des Indes, qui la couvre) était avantageusement située sur une colline qui s'élevait au pied de la montagne. Une grotte de cocotiers ajoutait au mystère de cette demeure, que les rochers ne laissaient décou-

1. Citerne, large bassin pour les ablutions dans les Indes.

verte que du côté du midi; et son aspect rustique était encore embelli par un jardin sauvage, ceint d'une haie inaccessible toute plantée de guaviers, de mangoustans et de grenadiers. L'intérieur de la maison, peint de raies blanches et bleues, lui donnait l'air d'une tente; le toit de la salle du centre, soutenu par des bambous d'où pendaient des armes de chasse, complétait la première illusion. Des nattes tendues sur des bambous fendus formaient deux chambres à coucher contiguës à cette pièce. Une table de campagne, des lits et d'autres objets d'un usage journalier composaient l'ameublement de la maison; quelques livres, des instruments pour dessiner, des ébauches représentant des scènes maritimes et des sujets de chasse au tigre et au lion accrochées aux murs, faisaient tout son ornement. Un petit espace ouvert devant la porte, ombragé par des bananiers et des citronniers surchargés de fruits, conduisait vers un large bassin à usage de bain, entouré de rosiers, de jasmins et de géraniums. Un vieux paysan qui gardait cette habitation me fit ce commentaire :

– Vous voyez, maître, c'est un *gregi* à l'anglaise.

Sous un sagoutier magnifique, à l'est du bangala, on avait construit un hangar long et bas qui servait de cuisine et d'habitation au paysan, à sa femme, à sa famille, ainsi qu'à un yack, sorte de petit buffle à queue de cheval, qui folâtrait avec les enfants et leur disputait les fruits du jardin.

Ce yack était remarquable par la petitesse de sa taille et la dureté de son poil. Le paysan me dit qu'il était assez fort pour être monté, et que son *malek* (maître) l'avait *apporté de la mer :*

– C'est donc un monstre marin, dis-je en riant; voyons, nous allons nager ensemble! – et je me disposai à le jeter dans le bassin.

– Non, non; il aime à monter, à grimper dans la montagne; il n'aime pas à descendre, et surtout à aller à l'eau!

Je lui demandai s'il n'avait pas vu son maître dernièrement.

– Non, répondit-il, mais il a envoyé plusieurs choses, il y a deux jours, pour les donner au *huzour* (au visiteur blanc).

– N'a-t-il pas écrit ?

A cette question, il déroula un petit chiffon de turban de sa tête, où il y avait une feuille de platane soigneusement enveloppée de plusieurs plis, et bien liée avec une corde. Je déchirai la feuille et trouvai une lettre de De Ruyter.

– Que diable ! m'emportai-je, pourquoi ne m'avez-vous pas déjà donné cette lettre ?

– Vous pas le demander.

– Mais comment pouvais-je deviner ?...

– Oh ! Malek sait tout ; pauvre *gaswala* (serf) ne sait rien.

Du coup, je comprenais pourquoi l'on ne m'avait encore rien offert à manger, quoique je fusse affamé comme un loup en hiver. Ce n'était cependant pas faute d'avoir donné de l'exercice à mes mâchoires avec toute espèce de fruits. J'ordonnai donc un repas substantiel et rentrai dans la maison pour lire la lettre de De Ruyter, qui m'apprenait le départ de la frégate, après quelques recherches dans les endroits que je fréquentais. Cette nouvelle était une grande consolation, et mon cœur bondissait de joie.

De Ruyter finissait sa lettre en m'informant que son retard avait été occasionné par l'arrestation de Walter, pendant l'enquête de l'affaire du lieutenant écossais, et que, malgré les mensonges de toute espèce qu'on avait inventés pour l'impliquer dans l'accusation, le témoignage de De Ruyter l'avait fait acquitter. Le bâtiment s'était arrêté un jour, afin de prendre des renseignements et de faire transporter l'Écossais à bord, car il était fort malade, crachant le sang, et avait deux côtes enfoncées. En ajoutant à cette somme de maux la dislocation d'une mâchoire et la perte de quelques dents, je considérai ma dette comme entièrement payée, et passai l'éponge là-dessus, oubliant ce coquin pour toujours. Walter lui avait offert satisfaction, mais il avait déjà trop de ce qu'il avait essuyé. Quelque temps après, je sus qu'il s'arrangeait pour ne jamais mettre le pied à terre chaque fois qu'il lui arrivait de faire relâche à Bombay. Il disait que les moustiques et les scorpions lui causaient une peur d'enfer. Mais j'étais bien placé pour savoir que ce qu'il craignait en réalité, plus même que le *cobra-capello*, c'était la rencontre de Walter...

J'envoyai chercher un houka par un coolie, pris un bain dans la citerne, et m'étendis sous les arbres, ayant près de moi *la Vie de Paul Jones*, pour savourer le dessert d'un déjeuner indien. Tout mon corps tressaillait d'une joie que je n'avais jamais encore éprouvée; je me sentais plus spirituel, plus élastique, plus vif que jamais. C'était le premier jour que je ressentais une félicité complète, sans que l'idée de l'avenir troublât, comme il nous arrive dans un âge plus avancé, le bonheur du présent. Il me parut que le genre de vie du pauvre paysan était le seul heureux, et qu'il l'était parce qu'on y avait peu de besoins. Je voulus en faire l'expérience par moi-même : je me dépouillai de mes habits sales et déchirés, entourai ma ceinture d'une pièce de coton rayée et couvris ma tête d'un turban. C'est ainsi que, les pieds nus, la main armée d'un couteau pour cueillir des cocos, et bien graissée d'huile de cacao, je pénétrai dans la forêt et grimpai aux arbres avec la famille du paysan, ayant appris la manière de cerner les arbres et d'y placer le pot pour recevoir le toddi. Ces occupations et les arrangements que je faisais dans le jardin absorbaient mon temps et mes facultés. Quand, le troisième jour, on vint m'annoncer que De Ruyter était en marche pour revenir, je sentis comme une interruption dans ce calme et cette solitude qui commençaient à me devenir habituels.

Cependant je montai sur le yack, un bambou d'une main et mon couteau dans l'autre, et allai au-devant de mon ami, précédé par deux coolies. Nous nous trouvâmes en face soudainement, au coin d'une allée de nimotiers. De Ruyter était tout occupé d'une histoire de la chasse au lion qu'il racontait à Walter, et ma métamorphose était si complète qu'il ne me reconnut pas, même en passant près de moi, jusqu'à ce que son œil pénétrant se fixât sur son yack :

– Ohé! lui criai-je, De Ruyter! Quoi de bon?

Ils s'arrêtèrent fort étonnés et, après m'avoir considéré un instant, ils partirent d'un tel éclat de rire que je les crus hors de raison. De Ruyter arrêta son cheval et se pressa les côtes :

– Par le ciel ! vous allez me faire mourir, fou que vous êtes !

Je repris d'un ton sérieux :

– Je ne vois rien ici d'assez plaisant pour exciter cette gaieté; je suis costumé d'après la mode du pays, qui est ce qu'il y a de mieux adapté à son climat, n'est-ce pas ?... Si vous désirez du toddi nouveau, en voilà de tout frais; ces drôles en ont des pots entiers, et de ma façon.

Nous nous assîmes par terre et, après avoir causé et quand ils furent bien las de rire, je remontai sur mon yack et les précédai au bangala.

Nous y passâmes deux jours dans un bonheur sans nuages, à gravir les montagnes et chasser les chacals, sans égard pour la chaleur ou la fatigue, à chanter, à danser; mais cette allégresse n'était pas, comme dans les joies d'esclavage, l'effet de l'ivresse, ou, si nous étions ivres, c'était de joie.

De Ruyter et moi, nous étions francs et simples dans nos habitudes. Il ne commettait jamais d'excès, et ceux dont je m'étais rendu coupable étaient nés de ma disposition volcanique, que la moindre étincelle suffisait pour allumer.

Deux jours après, Walter fut obligé de nous quitter pour se rendre à son régiment. Il était enchanté de sa nouvelle profession et voulait être exemplaire dans l'accomplissement de ses devoirs. Quoique nous eussions parlé jour et nuit sans discontinuer, nous n'avions pas eu le temps de dire un mot du passé ou de nos projets futurs; nous ajournâmes donc notre entretien sur ces points au moment le plus rapproché d'une nouvelle rencontre. Le jour de son départ, Walter me dit :

– A présent, vous voilà libre et maître de votre temps. Nous sommes campés dans le quartier de l'artillerie. Venez dans ma tente. Tout ce que j'ai est à vous. Plût à Dieu qu'il vous fût possible de vous procurer une commission dans notre régiment !... Vous pourriez peut-être l'obtenir.

– Non, non, Walter; la livrée de l'esclavage, rouge ou blanche, ne passera plus sur mes épaules. Ni le roi ni la

Compagnie ne me séduiront avec leur or, leurs honneurs ou leurs fourberies. Il faudrait leur sacrifier ma liberté! et pourquoi?... pour du pain!... on en trouve partout où il y a des racines.

– Mais vous aimez la gloire, et vous ne pouvez pas vivre sans trouble et sans guerre.

– Alors, s'il en est ainsi, j'en trouverai assez dans le monde et choisirai mon terrain et ma cause, sans me battre comme le chien d'un boucher, par force, et parce que je serai nourri des restes que mon maître abandonne... nourri pour dix sous par jour... Vous serez lâché, Walter, comme un dogue est délivré de son collier, contre des esclaves soumis et foulés aux pieds. Vos maîtres fomentent la discorde entre eux pour envoyer ensuite leurs mirmidons leur arracher biens et patrie, en faire des ilotes, ou les exterminer comme des rebelles ou des traîtres. Est-ce de la gloire? Eh bien! si je veux combattre, je changerai mes couleurs pour porter la guerre aux tyrans partout où ils se trouveront... Et où ne se trouvent-ils pas?

– Ne troublons pas, dit Walter, nos derniers moments par les soucis d'une discussion. Peut-être pensé-je comme vous, peut-être ai-je la même manière de voir, mais mon âme est moins fortement trempée. Hélas! ma pauvre mère n'a connu que l'infortune et la douleur; son existence a été bien triste! Moi, dans ma faible enfance, je n'avais d'autre main que la sienne pour me caresser... je n'avais d'autre berceau que son sein... et quand je commençai à distinguer les objets qui m'entouraient, jamais je ne quittais ses côtés. Si j'étais malade, elle m'endormait de ses chants et fermait ma paupière avec ses baisers et ses larmes. Un jour, cédant à une inspiration d'enfant, et Dieu sait avec quelle innocence! je la questionnai sur mon père. Elle pencha sa tête sur la table, et l'appartement retentit de ses sanglots convulsifs.

Walter tourna la tête, en faisant de vains efforts pour parler. Enfin, maîtrisant son émotion, il continua :

– Vous pouvez me prendre pour un enfant, de parler ainsi, car vous ne connaissez pas cet amour céleste, sans bornes, de deux cœurs unis qui sont indifférents au reste du monde...

cet amour d'une mère et d'un orphelin abandonnés!... Et quand je sais qu'elle s'est privée peut-être du nécessaire pour me tirer d'une situation dans laquelle elle me voyait souffrir, comment pourrais-je détruire ses plus douces espérances?... Comment empêcher la réussite de ses efforts, l'accomplissement de ses vœux?

» Relativement au passé, je suis dans une position heureuse. Encore deux ans, et j'obtiendrai un congé pour aller en Angleterre, et alors... Mais, dites-moi... puis-je... pourriez-vous refuser quelque chose à une telle mère?

J'avais suivi son exemple en détournant la tête, car je ne pouvais lui répondre. Telle est la vie de l'homme civilisé : nous rougissons de nos sentiments les plus naturels, pour nous glorifier d'une indifférence apathique, quand nous n'allons pas jusqu'à montrer de l'atrocité.

– Venez, poursuivit-il, venez me voir le plus tôt possible; nous parlerons de vos projets, mais songez bien que, quelle que soit notre manière d'agir, vous et moi, nous serons frères toujours. Tenez, voici un livre qui m'est devenu presque inutile dans ma nouvelle profession. Il est écrit pour vous, et pour les hommes dont l'âme ressemble à la vôtre. Je tâcherai de l'oublier, mais comment être sourd à la voix de la raison?

Il me serra la main et disparut. Quand je regardai De Ruyter, qui était resté tranquillement à fumer son houka sous un arbre, il se frottait les yeux avec sa main raboteuse.

– Ce Walter, dit-il, ferait de nous des femmes. Moi aussi, j'aimais ma mère, mais je n'en parle pas comme lui; moi non plus je n'ai pas eu de père, du moins je ne l'ai jamais connu.

Il inclina la tête vers la terre, ainsi qu'il avait coutume quand il était ému, jeta à coups plus précipités les bouffées de fumée de son houka, et, après une pause, il continua :

– C'est un bon enfant, mais il a été trop longtemps à la mamelle : on en a fait une fille. Quel est le livre qu'il vous a donné? la Bible de sa mère? un psautier de poche? un traité de l'art culinaire? un annuaire militaire? Voyons!

Il me prit le livre des mains.

– Ah! s'écria-t-il, Volney, *les Ruines des empires et les lois de la nature!* Par le dieu de la nature, qu'il a d'âme, ce drôle-là! Si je l'avais su plus tôt, j'en aurais tiré meilleur parti. Mais non! reprit-il après un moment de réflexion, quoi qu'on fasse pour le courber, l'arc reprend toujours sa première forme. J'ai toute confiance en des hommes comme vous, en des hommes droits et résolus. Ils peuvent céder un instant au caprice ou à la force, mais ils finissent par revenir à leurs habitudes, à moins qu'on ne les brise. Allons!... il faut que je retourne demain à la ville, et que dans dix jours je m'embarque. Qu'allez-vous faire ici?

– Mais je n'y ai pas même pensé, répondis-je; j'aime cette espèce de vie tranquille.

Il sourit.

– Eh bien! mon cher ami, comme vous voudrez. Si le bangala vous plaît, il est à vous. Il s'y trouve seize cocotiers. Le diable soit de nous si ces seize compagnons et le jardin ne peuvent suffire à vos besoins de tous les jours, à vous et au yack! Le vieux sabou se nourrit, lui, sa femme et leur dizaine d'enfants, avec la moitié. Pensez à la valeur de ces arbres : la sève vous donne le toddi; le toddi fermenté devient arrack; le fruit avec du riz fait un excellent carry; puis vous en aurez, par compression, de l'huile en abondance pour vous frotter la peau et pour vous éclairer; et vous pouvez encore vous faire une tasse de chaque cabosse; le feuillage quant à lui vous fournira des lits, du fil, des cordes, des amarres et des câbles; et le tronc lui-même, quand il sera vieux, pourra se transformer en canot. Vous changerez quelques-uns de ces articles contre du riz et...

– Ma foi, oui! Du reste, je puis me nourrir de fruits et chasser.

– C'est bien, jeune homme. Seulement, comme tous les plaisirs, même les plus exquis, perdent de leurs charmes et engendrent le dégoût chez ceux qui les possèdent à discrétion, cette solitude, ces délices, ce bonheur, dont vous jouissez par anticipation, peuvent aussi subir le même sort et vous devenir insupportables. Alors rappelez-vous que j'ai une très jolie petite barque, bien armée, également propre au service de paix et au service de guerre, selon l'occasion, et qui ne demande qu'un officier entreprenant, tel que vous m'aviez d'abord semblé être... Mais je m'étais trompé.

– Où est-elle? De Ruyter, vous ne m'en avez jamais parlé... Voyons, où est-elle?

– Vous oubliez votre toddi, vos pots de cadgeri et la vie pastorale.

– Oh! non, pas du tout! Mais allons voir cette barque; où l'a-t-on appareillée? où mouille-t-elle? combien de tonneaux? quel équipage? A quoi est-elle destinée?

– Mais non, mais non... Vous me paraissez si admirablement fait pour vivre parmi les bambous que je vous conseillerais d'aller vous arranger avec papa sabou. Peut-être, l'année prochaine, ferez-vous une expédition autour des îles; belle occasion pour vous d'approcher quelques filles persanes et hindoues, pour travailler ensemble à la propagation des castes de la Compagnie... Cela ne s'accorderait-il pas avec vos goûts naturels?

C'est ainsi qu'il continua à rire et à plaisanter, mais sans vouloir répondre à aucune de mes questions sur le bâtiment.

Il avait l'habitude de voyager la nuit. Aussitôt donc que la Grande Ourse brilla sur la vergue du firmament, il me donna la main, jeta un sac de pagodes [1] sur la table, me recommanda de ne me priver d'aucune des choses que l'argent peut procurer et, me promettant de me rejoindre en peu de jours, il me dit adieu pour s'en retourner à Bombay.

1. Monnaie des Indes, de la valeur de dix francs.

CHAPITRE CINQUIÈME

De Ruyter
met sa maison à ma disposition.
Vie mystérieuse de mon ami. Mon voyage
en sa compagnie.

C'était la nuit, une nuit d'Orient, quand tous les objets se dessinent sous un voile argenté aussi distinctement que dans la clarté d'un beau jour. Les rayons liquides de la lune glissaient à travers les branches touffues des arbres et coloraient doucement les fleurs, les feuilles et les fruits. Ces teintes pâles et fondues, ce vent du soir doux et embaumé, qui ranimait de son souffle humide toute une végétation fanée, formaient un contraste délicieux avec le resplendissement volcanique du soleil qui avait régné tout le jour, avec sa lumière qui éblouit les yeux tandis que l'on peut à peine respirer dans l'atmosphère enflammée. J'étais assis sur le coteau : je prêtais l'oreille au cri lugubre du hibou et contemplais le vol du grand vampire autour de l'étang, jusqu'au moment où le sommeil s'empara de moi. De Ruyter, les îles des Indes, Walter se succédèrent dans mes rêves, mais je m'éveillai à la voix détestée du lieutenant écossais :

– Comment, monsieur ! s'écriait-il, vous vous êtes endormi pendant votre quart ! Allez donc vous réveiller à la pointe du beaupré !

En ouvrant les yeux, je ne vis pas le vieux coquin, mais le digne et excellent sabou, qui me criait pour m'éveiller :

– Pas bon le soleil pour dormir! faire mal; maison bon pour dormir.

Je me sentis, en m'éveillant, tout froid et attaqué de la crampe. Le soleil était déjà levé; j'ordonnai qu'on m'apprêtât du toddi, descendis à la citerne, pris un bain, et me trouvai complètement rétabli.

Le temps heureux et tranquille que je passai dans cet isolement ne fut obscurci par aucun nuage. Seulement j'avais repris ma jaquette et mes pantalons, car ma peau n'était pas à l'épreuve des moustiques; et ayant par distraction marché sur un nid de petits insectes appelés *cent-pieds*, je revins aussi avec plaisir à mes souliers.

Dès ma première enfance, j'étais sujet à des accès de mélancolie, non d'une mélancolie noire et profonde, mais d'une sensation douce et agréable. Je me trouvais à présent dans une solitude qui disposait mon imagination à éveiller les fantômes mystérieux qu'elle se crée à plaisir dans les moments de rêverie. Cependant des réalités vinrent heurter mes illusions les plus riantes; ma position singulière occupa toutes mes réflexions, et, pour la première fois, je pensai d'une manière sérieuse à l'avenir. De Ruyter s'était emparé de mon cœur; il avait un air si original, si réservé dans tout ce qu'il faisait ou disait qu'il m'était impossible de le comprendre. Et cependant, à cause même de ce mystère, je m'attachais chaque jour davantage à lui, comme par une chaîne irrésistible. La rapidité avec laquelle il avait gagné ma confiance était merveilleuse; sa franchise, son courage et sa générosité, la noblesse de ses sentiments, ses opinions si libérales et si justes, enfin le peu de ressemblance que j'observais entre lui et les marchands et trafiquants d'argent que j'avais vus, tout me faisait croire que De Ruyter n'était pas ce qu'il m'avait paru d'abord. Après avoir réfléchi sur ses paroles et sur ce que j'avais vu de sa conduite, je conclus qu'il était commandant d'un bâtiment armé en corsaire. Mais ni les Anglais ni les Américains n'avaient de bâtiments de cette espèce dans l'Inde; les Français seuls en possédaient quelques-uns. S'il était sous leur pavillon, que faisait-il dans un port anglais, et apparemment en termes d'amitié? Ma seconde opinion fut qu'il était un des agents des rajahs, qui étaient encore des souverains indépendants, quoique la Compagnie les resserrât tellement dans leurs forteresses que, obligés de descendre dans la plaine, ils en devenaient bientôt la proie. Les princes, soit en paix, soit en guerre, entretenaient dans les présidences des agents secrets qui leur transmettaient des rapports anticipés de tous les mouvements des résidents de la Compagnie et de sa police. De Ruyter me paraissait admirablement propre à cette espèce de service, quoiqu'il ne pût pas toujours, ou peut-être qu'il se souciât peu de déguiser l'indignation que lui inspiraient l'intolérance et la politique barbare de la dictature anglo-orientale en Inde. Son front s'obscurcissait, sa lèvre frémissait, son œil se dilatait lorsqu'il racontait, avec une voix de tonnerre, des exemples de l'orgueil insolent des Britanniques et de leur cruauté. Cependant il aimait l'Angleterre et plusieurs de ses habitants, mais il leur préférait l'Amérique, son pays d'adoption. Il observait :

– C'est une chose très curieuse que presque toutes les nations qui jouissent des avantages de la liberté chez elles gouvernent leurs colonies avec un despotisme sans frein et sans remords.

» Au reste, ajoutait-il, il est heureux pour le genre humain qu'il en soit ainsi, c'est la seule espérance du triomphe universel de la liberté. Las de souffrir, le plus patient se redressera enfin contre ses oppresseurs, armé de cette invincibilité que donne le désespoir... Le chat sauvage combattra contre le tigre... J'en ai vu des exemples.

Ces considérations, comme je m'en souviens à présent, me convainquirent que De Ruyter n'était pas ce qu'il semblait être. Mais je restais toujours en doute sur sa véritable condition. Plus mes conjectures paraissaient fondées, plus je l'aimais; et je n'hésitais pas, par tout ce que j'avais vu de lui, à me soumettre à son influence; il régnait sur moi.

Il m'envoyait des lettres et des messages très souvent, et comme son départ se différait, je ne pus me refuser plus longtemps à son invitation. Un soir donc, je montai sur un cheval qu'il m'avait envoyé, et, la nuit suivante, j'étais abrité sous sa tente. Il prenait un plaisir puéril à énumérer toutes les aisances et le luxe qu'il possédait alors, les faisant contraster avec les privations et les souffrances qu'il avait endurées dans sa première situation. Il avait su gagner l'affection des officiers, qui, sachant par lui une partie de mon histoire, me reçurent en camarade dès la première nuit que je passai dans leur camp. Escorté par un grand nombre d'entre eux, je retournai dans un palanquin à Bombay.

Je partageais mon temps agréablement entre le camp et le bangala, où je traitais mes visiteurs; quelquefois aussi j'allais à la taverne de Bombay. De Ruyter nous rejoignait quand il n'en était pas empêché par ses affaires, ou, comme il disait, sa « besogne ».

Il me conduisit à bord d'un bric-grab arabe, remarquable par son avant élongé, maigre et comme coincé. Gréé en hermaphrodite, il portait, selon la coutume des Arabes, des vergues carrées et disproportionnées. Son équipage était composé d'Arabes et de castes que l'on pouvait reconnaître et distinguer à leur couleur et à leurs habillements variés. On l'allégeait d'une cargaison de coton et d'épices que la Compagnie, me dit-on, avait achetée. De Ruyter allait très rarement à bord du grab, mais le capitaine, qu'on appelait le raïs, le voyait tous les jours. Ils se rencontraient sur un petit bâtiment très singulier, appelé *dow*, et qui était principalement monté par des Arabes, auxquels s'était jointe – ce que je constatai à ma grande surprise – une réserve choisie de marins européens (suédois, danois) et deux ou trois américains. Il semblaient se cacher à bord. J'ignorais la cause de ce mystère; cependant l'on m'avertit de ne point faire mention de cette circonstance à terre. La dow portait un grand mât à l'avant, et un autre petit à l'arrière. C'était le bâtiment le plus grossier et le plus laid que j'eusse jamais vu dans l'Inde; la tête et la poupe, élevées et saillantes, étaient d'un ouvrage léger de bambous. L'embarcation paraissait faible, et la cale peu profonde. Quand De Ruyter me demanda si j'aimerais à en prendre le commandement, je lui répondis :

– Oui, tant que je n'aurai pas un catamaran ou un masulit à ma disposition, je veux bien aventurer ma carcasse à son bord.

– Je vois que vous êtes difficile, répondit-il. Voyez, moi, j'ai le choix entre ces deux navires; eh bien! je la préfère à l'autre, et c'est avec elle que je vais courir les mers. Peut-être, dédaigneux comme vous l'êtes, aimeriez-vous mieux le grab?

– Vous m'avez mal compris, répondis-je. Mais le fait est que ce grab me plaît. Otez-lui sa tête de requin; mettez à la place un beaupré, et lui donnez une couche de goudron et de peinture, et je l'accompagne dans une croisière. Du reste, j'aime ces Arabes et ces sauvages maigres et hagards, avec leurs bonnets rouges, leurs jaquettes et leurs turbans. Je n'ai jamais vu de gens plus propres et plus légers pour voler au haut des mâts pendant une bourrasque, ou pour aborder un ennemi dans le combat.

– Oui, ce sont nos meilleurs hommes; ils viennent de Daca, et ils se battront assez bien, je vous l'assure.

– D'abord, je voudrais lui voir, à ce navire, ce qu'il faut pour se battre.

– Oh! il a ses pièces.

– J'abhorre ces petits pétards qui sont là sur les plats-bords. Quelques pièces de douze ou de vingt-quatre, courtes, ne seraient pas de trop. Il a une ligne d'eau superbe, et l'arrière va comme un schooner, mais son avant est des plus maigres, et je ne doute pas qu'il ne tangue en diable dans une mer clapoteuse, avec un banc si élongé. N'importe; il a quelque chose, un air d'intelligence que j'aime.

– Eh bien! voulez-vous courir la côte jusqu'à Goa?... Je vous suivrai dans la vieille dow. Au coucher du soleil, allez à bord, et profitez du vent de terre... Vous voyez, il est tout prêt. A l'aube du jour, je mettrai sous l'ancre. J'ai dit au raïs que vous monteriez le grab, et qu'il doit vous obéir. Je vous donnerai quelques notes, elles vous serviront si nous venions à être séparés par un accident, quoique peu probable. Allons donc; rappelez-vous que vous êtes passager pour Goa. Pas un mot de plus à Walter. Quand vous serez au milieu de l'eau bleue, alors vous saurez tout. Êtes-vous content?

– Je le suis. Je n'aurais pas été longtemps sans vous faire des questions si j'avais moins de confiance en vous, De Ruyter. Partout où vous irez, n'en doutez point, je vous suivrai. Je n'ai pas un estomac de petite maîtresse, et ne suis pas un étourneau.

– Fort bien! mais ne perdez pas de vue une chose bien plus importante : avant de gouverner les autres, il faut que vous vous rendiez maître de vous-même. Pour y parvenir, ne laissez pas échapper un geste, tomber un mot qui puisse trahir vos intentions. Surtout ne vous livrez pas au vin, car le vin, dit-on, ouvre le cœur; et quel homme, sans être fou, ira se livrer à ceux qui guettent le moment de le perdre?

– Vous savez que je bois avec modération.

– Oui, mais à présent il vous faut ne plus boire du tout.

– Je crois que vous avez raison.

De retour au port, s'arrêtant près de la taverne, De Ruyter ajouta :

– Donnez vos ordres aux hommes du canot pour tout ce dont vous aurez besoin. Vous trouverez à bord une bonne part de ce qui peut vous être nécessaire, et c'est heureux, car vous êtes une des personnes les plus insouciantes que je connaisse.

Quelques instants avant que le soleil disparût, je reçus les instructions de De Ruyter, et après nous être donné la main, je sautai dans le canot. Le raïs, qui parlait très bien anglais, m'ayant reçu à bord, me conduisit dans la cabine. Je lui remis une lettre de De Ruyter; il la porta à son front, la lut et me demanda le temps que je voulais fixer pour le départ, car il était sous mes ordres.

– A minuit, répondis-je; car telles étaient mes instructions.

Je lui commandai de hisser les canots, de les arrimer et de disposer tout pour faire voile.

Pendant qu'il exécutait ces dernières dispositions, je lus les notes écrites au crayon par De Ruyter. Je savais bien que je devais avoir le commandement du navire si tel était mon plaisir, mais jamais il ne m'était venu à l'imagination que j'en serais investi de cette étrange manière. Le raïs ne devait rien faire sans mon ordre. « Soit, pensai-je, tout va bien! Demain nous rencontrerons la dow, et alors De Ruyter m'éclaircira sur tout. »

Le *gong* [1] sonnait huit heures. C'était pour l'équipage l'heure du souper, et je retournai par instinct du côté de la cabine, dans l'intention de réparer les forces de mon estomac. Dans la même intention, des hommes en foule se hâtaient, formaient de petits cercles divisés par castes, puis ils prirent leurs *messalas* (gamelles) de riz, de ghi, de carries, et se régalèrent pour finir de fraises et des chillie sèches.

Ayant satisfait mon appétit, je me couchai sur le hamac, fumai le houka de De Ruyter, et fis l'inventaire de la cabine. C'était un petit appartement, bas de toit, mais spacieux, bien éclairé, et rafraîchi par les portes de l'arrière. Il y avait deux lits vers les deux extrémités, et dans les espaces qui les séparaient, entre les hamacs et le second pont, étaient rangés des pistolets formant deux étoiles, c'est-à-dire seize pistolets avec leurs bouches en dedans et leurs crosses en dehors, disposés en rayons. La cloison d'avant était garnie de piques de bambou; la portion extérieure soutenait des mousquets, et dans le reste, des baïonnettes et des *crics* [2] malais formaient une combinaison d'ornements fantastique. C'était là l'équipement de guerre, comme De Ruyter l'appelait.

La partie postérieure de la cabine était consacrée sans doute à la paix : des livres sur leurs tablettes, des nécessaires pour écrire et des instruments nautiques annonçaient une salle d'étude. Tout bas qu'ils étaient, les côtés de cette pièce étaient garnis d'un nombre considérable de cartes roulées et suspendues entre les solives, tandis qu'attaché à la poutre du centre un compas se balançait au milieu de l'appartement. Dans les coins et recoins reposaient des télescopes et des lunettes à

1. Cloche chinoise.
2. Poignard dentelé en usage chez les Malais.

longue vue et, quoique moins pittoresques, mais également nécessaires, les provisions que j'avais entamées pour mon souper.

Je restai éveillé toute la nuit, et sur pied, bien que je n'eusse plus de supérieur pour me défendre de dormir, ou pour me réprimander sur quelque négligence dans le service. Mais mon esprit était occupé de la responsabilité que mon ami m'avait imposée.

Je me promenai sur le pont, regardant le pénon que le vent de terre commençait à caresser. Cela n'arrivait jamais, selon De Ruyter, avant minuit. J'ordonnai donc au raïs de lever l'ancre, et, s'il était possible, sans bruit.

– Pour lever l'ancre, dit-il, c'est facile; sans bruit, impossible.

Nous hissâmes l'ancre sans trop nous faire remarquer, et nous mîmes à la voile.

CHAPITRE SIXIÈME

De Ruyter me confie
le commandement de son bric-grab et me rejoint en mer.
Mon désir de rester avec lui. En route pour Goa.
Le bric-grab est attaqué.
Notre victoire.

J'avais enfin tous les attributs d'une virilité parfaite. J'étais d'une taille de six pieds, robuste et osseux; et avec la force de la maturité, j'avais la flexibilité de membres que la jeunesse peut seule donner. Naturellement brun, je devins, sous un soleil brûlant, tout à fait bronzé. Mes cheveux étaient noirs et les traits de ma physionomie presque arabes. On m'aurait donné vingt-sept ans, quand je n'en avais que dix-sept. Mais jeté dans la foule dès mon enfance, sans autre aide que moi-même, j'avais acquis prématurément cette connaissance du monde que peut seule enseigner l'expérience.

Je crains que par la manière dont j'ai raconté ma première liaison, et puis mon amitié avec De Ruyter, on ne puisse soupçonner qu'il voulût tirer parti de la malléabilité de ma jeunesse. A présent, je puis témoigner en sa faveur, car le temps est une pierre de touche, et il s'y est trouvé pur et loyal.

De Ruyter était lui-même errant et sans amis; il s'était exilé du monde civilisé et avait brisé les liens qui l'y attachaient. D'une âme élevée, d'un esprit cultivé, il devait chercher des êtres avec qui il pût partager ses affections, sympathiser de sentiments. Son esprit libre et flottant l'obligeait à chercher des compagnons; n'ayant peut-être pas une prédilection marquée à cette époque, ses sentiments s'intéressèrent à moi quand le hasard nous rapprocha l'un de l'autre. Il m'avait parfaitement observé durant cette période courte, mais pleine d'événements, et il ne douta point que je ne devinsse en peu de temps, et avec une guide, ce qu'il lui plairait faire de moi.

Mais ici la réflexion doit faire place à l'action, et je reprends le cours de mon récit.

Nous glissâmes silencieusement hors du port avec assez d'air, comme disent les matelots anglais, pour caresser les voiles et les endormir. A la pointe du jour, nous aperçûmes la vieille dow sous l'ancre, qui se débattait le long du rivage comme une tortue. A midi, une brise s'éleva du sud-ouest, et au coucher du soleil, sans crainte que du port, à si longue distance, on ne pût observer nos mouvements, je levai l'ancre, courus quelques lieues le long de la côte, diminuai de voiles et virai de bord. Comme je l'avais prévu, à l'aube du matin, quand les vapeurs grisâtres s'évaporent et laissent une ligne claire à l'horizon, je découvris avec mon télescope une tache sur le bleu des lames : c'était la vieille dow. J'ordonnai au timonier d'arriver, et en pressant de voiles nous l'abordâmes à huit heures. Je la hélai, et De Ruyter vint à bord. Nous reprîmes alors notre vent et continuâmes notre course le long de la terre.

De Ruyter se retira pour déjeuner avec moi dans la cabine et me demanda ce que je pensais du bâtiment.

– Il semble aller, répondis-je, même sans l'aide du vent. Hier, nous avons doublé un brick de guerre comme s'il eût été un roc immobile!

– Oui, avec des vents légers, rien ne l'atteindra. Dans une mer houleuse, on le voit travailler avec peine, mais s'il n'est pas trop chargé, il est prompt et prend bien le vent. Ne le couvrez pas trop de voile, ou vous l'enfoncerez.

Après quelques autres conseils de marine, De Ruyter tourna la conversation vers le point où je désirais la voir se diriger.

– Ce que je vous ai déjà dit à Bombay, continua-t-il, est vrai; j'y étais marchand. A présent, ma tâche mercantile est finie; je suis propre à fréter une cargaison et à combattre, quoique je sois forcé généralement de commencer par la seconde de ces deux dispositions. Je ne suis aucune ligne invariable de conduite et, comme le grab, je règle ma course d'après le vent.

– Et quelle route allons-nous suivre à présent?

– Dans ce vaste océan, nous ne manquerons pas d'occupation; il ne faut qu'un peu de résolution pour se décider, au milieu des discordes et des guerres où se complaisent les aventuriers venus d'Europe, ainsi que les princes et les rajahs du pays, barbares efféminés qui s'entre-déchirent pour se disputer quelques terres de pâture tandis que le loup anglais se glisse et leur enlève le bétail! Avant tout, nous descendrons la côte jusqu'à Goa; là, j'arrangerai quelques affaires, nous désarmerons la dow, et nous serons derechef ensemble, puis nous aurons tout le temps d'arrêter le plan de nos mouvements ultérieurs. Quel âge avez-vous?

– Dix-sept ans accomplis.

– C'est étrange! Je vous en eusse donné vingt. Mais votre âge est indifférent, une jeune tige produit souvent les fruits les plus mûrs et les plus exquis. Avec un peu d'expérience, et vous en acquerrez bientôt dans notre vie tumultueuse, et avec plus d'empire sur vos passions, vous aurez toutes les qualités essentielles qui vous rendront capable de tout entreprendre sur mer ou sur terre. C'est à vous de choisir. Si vous aimez le service de terre, j'ai des amis dispersés à droite et à gauche qui vous accueilleront, autant pour vous que pour moi. Si vous voulez vous associer à mes entreprises, je n'ai pas besoin de vous dire combien j'en serai satisfait. Mais la vie que je mène est pénible; et puis, si vous jugiez mes actions par le bavardage ordinaire et sophistiqué du monde, vous pourriez trouver ma conduite d'une légalité quelque peu contestable; vous ferez donc mieux de ne pas risquer votre réputation.

– Au diable! répliquai-je; avec votre permission, je resterai où je suis. Je vous l'ai déjà dit, et je vous le répète, je désire demeurer avec vous. Je n'ai pas besoin de connaître vos plans, jusqu'à ce que j'aie acquis assez d'expérience pour vous aider de mes conseils.

– Non, vous avez de l'intelligence, et plus de fermeté que la plupart des hommes avec qui j'ai traité. Ces sauterelles dévorantes d'Europe m'ont dénoncé comme un boucanier [1], sous prétexte de certains faits, et parce que ces sordides gueux, qui arracheraient les yeux de leur père si c'étaient des noix-muscades, ne voudraient pas qu'on lui réchauffât le sang avec des épices ou qu'on le lui rafraîchît avec du thé sans qu'ils en eussent le profit, ou, comme ils l'appellent, leur droit de poussière [2]. Ils font le monopole sur tout, et partout où il y a quelque grain à faire, dès qu'ils le sentent, ils le poursuivent à travers le sang et la boue, sans permettre à d'autres de s'approcher de leur butin. Or j'aime aussi les épices et le thé, et, mes idées ne se conforment pas avec leur système de droit exclusif : j'ai donc résolu en conséquence de me faire un trafic à moi. Ils m'ont dénoncé, ont saisi mon navire et m'ont plongé dans la banqueroute. Eh bien ! je n'ai point voulu pourrir dans une geôle ni m'abandonner à un désespoir inutile. Je ne me suis point épuisé non plus en prières, comme un mendiant, car je ne suis pas un de ces coqs vaincus. Je me suis donc élancé seul, comme un lion, méprisant les bornes étroites d'un esprit misérable et bourgeois, bien déterminé à user de représailles et à rendre coup pour coup, n'importe d'où il vînt.

» Dans l'intervalle de ma ruine à mon retour à la mer, j'ai pu satisfaire mon envie de voir l'intérieur de l'Inde, dont j'ai visité la plus grande partie. Je séjournai quelque temps avec Tipoo-Sahib. C'était le seul homme qui eût des principes de grandeur dans l'âme. Je l'accompagnai dans quelques-unes de ses batailles principales... Mais vous connaissez son sort.

1. Chasseurs aux bœufs sauvages de l'Amérique. On désigne sous ce nom les flibustiers, les pirates et les contrebandiers. De Ruyter appartenait à ces derniers.

2. *Dustoory* – allusion aux abus du monopole de la Compagnie des Indes.

J'étais à cette époque un des visionnaires enthousiastes qui, poussés par un amour ardent de liberté, opposent leur poitrine au torrent qui entraîne le faible dans sa course irrésistible. Comme le ruisseau de la montagne qui rencontre dans sa chute un fleuve impétueux, j'écumais, grondais, luttais pour soutenir ma cause, mais en vain; je fus emporté comme le reste, et comme le reste confondu, perdu dans l'immense océan. Je croyais follement qu'on pourrait amener les hommes à laisser de côté, pour un temps, leurs intérêts mesquins; qu'ils assoupiraient leurs passions comme le scorpion s'endort pendant l'hiver, et qu'ils attendraient que le soleil de la liberté brillât sur l'horizon social et leur offrît le loisir de se plonger à nouveau dans leur discorde civile et religieuse sans être inquiétés par une invasion étrangère. Je conjurai les princes et les prêtres (les maîtres du monde) de se relâcher de leurs prétentions, jusqu'à ce que l'ennemi commun fût chassé des côtes et rejeté dans la mer qui l'avait vomi.

» La vérité est une arme entre les mains d'un enfant; cependant elle est souvent fatale à celui qui veut la mettre en son jour. On condamna ma doctrine; je faillis ajouter mon nom à la liste des martyrs. Je vis partout, dans l'Est, le besoin d'une grande révolution morale. Le vieux système paraît là sous ses formes les plus vermoulues et les plus repoussantes, dans toute l'horreur de la décadence et de la désolation. Il a besoin d'être rajeuni, remplacé même par un ordre nouveau. Le temps peut seul réaliser une telle réforme; et il était puéril de vouloir précipiter sa marche de tortue par les efforts de mains aussi faibles que les miennes.

– Il me semble, observai-je, que nous ne pouvons pas nous vanter d'être mieux en Europe. Il y faut aussi un changement, et l'on y applique déjà des talents et des mains dévoués aux doctrines de la régénération.

– Oui, chacun pour soi, comme parmi les naturels de l'Inde. L'Europe est l'enfant d'un vieillard, un avorton monstrueux et rabougri, formé des membres mutilés du cadavre de l'Orient; c'est un amalgame hétérogène de parties jointes avec artifice, mais sans solidité, un bronze antique, rapiécé et blanchi, une miniature en plâtre, copiée d'une statue de granit. Le doigt de la destruction s'est abaissé sur elle, comme celui d'une mère spartiate sur son enfant puîné. Telles sont les considérations qui dissipèrent mes rêves de réforme.

» A mon réveil, j'avais tout dépensé. Sans or, sans pain et sans amis, je regardai autour de moi et pris la résolution de suivre le courant. Je naviguai de nouveau, je fis un voyage à l'île Maurice, équipai à crédit un bâtiment armé, et quadruplai mon ancien capital... Ma récente visite à Bombay n'était pas pour disposer de la misérable cargaison du grab, mais pour achever une affaire importante. Il y a six mois, croisant dans ce grab sous pavillon français, j'interceptai un bâtiment de la Compagnie, lequel venait d'Amboine [1] et se traînait lourdement derrière le convoi, chargé d'une belle cargaison. Je suis averti d'une seconde expédition de ces navires que l'on charge à présent à Banda; peut-être les rencontrerons-nous. Quand ces sangsues sont pleines, je sais où leur mettre le pouce pour les faire dégorger. Qu'en dites-vous?

– De tout mon cœur, répondis-je. Mais j'ai toujours entendu dire jusqu'ici que nos colonies protégeaient ces pauvres diables, pour les convertir au christianisme et parce qu'ils sont incapables de se protéger eux-mêmes; de sorte que sitôt qu'ils seront baptisés et civilisés, ils obtiendront leur émancipation.

– Certes, ils l'obtiendront, sitôt qu'ils seront convertis...

» Allons, le soleil est près de plonger dans les flots, et son voile de feu nous annonce une brise certaine. Finissons. Je ne suis pas homme à rester patiemment comme un chien affamé, dans l'espoir de recueillir un os que les milords du comptoir savent assez bien dégarnir avant de le quitter. Qu'ils se gorgent à leur aise, jusqu'à ce que, comme le vautour, leur poids soit trop lourd pour leurs ailes. Quant à nous, nous voltigeons, vifs et légers comme des faucons, et puis nous fondons sur eux. Il n'y a pas de mal à y dépouiller les voleurs! Un convoi de barques du pays appartenant à la Compagnie

1. Ile des Moluques, à l'époque l'un des centres du commerce du poivre. *(NdT)*

et protégé par la propre croisière de ces gens, que je regarde comme une singerie des bâtiments de guerre, a fait voile pour les îles de la cannelle. Maintenant, il faut vous transformer en Arabe, avec un abbah, afin qu'on ne puisse pas vous reconnaître. J'ai écrit des instructions complètes. Continuez votre course vers Goa; je vous suivrai de près. Pour quelque motif que ce soit, n'y descendez pas à terre avant mon arrivée. Le marchand Parsis, pour qui j'ai préparé une lettre, fera tout ce dont vous aurez besoin. Voilà la brise qui s'élève; embarque le canot! bord à bord!

De Ruyter me donna la main, sauta dans le canot et s'en retourna à bord de la vieille dow.

Notre route pour Goa n'offrit aucun événement particulier. Je m'étais vêtu, d'après les ordres de De Ruyter, de pantalons flottants bruns et d'une veste pourpre, avec un haut bonnet noir en peau de brebis d'Astrakan; un châle de cachemire entourait mes reins, et un petit cric malais s'y rattachait. Les boucles de mes longs cheveux étaient tombées sous le rasoir, à l'exception d'une seule mèche sur le sommet de la tête, par où les houris aux yeux d'ébène auraient pu me prendre pour me conduire au paradis.

J'avais dans la bouche un rôle de bétel [1], préparé à la chinoise, qui gonflait ma joue et donnait à mes dents la teinte rouge des pions d'échecs; mon cou, mes bras et mes cous-de-pied, bien graissés et luisants, complétaient mon costume. L'équipage s'attroupait autour de moi pour me complimenter; on déclara d'une voix unanime que j'étais décidément arabe, et quelques-uns allèrent jusqu'à me demander mon nom, et de quelle tribu était mon père.

Je restai toute la nuit aux environs de la pointe du cap Namas, puis je passai sous le fort de l'Aguada et jetai l'ancre dans la baie de Goa. Le soleil s'élevait majestueusement sur l'horizon; ses premiers rayons éclairaient les monastères de marbre et les arcades et collèges ruinés de l'ancienne ville, dont l'étendue, occupée par des décombres, prouve qu'il y

1. Plante très estimée des Indiens, et dont ils mâchent les feuilles.

existait jadis une colonie florissante. La mer avait brisé la jetée, et il n'y avait dans la baie qu'un assemblage bigarré de petits bateaux du pays. J'envoyai le raïs à terre avec les papiers du grab et la lettre pour le marchand qui m'avait été désigné. La dow vint le soir jeter l'ancre sous notre poupe, et De Ruyter passa encore toute cette nuit avec moi.

Le lendemain, il descendit dans l'intérieur de l'île, afin d'y voir quelques agents du rajah de Mysore et un prince maratte.

Je restai à Goa le temps d'alléger le reste de la cargaison, qui consistait en riz et café, pour faire du lest et compléter notre provision d'eau. A son retour, De Ruyter vint accompagné d'un Grec et d'un Portugais que je pris pour des espions à sa solde. Ils tenaient leurs conférences au milieu des ruines d'un monastère de la vieille ville, près de la mer, mais jamais pendant le jour. De Ruyter, dans ces occasions, venait à bord du grab prendre le canot qui le conduisait à la plage. Ses entretiens duraient depuis minuit jusqu'à deux heures du matin. Il choisissait lui-même l'équipage du canot chaque fois qu'il s'agissait de ce service.

Ayant tout préparé pour reprendre la mer, nous fîmes passer à notre bord l'équipage de la dow, et tout ce qui s'y trouvait d'utile, puis la vieille carcasse du bâtiment fut remise entre les mains de ses propriétaires. Le grab était toué [1] hors de la baie tous les soirs, au coucher du soleil; je guindais les canots et me tenais prêt à faire voile. Un jour – c'était le dixième après notre arrivée –, une heure après minuit, j'observai par la lumière phosphorique qui jaillissait en bleuettes sur la surface noire de l'eau qu'il s'y agitait quelque chose se rapprochant de nous avec une extraordinaire rapidité. Le silence avait succédé au tumulte lointain de la baie; les lumières mouvantes du rivage étaient éteintes depuis quelque temps, mais tout à coup je crus distinguer de l'agitation sur le môle. La brise légère apportait jusqu'à nous les sons confus du port; j'entendis une voix qui commandait une chaloupe. Cette voix devint de plus en plus forte; des lumières repa-

1. Remorqué.

rurent le long de la barre et le vent m'apporta un bruit de rames, de piques et de chaloupes, comme sortant d'entre les bâtiments et se dirigeant vers le débarcadère. Le bruit croissait de plus en plus; je me tournai vers l'objet qui, le premier, avait éveillé mon attention; et quoique de ce côté régnât un grand silence, je vis encore le pétillement étincelant des eaux et la longue flèche de lumière qu'il laissait à sa suite, semblable à celle qu'un météore volant trace dans le ciel, ou au sillage du canot qui fend une mer calme dans l'Orient. Le bruit assourdi des rames et les coups longs et lents que De Ruyter avait appris à l'équipage de son canot favori me le firent bientôt reconnaître. Je m'étonnai d'un retour aussi prompt et de la rapidité avec laquelle il voguait. La rumeur augmentait toujours dans la baie; je pressentis que tout n'y allait pas bien. Le cœur me battait d'anxiété sans savoir pourquoi. Le raïs étant avec le canot, j'appelai le serang, qui dormait, et lui ordonnai d'éveiller l'équipage; dans mon impatience, j'allai moi-même les faire lever à coups de pied.

Je mis du monde au cabestan, ordonnai de larguer le grand foc et le petit hunier et de lâcher les aiguillettes de la misaine et de la grande voile. Ensuite je retournai vers le passe-avant, d'où, reconnaissant notre canot, je lui lançai :

– Youpe! youpe!

– Silence! silence! répondit sourdement une voix étouffée, au lieu d'*« acbar »*, qui était la réplique ordinaire.

J'avais des instructions par rapport à ce signal. Je cours à l'avant, saisis la hache qui s'y trouvait prête et, ordonnant de hisser le foc pour redresser le grab, je coupe le câble, emportant aussi du même coup un morceau de la jambe d'un Arabe qui était auprès.

De Ruyter arriva alors et me dit :

– Vous avez bien fait, mon enfant, de couper le câble, mais soyez plus froid; vous avez blessé ce malheureux... Envoyez-le dans la cabine... Vite! changez toutes les voiles. Je suis à l'arrière. Les chiens! ils en ont eu vent; ils croient nous trouver au juchoir comme les poules des jungles, mais c'est une panthère qu'ils vont rencontrer, et elle n'est jamais surprise endormie.

Il s'élança à l'arrière. Nous commençâmes de tourner très lentement; et, tandis que je maudissais la carlingue du grab et l'impuissance de la brise qui nous aidait si peu, De Ruyter me mit la main sur l'épaule et me dit :

– Armez l'équipage, mais ne prenez que des piques. Que nul bateau ne s'approche de notre côté, et même n'en fasse l'essai... Parlez-leur honnêtement; mais si quelqu'un met la main sur l'échelle, percez-le comme vous perceriez un sanglier. La poudre ne sert à rien dans ces moments; elle fait du bruit et sent mauvais. Harponnez-les!... mais attendez que je vous le dise. Je dois éviter qu'on ne me voie; si l'on vous interroge sur De Witt, le marchand, dites que vous ne le connaissez pas.

Deux chaloupes s'approchèrent de nous dans ce moment. La plus avancée nous cria : « Grab, ohé... » Je répondis... Ils me commandèrent de mettre en panne, car ils désiraient parler au capitaine. J'ordonnai au serang d'abattre la grande voile et de larguer les voiles des perroquets.

– Nous partons, répliquai-je. J'ai mes acquits, et tous mes papiers sont en règle. Je ne veux pas perdre la brise... Que voulez-vous donc?

– Virez au cabestan, ou nous faisons feu!

– Mieux vaut pour vous n'en rien faire, leur dis-je.

Nous n'avions pas encore assez d'avantage pour laisser en arrière la chaloupe la plus avancée, qui appartenait au capitaine du port. De Ruyter donna l'ordre à l'équipage de se coucher sur le pont. Il était au gouvernail; et, au moment qu'il me disait de me couvrir, une flamme éclata sur la chaloupe; une balle siffla au-dessus de ma tête et s'enfonça dans le mât. Ce fut par déférence aux ordres de De Ruyter que je ne ripostai pas, comme j'aurais voulu. Bientôt après, comme la chaloupe faisait des efforts pour nous aborder par le passe-avant, De Ruyter, gouvernant vent arrière, la mit sous la hanche de dessous le vent. Ayant échoué dans leur attaque, nos assaillants perdirent quelque temps en dérivant sur la poupe, sans pouvoir reprendre l'usage des rames. De cette manière, nous nous débarrassâmes d'eux pendant quelques instants, car la brise commençait à fraîchir. On n'entendait pas un mot, pas même le bruit de la respiration des hommes. De Ruyter restait au gouvernail; quant à moi, avec une partie de l'équipage, je me trouvais prêt à repousser l'abordage. L'autre chaloupe s'approchait aussi, et toutes deux tirèrent plusieurs coups de fusil, dont nous étions défendus par les cloisons de vibord. La première chaloupe parvint enfin à saisir les chaînes de dessous le vent, et l'on commença résolument à monter à bord.

– Chilo! chai! en avant, enfants! fit De Ruyter; et nos piques, passant à travers les sabords, renversèrent trois ou quatre hommes avec leur chef.

Ils tombèrent dans la chaloupe, et des cris de rage et de douleur couvrirent la voix de l'officier qui commandait en vain l'abordage. Lorsque l'autre chaloupe vint jusque sous notre arrière, j'avançai une de nos pièces et, hélant les deux barques :

– Si vous touchez encore d'une rame notre sillage, ou si vous vous amusez à faire jouer vos feux sous notre arrière, vous allez entendre la voix de ce gaillard! Commandez où vous avez le pouvoir d'exiger l'obéissance; ici vous n'en avez aucun.

Je soufflai sur une mèche de coton; ils virent alors la bouche béante du canon abaissée sur leur chaloupe, prête à les anéantir. Ils levèrent leurs rames. Les menaces et les imprécations que vomissait leur rage, mêlées au bruit des vagues, allaient se perdre dans le lointain. Nous les regardâmes s'en retourner de leur expédition stérile vers le port. Sur quoi nous nous éloignâmes majestueusement du rivage, forçant de voiles, et assez satisfaits de notre victoire.

Quand nous fûmes loin de terre, et en sûreté, De Ruyter me frappa sur l'épaule et me dit :

– Ceux qui combattent sous le pavillon du silence seront toujours les maîtres de la victoire, car le bruit et les menaces se soldent généralement par la défaite. La force de l'air, ou celle du feu, quand on la concentre, devient irrésistible. Les femmes et les faibles enfants, avant d'apprendre à mordre, crient et menacent, mais on doit craindre l'homme silencieux, avec son arme prête à la main, parce qu'il est résolu. Celui qui tempête et prévient son ennemi par des paroles menaçantes a peur lui-même ou hésite encore intérieurement; j'ai vu cette remarque confirmée par l'expérience. Quant à vous, vous avez bien débuté. Votre prévoyance surpasse celle des plus vieux et des plus expérimentés. Comment se fait-il que vous ayez été si prompt, que même avant que je vous eusse hélé, vous étiez déjà sous l'ancre? Je craignais que les chouettes du port, en me devançant, ne vous eussent abordé.

Je lui livrai quelle avait été la cause de mon anxiété.

– Eh bien! ajouta-t-il, j'avais une extrême confiance en vous et présageais beaucoup de vos dispositions quand l'expérience serait venue perfectionner votre jugement, mais vous avez dépassé toutes mes prévisions. Il y a des individus chez qui la promptitude de perception est comme un instinct, dès leur apprentissage dans l'école de la vie... Maintenant, mes braves, vous avez travaillé ferme, et quand on est fatigué, on a besoin de repos. Allez dormir; je ferai le quart cette nuit.

Bientôt, me voyant à moitié endormi, la tête sur l'écoutille, il me secoua doucement :

– Le serein, avec un vent de terre, est aussi pernicieux dans ce climat que la morsure d'un serpent, car il est chargé des vapeurs de la jungle; descendez donc, et bonsoir!

Malgré mes objections pour ne point quitter le pont, me plaignant de la chaleur et lui faisant observer qu'on pouvait encore nous poursuivre, il fut inébranlable.

– Ne craignez rien, avant qu'il fasse jour, l'œil de l'aigle ne pourra nous apercevoir du roc le plus élevé. Allons, je vous souhaite le bonsoir!

Le changement d'atmosphère qu'on sent une heure avant que la nuit commence à se dissiper m'éveilla. Je montai l'échelle en trébuchant, mais j'eus bientôt les yeux ouverts, car je faillis me casser les jambes contre le boulon d'une pièce. De Ruyter était sur l'affût d'un canon, regardant sur l'arrière avec une lunette de nuit. La lune se réfléchissait sur son visage, qui paraissait pâle et fatigué, comparativement à la veille; ses moustaches étaient couvertes de rosée. L'ayant salué, je l'invitai à se reposer, m'excusant de mon long sommeil.

– Je m'étonne seulement, répondit-il, de vous voir éveillé de si bonne heure. Mais les jeunes gens, et ceux qui sont heureux, dorment sitôt que le soleil retire son éclat de l'horizon et s'éveillent dès qu'il dissipe les ténèbres. A mon âge, vous aimerez les clartés de la lune; vous préférerez le silence solennel de la nuit au jour éblouissant, qui rouvre la scène du travail, condition éternelle, et rarement utile, de notre existence.

Nous suivions notre route vers le sud-est à toutes voiles. La garde dormait par groupes, sous une couverture, dans les demi-ponts. Quand le jour parut, De Ruyter observa l'horizon avec une grande attention et ordonna qu'on éveillât la garde pour qu'elle vaque à ses devoirs journaliers, lesquels ne finissent jamais à bord d'un bâtiment. Il reconnut les voiles qui étaient en vue; ce n'étaient que des bateaux du pays. Nous étions déjà si loin du port et des côtes que tous les points de l'horizon se confondaient dans une masse indéfinie dont les contours étaient interrompus par les nuages du matin, tout enveloppés de vapeurs transparentes. Enfin nous perdîmes de vue la terre. De Ruyter se retira dans sa cabine, pointa sur la carte le cours de la nuit, me donna des instructions pour diriger la route et sur le moment où il faudrait l'éveiller; puis il s'enveloppa dans son capot et s'endormit.

Je suivis la route au sud-est, piquant le vent d'après les instructions de De Ruyter, pour tenir le plus au sud possible des îles Laquedives [1].

A la hauteur de ces îles, nous éprouvâmes un calme de plusieurs jours. Mon imagination était alors trop vive et trop souple pour céder à l'ennui. J'aimais la mer sous tous

1. Ces îles forment un archipel qui se prolonge parallèlement à la côte Malabar.

ses aspects. Mes devoirs à bord du navire m'occupaient toute la journée; et quoique le grab fût aussi stationnaire que s'il eût pris racine, le temps s'écoulait pour moi comme à l'ordinaire.

De Ruyter voulut donner à son navire un aspect plus guerrier. Nous levâmes quatre pièces de neuf en bronze, couvertes de rouille, qui étaient cachées sous le lest au fond du vaisseau; elles furent montées. Nous dressâmes des parcs à boulets sur le pont, et nous les remplîmes; puis nous fîmes des cartouches et préparâmes des fourneaux pour rougir les boulets. Le magasin fut mis en ordre; on fit des fusées de signaux; les entreponts furent nettoyés et blanchis; et l'équipage, divisé par quarts, s'exerça au service des canons et à l'usage des petites armes. J'appris à manier la lance et le cric, sous la direction du raïs.

Nous avions quatorze Européens avec nous, tirés principalement de l'équipage de la dow : des Suédois, des Flamands, des Portugais et des Français. Nous avions aussi quelques Américains, avec des échantillons de presque tous les naturels de l'Inde qui se vouent à la marine – des Arabes, des Indiens musulmans, des Dacasses, des Coolies, des Lascars. Notre maître d'hôtel et secrétaire était un Français métis, le mousse de chambre un Anglais, le chirurgien un Hollandais, et l'armurier et le maître d'armes des Allemands. De Ruyter se souciait peu du pays ou de la caste de ses hommes; il les distinguait seulement par leur conduite. Je m'étonnais de voir des éléments si hétérogènes et si discordants former un ensemble si harmonieux, mais c'était par là que se révélait l'art consommé de la main du maître et sa manière calme et intelligente qui réglait tout; avant qu'on entendît un murmure, il avait prévenu toute plainte ou remédié à temps au mal.

De Ruyter était l'homme le plus actif de son équipage, le plus infatigable dans le travail, le premier dans le péril, et si parfait en tout qu'il faisait mieux que les autres, bien qu'en moins de temps, tout ce qu'il entreprenait. En un mot, s'il se fût trouvé au milieu d'une troupe d'aventuriers, par un choix unanime, il serait devenu leur chef, l'âme de leurs entreprises, leur sauveur dans le danger.

Le quatrième jour de cette scène monotone, le bleu du ciel et de la mer changèrent d'aspect; des masses de nues commencèrent à s'élever et à confondre leurs groupes rembrunis, jusqu'à ce qu'un voile sombre couvrît tout l'horizon. Nous serrâmes nos petites voiles et prîmes des doubles ris aux huniers. Des vents légers poussaient les vagues de tous les points du compas, à la pâle lueur des éclairs et au bruit des tonnerres qui grondaient sourdement. Enfin, la pluie tomba par torrents; le bouillonnement de la mer, causé par les tourbillons de vent, suivit la tempête dans son passage, et une brise légère emporta les nues qui se résolurent en eau. Nous avions cru que la bourrasque serait plus violente; poussés par un nord-est constant, nous parûmes devant les îles Laquedives avant la nuit.

Les canots des naturels de ces îles excitèrent mon étonnement. Les Européens les ont appelés *proues volantes*, à cause de la rapidité merveilleuse de leur course. Un de ces bâtiments, que nous vîmes à sec sur notre bord dessous le vent, lorsque nous filions onze nœuds par heure, vint à notre vent, deux points plus près du vent, et nous laissa en arrière comme si nous eussions été immobiles. Les lames étaient courtes et brisées; deux ou trois hommes qu'on distinguait sur les boute-hors paraissaient voler sur les eaux. Le canot ne glissait pas sur les vagues, il les coupait; parfois on le voyait s'élever et s'abaisser, enveloppé d'écume, pareil à un jeu d'eau qui bondit et retombe.

CHAPITRE SEPTIÈME

Chasse au corsaire malais.
Opération d'un jeune Suédois blessé.
Deux frégates en vue. L'une d'elles essaie de nous attaquer.

A notre approche de l'une de ces îles, je descendis à terre pour voir les naturels du pays et leur demander des fruits. Durant la nuit, la brise s'endormit encore et, à la pointe du jour, nous signalâmes deux ou trois vaisseaux à voile carrée, qui étaient en calme deux lieues à l'ouest de notre grab. J'abordai l'un de ces bâtiments dans un canot armé de dix hommes, bien pourvus de moyens de défense. Le raïs, qui n'était pas fort rassuré, me dit qu'il avait été assailli sur le golfe Persique par un large brick malais plein de monde. On l'avait non seulement pillé, lui et deux autres vaisseaux qui l'accompagnaient, mais encore on lui avait massacré plusieurs hommes, les traitant avec la plus grande cruauté. Il ajouta que ce malais, qui croisait d'ordinaire à l'entrée du golfe, avait dépouillé un nombre considérable de bâtiments.

J'amenai le capitaine du vaisseau étranger et quelques hommes de son équipage à bord du grab. Lorsque De Ruyter eut vent de ce que le raïs racontait, il résolut de chercher le malais. Les Persans lui confirmèrent qu'il était rempli d'or et que sa cargaison était si riche qu'il avait jeté à la mer des balles précieuses de soieries persanes, n'ayant pas où les placer.

Le soir, il s'éleva une brise légère dont nous profitâmes, en forçant la voile vers le nord et l'ouest, toujours dans l'espoir de rencontrer le brick avant qu'il prenne la route du détroit de Malacca. Les jours suivants, nous fîmes un cinglage superbe, n'abandonnant jamais la découverte. Nous abordâmes plusieurs chaloupes de la côte et d'autres navires, impatients d'obtenir des nouvelles du pirate. Nous étions sur le qui-vive jour et nuit; à chaque heure s'éveillait notre espérance à la vue d'une voile éloignée sur laquelle nous fondions mille conjectures; puis nous la quittions avec le regret de nous être livrés à l'espoir, ou plutôt de le voir se dissiper.

La patience de De Ruyter était déjà épuisée. Il avait des dépêches importantes pour l'île de France, et ne voulait pas perdre plus de temps. Nous inclinâmes donc notre route encore vers le sud. Nous avions couru vingt ou trente lieues dans cette direction à la clarté du jour, l'horizon étant pur et le soleil dégagé de vapeurs, lorsque l'homme de garde sur le mât d'avant cria :

– Une voile grande sous le vent d'avant!

Je montai moi-même au mât avec une lunette, craignant que ce ne fût un bâtiment de guerre. Après m'être appliqué à reconnaître la voile annoncée, j'entendis De Ruyter me héler :

– Eh bien! qu'est cela?

Je répliquai avec confiance :

– Le malais!

– Quelle est sa route?

– Il ne nous a pas encore vus; il suit sa course vers le nord.

Je le lui décrivis, et De Ruyter lâcha :

– Il est possible que vous ayez raison.

Je descendis sur le pont. L'horizon s'était couvert tout à coup de brouillard, et nous espérions nous rapprocher du malais avant qu'il pût nous apercevoir, car il avait négligé de poster ses vigies. Nous courûmes sur lui avec toute la voile que nous pouvions déployer. Nous empesâmes les bonnettes par le moyen d'une machine propre à cet effet, afin que ces voiles, dûment mouillées, retinssent mieux la brise. Enfin à huit heures le corsaire nous vit et prit la chasse. Nous l'avions gagné de vent considérablement : nous pouvions distinguer la tête de ses vergues.

– Si la brise continue jusqu'à midi, annonça De Ruyter, il ne nous échappera point.

La joie se peignit sur tous les fronts parmi l'équipage à l'approche du butin. Nous pompâmes l'eau, allégeâmes le lest, jetant quelques tonneaux à la mer, dégageant le pont pour l'action et apprêtant les armes et les canots pour le service. Nous suivions d'un œil attentif tous les mouvements de l'ennemi, cherchant à les prévoir, à les deviner, comme le faucon prêt à fondre sur le courlieu.

La brise commença à fraîchir à midi, et nous gagnâmes de vent le malais avec beaucoup de célérité; cependant ce ne fut qu'à six heures du soir que nous arrivâmes à portée du brick. Nous fîmes aussitôt jouer les pièces d'avant, mais il ne tint pas compte de notre feu. Nous hissâmes le pavillon français : c'était le drapeau tricolore, car De Ruyter avait une lettre de marque (ou autorisation de représailles) du gouvernement français, qu'il me montra comme au seul d'entre les officiers qui ignorait cette circonstance. Notre artillerie atteignait déjà le malais, qui se vit contraint d'arrêter. Il amena les voiles des perroquets; quant à nous, sous la hanche du brick dessous le vent, nous diminuâmes de voiles et coiffâmes le hunier.

Un Malais qui était à notre bord servit d'interprète. Les hommes fourmillaient sur le pont de l'ennemi. Nous lui ordonnâmes d'envoyer un canot à notre bord avec ses papiers; voyant qu'il ne faisait aucune attention à nos ordres, De Ruyter fit tirer un autre coup de canon. On nous riposta par une volée de quatre caronades, de divers pierriers et de vingt ou trente mousquets, dont la charge, composée de vieux fer, de morceaux de verre et de clous, racla contre nos manœuvres, nous blessant trois hommes.

– Sotte impudence! s'écria De Ruyter, ils vont la payer!...

Nous ripostâmes par un feu si lourd, si soutenu, si bien dirigé, manœuvrant en même temps sur la poupe et les hanches du brick, que dix minutes après De Ruyter donna l'ordre de cesser. Non seulement nous avions étouffé ses feux, mais nous avions vidé son pont, mis en pièces sa manœuvre et emporté son gouvernail. Nous embarquâmes nos canots et je poussai en avant avec trente hommes. De Ruyter me conseillait d'être en garde contre la ruse et la perfidie des Malais.

Nous approchâmes avec précaution. Pas d'obstacle, pas même d'indice qu'il y eût à bord un être vivant. J'ordonnai au raïs qui commandait la chaloupe de monter au brick par l'avant avec ses Arabes, tandis que moi, avec une partie de nos Européens (et ils formaient une troupe de braves), je grimperais par ses hanches et son arrière garnis de bambou. En arrivant à bord, nous vîmes plusieurs morts et blessés, mais rien de plus. Le brick n'avait que deux tiers de pont, avec une embelle ouverte entourée de treillis de bambou et couverte de nattes. Ses voiles et ses vergues pendaient de tous côtés, déchirées, cassées, embrouillées. Nous étions tous à bord, et déjà une partie de ma troupe se préparait à descendre dans les entreponts. Tandis que je répondais aux questions de De Ruyter, un cri de guerre, sauvage et tumultueux, nous fit sursauter. Au même instant, nous vîmes surgir du fond du brick une forêt de lances qui, passant à travers les nattes, blessèrent plusieurs de nos hommes. Je fus aussi étonné de cette nouvelle tactique que Macbeth put l'être de voir marcher la forêt de Dunsinane. On me jeta plusieurs piques, auxquelles j'échappai à peine en courant autour de la portion solide du pont. Une partie de ma troupe s'était retirée; je lui commandai de faire feu sur les entreponts par l'œuvre ouverte. La plupart des hommes du raïs, qui n'étaient pas blessés, avaient quitté le bord pour regagner leur chaloupe.

Je hélai De Ruyter et l'informai de notre situation. Il voulait que j'attachasse un cap de remorque, qu'il m'enverrait, aux anneaux de la sous-barbe de beaupré, et qu'après l'avoir assuré nous revinssions tous à bord du grab. Il avait le plus grand soin de la vie de ses gens. Il savait que ces pirates, quand une fois ils forment la résolution de ne pas se laisser prendre, n'en démordent pas. Je lui offris de jeter des grenades à main, ou des boules à feu, s'il en avait. Quoique nous eussions fait déjà un dégât considérable sur le malais, je désirais, ainsi que tous les Européens, pénétrer à tout risque dans l'intérieur du vaisseau, mais les naturels, qui composaient la majeure partie de notre expédition, s'opposèrent à notre dessein. Nous restions donc sept ou huit, et en si petit nombre, nous avions fort peu de chances d'attaquer avec succès des ennemis qu'on ne pouvait voir dans l'obscurité, et qui auraient pu nous massacrer tous, de leurs cachettes, sans s'exposer eux-mêmes.

L'équipage était occupé à descendre nos blessés dans le canot. On avait frappé d'un coup de lance, en lui perçant le pied, un jeune Suédois que je regardais comme un excellent marin. Il souffrait beaucoup, et je me hâtai de le faire placer dans un canot. Peu après, le hasard fit que je marchai sur un Malais mourant, qu'une balle avait traversé avant l'abordage. En passant, j'avais remarqué sa mine, si singulièrement féroce, et l'expression rusée de sa figure large et brutale. Ses cheveux noirs, rudes et hérissés, étaient souillés du sang écoulé d'une profonde blessure qu'il avait reçue à la tête et que lui avait apparemment faite une esquille. Je fus arrêté par son regard; son œil, à demi caché par une paupière immobile, profondément enfoncé dans l'orbite, reflétait la flamme de sa prunelle, brillante comme un ver luisant au fond d'un tombeau. Mon pied glissa alors dans le sang caillé qui couvrait le pont, et je tombai de tout mon long sur son corps. Comme j'essayais de me relever, il me serra de sa main osseuse et fit un effort horrible pour se mettre debout, mais ses jambes étaient déjà raides. Voyant cela, il tira de son sein un petit cric et essaya, dans une dernière convulsion, de me l'enfoncer dans la poitrine. Le désir de se venger avait surpassé ses forces physiques; la pointe aiguë du poignard effleura ma peau; sur quoi il tomba mort, m'entraînant avec lui, car sa main me pressait comme un écrou. Je ne pus m'en débarrasser qu'en retirant mon bras de ma veste et en la laissant aux mains de ce spectre.

– Par la mort, m'écriai-je, des hommes semblables ne sont pas vaincus! Leurs esprits combattent encore et nous poignardent!

De Ruyter pressa notre retour, car la nuit s'avançait, et les Malais avaient, de dessous le pont, recommencé le feu avec leurs arquebuses. Je me retirai, le cœur palpitant de rage et triste de désappointement.

Nous avions en tout huit blessés. Lors de mon retour au grab, De Ruyter observa :

– Il n'y a pas de remède! Il faut essayer de voir si, en remorquant le brick près de la côte, nous n'allons pas pousser ces enragés à s'échapper à la nage, mais je crains que nous ne puissions réussir à le capturer.

Tandis que nous faisions servir les voiles et que nous commencions à remorquer le brick, nous avions fait poster sur notre arrière une troupe d'hommes pour faire feu sur tout ce qui se présenterait à son bord. Cependant il était fort difficile de remorquer un bâtiment qui s'embardait, faute de direction au gouvernail, et que son équipage voulait délivrer. En effet, les Malais parvinrent en moins d'une heure, et comme nous l'avions prévu, à couper le cap de remorque. Nous rattachâmes un autre cap, protégés par un feu soutenu de mousqueterie que nous dirigions sur l'avant du brick, dont le pont semblait vide de toute présence humaine. Mais le second cap fut coupé comme le premier. Nous hélâmes l'équipage, mais on ne nous répondit pas.

A la pointe du jour, De Ruyter résolut de le couler à fond. Nous exécutâmes ses ordres avec répugnance, à grand renfort d'artillerie et de boulets rouges, qui avaient été préparés pendant la nuit. Les symptômes du feu ne tardèrent pas à se manifester. La fumée commença lentement à s'élever; on entendait les explosions successives de la poudre; des nuages épais, formant des groupes confus, se répandaient autour du bâtiment; enfin, les sauvages eux-mêmes parurent sur le pont, effrayés; ils ne pouvaient plus se défendre, car nous avions jeté leurs pièces à la mer.

Des torrents de flammes se ruèrent par les écoutilles et les sabords du brick. Nos Arabes juraient qu'ils voyaient couler, par le côté opposé à celui que frappaient nos boulets, de la poudre d'or, des perles et des rubis. Je ne voyais pour ma part que de larges flammes et une épaisse fumée, et les pauvres diables qui couraient çà et là s'élançaient dans les flots, préférant la mort par l'eau à celle dont les menaçaient l'incendie et les balles... car il ne leur restait pas d'autre choix. Ce fut en vain que nous mîmes nos canots à la mer pour les secourir, nul n'en approcha. Nos canotiers se tenaient à distance du brick, de crainte d'être victimes d'une explosion. Ils purent tout de même constater que l'équipage du pirate se composait de deux cent cinquante à trois cents hommes.

Ayant suspendu notre canonnade, nous nous arrêtâmes à quelque distance pour regarder ce spectacle si curieux. Bientôt nous entendîmes une détonation plus bruyante que celle du tonnerre; l'air prolongea au loin la vibration, qui se perdit dans l'espace comme un sourd mugissement. Alors nous n'aperçûmes plus à la surface de l'eau qu'un noir tourbillon, qui enveloppait tout comme un drap mortuaire et obscurcissait le ciel en se déroulant dans l'atmosphère. Au milieu d'un vaste cercle, on remarquait des fragments du vaisseau, des mâts, des cordages, des hommes; tout était dispersé, tout en lambeaux, tout confondu. Des têtes noires, éparses encore sur la surface de l'eau, semblaient contempler les résultats de notre colère et jeter languissamment un dernier cri de guerre, un cri de défi; puis elles s'engloutissaient pour toujours.

Je tressaillis en voyant nos voiles frapper contre le mât et le corps du grab s'ébranler, comme frémissant de terreur. C'était l'effet de la brise, que l'explosion violente du vaisseau avait repoussée. De Ruyter soupira :

– Oui, c'est une chose triste, horrible, qu'un pareil spectacle, mais ils avaient mérité leur sort! Allons! faites travailler ces gens qui restent là à bâiller! Hissez les canots, et forcez de voiles. Il est temps de reprendre notre course.

Deux jours après, un de nos Arabes blessés vint à mourir, et ses compagnons lui rendirent les honneurs funèbres avec leurs cérémonies mystiques habituelles. Ils lavèrent son corps avec une attention scrupuleuse, lui rasèrent la tête, la lui nettoyèrent avec soin et lui remplirent la bouche, les narines, les oreilles et les yeux de coton saturé de camphre, qui servit encore pour oindre tout le cadavre; ils lui cassèrent les jointures des jambes et des bras, l'entourèrent de ligatures, à l'instar des momies. Puis l'ayant lesté d'un boulet de douze aux deux extrémités, on le lança, ainsi mutilé, dans l'océan. Je demandai pourquoi on avait cassé les jointures à ce malheureux. On me répondit que c'était pour éviter qu'il ne courût après le brick, car s'ils avaient négligé ce devoir sacré, son corps aurait flotté sur les vagues et son esprit aurait poursuivi ses ennemis éternellement.

Nos blessés ne tardèrent pas à se rétablir, excepté le jeune Suédois, que nous aurions perdu si De Ruyter n'avait pas joint à ses qualités de chef des connaissances chirurgicales supérieures à celles que possèdent plusieurs bouchers brevetés. Il lui céda sa chambre, où nous le soignâmes tous deux, sans penser à nous épargner la moindre peine; nous ne permîmes pas au docteur de lui couper la jambe, malgré ses efforts pour nous prouver le besoin de cette opération, nécessaire à l'honneur de la faculté.

Notre digne esculape, qui avait nom Van Scolpvelt, me convertit d'ailleurs une petite égratignure en un ulcère corrosif qui me tourmenta longtemps après. Quand il vint examiner, pour la seconde fois, la blessure réellement dangereuse du jeune Suédois, il déclara qu'en retardant l'amputation, il se pourrait faire que dans vingt-quatre heures il fût forcé de lui couper la cuisse jusqu'à la hanche... mais alors ce serait avec peu de probabilité de lui sauver la vie, car, ajouta-t-il, le patient expire en général dans cette opération.

Le pauvre garçon criait et demandait grâce, d'abord au docteur, puis à moi. J'appelai De Ruyter, qui défendit de faire l'amputation. Pour compenser en quelque sorte ce refus, le chirurgien, ayant mis la main sur le jeune Suédois, commença d'opérer sur lui avec autant d'adresse qu'un Indien qui écorche son ennemi. Quand, au milieu de ces tortures, le pauvre patient vint à perdre tout sentiment, Scolpvelt le regarda fixement, puis, se retournant tout étonné, il s'écria :

– Pourquoi ces gémissements? Il s'évanouit comme une petite fille! Mais vous l'avez vu, à peine lui ai-je gratté l'os.

De Ruyter descendit dans la cabine et ordonna au chirurgien de bander la blessure et d'y mettre un cataplasme.

– Docteur, dit-il, vous êtes comme le vieux cuisinier qui mettait des anguilles vivantes dans son pâté, et qui, frappant dessus avec son rouleau au moment de mettre au four, s'écriait : « Couchez-vous donc, mignonnes! »

Lorsque le malade reprit ses sens, De Ruyter lui donna un verre d'eau-de-vie, qui le fortifia. Le malheureux ne voulut plus consentir à être pansé si l'un de nous n'était présent. Enfin, malgré les prédictions du docteur, il se rétablit à la longue.

Si j'ai fait ici si longue mention de ce jeune Suédois, c'est que j'aurai à raconter plus tard sa fin malheureuse...

Après avoir quitté les Laquedives, nous fîmes voile pour une autre île, appelée Diego Reyez, dans l'intention de renouveler notre eau et de nous pourvoir en bois. Nous passâmes ensuite un autre groupe d'îles, auxquelles on a donné le nom d'îles des Frères; et, prenant plus au sud, nous arrivâmes à l'île de Roquepez, que nous quittâmes bientôt. Quelques jours après, entre le grand banc de Garagos et les îles Saint-Brandon, notre vigie cria : « Une voile étrangère vers l'ouest! » Et puis : « Une autre! »

Ces bâtiments paraissaient suivre notre direction, mais nous n'en poursuivîmes pas moins notre route. Un épais brouillard bientôt suivi de pluie nous les fit perdre un moment de vue. Puis le temps s'éclaircit, et du pont nous pûmes les revoir. Il était une heure après midi. De Ruyter était dans sa cabine; je l'appelai en lui faisant savoir qu'il s'agissait de deux frégates, peut-être françaises, venant de Port-Saint-Louis, en l'île de France.

– C'est possible, dit-il, mais j'en doute. Donnez-moi la lunette.

Il regarda très attentivement et murmura :

– Trop élevées sur l'eau... les voiles trop grises... le corps trop court... et les vergues pas assez carrées pour être... Non, ils ne sont pas français, ces bâtiments. Boulinez les bonnettes, changez les amures à bâbord et serrez le vent.

Cette manœuvre faite, le bâtiment qui était le plus avancé boulina aussi son vent, et bientôt après vira devant, imité en tout par son compagnon. Le vent était léger, et nous tournions tous du même côté. La première frégate cinglait parfaitement bien et laissait sa compagne en arrière, mais elle ne pouvait pourtant égaler notre marche. Nous n'avions qu'une crainte : c'est que le vent ne changeât ou ne vînt à cesser entièrement, comme il arriva en effet au coucher du soleil.

Pendant toute la nuit nous fûmes sur le qui-vive; on fit éteindre toutes les lumières à bord, pour éviter d'être aperçu; nos ponts étaient libres et disposés pour le combat; les pièces avaient double charge, et toutes les armes étaient prêtes. Nous n'avions pas la présomption de vouloir nous mesurer avec ces frégates, mais nous prenions toutes les précautions contre la possibilité d'un abordage de la part de leurs canots. Après le quart de minuit, un vent faible vint du canal de Garagos, et nous fîmes une longue bordée du côté de l'est. Le vent alors commença à varier, avec des intervalles de calme. La nuit était sombre; les frégates elles non plus n'avaient pas de lumières, et nous ne pouvions former aucune conjecture sur leur situation. Nous résolûmes donc de glisser entre le groupe des îles des Frères et de nous soustraire à leur vue, car, selon toute probabilité, elles devaient avoir conservé leur position entre nous et le port où il était évident que nous nous rendions quand elles nous avaient découverts. Mais la brise avait été si faible que nous avions avancé fort peu; et la nuitée avait été si sombre que nous n'avions pu profiter de nos lunettes de nuit. Bref, l'approche du jour ne laissait pas de nous inquiéter.

Enfin, une teinte pourpre et riante rompit les nuages épais

vers l'est; leurs groupes éclairés furent bientôt ceints d'une auréole orangée, et le cercle de l'horizon s'élargit dans l'espace. Cependant on ne voyait pas les frégates, et déjà tout réfléchissait la clarté du jour. De Ruyter, debout sur un canon, observait un banc vaporeux de brouillards qui se dissipait lentement. Soudain il s'écria :

– Les voilà !

Je regardai. C'était l'une des frégates qui paraissait au milieu des vapeurs; elles l'enveloppaient comme une île. Elle dut aussi nous voir, car elle vira devant dans nos eaux et força de toutes ses voiles. La distance qui nous séparait n'était que de neuf à dix milles à notre arrière et de quatre sous notre vent. Peu après l'autre vaisseau commença à paraître, à une distance considérable. Après avoir contemplé la frégate quelque temps, De Ruyter eut ces mots :

– Par Dieu, c'est une excellente voilière que cette frégate ! Je crois qu'elle irait presque à l'égal de nous... ce que nul autre vaisseau ne fait dans ces mers. Il faut que ce soit une frégate tout nouvellement arrivée d'Europe. Heureusement, le grab n'est pas reconnaissable, grâce aux changements que j'y ai faits. Mais le temps ne nous promet rien de bon : quand le soleil montera sur l'horizon, la brise tombera tout à fait.

Deux heures après, la surface de la mer devint unie, calme et luisante comme un ciel de cristal. Le soleil se leva dans toute la majesté de sa gloire, brillant et solennel comme un globe de feu; son disque dardait des rayons qu'on ne supportait qu'avec peine, car ils pénétraient jusqu'au fond du cerveau. Pour me soulager de l'impression pénible que son éblouissante clarté produisait dans mes yeux, j'étais obligé de les fermer par intervalles; je croyais que j'allais devenir aveugle. Cependant, par cette chaleur, la frégate voulut hasarder ses canots; vers les dix heures avant midi, elle les mit à la mer et nous donna la chasse. De Ruyter admira leur hardiesse.

Il y avait une heure que nous faisions des efforts désespérés pour nous éloigner de l'ennemi, mais inutilement. Nous nous préparâmes donc à tout événement.

– Ces gredins-là travaillent en vain! observa De Ruyter. A midi, nous aurons une brise, et ils seront alors obligés de faire hisser leurs canots, ce qui va leur enlever du temps.

Comme il l'avait prédit, un peu après midi, le vent commença à rider légèrement la surface vitrée de la mer, et un faible courant d'air agita le pennon. Nous levâmes nos mains vers ce point, comme pour lui adresser des prières. Les voiles légères de coton tendues au haut des mâts furent les premières à recueillir le souffle tant désiré : elles déployèrent leur forme pompeuse et arquée.

Je déclarai à De Ruyter qu'on pourrait croire qu'il s'entendait avec les éléments pour les interpréter si bien.

– Et c'est la vérité, répondit-il; je les ai étudiés toute ma vie, mais la vie est trop courte pour comprendre ces mystères. Ce livre, où le marin devrait avoir les yeux fixés, ne se ferme jamais pour celui qui veut le consulter; et ceux qui ne le consultent pas sont incapables de commander et indignes qu'on leur confie la vie et la propriété de leurs semblables.

Nous vîmes la frégate hisser le signal de rappel pour ses canots et donner l'ordre par télégraphe [1] à sa compagne de se maintenir au large dans la même croisière, afin de nous barrer si nous tentions, durant la nuit, de regagner notre route pour l'île de France. De Ruyter connaissait les signaux de l'amirauté et les signaux particuliers aux bâtiments de guerre, ainsi que leur clef télégraphique. Cet avantage lui avait été très utile dans plusieurs occasions.

Nous continuâmes notre bordée vers l'île la plus au vent, et la brise fléchit graduellement, jusqu'à nous forcer à prendre nos voiles légères. La frégate la plus avancée, continuant à profiter de toutes ses voiles, ne tarda pas à s'approcher de nous. De Ruyter perdait patience, car son grab ne devançait pas l'ennemi comme il l'aurait voulu. Il regrettait que ses mouvements fussent gênés. Pour alléger, on relâcha les étais et le galhauban; puis nous coupâmes le canot d'arrière; les ancres qui pesaient sur l'avant furent retirées vers la poupe,

1. Il s'agit bien évidemment de télégraphe optique. *(NdE)*

et toute la partie antérieure du bâtiment débarrassée de son poids. Nous changeâmes ensuite le lest dans les ailes et, pour essayer différentes assiettes, De Ruyter ordonna que tout l'équipage passât à l'arrière, et que chaque homme portât un boulet de dix-huit dans chaque main. Mais en dépit de nos fatigues, à peine pouvions-nous faire que le grab se traînât dans sa course. De Ruyter remarqua que la quille était encore couverte de la maudite terre glaise de Bombay.

– Mais oui, ajoutai-je, et la frégate vient à point pour la nettoyer.

Le soleil disparut sous l'horizon sans nuages, enflammé, aussi brûlant qu'il s'était levé. La brise fléchit encore, et nous trouvant près de terre sur les onze heures du soir, De Ruyter se détermina à errer pour nous mettre sous le vent de l'île, et y mouiller. Nous exécutâmes ses ordres, ayant l'espoir que la frégate suivrait toujours au vent et nous perdrait de vue. Ainsi fûmes-nous sur pied toute la nuit, ou endormis sous les armes, notre artillerie chargée de sacs de balles.

CHAPITRE HUITIÈME

La frégate
continue à nous poursuivre.
Nous nous réfugions vers un rocher escarpé. Le combat.
Où l'on retrouve Aston.

Le matin, dès le crépuscule, nous fûmes tous étonnés de voir la frégate à l'ancre, à une distance de trois milles de nous. Nous ne l'avions pas vue pendant la nuit parce que, placée contre la haute île, elle était cachée à nos yeux par des rochers élevés qui se prolongeaient dans la mer, sous l'ombre de la montagne. L'œil vif et pénétrant de De Ruyter s'en aperçut avant que nous eussions été vus. Nous coupâmes le câble et, avec la rapidité de la pensée, nous nous trouvâmes de nouveau sous toutes nos voiles.

La frégate nous suivit, mais elle avait à faire le tour d'un récif de corail noir, semblable à un immense alligator qui se fût reposé au pied de la montagne. Nous la devançâmes considérablement, aidés par le peu de vent qui régnait. Nous allégeâmes le grab, jetant à la mer du lest et du bagage. Cependant De Ruyter, qui craignait le calme, se disposa sérieusement au combat. En effet la brise expira, et à dix heures la frégate, étant à une distance de quatre milles à notre arrière, commença à préparer ses canots. Malgré le peu de vent, nous continuions à nous en éloigner, quand elle donna ordre d'embarquer. Nous comptâmes jusqu'à sept chaloupes qui faisaient force de rames pour nous poursuivre.

De Ruyter n'espérait plus que le vent se levât avant le soir. Tous nos efforts pour échapper avaient donc été inutiles : les canots de la frégate devaient nous atteindre d'ici trois ou quatre heures. Le front de mon compagnon, serein jusque-là, se couvrit d'un nuage sombre; on y voyait l'anxiété, mais non la peur.

Il m'appela :

– Vous voyez ce rocher escarpé s'élançant hardiment dans la mer, blanchi par les orages et le soleil, et où le temps a creusé des cavernes profondes; là, ni aux environs, n'apparaît le moindre signe de végétation. Il s'élève comme une tour de vigie qui garderait l'île. Vous voyez, par la couleur et la tranquillité de l'eau, que la mer a de ce côté assez de profondeur; regardez cette longue ligne pointée comme une seinche et se courbant en forme de croissant : c'est un récif où le corail blanc abonde. J'ai l'intention de faire le tour du rocher, mais il faut que vous teniez le grab en dehors, pour ne pas toucher cette pointe avancée. Placez donc quelques hommes à l'extrémité de notre avant et sur la vergue de misaine pour observer les brisants.

» Nous trouverons un peu plus loin un enfoncement sablonneux à l'abri de la mousson qui souffle en ce temps de l'année; on ne peut y entrer que par une mer tranquille, et jamais dans un vaisseau de bau plus large que le nôtre. Entouré de bancs et de rochers, de courants et de reflux, il menace tout navire imprudent qui tenterait de s'en approcher sans connaître ces écueils, même dans un calme plat. Le vent le plus léger, la houle que la brise y a laissée, tout en rend les alentours si périlleux qu'une chaloupe de sûreté risquerait de s'y perdre, car le corail coupe comme l'acier. Dans un coup de vent ordinaire, comme j'en ai vu ici, le marin le plus audacieux n'oserait pas s'aventurer seulement à quelques lieues du rivage. Le gonflement de la mer, entre cette île et le grand banc de Garagos, est effrayant; des montagnes d'eau s'élèvent, roulent et se brisent contre ces rocs presque imperceptibles dont vous voyez à peine les têtes pointues et qui rompent les vagues comme des guérillas rompent parfois une armée régulière. Le choc blanchit la mer et couvre la moitié de l'île d'une écume bouillonnante : car de ce côté, il n'y a pas d'obstacles; le mugissement des flots couvrirait les éclats du tonnerre. A l'entrée de cette petite baie (laquelle ne paraît pas plus grande qu'un nid d'albatros), nous allons placer le grab de biais, et nous donnerons un rendez-vous à ces drôles, qui combattent par partie de plaisir avec plus de férocité que d'autres combattraient par haine. Je pourrais bien les attendre avec mes gens partout où les chances seraient égales et sans crainte sur l'issue du combat, mais les jours de la chevalerie sont passés; la ruse, la fourberie sont appelées dans notre siècle l'art de la guerre, et l'on condamne le chef qui s'expose à des hasards quand il peut les éviter. D'ailleurs, je veux épargner le sang, quoique je doive défendre le grab, et je le défendrais même contre un ennemi supérieur, la frégate vînt-elle à nous attaquer bord à bord. Les sauvages malais nous ont appris que la mort est préférable aux cachots. Si tous les hommes pensaient comme eux, il n'y aurait plus d'esclaves. Qu'en dites-vous, mon garçon?

– J'aime à combattre et déteste l'air corrompu.

– Mais ils sont vos...

– J'en suis fâché, mais dogue de race, vous savez, combat même contre son père. Je ne suis pas métis et ne ferai pas mentir mon sang.

De Ruyter sourit. J'allai encourager mes gens et placer les vigies, tandis qu'il dirigeait le timonier.

A deux heures après midi, nous rangeâmes le vaisseau près du récif, selon le projet de De Ruyter. La frégate était en calme à l'extrémité nord de l'île; ses canots gagnaient notre bord avec une rapidité progressive. Quand nous eûmes mouillé entre les bas-bancs et que nous fûmes couverts par la côte sud, nous les perdîmes de vue derrière la saillie massive des rocs qui prolongeaient dans les eaux leur majesté solitaire. Nous ferlâmes toutes nos voiles, prîmes possession du détroit conduisant dans la crique, jetâmes des câbles de notre avant et de notre arrière en les affermissant non sans peine aux rochers. Nous passâmes notre équipage en revue : cinquante-quatre hommes seulement étaient en état de porter les armes, et sur ce nombre plusieurs n'avaient pas été éprouvés.

Tout était prêt. Un silence solennel précéda l'arrivée des canots, que nous attendions avec anxiété. Moi-même, si ami des combats, si insouciant, j'éprouvais une sensation étrange dans cette transition soudaine de situation qui me mettait en face de mes blonds compatriotes, ligué contre eux avec des sauvages noirs. Lorsqu'un des canots reparut, alors que les bruyants hourras répétés de chaloupe en chaloupe allaient mourir en faibles échos sur le rivage désert, je sentis mon cœur battre, mon sein se soulever avec violence; des gouttes froides tombaient de mon front enflammé, et cette tranquillité sourde, ce mélancolique silence que je n'avais jamais observé à bord du grab éveillait dans mon imagination des pensées pénibles, mais elles s'évanouirent à la voix pleine et claire, au regard fier, à la démarche assurée de De Ruyter :

– Allons! répondez à leurs cris par le cri de guerre arabe. Il faut ne pas vous taire. Voyez ci cette chaloupe avancée se trouve à la portée de notre canon.

Je me disposai à faire feu.

– Non, cette pièce-là est trop élevée. Je vais essayer celle-ci; apportez-moi une mèche. Oui, ça ira.

Le boulet décrivit une ligne droite, frappa l'eau, bondit, ou, comme l'on dit en termes techniques, fit un ricochet; il passa droit sur le canot avancé, qui resta sur les avirons, conviant les autres canots à suivre. J'ai omis de dire que nous avions hissé le pavillon français au premier coup. Les canons portaient les couleurs de l'Union [1].

Nous remarquâmes bientôt qu'ils se réunissaient et qu'ils tenaient conseil; puis, se séparant en deux divisions, ils avancèrent le long du récif. Nous dirigeâmes sur eux un feu vif et soutenu, mais rien ne refroidit leur courage. A chaque

1. L'Union Jack, drapeau du « Royaume-Uni », lequel est depuis le XVIIe siècle celui de la Couronne britannique. *(NdE)*

coup de canon, ils répondaient par un hourra et accéléraient le mouvement de leurs rames.

– Voyez, De Ruyter, dis-je avec le sentiment de joie que me faisait éprouver leur courage héroïque, un de leurs canots a été frappé par notre dernier coup et s'en va à fond ; voyez, on n'a laissé qu'une chaloupe pour sauver ses hommes, et ils répètent un joyeux hourra !

Je demeurai à mon poste à l'avant, où j'avais le commandement de la plupart des Européens. De Ruyter, m'ayant donné ses instructions définitives, alla se placer à l'arrière, au milieu de ses Arabes, sur lesquels il avait une grande influence. Un autre canot se mit à la tête de la division ennemie, il fut lui aussi coulé bas. Tandis qu'on lui portait des secours, et quoique son monde fût protégé par un feu croisé de fusils et de pierriers, leur perte fut si énorme que nous les entendîmes se héler les uns les autres. Malgré leur audace, ils restèrent en suspens, comme s'ils eussent hésité de quel côté il fallait avancer, car le mot de retraite était oublié depuis longtemps par ces hommes qui ne connaissaient que la victoire. C'est alors que le plus fort de leurs canots, armé d'une caronade de dix-huit, et avec un nombre considérable de marins, s'avança avec leur barge. Nous entendîmes l'ordre d'abordage. Ils fondirent sur nous en jetant de grands cris et firent un feu très vif qui nous causa quelque dommage, mais moindre que celui qu'ils avaient à endurer de nos feux, favorisés que nous étions par notre position. La tâche qu'ils avaient entreprise était immense. L'air, qu'on sentait à peine, brûlait comme si c'eût été la vapeur d'un four. Certes, ils ne s'attendaient ni à une réception si chaude ni à un combat si inégal. Le dépit et la vaillance semblaient pousser les ennemis à une attaque désespérée...

Déjà cinq bâtiments de leur flottille sont bord à bord du grab. Nous prenons les lances et les armes courtes. Les plus actifs de nos ennemis montent par les chaînes des bombes ; vingt fois ils sont repoussés, et vingt fois ils renouvellent leurs efforts. Pendant que la défense nous occupe tout entiers du côté où a commencé l'attaque, la barge croise par notre avant. Une brise inattendue et des vagues légères nous renfoncent encore plus vers le rivage, et l'ennemi saute de terre sur notre pont. Cette attaque soudaine divise nos forces. Les assaillants en profitent, redoublent d'efforts, et nous sommes abordés dans plusieurs directions.

Je vis un de nos Lascars qui tentait de se glisser par l'écoutille. Je lui avais déjà reproché de s'être accroupi derrière le mât, au plus fort du combat. Tous les panneaux étaient barrés, excepté celui de la grande écoutille, où le docteur devait opérer. N'étant pas trop sûr de ses matelots de Bombay, De Ruyter avait ordonné à Van Scolpvelt de ne laisser descendre ou monter personne, à l'exception des blessés et des mousses chargés du service des poudres.

– S'il y a une poule mouillée qui déserte son poste, avait-il ajouté, docteur, amputez-lui les jambes ou la tête.

Van Scolpvelt, en faisant une grimace d'assentiment, s'était borné à répondre :

– N'ayez pas peur, capitaine.

Sachant les conséquences tragiques que risque d'entraîner en ces circonstances un geste de lâcheté, et la rapidité avec laquelle une terreur panique s'empare de la multitude, je tirai sur le Lascar. Son corps tomba dans l'écoutille sur le docteur, qui s'était assis sur l'échelle pour l'empêcher de descendre.

Au même instant, je fus blessé d'un coup de couteau, et l'on me poussa dans la bouche un pistolet avec tant de violence que j'en eus les lèvres coupées. Le coup rata, et je ne dus la vie qu'à cette circonstance bien fortuite. De Ruyter balaya le pont avec ses Arabes et m'appela pour me faire reconnaître l'avant de tribord. Nos adversaires n'avaient jamais eu une ombre de probabilité en leur faveur; ils s'étaient battus avec le courage du désespoir, avec l'entêtement de la folie. Plusieurs d'entre eux restaient encore attachés aux manœuvres et combattaient en braves, malgré leurs profondes blessures. Quand on les renversait et qu'ils tombaient dans la mer ou dans leurs canots, ils faisaient encore des efforts pour grimper de nouveau. Notre perte en blessés n'en était pas moins considérable. Mais je sentais couler dans mes veines une lave brûlante, une excitation vive, entraînante, qui me rendait presque fou; blessé, déchiré, meurtri dans tout mon corps, je ne sentais pas la moindre douleur; j'étais entièrement insensible. Si ma troupe ne montra pas la même impétuosité, elle se battit en général avec le même courage.

Deux chaloupes furent encore perdues, par leur proximité du grab. Les ennemis qui restaient à bord commençaient à se rendre, ou plutôt à se désister d'une lutte désespérée.

– Le diable m'emporte! disait l'un d'eux, que l'on me sabre tant qu'on voudra, je ne veux pas me rendre à un nègre.

– Eh bien! leur dis-je, pour calmer la susceptibilité de ces braves, rendez vos armes, et vous aurez ce qui vous est le plus utile par le vent qui souffle : un morceau de junk salé et un verre de grog frais.

– Allons, fit un autre, c'est bien fini, Tom! N'importe par qui il soit monté, on y parle chrétien.

C'est ainsi que ceux qui restaient en avant, et parmi lesquels se trouvaient plusieurs blessés, vinrent à moi et me rendirent les armes.

Van Scolpvelt, notre esculape, me conduisit dans la cabine, défit mon châle, et, m'ôtant ma chemise ensanglantée, trouva deux autres blessures : l'une provenant d'une balle qui m'avait traversé le bras, l'autre d'une contusion provoquée par un coup de crosse.

Nous avions envoyé prendre possession des canots et de la barge qui étaient restés à côté du grab, pendant que quelques-uns des officiers et des hommes que nous avions chassés de notre bord s'en éloignaient dans un cutter et un gig. Dans ce moment un officier, à la tête d'une poignée de braves, voyant son canot pris, fend la foule et se précipite vers De Ruyter; il semble déterminé à mesurer ses forces avec le chef vainqueur, ou à se rendre, s'il est trahi par la fortune, à celui qu'il pourra regarder comme son égal, au milieu de cette troupe noire d'esclaves. De Ruyter a compris son dessein. Ses gens veulent s'opposer à la marche de ce terrible adversaire, quoiqu'ils puissent à peine faire usage de leurs armes dans cette multitude serrée. « En arrière, mes Arabes! s'écrie-t-il; qu'il vienne; laissez-le passer, mais seul. »

Cette scène nouvelle attira toute mon attention; j'en restai spectateur. Au lieu de rendre son épée, comme on eût pu s'y attendre, cet homme courageux fondit sur De Ruyter avec la dernière impétuosité. Par sa taille et sa mine, il me sembla le marin le plus fort que j'eusse jamais vu. De Ruyter pensait qu'il avait rencontré un digne adversaire, et il en était ravi, car ses membres parurent s'étendre, son visage s'épanouir, tandis que son œil pénétrant se crispait dans une soudaine fixité. Il tenait un pistolet de la main gauche, et de la droite un sabre court légèrement recourbé. Il avait ordonné à son équipage, qui se pressait vers le lieu du combat, de se retirer et de laisser toute liberté à l'ennemi qui approchait. Le coutelas de l'étranger était de forme ordinaire; soit qu'il fût mal trempé ou fabriqué d'un mauvais acier, il se faussa comme un crochet sitôt que la lame frappa la garde du sabre de De Ruyter qui se tenait encore sur la défensive. A ce moment critique, le cuisinier nègre madécasse fit le geste de plonger son long poignard dans le flanc de l'officier ennemi. Aussitôt De Ruyter changea de position et déchargea son pistolet contre l'assassin.

– Allons, lieutenant, dit-il à l'étranger, vous avez fait tout ce qu'un brave peut faire, mais le soleil est trop chaud pour nous laisser le loisir de porter une botte en tierce ou en quarte. Vous oubliez que vous êtes ici parmi de vieux amis. Le combat n'a été qu'un jeu; c'est chose finie; le hasard seul s'est décidé pour nous. Allons, jetez de côté cette arme indigne.

Je m'avançai à mon tour :

– Voyons, Aston!... c'est donc toi!

C'était lui. Il jeta son épée sur le pont, et son regard peignit l'étonnement lorsqu'il me reconnut sous le sang, la poussière et la sueur qui me couvraient.

– Ah! dit-il, j'y suis à présent : le fameux De Ruyter, autrefois De Witt, l'honnête marchand de Bombay, et... (me regardant) et vous!

Il continua d'un ton moitié résignation et moitié reproche :

– C'est étrange! Quelle chance avions-nous avec deux hommes comme vous et un équipage composé de la même étoffe? Tenter de vous prendre dans une position pareille, sacrifier la fleur de nos marins dans cette aventure d'oie, c'était une folie, un... je ne sais comment l'appeler.

Quelques matelots de la frégate voulaient encore tenter de fuir, et deux canots qui s'étaient échappés pendant la confusion faisaient des efforts pour en aborder un troisième, défendu par une partie de nos gens. Cette entreprise sembla rallumer un moment l'effervescence à peine éteinte. De Ruyter, furieux, se tourna vers Aston :

– Monsieur, je vous prie, parlez à vos gens. S'ils veulent être traités d'après les usages de la guerre, qu'ils se désistent d'efforts inutiles. C'est une étourderie, et je ne réponds pas de mes hommes si les vôtres, après avoir baissé leur pavillon, prétendent regagner leurs chaloupes. Je n'ai d'autre désir que d'épargner une plus grande effusion de sang.

Aston donna l'ordre de cesser toute hostilité à ceux de ses matelots qui luttaient encore dans la barge; il les fit monter à bord et commanda à ceux qui étaient sur le pont de descendre sous la couverture.

– Quant à ces canots qui sont déjà partis, dit-il, qu'ils suivent leur fortune.

– Soit, répondit De Ruyter; je ne m'opposerai pas à leur fuite; je n'ai pas besoin de chaloupes ni de prisonniers. Cependant il faut que je remplisse mon devoir en retenant ceux que j'ai faits, quoique je sois désolé de les avoir. C'est la victoire la plus stérile que j'aie jamais remportée. J'ai perdu quelques-uns de mes meilleurs matelots et suis privé des services de plusieurs autres, qui sont blessés.

Puis, se tournant vers moi :

– Accompagnez votre ami en bas, et traitez-le en hôte bienvenu. Il y a beaucoup à réparer ici... Mais qu'est-ce que cela? Comment! vous dites que vous n'êtes pas blessé!

La fatigue et le sang qui s'épanchait de ma blessure m'avaient tellement épuisé que je tombai sur le pont, et si soudainement que De Ruyter ne put me retenir, malgré ses efforts pour m'arrêter dans ma chute.

En recouvrant mes sens, je vis Aston incliné sur moi et me passant une éponge imbibée de vinaigre et d'eau sur la figure et la poitrine. Il s'écoula quelque temps avant que je pusse me reconnaître. La figure d'Aston rappelait à ma mémoire la témérité dont j'avais fait preuve naguère, le jour où j'avais failli me noyer.

– Ai-je rêvé? Est-ce Aston? Où suis-je?

– Où je ne voudrais pas vous avoir trouvé. Sous tout autre pavillon que celui-ci, je vous aurais pardonné.

Ce reproche me rendit mes souvenirs; je répliquai :

– Mais enfin vous conviendrez que j'avais assez de raisons pour être dégoûté du premier. A présent, je combats sous De Ruyter; montrez-moi un homme plus brave, et je le quitte. Non, il n'y en a pas de plus courageux, de plus noble.

– Pour brave, on lui rend justice, et j'en ai fait moi-même l'expérience. Mais ce n'est pas de cela qu'il s'agit.

– Eh bien! Aston, vous connaissez ma vie, vous savez quelle était ma situation. Que pouvais-je faire de mieux? Qu'auriez-vous fait à ma place?

Il demeura pensif un instant et, me prenant la main avec amitié :

– Par le Ciel! dit-il, ce que vous avez fait peut-être... si j'avais eu votre âge...

– Ah! si vous le connaissiez comme je le connais, vous iriez plus loin; vous diriez à tout âge. Je sais que je ne ferais point de restriction, moi. Ainsi, n'en parlons plus. Je voudrais savoir comment les choses se passent sur le pont. La nuit est bien noire, et l'on dirait que notre bateau est entraîné dans quelque mouvement diabolique. Est-ce le ressac qui se brise contre notre grab?

– Non, mais contre les rocs. Qui se serait hasardé, si ce n'est De Ruyter, dans un ancrage comme celui-ci? Je vois quel a été son plan : c'était d'éviter que notre vaisseau ne le prît bord à bord. C'est merveilleux! J'aurais autant aimé mouiller sur les sables ou sous une trombe.

– Soyez tranquille, il sait où il est; ce n'est pas la première fois qu'il est venu ici; il me l'a dit. Mais voyons, mon garçon, servez-nous plutôt un bon grog. Je dois réparer la perte de cette liqueur rouge; je suis aussi sec qu'une éponge. Que diable m'a-t-il fait au côté, ce vieux Scolpvelt! Oh! je sens l'empreinte de ses griffes brûlantes. Le drôle! il est digne de présider aux tortures de l'enfer! Aston, je voudrais que votre docteur me tâtât un peu, car Van Scolpvelt m'a ôté tout à fait l'appétit.

Aston envoya chercher le chirurgien anglais, et me dit :

– Je trouve une mine des plus inquiétantes à votre docteur. Je ne puis pas dire que j'aime la coupe de son foc.

– Sa mine pourtant n'est pas si détestable que ses pattes; elles brûlent comme la pierre infernale.

Le chirurgien d'Aston descendit à l'instant. Les confrères de la faculté ne se censurent jamais ouvertement; leur blâme ne tombe que d'une manière indirecte, c'est-à-dire, par exemple, qu'ils déferont toujours ce qu'ils trouveront fait par un autre. On m'appliqua des liniments sédatifs, en me retirant les maudites chevilles d'étoupe dont m'avait lardé Van Scolpvelt. Cette opération me soulagea, comme lorsqu'on extrait une esquille de la blessure où elle est restée assez longtemps pour former un abcès. Plus à mon aise après ce pansement, je repris ma conversation avec Aston, lui donnai la main et lui demandai des nouvelles de notre ancien vaisseau; je lui demandai aussi pourquoi il l'avait quitté, car je savais que ce n'était pas là la frégate qui nous avait donné la chasse.

Il me répondit qu'un de ses amis, ayant obtenu le commandement de cette nouvelle frégate, avait réussi à le faire nommer son lieutenant. Ils avaient reçu des nouvelles de deux frégates françaises croisant dans ces parages, et ils s'étaient empressés d'aller en informer l'amiral, à Madras. Celui-ci leur avait commandé de se réunir à une autre frégate et de suivre les deux bâtiments en question, sans les perdre de vue, pour quelque motif que ce fût. Ils les avaient découverts mouillés au Port-Louis, qu'ils avaient bloqué pendant quelques jours.

– D'ailleurs, poursuivit-il, nous savions que De Ruyter était en mer avec sa corvette, et l'on nous avait donné l'ordre de faire tous nos efforts pour empêcher son retour au port. Nous étions bien loin de soupçonner qu'il pût se trouver sur ce grab, que nous avions tous pris pour un bâtiment arabe. J'avais une idée confuse de l'avoir vu quelque part; j'avais oublié que c'était à Bombay. Et puis, je n'avais pas la moindre raison pour supposer que De Ruyter (ou De Witt) eût quelque intérêt à s'en prendre à si forte partie. D'ailleurs, j'étais loin d'imaginer qu'ils étaient une seule et même personne. Cet homme fait plus de mal à la Compagnie et à son commerce que tous les vaisseaux de guerre français ensemble; sa tête vaut la rançon d'une frégate. Il est étonnant, malgré toute son adresse, qu'il ait pu échapper aux pièges qu'on lui a tendus depuis si longtemps.

De Ruyter descendit dès qu'il eut fini de donner ses ordres sur le pont; il tendit la main à Aston et lui dit :

– Ce n'est pas un mal si terrible pour vous que d'être tombé parmi nous; ce malheur vous paraîtra plus supportable qu'il ne l'eût été pour moi de tomber entre vos mains. Quelle grâce m'auraient accordée ces marchands inquisiteurs s'ils m'avaient attrapé? Mieux me vaudrait sentir contre la poitrine le genou d'un éléphant furieux.

» Pour mieux adoucir votre position, ajouta-t-il, je ferai tout ce que la prudence me permet. Je vous rends maître absolu de vos gens; disposez-en comme vous voudrez; je n'ai besoin d'autre garantie que votre honneur. Combien de monde aviez-vous dans les canots?

– Officiers et marins, soixante au plus.

– Tant que votre bâtiment sera dans le voisinage, ils peuvent se montrer entreprenants et incommodes pour nous. La frégate mettra à la voile demain matin; envoyez-y le docteur et ceux qui sont le plus grièvement blessés; ils seront mieux soignés là-bas, car nous sommes ici entassés, et rien n'est disposé pour recevoir des hôtes inattendus. Je n'avais pas l'idée qu'il y eût de vos croisières dans ces eaux. Si vous avez quelques lettres à écrire, tenez-les prêtes.

De Ruyter retourna sur le pont. Aston se mit à écrire, et je dormis jusqu'au lendemain. Je me sentis assez bien alors pour grimper sur le tillac à l'aide d'un bâton. Un homme placé à la découverte sur un point du roc qui s'élevait près du rivage nous faisait savoir tous les mouvements de la frégate. Dès la pointe du jour, elle était revenue stationner aussi près de nous qu'elle pouvait le faire sans péril. Nous lui envoyâmes notre grand canot en parlementaire, avec les blessés confiés au soin du chirurgien, et des lettres de la part d'Aston.

Le capitaine de la frégate nous fit des remerciements, mais, nonobstant la conduite humaine et chevaleresque de De Ruyter, il lui promit qu'il le chasserait de sa retraite.

Tout fut mis en œuvre afin de réussir dans ce projet. Cependant De Ruyter savait, par les signaux faits à l'autre frégate, que celle que nous avions en vue ne pouvait en aucune manière abandonner le blocus de Port-Louis. Elle ne pouvait non plus nous nuire, faute des canots que nous lui avions pris, et nous étions hors de ses feux. La seule chance qui lui restait, c'était de nous bloquer, mais le blocus devenait impossible dans cette saison de l'année, par les tempêtes fréquentes qu'elle y fait régner. De Ruyter ne sentait pas la moindre inquiétude.

– Au reste, disait-il, je dormirai mieux et mangerai de meilleur appétit avec cet aiguillon pour aider ma digestion et prévenir la stagnation de ce que je puis avoir de hollandais dans le sang.

Trois jours après notre affaire avec les canots nous pûmes faire voile vers Diego Garcia. Nous n'eûmes pas trop de mal, cette fois, à nous débarrasser de la poursuite des frégates. Mon ami Aston et trente-six prisonniers étaient avec nous à bord.

CHAPITRE NEUVIÈME

*Aston refuse la liberté
proposée par De Ruyter. Louis pêche un gigantesque tiburon.
Rencontre d'une corvette française qui se charge
de quelques-uns de nos prisonniers.*

De Ruyter désirait qu'Aston acceptât la liberté qu'il voulait lui rendre, mais celui-ci refusait toute offre de cette espèce. Il dédaignait, disait-il, de se soustraire aux conséquences naturelles, et bien méritées, de sa malheureuse tentative. S'il eût réussi, ajoutait-il, sans doute il aurait voulu se montrer aussi généreux que De Ruyter, mais son pouvoir aurait été borné; par conséquent, puisque le contraire était arrivé, il se soumettait sans répugnance aux usages de la guerre. Il engagea De Ruyter à ne pas hasarder sa réputation, ni la loyauté qu'il devait au souverain sous le pavillon duquel il combattait, en dépassant peut-être ses pouvoirs pour le délivrer tout au plus, selon lui, d'une captivité de peu de durée, quoique pénible. En effet, on pouvait espérer qu'elle ne se prolongerait pas, car il y avait dans l'Inde un nombre de prisonniers français si considérable qu'on ne pouvait tarder à les échanger.

– Ce sera comme vous voudrez, répondit De Ruyter. J'ai du moins tout le pouvoir qu'il faut pour vous promettre que si le nom de prisonnier ne vous mortifie pas trop, vous n'aurez à supporter aucune des humiliations de cette position. Si je pouvais croire qu'il en fût différemment, vous n'auriez point à les endurer où je commande. Ma fidélité n'est pas un devoir de sang, c'est une alliance, un compromis par écrit. Je ne suis pas autrement lié aux Français. Notre contrat est, comme ils devraient tous être pour durer, un contrat d'intérêt mutuel; cette base détruite, chacune des parties peut le rompre sans hésiter un instant.

» L'île de France [1], ce Botany-Bay [2] des Français, où l'on transporte les criminels qui échappent à la corde, est gouvernée par l'écume qui a débordé de la Révolution. Ces dominateurs y sont frivoles, violents comme les grains de la mousson à Port-Louis, où dès le lever jusqu'au coucher du soleil le vent souffle de tous les points de l'horizon. Cependant ils n'osent pas plaisanter avec moi. Je dis qu'ils n'osent pas, parce que, malgré leurs fanfaronnades, ils ne sont ni braves ni généreux dans le cœur; leur courage n'existe que sur leurs lèvres; leur rage est un ouragan de théâtre. Ils vous haïront parce que vous êtes brave et que vous les avez dépouillés de leurs plumes empruntées, les montrant à nu tels qu'ils sont; ou peut-être ils vous haïront parce que vous êtes plus grand, ou que vous avez un meilleur habit, ou une plus forte barbe, ou des boutons plus brillants à votre manche. Ils sont envieux, malins, cruels, comme la race grimacière et babillarde des singes madécasses; criards et malpropres comme le sale et dysentérique cacatoès; vains, présomptueux, lascifs et brutaux comme l'orang-outang de Barnoé [3].

A cette tirade, Aston regarda De Ruyter d'un air étonné, et je ne pus m'empêcher de rire.

– Je vous dis ceci, continua le Hollandais, parce que je veux vous faire entendre que ce n'est pas pour eux, mais pour moi que je travaille. Comme nation, je les méprise; comme individus, il y a certes chez eux des caractères qui font une honorable exception. Malgré leur civilisation, ils vous traitent indignement. Moins ils ont l'occasion de décharger leur bile

1. Aujourd'hui Ile Maurice. *(NdE)*
2. Allusion au fameux bagne anglais qui est à l'origine du peuplement de l'Australie. *(NdE)*
3. Vraisemblablement Bornéo. *(NdE)*

sur un prisonnier anglais, plus ils vous font payer votre infortune et vous font endurer mille dégoûts. Mais cela ne sera jamais : ils crèveront plutôt de leur propre venin avant que je leur permette de regarder avec mépris un Anglais, et surtout mon prisonnier.

» A présent, mes amis, vidons le flacon qui est dans l'équipet. Je crains beaucoup que notre cuisine et notre poterie n'aient souffert de l'arrivée de ces rudes visiteurs. Mais le temps froid et nuageux est le meilleur ami de l'appétit. Descendez; je vais vous suivre; je ne fais que jeter un coup d'œil aux manœuvres.

Lorsque nous fûmes en bas, j'appelai Louis, notre maître d'hôtel, pour l'avertir que nous étions affamés comme des hyènes. Mais je me repris bien vite :

– Qui de nous pourra gruger ce junk sec et ce poisson salé et pourri qui couvre la table? Voyons, mon vieux garçon, donne-nous quelque chose de mieux que cela, ou bien j'attrape ce diable de Van Scolp, et je le grille.

– Fous l'auriez une fois dedans, répliqua Louis, que fous n'en mangeriez plus. Je foudrais mieux afaler le sapot d'un chefal.

Scolpvelt descendait de l'échelle dans ce moment, pour visiter mes blessures.

– Non, non! mon vieux Van, lui dis-je, point d'étoupes caustiques pour moi! Asseyez-vous, et remplissez les plis de cette vieille peau, qui vous tombe comme le tablier d'une Hottentote.

– Comment! s'écria-t-il, mais vous ne devez pas manger! J'ai ordonné à mon garçon de vous faire un peu de *congie :* rien de plus pour vous!

– Au diable vous et votre congie! De l'eau de riz! Allez, Louis, allez! dites au cuisinier de nous rôtir une paire de poulets et un morceau de cochon. Il me faut quelque chose de solide.

Van Scolpvelt aurait bien contremandé mes dispositions, mais je lui bâillonnai la mâchoire en lui appliquant mon poing à la bouche, comme un bondon. Sur quoi je versai dans un bol une bonne rasade de madère, que j'allais avaler lorsque le docteur, se précipitant sur moi, fit tous les efforts dont il était capable afin de m'empêcher de boire.

– Non, non, monsieur, s'écriait-il, vous ne commettrez pas un suicide tant que vous serez sous ma direction; vous ne stigmatiserez pas mon système!

Il appela son garçon et lui ordonna de lui apporter une bouteille de son jus de citron concentré.

– A moins que vous ne préfériez le gruau de riz, dit-il en me tâtant le pouls, il n'y a que le citron qui puisse vous convenir.

Comme il se tournait vers son assistant, il oublia le madère, que j'avalai d'un trait. Il jeta sur moi un regard, mit le flacon litigieux dans sa poche, se hâta de monter sur la couverte et déclara à De Ruyter qu'il se lavait les mains de tout ce qui pouvait m'arriver, qu'il n'était pas habitué à soigner des fous, et qu'il lui recommandait de me faire mettre la chemise de force.

Après le souper, Louis nous fit l'honneur d'une bouteille si bien couverte de mousse qu'elle avait toute l'apparence d'une pierre; c'était du *skedam* véritable [1], avec sa couleur de bambou et son zeste légitime. Selon l'observation de Louis, « la liqueur avait le goût et l'aspect de la flamme, adoucie par la fumée du genévrier ».

– Allons, Louis, servez-nous donc un biscuit... vous êtes le seul homme utile; personne n'égale votre talent. Il exaltera l'odeur délicieuse et la fumée du genièvre.

Pendant que Louis montait l'échelle, Aston me demanda :

– Qu'est-ce que ce Louis? Il m'a l'air d'être tout ici, major-dome, commissaire, secrétaire; et vous ajoutez à présent à ces qualités les fonctions de cuisinier.

– Il est en effet un véritable factotum, répondis-je. C'est un homme de race flamande, croisée de sang français, un être non décrit. Né à l'île Maurice, il réunit les marques caractéristiques des deux nations; le ventre merveilleux et le bau

1. Genièvre de Hollande. *(NdE)*

carré des Hollandais, avec les bras et les jambes de fil d'archal des Français; c'est un muids de skedam sur des échasses.

Pendant que nous parlions de l'admirable administration de notre pourvoyeur, De Ruyter nous joignit et parla hautement en sa faveur.

– Rien n'est de plus grande importance, dit-il, pour un commandant, que la nourriture de ses gens. Les marins mangent en réalité fort peu, mais si on les soumet à des restrictions, ils sont ingouvernables et féroces comme des bêtes fauves – lesquelles, sans en excepter les lions, cessent d'être nuisibles dès qu'elles sont rassasiées. Votre escadre, continua-t-il, se tournant vers Aston, se révolta une fois. Des hommes qui jamais auparavant n'avaient violé la discipline vous prirent vos châteaux flottants, parce que vous leur aviez rogné les provisions. Ce que toutes les richesses du monde n'avaient pas fait, cette restriction le fit : elle les arracha à leur devoir. A terre, vos soldats aussi rompent la discipline et cessent d'être soldats lorsqu'ils sont privés de leurs rations. Parmi nous, qui ne devons le commandement qu'aux suffrages de ceux qui veulent se placer sous nos ordres, rien ne compromet davantage notre autorité que la faim; c'est un monstre sourd à la raison, insensible à la crainte, et incapable du frein de fer de l'habitude. La seule précaution à prendre à bord d'un bâtiment, c'est de prévenir les excès, et surtout l'ivresse, qui ressemble dans ses effets à la faim, à la folie. Voyons, mon vieux Louis, donnez-nous un autre verre, car la bonne chère est aussi nécessaire en mer qu'une bonne boussole; et puis montez sur la couverte et rafraîchissez l'équipage; il a bien travaillé. Vous avez corrompu l'orthodoxie de mes gens; votre éloquence a détruit leurs scrupules contre le genièvre. Il est si facile de convertir les hommes sur tous les points de religion qui s'accommodent à leurs désirs! Louis a persuadé à mes musulmans que le genièvre n'a pas été, n'est pas défendu par Mahomet – lequel, à l'entendre, ne l'aurait prohibé qu'à fin d'encourager la consommation du genièvre de par le monde. Dans une vision miraculeuse, un ange lui aurait présenté une bouteille de grès bien remplie, venue comme un échantillon du Ciel ou de la Hollande.

Louis descendit précipitamment pour nous dire qu'on venait de signaler un tiburon bleu [1] dans nos eaux, nous rappelant au même instant que nos provisions fraîches étaient finies. Nous prîmes un hameçon à requins.

– Che fais le mettre à pord, ce tipuron-là, nous promit-il. Il est bon pour manger, t'après la manière que je le tresse.

Nous accourûmes tous à cette nouvelle et, ayant amorcé l'hameçon avec les entrailles d'un poulet, nous le jetâmes à la mer. A peine le fer avait-il touché l'eau que le monstre vorace s'élança dessus, fit un tour rapide et engloutit l'appât sans prêter la moindre attention au fer bardé qu'il déguisait. Nous ne tardâmes pas à le héler à bord; c'était un tiburon des plus gigantesques, et, quoique nous eussions trouvé dans son ventre les restes d'une jaquette de matelot, Louis employa tout de suite son couteau à couper, de sa surlonge, un plat énorme de tranches.

C'est ainsi que le soir s'écoula. On monta le premier quart. De Ruyter se retira pour lire son Shakespeare, et je me couchai sur les nattes de mon hamac, me rappelant le passé, réfléchissant sur le présent, et m'étonnant de l'obscurité de l'avenir.

Tout allait cependant à merveille; je traversais à l'évidence une période faste. Si quelques événements sinistres inséparables de la vie maritime, où les hommes sont jetés pêle-mêle comme des harengs dans un baril, venaient obscurcir un horizon serein, ils passaient comme les nuages d'été, et le ciel ensuite paraissait plus clair qu'auparavant. Le temps s'écoulait avec rapidité à bord du grab. J'étais associé avec les deux hommes que j'admirais le plus, et pour lesquels mon amour égalait mon admiration. Walter seul manquait à mon bonheur. Eût-il été avec nous, si un déluge eût submergé tout l'univers et que le grab eût été notre arche, je n'aurais rien perdu, rien ne m'aurait coûté une larme.

1. Un requin. *(NdE)*

Peu de jours après, nous découvrîmes une voile étrangère à l'ouest. Elle venait sur nous, mais nous la dépassions; nous diminuâmes de voile jusqu'à ce qu'elle s'approchât assez pour que nous pussions la distinguer. De Ruyter alors reconnut une corvette française. Nous hissâmes un signal particulier, auquel elle répondit, et nous virâmes de bord. Au coucher du soleil elle nous atteignit, et après quelques mots échangés avec le capitaine, De Ruyter passa à bord, où il eut une longue conférence. A son retour, nous changeâmes notre route pour Madagascar.

Plusieurs de nos blessés étaient morts. N'ayant pas assez de place pour nos prisonniers, De Ruyter, après avoir consulté Aston, et connaissant parfaitement le commandant français pour un homme plein d'honneur et de sentiments d'humanité, les fit passer à bord de la corvette sous la direction d'un de ses propres *midshipmen* et d'un lieutenant de marine. Aston fut excepté de cette disposition avec quatre de ses hommes qui avaient demandé la permission de rester avec leur officier, et qui l'obtinrent facilement par mon intercession.

CHAPITRE DIXIÈME

Piraterie des Marattes.
Rencontre d'une corvette française dans le port.
Son jeune commandant est invité par De Ruyter. Rencontre d'un schooner américain qui rend visite à De Ruyter.
Débarquement à Saint-Sébastien.

De Ruyter nous informa de la commission de la corvette. Elle avait été envoyée pour examiner un acte de piraterie commis, à ce que l'on supposait, par les Marattes, une horde de brigands qui habitent la pointe nord de l'île de Madagascar. Les Portugais et les Français avaient fait plusieurs tentatives pour y établir une colonie, mais, harcelés jour et nuit par les naturels, ils avaient été contraints d'abandonner la place, avec des pertes considérables, sous le prétexte, comme ils le déclarèrent, que le climat était pernicieux, l'établissement inutile. Les colons décampèrent avec une telle précipitation qu'ils laissèrent les bâtiments qu'ils y avaient construits et des fortifications provisoires.

Les Marattes avaient détruit plusieurs expéditions qu'on avait menées pour les anéantir, et ils étendaient au loin le cercle de leurs dévastations. Déjà leurs pirateries dans les mers des Indes avaient dépeuplé les îles Comores, de May et de Molalia, et quelques autres aux environs; ils saisissaient les habitants et les vendaient aux Européens. Mais je dois dire aussi que ce ne fut qu'après leur expulsion de Nossi-Ibrahim qu'ils se mirent au commerce des esclaves. Avant cette époque, ils avaient cette pratique en telle horreur qu'ils massacraient l'équipage de tout bâtiment qui s'y livrait; selon eux, le métier de pirate était beaucoup plus honorable. Ce fut pourtant le motif principal de la ligue que formèrent les compagnies marchandes européennes dans l'intention d'anéantir ces barbares, sous le prétexte qu'ils n'étaient pas chrétiens et n'avaient pas assez de lumières pour connaître leurs propres intérêts. A Saint-Sébastien (probablement le saint patron des esclaves), ils ne tardèrent pas à se montrer moins païens; ils entrèrent avec un zèle chrétien dans tous les détails et les ramifications de trafic négrier, et ils monopolisèrent ce commerce avec le même système d'exclusion que les Hollandais pour les épices et les Anglais pour le thé. Ils apprirent la statistique, formèrent la carte des îles, firent le recensement de la population, la divisèrent par districts, mesurèrent la fécondité des naturels; enfin, au cœur du printemps et de l'automne, ils envoyaient une flotte de proas pour visiter les différentes îles environnantes. Ils avaient la prudence de s'abstenir, pendant trois ou quatre ans, et peut-être plus, d'aller poudrer dans la même île. On choisissait les jeunes gens les mieux disposés, depuis l'âge de dix jusqu'à vingt-cinq ans; on les marquait avec un fer chaud et de la poudre noire, et on les transportait à Saint-Sébastien où ils restaient en magasin jusqu'à ce que l'occasion se présentât de les vendre aux Français, aux Hollandais, aux Portugais ou aux Anglais.

Tant qu'ils se bornèrent à escamoter des esclaves et à les vendre, soit que ce fussent des fils vendus par leurs pères, ou des frères et sœurs mis au marché par leur aîné, ce trafic parut licite, honnête, et fut encouragé. Mais un schooner français, après avoir pillé un village, enlevé ses troupeaux et sa volaille et avoir maltraité les habitants, fut poursuivi par ces mêmes Marattes dans leurs canots de guerre, abordé, pris, et l'équipage égorgé avant d'avoir eu le temps de tuer un seul mouton. Les représentants de la grande nation, à l'île Maurice, frémirent d'horreur à cette audacieuse atrocité; si elle n'était pas expiée par un plus grand massacre, leur honneur semblait compromis. On délibéra d'abord sur l'extinction totale des naturels de Madagascar. Cependant l'humanité triompha de cette rigueur, car, malheureusement, ils n'avaient pas assez de forces disponibles pour réaliser leurs grands projets, les deux frégates dont ils disposaient étant bloquées dans le port par deux frégates anglaises pourtant beaucoup plus petites, et souvent par une seule. Enfin, une corvette amie apparut en vue du port, au vent de l'île; ce fut à elle que l'on confia des ordres très étendus, avec des moyens fort bornés, pour les exécuter; et ce fut elle aussi que nous rencontrâmes dans notre course.

Le commandant était un jeune homme de manières engageantes. Le lendemain, il vint à bord et se félicita de l'occasion qui se présentait de prendre ses informations auprès de De Ruyter. Il mit en mouvement tous les ressorts de la persuasion pour le décider à l'accompagner.

De Ruyter lui fit savoir qu'il n'y avait à cela qu'une difficulté, et que si on pouvait la vaincre il serait très content de lui tenir compagnie jusqu'à ce que le blocus de Port-Louis fût levé.

– Cependant, dit-il, il faut vous persuader que nous ne pouvons rien faire, littéralement rien, avec le peu de forces que nous avons. Peut-être parviendrons-nous à savoir quels sont les pirates en question, pourquoi ils ont attaqué le pavillon français, et si le schooner avait légitimé l'attaque. Car, ajouta-t-il, je suis fâché de dire que nous sommes toujours trop vifs, trop despotiques et trop injustes dans toutes nos relations avec les naturels de ces îles.

Le capitaine répondit qu'il avait abordé plusieurs vaisseaux qui venaient d'être pillés récemment par les canots de guerre de Saint-Sébastien.

– Je ne doute guère que ce soient les Marattes, reprit De Ruyter, mais vous savez qu'ils mettent rarement à la mer, si ce n'est dans la mousson du sud-ouest; et que pouvons-nous faire contre leur nombre?

– De toutes parts on m'assure qu'ils sont en mer; mais de quel côté? je ne puis le savoir. Cela dit, il faut avant tout penser à vos dépêches; mais je crois qu'il ne se passera pas beaucoup de temps sans qu'une occasion vous soit donnée de les transmettre, car j'espère rencontrer sous peu quelqu'une de nos barques à bétail.

Depuis ce moment nous naviguâmes de compagnie. Le temps était singulièrement beau, avec un vent très faible, et nous passions le temps à donner des soirées alternativement à bord de la corvette et du grab. Le premier vaisseau que nous vîmes au loin fut un schooner, que nous reconnûmes pour américain. Sitôt qu'il découvrit que nous étions français, il vira de bord.

Peu après, le schooner mit à la mer un canot; c'était une gondole de fée, un vrai nautile, car jamais esquif plus joli n'a fendu les vagues. Deux coups de ses longues rames le placèrent à notre côté, et De Ruyter se réjouit de rencontrer des gens qui fussent ses compatriotes, car il était naturalisé Américain et ne connaissait pas d'autre patrie, quoique son père fût Hollandais. Il pressa la main du capitaine du schooner et ne parla plus dès lors que de Boston, lieu de sa naissance et point de départ du bâtiment américain – lequel avait touché à Saint-Malo et était chargé pour l'île Maurice.

C'était un des navires qui faisaient ce qu'on appelait un trafic forcé de drogues et d'épices. Ces bâtiments étaient en général américains, et choisis pour leur incomparable vélocité.

La cargaison de ce schooner était, dans mon opinion, plus riche que si elle eût été d'or; elle se composait de cognac, de claret et de toute une variété d'articles de luxe de l'Europe, et devait s'échanger à l'île Maurice contre des épices. Le bateau avait traversé une escadre anglaise dans la baie de Biscaye, et une autre à la hauteur du cap de Bonne-Espérance. Sans notre avertissement, il allait encore courir un autre péril, celui d'être pris par les frégates du blocus. De Ruyter conseilla au capitaine de prendre la route au vent de l'île, lui remit nos dépêches et écrivit quelques lettres. On nous donna, en retour, une pipe de claret, une pièce de cognac et un grand assortiment de comestibles.

La corvette nous rejoignait déjà. Nous nous séparâmes de l'américain et poursuivîmes notre course vers Saint-Sébastien. Nous abordâmes quelques vaisseaux marchands arabes qui avaient été pillés; on leur avait pris leurs cargaisons et la plupart de leurs équipages, ne laissant à bord qu'un petit nombre de vieillards pour manœuvrer, avec un peu de riz et d'eau. Ces pirateries avaient été commises par une flotte de dix-huit proas marattes, ayant chacun à bord de dix-huit à quarante hommes. Il paraissait que cette flotte suivait sa course vers le canal de Mozambique.

De Ruyter tint conseil sur les mesures à prendre avec le commandant français. Son opinion était de profiter de l'absence de la plupart des pirates pour débarquer à Saint-Sébastien, surprendre les habitants, saccager et démolir leurs fortifications, brûler leurs demeures et délivrer les prisonniers. On approuva ce plan. La corvette nous fournit deux canons de bronze et nous prêta quinze de ses soldats. Nous courûmes en avant jusqu'à ce que nous découvrissions la terre élevée de Madagascar, nous tenant toujours du côté du nord pour mieux tomber sur la côte. Nous envoyâmes un canot, qui revint avec trois ou quatre pêcheurs à son bord, lesquels nous donnèrent des nouvelles de l'île. Nous résolûmes alors de contourner la côte vers le nord, où s'avançait le cap Saint-Sébastien dont le saillant ferme une portion de mer abritée comme un lac. Profitant du crépuscule, De Ruyter, qui était notre seul pilote, nous engagea dans un canal étroit; avant minuit nous longions le rivage du côté de l'est, aussi près des rocs qu'il nous était possible, ayant le cap entre nous et la ville, en sorte que nous n'étions pas observés.

La nuit était orageuse; il pleuvait. Nous mîmes nos canots à la mer et débarquâmes cent vingt hommes bien armés, quatre-vingts de la corvette et quarante du grab.

Sitôt à terre, De Ruyter forma trois détachements de toute la troupe : il se réserva le plus fort, composé de cinquante hommes armés de fusils et de baïonnettes, pour lui et le premier officier; il donna le commandement d'un autre peloton de trente-cinq hommes au lieutenant français, et à moi celui du reste de la troupe.

J'avais sous mes ordres une partie de la bande favorite de De Ruyter, ses Arabes, armés de lances et de carabines courtes. Nous marchâmes tous ensemble jusqu'à ce que nous eussions fait le tour du promontoire. De Ruyter m'ordonna alors de monter sur les rocs et de continuer ma marche autour de la colline au pied de laquelle était située la ville des pirates, jusqu'au point où je me trouverais la dominer. Le lieutenant reçut l'ordre de se diriger le long du rivage, jusqu'à ce qu'il fût sur la même ligne que moi. De Ruyter, à la tête de son corps, marchait quant à lui de front entre nous. Nous devions conserver dans notre mouvement toute la proximité possible, évitant surtout d'être découverts. Nos positions respectives occupées, nous devions nous cacher le reste de la nuit. A la pointe du jour, le corps du centre jetterait une fusée, à laquelle nous répondrions; c'était le signal de marcher et d'attaquer ensemble. Nous devions faire des observations, tant que l'obscurité le permettrait, sur les endroits qui offriraient un accès plus facile à l'intérieur de la ville. De basses murailles d'argile étaient sa principale défense. Il n'y avait que trois portes. Nous allions prendre possession de ces trois entrées, où nous devions laisser un détachement pour éviter toute évasion, et faire prisonniers tous ceux qui tenteraient d'échapper, tandis que le reste de nos gens attaquerait ceux de l'intérieur. Si, avant le signal d'attaque, on découvrait quelqu'un de nos corps, nous devions nous replier sur le centre.

Après d'autres instructions, De Ruyter nous commanda de ne tuer personne, sauf en nous défendant, et excepté ceux qui ne se rendraient pas et qui feraient usage de leurs armes; il nous conjura surtout d'éviter de faire la moindre injure aux femmes, aux enfants et aux prisonniers.

CHAPITRE ONZIÈME

Avance dans la montagne
pour prendre notre position d'attaque contre les Marattes.
Dur combat à notre avantage et délivrance des prisonniers.
Chargement de nombreux objets et denrées.
Départ difficile.

La troupe avait une assez grande distance à parcourir par un sentier inégal, raboteux et entouré de précipices. A chaque instant, notre marche était interrompue par un ravin noir et profond, un gouffre au fond duquel on entendait le mugissement sourd et lointain d'une cataracte. Il y aurait eu de la folie à tenter le passage. Deux hommes placés à l'autre bord auraient pu s'y opposer avec succès. Nous descendîmes plus bas dans la montagne, et ce ne fut qu'après beaucoup de fatigue et avec une perte de temps considérable que nous atteignîmes l'autre versant. Aiguillonné par mon impétuosité, je fis une marche si rapide que plus d'une demi-heure avant l'aube du jour je reçus de mes éclaireurs la nouvelle agréable que nous étions près du lieu de notre destination. Je fis faire halte à mon détachement et m'avançai avec deux hommes seulement. Nous descendîmes un sentier étroit, tracé par les troupeaux, dans un terrain brisé et pierreux, couvert de buissons à épines, d'arbustes et de souches de cocotiers. On entendait distinctement le ressac qui se brisait contre le rivage, avec la régularité et le bruit monotone d'un balancier d'horloge pendant la nuit.

Le terrain devenait ensuite plus praticable. Bientôt nous découvrîmes au-dessous de nous les huttes qui formaient la ville, et dont les groupes ressemblaient à des ruches d'abeilles éparses çà et là sur le coteau. Arrivés à un amas de décombres qui s'étendaient mélancoliquement sur la pente d'une colline, un de mes Arabes grimpa comme un chacal au sommet, et trouva tout désert. J'envoyai l'autre pour faire avancer mon détachement, car il importait que nous eussions la meilleure position en cas de surprise; puis je descendis jusqu'au mur de la ville, qui était bas et quasi à l'état de ruine. Près du mur s'élevaient trois palmiers, et près des palmiers, sur le mur même, on avait bâti une hutte semblable à un nid d'hirondelles. Dessous était une entrée, ou plutôt un trou, qui sans doute conduisait à l'intérieur.

La place bien reconnue, nous retournons précipitamment sur nos pas. Les nuages de l'est commençaient à se colorer d'un crépuscule naissant. La pluie tombait encore. Je me glisse avec dix hommes, protégés par l'ombre du mur, et prends mon poste à une portée de pistolet de l'ouverture. Ainsi placé, nous attendons avec impatience le signal convenu avec De Ruyter.

Unc fusée sillonna les airs au-dessus du repaire des Marattes. le signal cependant ne vint pas, comme nous l'attendions, de De Ruyter, mais du lieutenant qui sans doute avait été découvert, ou qui voulait prévenir une surprise. Je répondis, et presque en même temps une autre fusée s'éleva du lieu où se trouvait De Ruyter. C'était l'ordre d'attaque. A peine le signal était-il arrivé à la hauteur de ma lance que j'avais déjà renversé le faible obstacle qui défendait l'entrée. Dans ma précipitation, je trébuchai contre quelque chose qui était étendu par terre : c'était un homme. Il voulut se lever, je lui traversai la gorge avec ma lance. La plupart de mes Arabes se précipitèrent à ma suite vers la place. Je leur ordonnai d'en forcer l'entrée. Au moment où la porte tombait, nous vîmes, à la faible clarté du matin, quatre ou cinq Marattes se lever tout à coup; ils poussèrent aussitôt leur cri de guerre, mais leur voix s'éteignit avec leur vie.

Le tumulte se répandit bientôt dans l'intérieur. Nous franchîmes les dernières défenses. Elles étaient d'une construction si faible et si grossière que plusieurs de mes Arabes les escaladèrent, aidés seulement de leurs lances.

Pendant ce temps, le bruit de l'assaut donné à l'autre extrémité de la ville croissait à chaque minute, et bientôt l'on entendit les détonations des armes à feu. D'après les ordres que j'avais reçus, je laissai un détachement pour garder la porte et m'avançai vers le centre des habitations. Les Marattes sortaient deux à deux, trois à trois, de leurs maisons. La confusion, la peur, les cris épouvantables des femmes et des enfants, tout augmentait l'horreur de cette nuit de vengeance. Ceux qui venaient vers nous rencontraient le fer de nos lances; ceux qui fuyaient tombaient frappés par le plomb. Nous ne leur laissâmes pas un seul moment pour se rallier. Bientôt nous occupâmes les ruines d'un édifice considérable, bâti par les Portugais pour servir de magasin et de corps de garde. C'était le centre de la ville; nous y fîmes halte. De Ruyter et le lieutenant ne tardèrent pas à nous y rejoindre.

– Bien joué, mon enfant! me lança De Ruyter; toujours le premier au péril!

Nous laissâmes un officier et vingt hommes pour garder ce poste, et nous poursuivîmes notre progression en trois corps égaux, avec l'ordre précis de faire le plus de prisonniers possible, et de les envoyer vers la forteresse.

De Ruyter m'invita à retourner à la porte par où j'étais entré, parce que l'ennemi pourrait faire une tentative pour s'ouvrir le passage des montagnes. A peine avait-il fini de parler qu'une fusillade assez vive rappela notre attention de ce côté. Je me hâtai de m'y rendre à travers une grêle de balles et au beau milieu des hurlements des femmes, des hommes et des enfants, qui couraient dans toutes les directions. Les cris de guerre des Arabes, et ceux des Français, *en avant!* étaient si forts que je n'entendais ni ma voix ni la détonation de ma carabine. Près du lieu par où nous étions entrés, nous vîmes se précipiter une troupe de sauvages nus où se voyaient pêle-mêle hommes, femmes, vieillards et jeunes garçons, les uns armés de fusils, de crics, de couteaux, de piques de bambous; les autres chargés de leurs enfants; plusieurs, de leurs biens. J'ordonnai à ma troupe de faire halte et leur envoyai une volée, mais ils firent face, et je les attaquai à la pointe de la lance. Ils se défendirent avec le courage du désespoir et décimèrent ma troupe. Ils se battaient sans tactique, sans art; leur multitude même ne faisait qu'accroître leur confusion. Enfin, saisis d'une terreur panique, ils se dispersèrent et s'enfuirent. Un grand nombre furent massacrés, car nous ne faisions point de quartier.

Mes maraudeurs s'étaient répandus aux environs dans un désordre sans frein, détruisant tout ce qu'ils rencontraient. Je fus obligé de rester en sentinelle jusqu'à ce que j'en eusse rassemblé dix ou douze pour garder ce poste.

La clarté du jour rendait les objets distincts et éclairait la confusion et le carnage qui s'étendaient progressivement par toute la ville. Le sang que j'avais vu verser par mes mains ou par celles des autres me donnait des vertiges. Les Marattes, cernés dans leurs propres murs, cherchaient toutes les issues, essayaient tous les moyens de faire échapper leurs femmes et leurs enfants. Ils couraient de porte en porte avec une fureur aveugle; ils se jetaient tête baissée sur les baïonnettes et les lances. Ils n'avaient jamais entendu parler de pardon, ne savaient ce que c'était que se rendre ou demander quartier. Les Européens qui tombaient entre leurs mains étaient d'ordinaire pendus sitôt pris, et leurs cadavres exposés à sécher au soleil. Les vieillards, les femmes et les enfants préféraient mourir en combattant, aussi n'eûmes-nous pas un seul prisonnier. Ils auraient réussi à forcer la position que j'occupais sans l'arrivée de De Ruyter. J'éprouve de la peine et même de la honte en me rappelant la férocité avec laquelle je massacrai ces brutes sauvages.

Je ne reçus qu'une blessure à la jambe; ce fut une femme qui me la porta, voulant me couper le jarret au moment où, dans ma précipitation, je lui passais sur le corps. Le premier symptôme du retour de ma raison fut le calme que je montrai en reconnaissant son sexe, car au lieu de continuer à l'écraser sous mes pieds, je pris le soin de l'envoyer à la grande garde.

– C'est assez de sang! déclara De Ruyter en s'approchant de moi; nous n'en avons que trop répandu; rappelez nos gens, et que ces pauvres diables se sauvent. Faites tous les prisonniers que vous pourrez, mais point de massacres. Menez votre division aux huttes que vous voyez sur cette colline de sable; vous trouverez là-bas les prisonniers des Marattes. Prenez garde que, par vengeance, ils ne soient sacrifiés. Envoyez-les ensuite au corps de garde. Mais pansez votre blessure, vous perdez trop de sang...

Je me fis mettre un bandage et marchai vers la colline. Il était temps d'y arriver; pour un peu, nous n'aurions pas eu un seul prisonnier à délivrer, car les femmes étaient occupées à les massacrer, liés comme ils étaient par les pieds et les mains, et couchés par monceaux sur le sable. Nous dépêchâmes ces noires harpies. J'entrai ensuite dans une petite tente de nattes, unie à une autre plus grande. Le premier objet qui frappa ma vue, ce fut un Arabe maigre, nu, lié, et attaché fortement à un pieu enfoncé dans la terre. Il était tout couvert de blessures et baignait dans son sang, mais malgré ses liens indignes, sa faiblesse et le froid de la mort répandu sur ses traits, son esprit indompté brillait encore dans son regard, et révélait à l'évidence le chef de tribu. Une furie vieille et décrépite était agrippée à son corps : elle avait glissé dans le sang et s'employait à le poignarder avec un couteau à écaler les noix de cacao, qu'elle pouvait à peine retenir dans sa main tremblante. Sa victime lui serrait la main gauche avec les dents. A leurs pieds, dans un coin, une jeune fille presque nue s'écriait tout effrayée :

– Oh! mon père, mon père, laisse-moi me lever!

Et elle étendait ses mains liées en faisant des efforts inutiles pour se lever, car les membres robustes de l'Arabe la pressaient pour la défendre des coups de la vieille furie. Je pris l'Hécate par la bande de drap qui entourait ses reins et, levant en l'air son corps ridé et flétri, je la jetai sur le sable avec une telle violence qu'elle resta là, telle une grenouille écrasée, cependant que les dernières étincelles de sa vie s'éteignaient sans qu'elle poussât un seul gémissement.

J'ordonnai à un Arabe de couper les liens de ce père infortuné, qui restait immobile, me regardant pendant que je délivrais sa fille. Il paraissait indifférent à son propre destin. Ignorant mes desseins sur la belle enfant, il hésita quant à ce qu'il devait faire. En vain il essaya de se lever; il était trop faible. L'ayant compris, je l'aidai moi-même à se redresser un peu et, pour dissiper ses craintes, j'ôtai le cric de ma ceinture. Ses yeux brillèrent d'un regard farouche. Je mis le poignard dans sa main et lui dis :

– Nous sommes amis, mon père!... Ne craignez rien!

Il voulut parler, mais le sang étouffait sa voix, et ses paroles expirèrent sur ses lèvres.

Son enfant, libre déjà, et couverte d'une mante dont je l'enveloppai, se traîna dans sa direction. Elle baisait ses mains et ses yeux et demeurait penchée sur lui, dans un silence lourd d'angoisse. Le regard désespéré du vieillard s'adoucit; un voile sombre s'étendit sur sa vue.

En soutenant l'Arabe expirant, je tombai à genoux à ses côtés, tout auprès de sa fille. Il fit un effort désespéré et prit ma main. Je sentis l'humidité gluante de la sienne. Il réussit cependant à porter ma main à ses lèvres, puis, avec une grande difficulté, il tira une bague de son doigt et la mit au mien. Unissant alors ma main à celle de sa fille, il nous regarda l'un et l'autre alternativement. Enfin, il pressa nos deux paumes ensemble avec un mouvement convulsif et murmura quelques paroles. De grosses larmes roulaient sous ma paupière. Sa tête et tout son corps frissonnaient; ses doigts étaient froids comme le marbre. Peu après, son œil devint fixe, dur et glacé, et je constatai que ses membres étaient déjà tout roides.

Immobile comme la statue de la Douleur sur un tombeau, la jeune fille demeura inclinée sur le cadavre de son père. Elle ne pleurait pas; elle ne paraissait pas non plus respirer. Je m'arrachai de cette main de mort qui me retenait, me levai, allai à elle, voulant lui prêter le secours de mon bras.

Elle s'éveille de sa léthargie, jette ses bras au cou de son père et se serre contre son corps avec des efforts convulsifs. Je fis sortir de la tente les nombreux spectateurs qui s'y trouvaient. Puis, plaçant à l'entrée deux Arabes en qui j'avais toute confiance, pour empêcher qu'on y entrât, je sortis au grand air.

J'employai tous mes moyens pour arrêter le carnage. Le sac succéda aux meurtres. Les grands canots du grab et de la corvette attendaient dans la barre, car le calme avait empêché les vaisseaux de faire le tour du récif. Nous commençâmes à charger ces canots, et d'autres barques qui étaient amarrées au rivage, d'un butin considérable. Tout le monde portait son fardeau : c'étaient de l'or, des épices, des balles de soie de Chine, des mousselines des Indes, des draps et des châles du golfe Persique, des sacs de bracelets pour les bras et pour les chevilles, des ornements d'or et d'argent, du maïs, du blé, du riz, du poisson salé, de la tortue, et une infinité d'armes et d'accoutrements, avec des esclaves des deux sexes, de tout âge et de tous pays.

Le docteur quant à lui était fort occupé par la moisson riche et variée de patients qui couvraient le terrain. Il courait par tout le camp, les manches de chemise retroussées, ses bras cuivrés, osseux et velus tout nus, une caisse d'instruments formidables dans une main, et dans l'autre une paire de monstrueux ciseaux recourbés en croissant. Il réalisait, par son aspect, la plus infernale peinture du démon qu'ait jamais pu concevoir peintre ou poète.

Il y avait là, outre les morts, des mourants qui faisaient mille efforts pour le frapper de leurs cris; d'autres hurlaient avec horreur quand il s'arrêtait pour examiner leurs blessures; il y en eut même qui rendirent l'âme à son approche.

Le maître d'hôtel ouvrait une bouche d'une oreille à l'autre et contemplait avec ravissement l'énorme masse de butin. Mais sa joie s'obscurcit soudainement, et il me confia en son baragouin :

– Oh! capitaine, poufez-fous permettre à ces saufages impréfoyants te tétruire, comme un ouragan, toutes ces pelles choses? Foyez, tout est coufert de grains et de farine, comme s'il était tompé de la neige! Et foyez-fous ces tortues si fifes, elles sont une espèce délicieuse, et les plus pelles créatures que j'aie jamais fues. Quelles pêtes de saufages de les apandonner ici! Capitaine, il faut jeter au diaple ces opjets-là qu'ils portent à pord; ça ne faut rien; nous n'en afons pas pesoin; et faites charger les parques de ces tortues. Capitaine, à quoi serfent ces saufages noirs que fous enfoyez dans les canots? Oh! jetez-les à la mer; une de celles-ci (montrant une tortue) faut plus que leur île. Personne ne peut manger ces gens-là, le poufez-vous? Pah! je téteste les saufages... mais je suis fou de la tortue... Et fous?

– Pas plus que cela...

– Allons! nous afons assez de noirs à pord, mais où ferrons-nous des créatures aussi énormes et aussi pelles que ces tortues? Je n'en ai pas fu tepuis longtemps de pareilles. Et fous?...

Il s'efforçait, par des menaces et des prières, d'engager les hommes qui passaient près de lui à l'aider à porter à bord quelques-unes de ces tortues. Enfin, désespérant de réussir avec les Arabes, qui haïssaient ces bêtes, Louis conçut l'heureuse idée de les faire transporter sur les épaules des esclaves et des femmes.

De Ruyter parut alors, accompagné d'Aston qui venait de débarquer pour visiter la place. Je leur racontai la scène dont j'avais été témoin dans la tente des esclaves. Aston me reprocha d'avoir abandonné la malheureuse jeune fille. Je m'excusai en répondant que j'avais préféré la laisser seule jusqu'à ce qu'elle eût donné libre cours à sa première douleur.

– Mais, fit De Ruyter, nous n'avons pas un instant à perdre. Hâtons-nous à bord! car ces drôles, à coup sûr, se rallieront, et soutenus par les Madégasses, ils pourront nous assaillir à leur tour. Rassemblez les rôdeurs. Les prisonniers sont embarqués, il faut nous embarquer nous-mêmes. Venez, Aston, allons chercher cette pauvre orpheline. Il faut la persuader de venir à bord.

Nous nous dirigeâmes ensemble vers la tente, où nous la trouvâmes livrée à un profond désespoir.

– Venez, chère sœur, lui dis-je en la prenant par la main; vous êtes libre. Fuyons ces cruels Marattes.

– Voyez, répondit-elle sans me regarder, voyez mon père, comme il dort! Ils ne voulaient pas le laisser dormir ni manger : voyez comme il est fatigué... il doit avoir faim.

– Venez, ma chère! repris-je; il faut partir.

– Partir! répéta-t-elle, et comment? Notre père est endormi, je ne puis l'éveiller. A moins que ce ne soit vous qui le tiriez du sommeil... pour que je puisse lui donner à manger. J'ai cueilli de beaux fruits, et ses lèvres sont desséchées... Ces cruels Marattes reviendront quand vous serez partis, et ils le tueront!... En même temps elle le baisait, lui frottait la tête et pressait une grenade sur sa bouche.

– Venez, dit Aston, on nous appelle, partons; je ne puis supporter cette vue. Je vais prendre cette jeune fille sur la chaloupe.

Sur quoi il l'arracha de ce lieu et l'emporta dans ses bras, cependant qu'elle poussait des cris déchirants.

– Pourquoi n'emporte-t-il pas plutôt cette pelle et grosse tortue? s'étonna Louis. Elle sera perdue, car personne ne peut la soulefer. Le poufez-fous? La fille pourrait nous aider à porter cette petite, qui ferait une excellente soupe. Qu'elle est jolie! plus jolie qu'une fillette, croyez-moi.

Je passai outre en lui ordonnant de venir s'embarquer s'il ne voulait pas que les Marattes fissent du bouillon de sa carcasse.

– Quoi! s'écria-t-il, laisser cette tortue, qui faut à elle seule tout ce que nous afons pris! – et il se tordait les mains de désespoir.

Cependant, des hommes armés commençaient à se montrer sur les montagnes. De Ruyter était furieux de la retraite tardive de ses gens. Quelques Français étaient ivres; on ne pouvait les faire sortir de leurs tentes. Les cris des sauvages augmentaient; leur bande tumultueuse approchait; nous fûmes forcés de nous retirer.

De Ruyter sortit de la ville. J'y restai encore quelque temps avec les Arabes, pour rassembler les traînards, et je le suivis sans attendre bien longtemps. J'oubliais de dire que nous avions mis le feu à plusieurs endroits, brûlé deux vaisseaux arabes et sept à huit pirogues qui étaient échoués sur le rivage.

Les naturels se précipitaient déjà vers les ruines de leur repaire. Bientôt nous en vîmes un grand nombre, armés, suivre les bords de la rivière que nous devions passer et descendre comme pour nous attaquer sur ce point. Nous accélérâmes notre marche, préparant nos armes et nous écartant le moins possible de la mer. Comme nous touchions le bord de la rivière, nous entendîmes un coup de feu : c'était De Ruyter qui se lançait dans le courant; il avait laissé un détachement sur l'autre bord, et se dirigeait vers les chaloupes. Il m'envoya un messager pour presser ma retraite. J'étais toujours retardé dans ma marche par les Français qui s'étaient enivrés. Le nombre des naturels lancés à nos trousses était devenu si considérable, leur audace si grande qu'ils attaquèrent bientôt le détachement placé sur l'autre rive; puis, avoir avoir passé dans un endroit guéable, ils entourèrent notre arrière-garde et se mirent à nous harceler. Nous fîmes bonne contenance, et je pus tenir ma position jusqu'à ce que nos gens eussent traversé le cours d'eau. Je me disposais enfin à les suivre avec mes Arabes lorsque j'entendis des coups de fusil à notre arrière-garde. Je vis paraître alors, derrière un banc de sable, une monstrueuse figure : un véritable Patagon tout couvert d'écaille brillante... C'était le munitionnaire du grab, portant sa tortue sur ses épaules, accompagné d'un soldat hollandais. Je leur criai d'accourir, car le moindre retard pouvait leur devenir fatal. Je ne pus m'empêcher de rire lorsqu'ils s'avancèrent. Louis, qui n'avait plus rien d'un être humain, ressemblait à un hippopotame; il chancelait comme un homme ivre sous le poids de l'énorme chélonien, dont je croyais qu'il s'était débarrassé. Le Hollandais qui l'accompagnait offrait lui aussi des proportions démesurées; sa blouse rouge de Guernesey et ses larges culottes flamandes, liées aux poignets et aux genoux, regorgeaient d'or et d'objets précieux qu'il avait découverts dans une des maisons saccagées. On l'aurait pris aisément pour un sac de laine; il avançait comme un dogre hollandais labourant une mer houleuse. Je leur dis que si la vie leur était encore chère ils eussent à jeter leur butin, et me mis à traverser la rivière près d'un banc de sable formé par la marée, le seul endroit qui fût guéable.

Les naturels pressèrent plus vivement notre arrière-garde; la difficulté de nous servir de nos armes dans l'eau redoublait encore leur audace. Sans le secours des hommes placés de l'autre côté de la rive, nous avions peu d'espoir de nous sauver, car ils avaient su quant à eux tenir l'ennemi à bonne distance de notre passage. Nous étions cependant forcés de précipiter notre retraite.

J'entendis soudain quelque chose de lourd tomber dans l'eau, et, au même instant, un cri sauvage que jetèrent les naturels en signe de triomphe. Je tournai la tête et constatai que le soldat hollandais qui était à l'arrière-garde avait disparu. Succombant sous son trésor, il avait perdu pied et coulé à fond, entraîné par le poids qui l'entourait et dont il n'avait pas voulu se débarrasser.

Je n'avais fait que l'apercevoir, lorsque le munitionnaire attira mon attention. Soit par crainte, soit qu'il eût été entraîné par son camarade dont il était fort près, et qui dans sa chute se serait cramponné à lui, il était tombé également. J'accourus à son secours et lui tendis le fer d'une lance, auquel il s'accrocha avec force. Pendant ce temps, l'amphibie énorme qu'il portait regagna le liquide élément, frappant l'eau de ses épaisses nageoires, et nous quitta d'un air de triomphe.

Lorsque Louis eut regagné le banc de sable, il s'écria avec tristesse :

– Où est ma tortue ? Ne faites pas attention à moi, capitaine, mais saufez la tortue !

– Le diable emporte ta tortue; je voudrais qu'elle fût dans ton gosier !

– Oh ! plût à Dieu, capitaine ! c'est tout ce que je demande... Ma tortue, ma chère tortue !

Tandis qu'il l'appelait à grands cris, elle s'éleva sur la surface de l'eau, comme pour narguer son ennemi; au moment où ses brillantes écailles éclataient au soleil, Louis fut sur le point de se jeter à l'eau pour la rattraper, hurlant :

– Foilà, foilà! portez-lui secours, fite!

Pensant qu'il voulait parler du soldat, je regardai et lui demandai où était le malheureux.

– Là! reprit-il, en me montrant la tortue. Oh! capitaine! Je fous ai dit compien elle était fife; je lui ai coupé la gorge il y a teux heures, mais elle ne mourra qu'au coucher tu soleil, car elles ne meurent chamais afant cet interfalle. Et alors elle sera perdue, n'est-ce pas ...

J'ordonnai à deux hommes de l'emmener. Après quoi je fus forcé une ou deux fois de faire volte-face vers nos ennemis et de les chasser avant d'avoir atteint l'autre bord. Nous nous hâtâmes de regagner nos chaloupes.

Nous eûmes dans cette retraite quatre hommes blessés légèrement, outre la perte du soldat hollandais et de la tortue si profondément regrettée. Toutes les fois que le terrain était inégal, ou couvert de rochers et de broussailles, les Madécasses se portaient à notre flanc et à notre arrière-garde. Ce qui m'avait déterminé à me retirer vers la mer et à suivre le rivage. Nous eûmes enfin à franchir un passage fort dangereux : c'était une pointe de rochers escarpés qui s'avançait dans la mer, à un demi-mille de nos chaloupes. Les naturels se montraient rangés en file sur le sommet de ce cap, et un feu très vif y était engagé. Je m'étonnais que De Ruyter ne fût pas présent dans une semblable circonstance, et j'hésitais sur l'expédient dont je devais me servir pour avancer, lorsque j'aperçus sa flamme à l'extrémité du promontoire. Je précipitai alors notre marche, et nous fûmes salués par nos camarades, qui, s'étant aperçus que l'ennemi occupait ce poste, tentaient de l'en déloger pour nous ouvrir le passage. Cependant le terrain fut défendu pied à pied. Nous y perdîmes trois hommes, car les naturels, à l'abri des rochers avec leurs longs fusils à mèche, se couchaient à plat ventre et avaient un grand avantage sur nous, tandis que nous étions dans l'impossibilité de les atteindre.

Les chaloupes n'étaient plus loin. Les soldats français avaient pris position le long du rivage, en terrain entièrement découvert; mais les naturels n'osèrent pas avancer, se contentant de nous tenir de loin sous un feu continuel. Nous embarquâmes au milieu de leurs cris sauvages et lorsque nous mîmes à la voile, ils descendirent vers nous tel un vol d'innombrables corneilles, dans un fracas assourdissant. Il y en eut même qui nous suivirent jusque dans la mer et qui firent pleuvoir sur nous une grêle de pierres, de balles et de flèches.

CHAPITRE DOUZIÈME

Départ
pour l'île Bourbon. Meurtre à bord.
La vie de Torra.

Nous étions tous, je pense, fort contents de nous retrouver à bord. Il fallut touer nos vaisseaux [1], car il faisait un calme plat. Nous attendîmes jusqu'au soir la brise de terre, et immédiatement après nous prîmes le large et dirigeâmes notre course vers l'île Bourbon.

Notre perte dans les deux vaisseaux se montait seulement à quatorze morts ou absents, mais nous avions vingt-deux blessés. Je fis observer à De Ruyter, en écrivant ces détails dans le livre de loc, que notre perte était très peu considérable, attendu le service que nous venions de rendre et le nombre des ennemis.

Le soir était singulièrement beau; la mer était calme et cristalline comme un miroir, et notre équipage se reposait des fatigues de cette journée orageuse. De Ruyter était dans sa cabine; je faisais mon quart, et Aston me tenait compagnie. Il était couché sur le couronnement, et moi je contemplais le terre, appuyé contre le taffarel.

Le mouvement d'une personne qui s'agitait frappa mon

1. Les haler au moyen de canots à rames. *(NdE)*

oreille; il fut suivi aussitôt d'un bruit semblable à une légère chute, puis d'une sorte de râlement. Nous nous levâmes, Aston et moi, et entendîmes un poids pesant tomber sur le tillac. Aston demanda qui était là; personne ne répondit. Mais une figure noire s'approcha de nous d'un pas précipité. Je portai machinalement la main à un petit poignard que j'avais toujours à la ceinture. Comme cette figure noire s'était arrêtée à quelques pas devant nous, je m'écriai :

– Torra est-ce toi?

C'était un esclave madécasse que De Ruyter avait affranchi et que nous avions tous les deux comblé de bontés.

– Que veux-tu? quelle est la cause de ce bruit que nous venons d'entendre?

– Rien, mais Torra tuer son méchant frère avec ça.

Il étendit son bras noir, et sa main serrait un poignard.

– Qui donc a-t-il tué?

– Frère mien méchant... Shrondou.

– Quel frère?... tu es fou!

– No, massa, moi no fou.

– Tu es donc soûl?

– Torra pas boire, massa.

L'alarme se répandit sur le gaillard d'avant, et le timonier, ouvrant les yeux cria :

– Garde à vous!

Torra regarda; il vit la garde s'avancer.

– Moi pas parler à présent, dit-il; vous savoir tout quand le jour venir.

A la vue de son poignard, la troupe recula. Ayant remarqué ce mouvement, il leur dit :

– Vous pas craindre Torra... Torra pas faire mal; lui tuer frère méchant.

Et il jeta son coutelas dans la mer avant d'ajouter :

– Massa, vous bon; vous ami pauvre esclave noir... No laissez pas tuer Torra à présent nuit; quand jour venir, Torra dire tout. (Il voulait mourir.) No vouloir vivre. Aller à son père en terre bonne. Là, no esclaves; no méchant blanc acheter pauvre noir pour faire esclave.

Le croyant en délire, je le fis saisir. On lui mit les menottes et les fers. Il demeurait immobile; seulement il répétait :

– No tuer Torra nuit; tuer Torra jour... Torra tout dire.

Comme j'allais m'informer de ce qu'il avait fait, mes pieds nus sentirent une humidité gluante, et, regardant le plancher, je vis un liquide noirâtre qui ruisselait vers les dallots. Il coulait d'une masse qu'on distinguait à peine, couverte d'une robe blanche de coton toute souillée, affaissée contre la culasse du canon de devant. Un homme la souleva en poussant un cri tandis que les spectateurs lançaient leurs invocations : « Allah! il Allah! » Et le corps retomba lourdement, avec un bruit sourd qui fit frissonner les assistants. Un rayon de la lune jaillit alors et éclaira le cadavre d'un homme noir. La tête avait été presque séparée du tronc par un coup formidable. Je demandai quel était cet homme, mais personne ne put me répondre. Enfin je reconnus en lui un des prisonniers capturés lors de la dernière affaire. Sa vie étant finie, j'ordonnai de porter le cadavre sur un grillage à l'arrière et de placer une sentinelle près de l'assassin.

Cette scène horrible paraissait avoir banni chez nous le désir de sommeil. L'équipage formait çà et là des groupes remplis d'effroi; ces braves dont les mains et les habits offraient encore les traces du carnage du matin pâlissaient à l'aspect d'un meurtre nocturne et solitaire.

Aston et De Ruyter conféraient ensemble lorsque je signalai une brise du côté de la terre.

– Tout l'équipage debout! fut mon premier cri de commandement.

Je continuais à donner des ordres pour qu'on diminuât de voiles, pour ariser les huniers et les amener, lorsque De Ruyter vint me demander :

– Pourquoi ces ordres à l'équipage? Pas de rafales dans les parages, autant que je puisse voir...

– Ni moi non plus, repris-je, mais il paraît que la peur a gagné tout le monde; il faut la chasser par le travail. Ils ressemblaient à des pierres enchantées, et si nous eussions été accueillis par un coup de vent, nous aurions perdu nos mâts avant qu'ils eussent repris leurs sens.

– C'est bien dit, jeune homme!

Ayant ainsi distrait nos marins, comme si nous avions été au milieu d'une tempête, ils exécutèrent mes ordres et reprirent leur insouciance habituelle. Cela fait, je laissai la garde du pont à De Ruyter; et, malgré tout ce qui était arrivé, malgré la roideur de mes membres, la douleur de ma jambe et mes anciennes blessures qui paraissaient se rouvrir, mes paupières s'appesantirent et je tombai près d'une ancre et m'endormis.

Il était près de midi quand je fus éveillé par le garçon du docteur qui m'apportait un flacon de camphre, de l'huile pour des frictions, et une mixture à prendre intérieurement.

Quand De Ruyter et Aston descendirent, je leur demandai ce qu'on avait fait de Torra.

– Il est comme vous l'avez laissé.

– Bien! avez-vous découvert le mystère? car il faut qu'elle soit bien forte, l'impulsion qui l'a poussé à cette sanglante tragédie; il paraissait être d'un bon naturel.

– Soit, dit De Ruyter, mais j'ai toujours vu que ces gens qui paraissent si tranquilles sont les plus à craindre; vindicatifs, sanguinaires, ils manœuvrent en secret, tandis que les fanfarons qui font beaucoup de bruit se contentent de crier. Ne l'avez-vous pas observé, cet homme, dans le carnage du matin, rouge de sang comme un Indien?

– Certainement, il m'a étonné. Partout où la mêlée était épaisse, on le voyait se précipiter sans autres armes que deux longs coutelas. Je commençais à lui soupçonner quelque penchant pour le sang. Mais il est aussi bon que brave. Vous n'avez pas oublié que quand mon oiseau favori le *lory*, fut secoué dans une rafale par les drisses des huniers et jeté hors du bord, il s'élança à la mer pour le sauver. Et puis il s'est toujours montré parfaitement honnête, car il avait souvent son poste ici, en bas, et malgré qu'il y eût plus d'or dans les tiroirs que de biscuit et des liqueurs à foison, il n'y a pas même touché. Voyons, De Ruyter, vous en savez sûrement plus long que moi là-dessus, contez-nous donc ce que vous a confié ce Torra.

– Je serai bref autant que possible, mais je dois à la vérité de remonter à des événements bien antérieurs à cette nuit. Voici...

» Dix-huit mois après que j'eus relâché à l'île Rodriguez, pour faire du bois et de l'eau, étant un jour à la chasse, je fis déloger ce drôle-là de son gîte entre les rochers. C'était le plus sauvage, le plus affamé.

» J'avais une carabine à la main; il ne pouvait pas m'échapper, aussi vint-il près de moi quand je l'appelai. Je l'interrogeai, et il me fit un détail affreux, à ce que j'en compris alors, de ce qu'il avait souffert sous le joug d'un inspecteur hollandais (car il était esclave). Il avait été employé avec d'autres dans le nord de l'île, aux saloirs à poisson et à la pêche à la tortue, dont on faisait le commerce avec l'île de France. Il avait déserté au moment du départ de l'expédition qui devait se rendre à Macao avant que la mousson de sud-ouest fût passée; et depuis ce temps il errait dans les bois, seul et se nourrissant d'œufs, de poisson et de fruits. Eh bien! quoique ce qu'il me servît fut sans doute un vieux conte, j'en eus pitié et le pris à mon bord. Vous savez qu'il s'y est toujours conduit honorablement. Voici d'ailleurs le reste de son histoire, qu'il me livra par la suite. Je vais vous en redire tout ce dont je me souviens, en reprenant autant que possible ses propres paroles...

Je suis né, racontait Torra, dans un village de pêcheurs de la baie d'Antongil, au nord-est de Madagascar. Mon père était pauvre; il n'épousa qu'une femme. Cette femme eut un fils, maladif, languissant, bon à rien. Elle ne permettait pas qu'il travaillât, car elle n'aurait pu avoir un autre enfant; et comme elle vieillissait, elle grondait toujours.

Mon père ne fit pas de reproches à son épouse mais, comme un homme sage, il acheta une autre femme, qui lui donna trois enfants. La première n'aima pas cela et lui ferma sa porte. Alors il se retira de l'autre côté de l'eau et bâtit une maison nouvelle. Il pêcha, trafiqua avec les blancs, et ne vit plus sa vieille femme. Son fils étant devenu assez grand pour travailler, il lui donna un canot, un filet et une lance. Mais le jeune homme n'aimait pas le travail, et nous étions tous très pauvres.

Quand j'eus grandi, je devins quant à moi un fort garçon, et un excellent pêcheur. Mon père m'aimait bien; et je ne rechignais pas à abandonner à mon frère une partie du poisson que je prenais. Mais les blancs (Torra voulait dire les Français de l'île de France), voyant que l'endroit était bon pour la pêche, parlèrent à mon père avec amitié, et plusieurs d'entre eux vinrent s'établir avec nous. Mais bientôt ils se brouillèrent avec mon père, et prétendirent s'emparer de son champ – le sol où croissait son pain – pour lever une forteresse. Mon père s'y opposa. Ils le tuèrent, prirent le champ et firent esclaves ma mère et mes sœurs.

Je courus alors dans les montagnes de Nossi-Ibrahim. Là, les hommes sont braves et haïssent les blancs. Ils pratiquent le pillage sur mer, mais jamais à terre, et ne font point d'esclaves. Quand je leur eus dit que les blancs étaient venus et qu'ils avaient tué mon pauvre vieux père, leur bon ami, ils répondirent tous :

– Nous en sommes contents, car il avait tort d'avoir des amis blancs.

Mais quand je leur dis : « ils ont enlevé ma mère et mes sœurs, et les ont faites esclaves », ils assemblèrent un conseil et disputèrent de la nécessité d'aller parlementer avec les blancs.

C'est alors qu'un vieux chef ami de mon père prit la parole :

– Non, il n'est pas bon de parler avec eux; leurs paroles sont douces comme la brise du matin, mais leurs actions sont meurtrières comme la foudre. Il n'est pas bon de parler avec eux, mieux vaut les tuer tous.

Après avoir conféré longuement, les hommes tombent d'accord avec le vieillard. Ils rassemblent plusieurs canots de guerre, et mettent à la voile par une nuit sans lune, une nuit particulièrement sombre. Le vieillard avait choisi cette nuit bien noire : « Car, disait-il, le blanc s'effraie; il n'aime pas à combattre dans l'obscurité. Le nègre est le hibou qui voit dans la nuit; eux ressemblent au dindon sauvage, qui ne voit rien. »

Les blancs venaient de célébrer ce jour-là la fête de leur bon Esprit. A cette heure, ils ne chantaient plus; pris par l'ivresse, ils n'avaient pas manqué de s'endormir. C'est alors que nous descendons de nos montagnes... et les massacrons jusqu'au dernier.

Mes amis prirent tout ce qu'ils trouvèrent et partirent. Je ne voulais pas habiter ce lieu, où mon père avait été assassiné; je conduisis donc ma mère et mes sœurs sur l'autre rive, là même où mon père avait vécu avant d'épouser sa seconde femme.

Depuis la mort de mon père, mon frère aîné semblait triste et chagrin; nous étions très bons amis, et je travaillais pour tous. Mais il nous quittait souvent, et nous ne savions pas où il allait; il restait parfois absent plusieurs jours.

Au bout de quelques lunes, j'allai à Nossi-Ibrahim voir le vieillard qui nous avait conseillés; je ne puis compter les lunes que cet homme avait déjà vécues. Mais quelle fut ma douleur, à mon retour, quand je vis ma maison déserte!... Quoiqu'il fît nuit, je courus chez mon frère; il expirait presque de chagrin, et me dit qu'après mon départ, les Marattes étaient venus avec leurs canots de guerre et avaient emmené ma mère et mes sœurs; il ajouta que sa pauvre vieille mère ayant voulu leur faire des représentations, ils l'avaient tuée. Il ajouta enfin :

– Allons, il ne sert à rien de pleurer, tes larmes ne ramèneront pas nos femmes.

– Mais pourquoi ne t'ont-ils pas emmené? m'étonnai-je?

– Oh! répondit-il, je me suis enfui au sommet des rochers, et ils ont renoncé à m'y poursuivre.

J'allais retourner à Nossi-Ibrahim pour demander conseil au vieillard et à ceux de sa tribu, mais mon frère m'en dissuada.

– Non, ce peuple est pauvre et faible et ne veut pas d'esclaves. Les Marattes, eux, sont un peuple grand, qui dispose de nombreux esclaves. Sans doute ils se haïssent les uns les autres comme de mauvais frères. Mais il existe aussi quelques Marattes qui sont bons : nous leur parlerons. L'un d'entre eux est mon oncle, il te rendra ce que tu as perdu, car il m'aime. Allons plutôt aux Marattes, et nous causerons avec eux...

– Vous pouvez deviner la conclusion, continua De Ruyter. Ce pauvre niais de Torra fut vendu par un frère artificieux. Ce dernier était l'aîné; il avait hérité des droits paternels sur ses cadets, et, d'après leurs lois, il pouvait les vendre tous; il ne négligea pas cet avantage. Sa vieille mère, dont le meurtre était une fable, sa vieille mère qui tenait moins du diable, ou qui devina ses projets, voulut s'y opposer; et sur cela il la tua. Torra fut envoyé à Rodriguez, les femmes à l'île de France. Vous connaissez le reste de l'histoire... Reste à noter qu'hier, quand nous descendîmes à terre, Torra nous suivit à la nage, armé de ses coutelas, et joignit votre troupe.

– Vraiment, répondis-je à cette observation, ce Torra n'a pas laissé de me surprendre. Quand nous étions par là, bronchant de tous côtés dans les ténèbres et cherchant à passer le ravin, ce fut lui qui nous guida vers un endroit plus bas et qui nous conduisit aux murs, puis à la porte de la ville. Son empressement me fit concevoir dès lors des soupçons; je craignais quelque ruse et ne le quittais pas des yeux. Le lendemain mes doutes se dissipèrent quand le signal d'attaque fut donné, car le drôle nous devança tous de beaucoup. Malgré mon inquiétude sur lui, ce n'est qu'à présent que je puis comprendre ses intentions de vengeance contre les Marattes. Voyant que je perdais le temps à tenir par la gorge un de ces gredins pour l'empêcher de donner l'alarme à ceux du dedans, Torra avait déjà imposé silence à trois autres d'une manière plus expéditive et plus efficace... je crois même avant qu'ils se fussent éveillés. Puis il s'introduisit dans la ville, et je le perdis de vue, jusqu'au moment où il passa comme un éclair, rouge de la tête aux pieds, et courant de hutte en hutte. Partout où il était, les clameurs et les cris les plus affreux montaient au ciel, mais le silence y succédait bientôt. Je le crus fou. Enfin, je lui tirai un coup de pistolet, car il était inutile de lui parler; il s'arrêta alors et mit un terme à ses hurlements de triomphe.

– Mais, observa Aston, vous ne nous avez pas parlé de la rencontre des deux frères.

– Voilà qui fut vraiment fraternel, reprit De Ruyter, mais j'avais oublié qu'il a des visions. En voici une qui tient du miracle, elle mérite bien d'être enregistrée. C'est encore Torra qui parle...

Je cherchai, dit-il, par toute la ville des Marattes, mais je ne trouvai pas mon frère. Ma tête et tout mon sang brûlaient. Je tuais tout ce que je rencontrais. Moi-même je voulais mourir; personne ne voulait combattre avec moi : tous fuyaient Torra... Un homme... seul... armé d'un seul poignard... tandis qu'ils ont des épées, des dards, des fusils. Le fer me frappe et ne me fait pas de mal...

Quand je retourne à bord, je suis malade, je brûle; mon corps tombe sur le strapontin du gaillard d'avant, mes yeux ne se ferment pas : j'ai trop de douleur pour dormir. Je suis là couché, regardant la mer, et je vois mon pauvre père; il s'élève du fond d'une large barque, ses filets à la main; il me ragarde, et dit :

– Torra! mon fils!...

Je veux lui répondre, mais je ne le puis pas. Il s'adresse encore à moi :

– Ta mère, tes sœurs, où sont-elles?

Je m'efforce de dire :

– Elles sont esclaves des blancs.

Il m'entend et répond :

– Non, Torra, elles sont libres; regarde de ce côté. Tu es

esclave, mon fils! mais elles sont avec moi; et je les vois toutes trois dans la barque d'écaille... Et ton frère, où est-il?

– Je ne le sais pas...

Sur quoi un vieux blanc tout ridé, qui vit au fond des noirs nuages, vient vers moi, une longue lame de feu à la main, et répète :

– Où est-il?

Mon père secoue ses filets, et reprend à son tour :

– Où est-il?... Torra, tu es un mauvais fils, un faux frère pour tes sœurs si tu n'envoies pas dans l'instant ton frère au mauvais Esprit qui me commande de jeter mes filets pour l'enlacer... Jusqu'à ce que je parvienne à m'emparer de lui, nous n'aurons pas de repos, condamnés que nous sommes à le suivre. Il est avec toi dans le navire. Il est le seul de mon sang qui puisse dormir. Pourquoi Torra méprise-t-il la loi du pays de son père? pourquoi l'a-t-il oubliée?... Sang pour sang!...

Mon père jette alors ses filets; il les jette encore à plusieurs reprises, et le blanc démon de la nue ébranle sa lance, en répétant le nom de mon frère : « Shrondou! »

Je me tourne de l'autre côté, je regarde, et j'aperçois mon frère qui dort, comme l'avait prévu mon père. Je descends sur le pont; je m'approche de lui, je m'incline sur son front, et, quand je suis sûr que c'est bien lui... je le tue.

Puis je regarde vers le port, par-delà l'horizon des eaux, et je vois mon père prendre l'esprit de mon frère dans ses filets, et le démon blanc l'enlever au bout de sa lance. Sur quoi tous se mettent à crier en claquant des mains... Enfin, la conque coule au fond de la mer, et le démon blanc disparaît...

– Tel fut le rêve de Torra... Qu'en pensez-vous? Je vous assure que le drôle est pressé, car il me prie de le laisser sauter par-dessus le bord pour aller joindre son père. Mais je crois que la barque d'écaille est assez chargée pour le moment.

– Le malheureux! soupira Aston, il a été bien maltraité, et les souffrances ont éteint en lui le peu de raison qui lui restait.

– C'est vrai, mais les préjugés, observa De Ruyter, doivent influer toujours sur les décisions. Notre équipage deviendrait insubordonné si je laissais Torra impuni. Son frère était l'aîné; il avait son droit partriarcal pour lui, et aurait pu vendre jusqu'au dernier de ses parents. Le commandement du père, même en rêve, pourrait certes justifier le meurtre commis par Torra, mais comme son père n'est pas ici pour rendre témoignage, le sang de Torra doit expier le sang qu'il a versé.

– Vraiment, demandai-je avec empressement, est-ce là votre intention?

– Assurément non, répondit-il; nous ferons un simulacre d'exécution, et, lorsque nous serons près de la côte, nous laisserons échapper ce pauvre homme.

Cependant la résolution humaine de De Ruyter fut inutile. Deux jours après, Torra, s'approchant du bord malgré ses fers et la sentinelle qui le gardait, s'écria en regardant la mer :

– Le voilà qui m'attend! Je te suis, mon père!...

A ces mots, il s'élança par-dessus le bord, et la quille passa sur son corps. Tous les efforts qu'on fit pour le sauver furent inutiles; le poids de ses menottes l'entraîna comme du plomb.

CHAPITRE TREIZIÈME

Le raïs veut me marier à notre jeune captive. J'arrive à conquérir Zéla. Passage devant l'île Bourbon. Nous prenons la direction de l'île Maurice.

Nous étions dans la mousson d'ouest et marchions gaiement vent arrière en compagnie de la corvette. Notre intention était de gagner le port Bourbon, situé sur la côte méridionale de l'île Maurice, le port du nord-ouest étant bloqué par les frégates anglaises.

– Le Port-Bourbon, assurait De Ruyter, a une excellente entrée, mais la sortie en est difficile; cependant la rade est très belle, et nous n'aurons besoin d'en sortir qu'à la mousson de nord-ouest, qui est à la veille de commencer. Du reste, nous y serons plus près de chez moi et plus tranquilles, car ce n'est pas à Port-Bourbon, mais à Port-Louis, que l'on fait le plus de commerce dans cette île, et où il se trouve le nombre le plus considérable de bâtiments.

Étant depuis quelques jours en mer, je voulus visiter ma jeune captive. Je lui avais cédé ma cabine, qui était, en comparaison de tout ce qu'on pouvait avoir à bord, un appartement commode. J'avais ordonné au bon vieux raïs de chercher tous les Arabes de la tribu du père de la jeune fille, et tous ceux qui l'avaient suivie, pour l'en entourer; je l'envoyai lui-même, à cause de son âge et de son rang, la voir et la consoler, et l'assurer qu'elle ne manquerait de rien et que tous ses désirs seraient satisfaits. Il me fit savoir que trois femmes qui avaient suivi la belle enfant dans le vaisseau de son père lui tenaient déjà compagnie; qu'il avait réuni et donné tous les articles dont elle pouvait avoir besoin... Bref, le vieux raïs, par respect pour le père de ma prisonnière, qui avait non seulement vécu parmi les Arabes, mais encore avait rang de *schaïch* (prince) d'une tribu dans le golfe Persique, près de son pays, avait prévenu toutes mes intentions.

– Je dois faire pour elle, dit-il, ce que je ferais pour ma propre fille, car ces gens-là sont mes frères.

De Ruyter, qui entendait notre conversation, s'adressa au raïs, en lui marquant le plus filial respect :

– Mon père, j'ai voulu convaincre ce jouvenceau que la fille arabe est sa femme légitime, de la manière la plus sacrée, d'après les rites et coutumes de votre pays... N'est-ce pas vrai ?... Apprenez-le-lui vous-même.

– Très certainement, *malek*, qui peut en douter ? Mais cet événement m'a paru si étrange que je pouvais à peine en croire mes yeux et mes oreilles, car tout vieux que je suis, c'est la première fois que je vois la fille d'un schaïch arabe, dont les nobles ascendants sont aussi innombrables que les grains de sable dans le désert, donnée ainsi par un père. Le sang des ancêtres du genre humain sera donc mêlé à celui des infidèles d'un pays si récemment découvert que nos pères ne l'ont point connu : le père de la jeune fille lui-même n'en avait point entendu parler... Un Giaour !

– Bah ! répliqua De Ruyter, mais c'est un Arabe que le père a reconnu en lui, soyez-en sûr. D'abord, est-ce qu'il paraît chrétien ? N'a-t-il pas le Coran dans sa cabine ? Voyons (s'adressant à moi), récitez le *Namaz !*

– Vous êtes sage, malek, répondit le raïs, c'est la vérité. Il n'est pas extraordinaire que le père de cette jeune fille l'ait cru tel. Que je sois proclamé ignorant s'il n'est fils d'Arabe, ou au moins s'il ne descend pas de race arabe. Je n'ai vu aucun de vos gens d'Occident aussi basané que ce jeune homme, personne en tout cas ayant ces traits de ressemblance avec nous. Il est honnête et brave, aime notre peuple, combat avec nos armes, et suit nos usages. Vous voyez, la nature se montre partout. A présent que, par la grâce de Mahomet, notre saint prophète, il a une femme arabe, j'espère qu'il ira rejoindre la tribu de ses ancêtres, au lieu d'abandonner sa patrie, comme son insensé de père, et d'aller vivre sur de blancs rochers au milieu de la mer!

Tout cela fut dit avec une telle gravité que De Ruyter, qui avait peine à tenir son sérieux, se prit à rire aux éclats, et parla à son tour si savamment sur ce sujet que je commençai à douter de mon identité.

Le raïs ajouta encore que le père avait enlacé nos mains sous l'ombre de la mort, dans ce moment où les objets matériels deviennent obscurs, confus, imperceptibles aux yeux mortels, mais où le voile de la vérité commence à se déchirer pour les mourants. Ainsi, conclut-il, le vieillard ne pouvait se tromper dans cet instant. Il savait à quelles mains il confiait sa fille, espérance de sa maison et protectrice de ses derniers enfants...

– Quels enfants? interrompit Aston; en avait-il d'autres?

C'est alors que je m'aperçus dans quelle position singulière j'étais placé... Une femme et des enfants! et Dieu sait encore quelle autre chose!...

– Des enfants! renchérit le raïs. Oh! oui, mais pas beaucoup, car c'était un guerrier vaillant, terrible; la plupart de ceux de sa tribu ont péri dans les guerres menées contre les peuples qui, comme ces Marattes, pillaient leurs villages et les massacraient tous; voilà pourquoi de tous ses enfants il n'en reste à présent que vingt ou trente.

– C'est bien assez! s'écria Aston.

– Je le pense aussi, approuva De Ruyter.

Je suppose que je dus faire une triste figure lorsque je vis prendre un ton si sérieux à la conversation. Cependant je fus soulagé d'un grand poids en découvrant que les vingt ou trente enfants de l'Arabe n'étaient pas de lui, mais de sa tribu, car le raïs appelait ses enfants tous les Arabes qui étaient à bord. Ce nonobstant, De Ruyter m'assura que tout ce que le vieil Arabe venait de dire était aussi véritable que le Coran.

– Mais après tout, ajouta-t-il, vous n'avez rien à faire avec le Coran; la loi des Arabes n'est pas la vôtre.

– C'est vrai, mais toutes ces raisons pourront-elles la toucher et la persuader? demandai-je.

– Une chose me le fait croire : c'est que son père vous l'ayant fiancée, elle ne peut se marier à nul autre. C'est donc un devoir d'humanité que de la consoler et de la rendre à sa patrie avec ses Arabes.

Aston voulut savoir aussitôt quelle était mon intention :

– Mon intention! protestai-je, mais ai-je seulement le temps de réfléchir, n'avez-vous pas entendu?... Tout est déjà fait, mon ami.

– Comment, fait?

– Oui, je suis marié... sans bans ni babil... Autant dire que toute l'affaire se résume à la première impression d'un bain : on souffre bien plus en s'y glissant timidement et par degrés qu'en s'y plongeant hardiment la tête la première; c'est seulement par ce dernier moyen qu'on n'en éprouve qu'à peine un bref frisson.

– Mais réfléchissez, c'est une enfant, et vous ne l'avez presque pas vue.

– Eh bien! j'attendrai en Arabe; je ferai comme ils font jusqu'à ce qu'ils se marient.

– Comment! songez-vous à l'emmener dans votre pays? Vous n'avez pas l'intention de demeurer toute la vie parmi les Arabes?

– Pourquoi pas? Je n'ai pas de patrie. Le vieux père dit qu'ici est ma patrie, et je l'en crois. Je préfère le soleil à la neige... Aston, ne me faites pas des grimaces comme un prêtre lascif qui prêche contre le péché et le diable. Allons! déridez-vous. N'avez-vous pas entendu que c'est mon jour de noces? Il faut le passer dans la joie. Je déteste autant les sermons que j'aime la vie.

Je voulais être un époux tendre et caressant, puis un mari rigide et franc, ou plutôt aimant et sévère tour à tour. Certes, j'étais capable de voir ce que ce projet avait de ridicule, mais pas un seul rayon de lumière utile ou raisonnable ne perçait dans mes rêves nocturnes à travers le groupe d'illusions qui berçait doucement ma tête. Les soucis de la vie matrimoniale ne vinrent pas altérer mon sommeil. A présent je m'étonne d'avoir pu dormir si profondément.

Réveillé par Van Scolpvelt, qui me secoua par une jambe, je bondis de ma couche et frappai du pied contre le parquet pour m'assurer qu'il ne m'avait pas opéré pendant mon sommeil.

– Que... qu'est-ce qu'il y a, Scolpvelt?

– Que faites-vous là? Un des prisonniers, un Arabe, est mourant, il désire vous voir.

Je me lavai la tête dans un seau d'eau salée et suivis le docteur. Je ne m'arrêtai point en chemin, malgré les instances de Louis qui vint à ma rencontre pour me faire avaler une tranche de tortue. L'Arabe était blessé mortellement; il voulait seulement me dire d'être aimable et bon pour la fille de son père. Il souhaitait la voir avant de mourir, afin de se charger du message qu'elle voudrait bien lui confier. Il ajouta qu'il ne tarderait pas à rejoindre son schaïch, car il voyait l'ange bleu de la mort planer sur son chevet et se hâter pour l'emporter vers le ciel. Il me pria encore d'être un bon père pour ses deux femmes et ses cinq enfants, et de leur dire qu'il leur fallait, Ishallah! (plût à Dieu!), continuer la guerre contre les Marattes, parce que l'esprit de leur père demeurerait hors du ciel tant qu'il en vivrait un ici-bas. Enfin il me conjura de présider à ses funérailles et de veiller à ce qu'il fût déposé dans la mer d'après les rites et avec les cérémonies de son pays, et de ne pas permettre que l'Indien blanc au long couteau (il montrait Van Scolpvelt) s'approchât de lui pour le mutiler ou lui faire des incisions :

– Car, conclut-il, s'il me coupe quelque membre dans l'intention de le manger, je ne serai plus un guerrier dans l'autre monde.

Scolpvelt fit une grimace qui exprimait à la fois l'horreur, l'étonnement et la férocité. Il grondait et s'agitait comme une hyène. Je crois que la crainte qu'il inspira à l'Arabe fit rendre l'âme à ce dernier avant l'heure, car il expira au moment que j'essayais d'apaiser la colère du docteur.

J'ordonnai à ses camarades arabes d'avoir soin de son corps. Ils construisirent un lit formé de voiles, où ils placèrent le cadavre.

C'est ainsi que je me trouvai transformé, comme par enchantement, d'un enfant d'Occident sans patrie, sans ami, sans asile, sans un être qui me fût attaché par des liens de famille, et sans un coin que j'eusse pu regarder comme mon foyer, en schaïch de la mer, Arabe... musulman... marié!... Pour donner une idée de l'impression que tous ces changements firent dans mon esprit, il suffit de dire que si l'on m'eût présenté ma femme parmi d'autres, je ne l'aurais pas reconnue. J'avais été entièrement occupé du père, et comme elle avait eu le visage voilé pendant la plus grande partie du temps, je n'avais eu que peu d'attention pour ses traits et n'avais pas même demandé son nom. J'avais le Coran avec moi, à la vérité, mais j'ignorais jusqu'à l'endroit où se trouvait ma patrie adoptive.

La première démarche que je fis, celle que je croyais alors et que je crois encore la seule opportune, fut pour me procurer des renseignements sur la dame. Je m'assurai, pour commencer en règle, du nom de celle-ci : elle s'appelait Zéla. Ce nom, tracé dans ma mémoire en caractères presque imperceptibles alors, se trouvera plus tard profondément et d'un manière ineffaçable gravé dans mon cœur quand je mourrai.

Après mon déjeuner, et lorsque j'eus rempli les injonctions de l'Arabe expirant, veillant moi-même à faire envoyer son cadavre à la mer, toutes mes pensées retournèrent vers le point le plus direct de la boussole, vers ma fiancée virginale. On m'apprit la prononciation gutturale de son nom; ce ne fut pas pour moi une tâche facile que de le prononcer, car il me fallut répéter cent fois le *z* avant que la vénérable duègne qui m'instruisait ne fût satisfaite de l'aspiration sifflante que cette lettre exige. Laquelle duègne continua ses leçons en gravant dans ma mémoire dix mille cérémonies et autant de précautions, auxquelles je devais me soumettre. Il me fut interdit de toucher le voile, la personne ou les garnitures de la dame, de lui parler trop, de lui faire des questions, ou de rester longtemps près d'elle. Toutes les pensées de Zéla, disait-on, étaient en communication avec l'esprit de son père; tout son amour était mort avec lui. Ses yeux, qui dans les jours de bonheur surpassaient en éclat les étoiles, étaient pour l'heure éteints comme ceux de son père; son visage, plus beau que la lune, était voilé par les nues du chagrin; ses lèvres, plus rouges que le mindi, étaient pâlies par la douleur; tous les charmes de sa beauté s'étaient éclipsés, car elle ne se nourrissait que de larmes; oui, la paix et le sommeil avaient abandonné son lit depuis que l'esprit de son père était parti et qu'elle restait seule au monde. Et la vieille de conclure :

– Ô! étranger, sois bon pour elle, et tu seras comblé de biens en la possédant!

Sur quoi l'aimable duègne me quitta pour aller préparer lady Zéla [1] à me recevoir. Si j'eusse été un amant passionné, elle eût laissé à mon impatience le temps de se refroidir. Au reste, il est possible que l'idée que je n'allais pas courtiser une belle, mais simplement trouver ma femme, me fit paraître l'heure et demie qui s'écoula avant son retour ni plus ni moins qu'un intervalle de quatre-vingt-dix minutes.

J'étais assis, savourant doucement une dernière bouffée de *tambac* odorant de Chiraz, légèrement parfumé par le filtre de ma pipe, lequel était empli d'eau de rose de Benarès. Un nuage délicieux se concentrait dans ma bouche et paraissait circuler par tout mon corps. Je ne vis pas la duègne arabe à son retour. Peut-être ses charmes étaient-ils aussi, comme la lune, sous un nuage ou dans une éclipse, car sa figure noire me surprit tout à fait; et je me rappelai l'histoire du pêcheur... songeant que la fumée de mon houka avait pu à son tour prêter sa forme à cette vieille sorcière.

1. Il n'est pas nécessaire de rappeler que c'est un gentilhomme anglais qui parle; ainsi donne-t-il, à la fille du schaïch, le titre de noblesse qui lui revient selon la coutume de son propre pays.

Elle m'informa que lady Zéla m'avait attendu assez longtemps avec du café et des confitures... tant et si bien que l'un s'était refroidi et que les autres menaçaient de tourner à l'aigre.

– Personne n'est venu m'avertir qu'elle consentît à me recevoir, m'étonnai-je.

Le sombre regard de la duègne aurait pu gâter toutes les confitures du monde dans ce moment, tant j'y remarquai d'aigreur. Elle me dit en grondant :

– Je suis ici debout depuis si longtemps que, vous le voyez, mes pieds sont presque collés au bois du pont.

Je ris, car c'était littéralement vrai : la chaleur de ses pieds et le soleil avaient fondu la poix qui joignait les planches, et ce ne fut qu'avec beaucoup de peine qu'en cherchant à se dépêtrer elle put conserver son équilibre, gênée qu'elle était par le roulis du vaisseau. Je lui dis tout ce qui pouvait l'apaiser, et nous descendîmes ensemble.

La porte de la cabine fut ouverte par une jeune esclave malayanne de la côte de Malabar, que j'avais envoyée à ma femme comme premier présent. J'entrai. Milady était assise sur un petit lit de repos. Son costume était celui du grand deuil; une immense draperie, blanche comme la neige, l'enveloppait tout entière, voilant si bien ses formes que je ne pus distinguer aucun des charmes merveilleux dont la vieille Arabe m'avait entretenu. A mon entrée, je la pris pour une de ces figures en marbre des temples égyptiens, dont j'avais entendu parler... mais je vis bientôt que la belle enfant n'était pas inanimée. Elle avait les pieds nus; près du lit, sur le plancher de la cabine, étaient disposées des babouches brodées qu'elle enfila en se levant. Elle prit ma main et la porta à son front, puis à ses lèvres. Je l'engageai à s'asseoir; elle reprit sa position et demeura immobile, ses bras tombant négligemment, ses pieds mignons et roses cachés sous elle comme de timides passereaux sous les ailes de leur mère. Ses cheveux, la seule partie visible de sa personne, la couvraient comme un nuage d'ambre noir. J'avais senti sur ma peau la pression de ses lèvres tremblantes, et mon imagination, inspirée par le faible contour que je crus, comme dans un rêve, avoir été gravé sur ma main, me dépeignit sa bouche comme singulièrement douce et petite. Je pense que cette pression silencieuse forma le premier anneau de la chaîne de diamants que je porte, et que ni le temps ni les circonstances ne briseront ni ne relâcheront jamais. Je semblais enchanté. Tous deux nous étions assis, dans un profond silence. Je sentis mon cœur se soulager d'un énorme poids lorsque la vieille Arabe fut de retour avec le café et de la gelée de goyaves et de mangoustans. Zéla se leva une seconde fois. J'allais la prévenir, mais, aux signes de sa cérémonieuse gouvernante, je restai tranquille. Elle prit une petite tasse sur un plateau en argent de filigrane, qu'elle me présenta.

Ôtant de ma main une bague en or portant une inscription arabe et agrémentée d'un double cercle de poil de chameau, je la lui tendis. C'était la bague que son père expirant m'avait mise au doigt. Les gémissements sourds et comprimés que Zéla avait laissé échapper au moment de mon entrée éclatèrent de nouveau en des sanglots si violents que je voyais sa tunique flottante agitée par les palpitations mêmes de son cœur. J'allais retirer l'objet qui éveillait des souvenirs si pénibles lorsqu'elle s'en saisit, le pressa contre ses lèvres et pleura quelque temps. La vieille femme lui parla; enfin, sans même tourner les yeux, elle avança ses jolis doigts et me remit la bague. C'était l'antique cachet de la tribu de son père; et, comme sceau des souverains, il avait le pouvoir de rendre juste ce qui était injuste, injuste ce qui était juste, de donner ou d'ôter, de faire ou de défaire les lois suivant le bon plaisir de celui qui le portait. Elle me le remit à l'index de la main droite, et pressa encore une fois ma main contre son front et ses lèvres.

J'avais choisi dans la profusion de bijoux que De Ruyter possédait une bague que j'avais destinée à Zéla. C'était un rubis foncé, de la forme et du volume d'un grain de raisin, enchâssé dans un anneau d'or vierge, qui paraissait, par la délicatesse de sa façon, avoir été la bague d'une fée. Ayant écarté les plis de sa draperie, je lui pris la main droite, qu'elle tenait immobile à son côté, et passai l'anneau à l'un de ses doigts... La vieille sourit. Puis je portai sa petite main à mes lèvres et la baisai plusieurs fois. La vieille ne souriait plus; son front s'était obscurci, brusquement creusé de rides profondes. Comprenant l'origine de son mécontentement, je laissai la main de Zéla.

Cet échange réciproque des bagues était une reconnaissance de notre union. Je demandai à milady si je pouvais faire quelque chose pour lui rendre encore moins désagréable son séjour à bord. Je lui confirmai que tous ceux de la tribu de son père que l'on avait trouvés étaient libres et réunis par mes soins; qu'on les traiterait avec amitié; que j'étais ignorant de plusieurs de leurs coutumes, mais que je l'engageais à m'en instruire; que notre raïs enfin était un honnête homme et qu'il l'aimerait comme un père. Ses sanglots violents reprirent un moment. Alors, mettant ma main sur mon cœur, je lui dis :

– Ma sœur bien-aimée, modérez votre douleur. Commandez, et j'obéirai; ne suis-je pas votre esclave?

Mais comme elle ne cessait de pleurer, je fus contraint de me retirer.

C'est ainsi que se passa la première visite, comme plusieurs autres qui lui succédèrent. Je fus très longtemps sans entendre la voix mélodieuse de Zéla. Mes visites à la dame silencieuse n'étaient ni fréquentes ni importunes. Je lui procurai tout ce qui pouvait l'amuser ou lui plaire; je fis les recherches les plus minutieuses dans l'innombrable, l'immense butin que nous avions pris aux Marattes, pour trouver tout ce qui lui appartenait ou avait appartenu à son père ou à son peuple. Je faisais tous mes efforts pour gagner son affection; cependant son indifférence commençait à me faire croire qu'autant aurait valu offrir mon culte à une momie des pyramides; et sans les conseils et l'amitié du sensible et généreux Aston, qui calmait mon impatience, je me serais plaint à milady elle-même, en me retirant pour toujours, puisque ma présence paraissait lui déplaire.

Peut-être n'eût-ce pas été une tâche si facile, car, bien que je n'échangeasse pas un mot avec Zéla, la vieille Arabe était beaucoup moins réservée. Elle ne traversait point le pont pour faire quelque commission sans s'arrêter et venir me parler de sa lady Zéla. Cela commença d'abord par m'ennuyer, et je maudissais son babil éternel, car mes jambes se fatiguaient de rester si longtemps debout. De son côté, jamais elle ne voulait s'asseoir. Oh! non, rien n'aurait pu la décider à s'asseoir en présence de son malek; d'ailleurs, sa maîtresse l'attendait toujours pour le café, pour de l'eau, des confitures, ou quelque autre chose.

A la fin, elle m'apporta des espérances. Elle croyait que Zéla n'était pas insensible à ma tendresse, parce qu'elle lui avait entendu dire que j'étais bon; qu'il était dommage que je parlasse si imparfaitement sa langue, et que je fusse étranger et d'une tribu si éloignée. Mais que j'étais gentil, aimable, beau comme un zèbre, et qu'elle aimait le son de ma voix.

Ce poison délicieux ralluma mes espérances mourantes. Le visage basané de la duègne me parut plus gai, sa conversation plus amusante; sa voix dure et cassée résonna plus doucement à mes oreilles. Mes quarts de nuit semblaient avoir raccourci comme par miracle.

Comment donc pouvais-je l'aimer? Jamais je n'avais senti, ni vu ni rêvé le pouvoir étrange de l'amour. Certes, je ne sais guère comment, quand, pourquoi, par où, il se serait glissé dans mon cœur. Il me semblait seulement que je ne faisais que remplir un devoir sacré : c'était la volonté dernière d'un père, la voix du tombeau, qui me chargeait du dépôt d'une orpheline sans amis et sans patrie. Mes visites se multipliaient; elles devinrent plus longues. Je retenais sa main docile dans la mienne; je la lui réchauffais, et, dans mon délire, je croyais la sentir brûlante du feu qui me dévorait. L'air qui entourait Zéla semblait s'embaumer; et si parfois ses cheveux insensibles, mais plus souples, plus gracieux que les rameaux du saule, venaient toucher mon front ou caresser mes joues, hélas! quelle était alors l'intensité de ma passion! Lorsqu'enfin je parvins à contempler le brillant éclat de ses grands yeux noirs, mes nerfs frémirent, ma voix trembla, et mon cœur battit convulsivement et plus vite. Saisissant sa main, je l'admirai dans une extase silencieuse. Je ne sais si Zéla s'en aperçut, mais elle la retira et me ferma le ciel en voilant ses yeux enchanteurs. C'était assez; ils avaient pénétré à travers tout mon être. L'incendie était allumé; il devait être inextinguible. Zéla murmura quelques mots d'une voix entrecoupée; ces sons résonnaient à mes oreilles comme le doux bourdonnement de l'abeille, ou comme le gazouillement du colibri. Tant de plaisir dans le monde, de bonheur qui venait de se révéler à moi, me faisait mal, mal à mourir!

Nous reconnûmes l'île Bourbon, et puis nous cinglâmes vers l'île Maurice, que nous ne tardâmes pas à découvrir. Cette île a une forme ovale, et la côte que nous longions alors, vers le nord-ouest, est fort étendue, escarpée, et couverte parfois de verdure. Nous vîmes plusieurs cavernes grandes et voûtées, dans lesquelles la mer roule ses flots avec le grondement sourd d'une tempête lointaine. Ici et là, des fragments grisâtres et raboteux de rocs calcinés étaient entassés les uns sur les autres dans un désordre fantastique. La terre élevait ensuite graduellement ses rochers jusqu'au centre de l'île, culminant par une montagne qui la couronnait comme un dôme. De Ruyter nous dit qu'elle avait treize cents pieds d'élévation au-dessus du niveau de la mer, et que malgré l'apparence rude et périlleuse qu'elle offrait sur ce versant, elle était du côté de Port-Louis d'une descente si douce et si insensible qu'un cheval aurait pu monter au galop jusqu'au sommet. Ce sommet a la forme pointue d'un pain de sucre (on l'appelle *piton du Milieu*), lequel reposerait sur le plateau qui lui sert d'assiette. Nous vîmes ensuite sept autres montagnes qui semblaient sept géants assis pour conférer. J'observai enfin que plusieurs promontoires de peu de hauteur s'avançaient dans la mer, portant au loin leurs racines pierreuses et formant par leurs plis de fort belles baies, des bancs de sable, des vallons étroits arrosés souvent par des ruisseaux limpides, et agrémentés de pelouses ondoyantes, de bocages mystérieux et de parterres de fleurs.

Pendant que nous regardions ce beau paysage, Aston et moi, avec nos lunettes d'approche, je m'écriai :

– Oh ! qu'ici tout est tranquille et délicieux ! Ô le charmant pays ! Voilà où il faudrait demeurer !

Mais une scène toujours plus belle succédait à celle que nous venions d'admirer, et je réitérais sans cesse mes exclamations. L'ancre tomba ; les hommes de l'équipage volaient comme des oiseaux sur les mâts et les vergues, et les voiles disparurent bientôt dans leur ferlage. Des barques, chargées de poisson frais, de fruits et de légumes, voltigeaient autour de nous, enfonçant presque sous le poids des provisions.

Le plaisir que mon âme éprouvait déborda tout à fait à la vue de ma fée orientale. Zéla, cédant enfin à mes pressantes sollicitations, m'avait permis de la conduire sur le pont. Un vent léger folâtrait dans les plis de sa robe de gaze, les écartait de son corps et en relevait délicieusement les contours ; il se jouait dans ses cheveux et dessinait ses formes jeunes et dégagées, qui semblaient elles-mêmes flotter dans l'air dans leur exquise légèreté.

De Ruyter parlait parfaitement la langue de Zéla ; il conversa avec elle de la manière la plus douce, et un moment après, se tournant vers moi, il déclara :

– Mais c'est un ange de l'Orient, que cette fille... trop frêle, trop délicate pour qu'une main de mortel ose la toucher ! A présent, je vous en félicite de tout mon cœur ; il n'existe pas un homme dont l'âme, fût-elle de glace, ne vous portât envie...

Zéla jeta un regard timide autour d'elle, comme une antilope effrayée ; elle rougissait de se voir admirée par tant de monde, et son visage se colorait comme les nuages du matin. Si je n'avais pas retenu sa main dans la mienne, elle serait retournée se cacher dans sa cabine. Mais j'envoyai chercher un tapis, et elle consentit à la fin à s'asseoir sur le pont, entourée de toutes ses femmes.

CHAPITRE QUATORZIÈME

Débarquement
dans l'île Maurice. Un méchant prêtre
frappe un esclave. Nous allons à terre avec Zéla.
Arrivée à la maison de De Ruyter. Visite
au commandant français.

De Ruyter alla à bord de la corvette dire au capitaine que les frégates anglaises avaient abandonné le blocus sous le vent du port. La perte d'hommes et de bateaux qu'elles venaient d'éprouver leur avait fait prendre cette résolution, d'autant qu'il leur fallait regagner Madras avant l'approche de la mousson du sud-ouest. D'ailleurs, elles avaient déjà atteint le but de leur manœuvre, car selon toute probabilité, la flotte française qui se rendait à Port-Louis s'était déroutée et devait être pour l'heure loin au-delà de la latitude de l'île. On décida donc que la corvette ferait le tour du port, et qu'après avoir renouvelé ses vivres, De Ruyter passerait à terre, viendrait rejoindre le capitaine, et s'en irait remettre ses dépêches au général français qui commandait la place.

Tout étant ainsi convenu, il revint à bord. Nous envoyâmes sur la corvette tous nos prisonniers et nos blessés, et De Ruyter s'apprêta à descendre à terre pour y déposer ses malades et se procurer des provisions. Il nous quitta le lendemain afin de se rendre à Port-Louis, me laissant toutes instructions pour agir durant son absence, et promit d'être de retour dans trois jours au plus tard. Nous nous séparâmes après nous être donné la main.

Il avait été convenu que lorsque le grab serait allégé, après désarmement, nous nous rendrions à la maison de campagne de De Ruyter, qui possédait une propriété considérable dans l'intérieur de l'île.

Doué d'un tempérament fougueux, actif et entreprenant, je dévouais toute mon âme à ce que j'embrassais; je mis à exécution, avec une diligence infatigable, les dispositions de mon capitaine. Je fis construire aussitôt des magasins sur la plage pour y renfermer des planches, des esparres et des nattes. Tout article qui n'appartenait pas au navire fut débarqué; chaque jour, une partie de notre butin était entassée sur des mules, des ânes et des esclaves, qui sont, je rougis de le dire, les principales bêtes de charge de l'île, et finalement transportée, avec les précautions nécessaires, à la ville de Port-Louis.

De Ruyter avait fait de grands efforts et même des sacrifices pour favoriser l'importation de buffles et d'ânes dans l'île, afin de supprimer l'emploi des esclaves dans cette tâche pénible et dégradante, sous un climat où la chaleur est insupportable, mais la froide indifférence avec laquelle des hommes dévoués seulement à leurs entreprises mercantiles traitaient ses propositions bienveillantes mit un obstacle constant à ses projets.

De Ruyter fut de retour à bord à l'heure convenue. Actif et plein d'énergie comme il était, il fut malgré cela surpris de tout ce que nous avions fait pendant son absence. Le lourd vaisseau qui, peu de jours auparavant, était entré dans le port, presque enseveli sous le poids du butin et tout couvert de toiles, flottait aussi légèrement qu'une mouette endormie, les voiles détendues, les mâts et les vergues affalés, désarmé et mouillé près du rivage.

De Ruyter fit savoir à Aston qu'il avait obtenu pour lui et pour les quatre hommes de la frégate demeurés à bord la permission de rester avec nous sur parole.

A son arrivée, nous causions d'esclaves. Voilà ce qu'il nous raconta, à sa manière énergique et abrupte :

– Il y a deux jours, j'allai jusqu'au portail d'une église que l'on consacrait; je cherchais un marchand d'esclaves avec qui j'avais quelques affaires à traiter. C'est un cruel vilain, mais il est ponctuel, bigot, et scrupuleux visiteur d'églises : un drôle qui, s'il restait dans l'île avec un seul homme dont la croyance différât de la sienne de l'épaisseur d'un cheveu, par force ou par stratagème n'hésiterait pas à le poignarder, ou à le brûler vif... Vous allez voir... L'église toute pavoisée de blanc était bigarrée d'une dizaine de prêtres noirs. Il y avait là une foule de monde venue tout exprès pour assister à la cérémonie, et ces prêtres ressemblaient aux épis niellés d'une gerbe de blé. J'allais partir, car je me sentais incommodé par l'odeur de l'encens, mêlée à celle du suif et de l'ail. Mais voilà qu'un lourdaud d'esclave converti pénètre à cet instant sous le porche et avise près du portail une cuvette en pierre, pleine d'une eau bourbeuse qu'il croit destinée aux ablutions... et le malheureux y trempe ses bras jusqu'aux coudes!... Un des missionnaires, qui l'observait, le frappe aussitôt à la tête avec la croix, sur laquelle s'offrait, comme par raillerie, un Christ ensanglanté. La croix était pesante et, comme le cœur du prêtre, faite d'ébène et de fer. Quant à l'homme d'église, il était aussi fort que méchant : il fracassa proprement la tête du pauvre diable et la lui fendit jusqu'au cerveau... première bonne œuvre d'un prêtre hypocrite, car l'esclave fut émancipé sur-le-champ de sa prison d'ici-bas...

– Qu'a-t-on fait de l'assassin? s'écria Aston.

– Je sais, répondit De Ruyter, ce qu'ils auraient fait de vous s'ils vous eussent entendu lui donner ce nom. Ils étouffèrent les cris de mort de la victime dans les beuglements de leur *Te Deum*, et après s'être essuyé le front, ils allèrent se régaler chez le prêtre sacrificateur.

» Quant au pauvre nègre, j'ai vu sa carcasse aujourd'hui, en passant à la haute marée; c'est un banquet pour les écrevisses.

– En voilà assez, dis-je. Il faut faire diligence pour nous rendre à nos quartiers sur la colline, loin des prêtres et des esclaves.

Tous nos arrangements furent faits en peu de jours, et le commandement du grab ayant été confié au raïs, De Ruyter,

Aston et moi nous allâmes à terre, dès le petit jour, avec la gentille Zéla et sa suite. Des mules, des bidets et des ânes furent les montures avec lesquelles nous entreprîmes notre expédition dans l'île. Nous longeâmes d'abord les escarpements rocailleux de la côte, parsemés de jolis coquillages de toutes formes et de toutes couleurs. J'allais à côté de Zéla et essayais d'attirer son attention sur les beautés sublimes du spectacle qui s'offrait à nous.

Elle ne démentait pas le sang de sa race; nourrie et élevée au milieu des périls, elle ne les craignait point. Elle traversait les ravins, passait sur le bord des précipices, croisait les gués des rivières, sans y faire seulement attention. Parfois, elle nous faisait remarquer, avec sa douceur et sa timidité habituelles, des lieux charmants où l'on pouvait trouver un asile contre le soleil du midi; parfois elle arrêtait son bidet au bord d'un précipice pour cueillir une fleur rare qui pendait d'un arceau formé par la nature, ou les rameaux flottants qui forment en tombant la touffe du plus bel arbre des Indes, le *mimosa impérial.*

– Tiens, fit-elle en me présentant un bouquet, mets cela sur ton turban, car il y a des ogres dans ces noires crevasses et ces cavernes profondes; oui, j'en suis certaine, et ils nourrissent leurs petits de sang humain; ils aiment à leur donner les plus jeunes et les plus beaux... Mets-le sur ton turban, mon frère, et ne te fâche jamais; je n'aime pas à te voir fâché, car alors tu n'es plus aussi beau... aussi bon, veux-je dire, que quand tu souris. Tiens, ne ris pas, c'est un talisman, il te préservera de tout mal; nul charme n'oserait en approcher...

En traversant un plateau sablonneux, Zéla fut saisie d'un frissonnement soudain à la vue de quelque objet qui avait frappé ses yeux. Elle sauta de cheval sans l'arrêter, malgré sa marche vive et soutenue, et courut vers le sommet d'une colline de sable qui se dressait non loin de là, telle une dune du désert. J'en fus si surpris, n'ayant jamais observé de geste semblable chez Zéla, qu'elle revenait déjà lorsque je courus vers elle pour lui demander si elle avait vu quelque ogre...

– Oh! non! s'écria-t-elle, regarde; tu aimes les fleurs, mais en as-tu jamais vu de plus charmante que celle-ci? Sens! Que son parfum est doux! La rose près d'elle perd sa beauté, envieuse qu'elle est d'une telle rivale.

Certes, je crus qu'elle était sous le pouvoir d'un charme. Elle tenait à la main un large rameau d'un rouge éblouissant, plein de bourgeons vermeils et de baies jaunes qui dégageaient une odeur de musc insupportable :

– Ma foi! m'écriai-je, vous pourriez aussi bien être jalouse de la vieille Kamalia, votre nourrice, que la rose être envieuse d'une ronce comme celle-ci! Pouah! l'odeur me tourne la tête.

Sans doute était-ce le dépit de la voir embrasser et chérir son bouquet qui m'avait fait lui parler avec cette aigreur. Ses yeux noirs s'élargirent; elle demeura tout ébahie, ses regards fixés sur moi avec un étonnement qui bientôt se changea en un air mélancolique; puis un voile sombre couvrit son front, et la frange d'ébène qui ombrageait sa prunelle comme un feston de jais se couvrit de larmes semblables aux gouttes de la rosée du matin. Elle laissa tomber le bouquet à mes pieds; sa gaieté s'évanouit, et le ton de sa voix me rappela l'instant où je l'avais vue penchée sur son père expirant.

– Étranger, pardonne-moi, dit-elle d'une voix entrecoupée, j'avais oublié que tu n'étais pas né sur la terre de mon père. Cet arbre couvrait sa tente; il nous accordait son ombre contre le soleil et nous défendait des insectes quand nous reposions à ses pieds pendant le jour. Mais puisqu'il vous fait mal... bon... je ne le cueillerai plus.

Ses paroles devinrent ensuite confuses, inintelligibles, tandis que ses sanglots redoublaient; enfin elle prononça, comme dans un dernier effort :

– Pourquoi la porterais-je à présent? J'appartiens à un étranger! Mon père, mon pauvre père n'est plus!...

Je crois presque inutile d'ajouter que je lui rendis les fleurs, en lui demandant pardon de mon ignorance. Après quoi je gravis la colline et déracinai l'arbuste.

– Ma sœur chérie, lui dis-je en revenant près d'elle, ce n'est que le mépris que vous avez témoigné pour la rose, la fleur aimée de mon pays, qui m'a fait m'exprimer de cette manière. Pour vous faire oublier mes paroles, je m'en vais planter cet arbre dans notre jardin.

– Oh! que tu es bon! s'écria-t-elle; et moi je planterai un rosier auprès, et ils mêleront leurs parfums, car notre amour et nos soins leur apprendront à vivre ensemble sans envie.

De Ruyter arriva dans ce moment pour se joindre à nous. Peu après, nous atteignîmes la plaine élevée que l'on appelle le Vacois, au centre de l'île. Nous nous arrêtâmes alors, pour nous reposer, dans un lieu ombragé par un groupe de pommiers. Puis on jeta devant nous en abondance du poisson, des fruits et d'autres mets aussi simples, et qui font cependant le luxe du matelot. Nous les dévorâmes avec un zèle vraiment sacerdotal. Cependant les parfums qui s'exhalaient des citronniers, des framboisiers, des goaviers, du mangoustan sauvage et des fraisiers, se mêlant aux odeurs des herbes odoriférantes, des plantes aromatiques et des arbustes, embaumaient le vallon, brillant de la rosée du matin, et remplissaient nos cœurs de sensations exquises et délicieuses. Je sentais mes membres élastiques et si légers que je me croyais capable de vaincre à la course les daims que nous voyions de temps en temps traverser la clairière et s'élancer au fond des bois.

Zéla, je le sentais, partageait mon bonheur. C'était la première fois que nous eussions mangé ensemble le pain et le sel. Lorsque je lui en fis l'observation, elle dit en souriant :

– Oui, à présent, il faut que nous soyons amis, si tu observes les usages de mon pays; il faut même que tu ne sois pas de mauvaise humeur avec moi, ton hôtesse, jusqu'à ce que le soleil se cache et qu'il renaisse encore une fois.

Pendant que nous errions ensemble, cueillant des fleurs, je commençais à lui faire des questions sur leur classification, non botanique, mais amoureuse, ainsi que l'entendent les Orientaux, quand De Ruyter nous héla pour monter à cheval.

Poursuivant notre route, nous descendîmes par des pentes faciles vers le sud, où nous trouvâmes encore quelques montagnes; il nous arrivait de fouler de vertes pelouses, de passer des marais couverts de vitteverts (qu'on emploie au lieu de chaume pour le toit des huttes), de fougère, de guimauve, de bambous ondoyants et de tabac sauvage. Nous vîmes des plantations de manioc (l'arbre du cassave [1]), de maïs, de pommes de terre douces, de cotonniers, de cannes à sucre, de caféiers et de girofliers. Puis nous traversâmes des canaux où l'eau coulait à gros bouillons au milieu de rochers couronnés de chênes noirs et d'oliviers cendrés; plus bas fleurissait le figuier au vert foncé, embelli de son fruit moelleux et rouge comme la fraise, modestement caché sous une enveloppe verte comme l'émeraude. Là, le palmiste majestueux élevait dans la solitude sa tête gigantesque, couronnée de son premier fruit... fruit unique et tardif dont la perte entraîne sa ruine, car semblable aux majestueux monarques de la terre, il meurt lorsqu'il perd son diadème. Nous pénétrâmes dans des forêts sauvages et séculaires, où croissent le bois de fer, le chêne, le cinnamome noir, le pommier, l'acacia, le tamarinde et le muscadier. De belles arcades, des voûtes élégantes de vigne sauvage, de jasmin et d'innombrables plantes rampantes à fleurs d'écarlate s'élevaient sur les sentiers où nous passions. Le tissu vivant que formaient les tiges flexibles de ces plantes était impénétrable au soleil et à l'orage; et si quelque rayon perçait à travers ce treillis naturel, à peine suffisait-il à couvrir une petite touffe de violettes ou de fraises, qui, ranimées par cette chaleur vivifiante, se développaient avec une force supérieure à la végétation lente et maladive habituelle chez ces filles de l'ombre.

Au milieu de cette enceinte magique, formée pour un monde aérien, nous semblions des usurpateurs. Ce fut là que, pour la première fois, les voix de De Ruyter et d'Aston me parurent rudes; leur figures mâles, leurs fronts hâlés offraient ici un aspect étrange; je pensais qu'ils auraient été mieux sur le tillac d'un vaisseau, ou marchant à un combat à la tête d'une colonne. La vieille nourrice, Kamalia, qui formait l'arrière-garde avec deux esclaves noirs, s'empara tellement de mon imagination, sous la forme d'une sibylle ou de quelque sor-

1. Ou plutôt : *la* cassave – galette à base de farine de manioc. *(NdE)*

cière, accompagnée par ses deux esprits familiers prêts à exécuter les plus horribles enchantements, que je commençai à me fatiguer de l'obscurité des forêts et à désirer me trouver de nouveau au soleil, malgré sa force brûlante. Si Zéla poussait son cheval en avant et que la vieille et noire sorcière s'en approchât avec ses nègres, je saisissais la bride et aiguillonnais ma bête, craignant de voir Zéla, transformée en faon, bondir dans l'épaisseur des forêts, et moi et mes compagnons, en grands chiens noirs, condamnés à la poursuivre sans cesse pendant une centaine de lunes. Je fus un peu rassuré lorsque, se remettant sur son cheval qui l'avait fait presque tomber par un mouvement inattendu tandis qu'elle regardait en l'air, elle me lança :

– Laissez-moi donc aller... ou je vais tomber tout de bon. Je veux seulement demander à la vieille Kamalia ce que sont ces jolies fleurs sur la cime de l'arbre...

– Mais ce ne sont pas des fleurs; ce sont des oiseaux écarlates, et tu les as effrayés!

Je racontai mes rêves à Zéla, tout en riant, et elle-même riait de les entendre.

– Et qui penses-tu que je sois, moi? me demanda-t-elle, riant toujours.

– Vous, mon amour? Le gentil Ariel, la reine des fées, l'esprit de la forêt : ces bocages seraient votre demeure, votre empire; rien d'humain ne devrait y pénétrer, car nul être humain n'est exempt de mal. Les éléments élèveraient un mur autour de votre domaine, et vous vivriez comme l'abeille, et comme ces petits oiseaux, du miel des herbes et du parfum des fleurs.

– Oui, mais je ne voudrais pas y vivre toute seule; je ne pourrais être heureuse si l'on me tenait prisonnière, même dans le lieu le plus beau; il cesserait alors de l'être.

– Eh bien! je serais près de vous comme votre esclave.

– Oh! non, non, point d'esclaves! il ne doit pas y avoir d'esclaves! ne l'as-tu pas dit toi-même?

Notre route devenait plus large et plus claire à chaque instant, et nous quittâmes l'ombre de la forêt pour une clarté flamboyante qui faillit nous aveugler. En passant sur un pont rustique qui facilitait le passage d'une rivière, je crus reconnaître la main de De Ruyter dans cette construction. Nous montâmes encore par un sentier en zigzag, au milieu de groupes d'arbres et d'arbrisseaux, jusqu'à une plate-forme élevée sur laquelle étaient établis la maison et le jardin de De Ruyter. Je criai avec joie à Aston, qui venait derrière moi :

– La voilà ! la voilà ! c'est notre maison ; elle doit l'être, car qui, si ce n'est De Ruyter, aurait su choisir un endroit si charmant pour y bâtir sa demeure ? Je vous le disais, tout ce que nous avons passé n'est rien, comparé à cette beauté. Que peut-on désirer de plus lorsque l'on possède ce paradis ? Toutes les perfections de la nature se rassemblent ici pour achever son chef-d'œuvre.

– C'est vrai... fit Aston en observant la situation et en jetant un coup d'œil sur la vaste perspective que l'on découvrait autour de nous, c'est une merveille !

– Allons, allons, pied à terre, dit De Ruyter, vous aurez le temps d'examiner tout cela. Voici l'heure la plus brûlante de la journée.

Et il nous conduisit dans l'intérieur de la maison. Celle-ci avait un double rang de persiennes qui la défendaient du soleil et laissaient entrer l'air librement. Le grand salon du centre était parqueté de joncs et traversé par un courant d'eau limpide qui, se glissant par un petit canal, remplissait un bassin ovale ménagé au milieu de la pièce. Cette eau s'épanchait ensuite dans un étang à bains et servait aussi à l'arrosement du jardin ; puis elle se précipitait par une cascade et s'éloignait, bondissant de rocher en rocher, jusqu'à ce que ses flots bouillonnants se jetassent dans la rivière principale, dont on entendait le bruit sonore sous la fenêtre. De Ruyter avait ouvert dans la montagne un véritable lit, par où les eaux d'une source vive descendaient jusqu'à sa maison et ses terres. Autour du grand salon étaient disposées des couches de repos, basses et larges ; des armes de chasse indiennes et européennes pendaient aux murs, entremêlées à des dessins et à des instruments rustiques.

Zéla et sa suite occupèrent un appartement sur l'entrée duquel on avait inscrit en caractères persans : *Al-Zennanah.*

– Ceci, nous confia De Ruyter, est un caprice de l'artiste qui a peint et arrangé l'intérieur de l'appartement, car votre épouse est la première femme, à ma connaissance, qui y soit entrée.

Puis, ayant montré à Aston la chambre qui lui était destinée, il continua en se tournant vers moi :

– Quant à vous, ce serait mettre en prison votre esprit vagabond que de vous claquemurer dans un appartement. Aussi, nous allons vous laisser la liberté de rôder au gré de votre esprit inquiet. Si vous avez besoin de quelque chose, frappez des mains; si c'est un besoin réel, il sera satisfait.

A notre réveil, nous nous lavâmes la figure et les mains dans des bassins placés sur des bancs en pierre, près du ruisseau. On nous servit de l'eau à la glace, mêlée de jus de grenade tout frais; des fruits et des confitures nous furent présentés dans une corbeille de filigrane; ensuite, pour rendre au palais sa délicatesse exquise, vint le café, dont le parfum remplit toute l'enceinte, et nous fumâmes encore nos callians, jusqu'à ce que le soleil disparût derrière la montagne et que la brise de la mer commençât de souffler. Alors seulement nous envoyâmes chercher Zéla.

Lorsqu'elle nous eut rejoints, nous sortîmes. Sans nous éloigner de la maison, nous montâmes une pente presque insensible et nous arrivâmes, par des sentiers ombragés d'arbres et entourés de berceaux, à un pavillon d'été, exactement de la forme et de la couleur d'une chaumière. Il s'y trouvait une élévation d'où l'on pouvait contempler toutes les beautés de l'île, la mer et le port de Bourbon.

– Voilà le vaisseau! s'écria Zéla, là, sous nos pieds! Pas à plus de cinq milles!

Quant à moi, je pouvais quasiment distinguer, avec le télescope, notre ami Louis le Grand, exclusivement occupé de la distribution des tortues sous la banne du pont.

Je m'assis sur un roc avancé; un abîme était ouvert à mes

pieds, mais je ne voyais que Zéla. Mes yeux suivaient tous ses mouvements.

Elle venait d'atteindre sa quatorzième année; même dans l'Orient, on n'aurait pas pu la considérer comme une femme faite. Cependant, telle une fleur ouverte par le souffle brûlant du vent d'ouest, forcée à un développement prématuré, ses formes gracieuses comme des pétales rompant l'enveloppe de leur bouton promettaient déjà une beauté rare et un parfum des plus doux. Nourrie dans l'ombre, son teint était pâle; mise en contraste avec les femmes couleur de datte qui l'entouraient, la transparence de sa peau ressortait d'une manière frappante, relevée qu'elle était par l'ombre de ses cheveux noirs. Elle paraissait une étoile solitaire qui se dévoile dans la nuit. Son front large et élevé, clair et poli, était en partie couvert par la ligne droite et soyeuse d'où ses cheveux s'échappaient, tombaient avec profusion derrière sa tête, augmentant ainsi l'éclat de sa peau. Le même contraste résultait de ses sourcils brillants et bien arrêtés, qui traversaient hardiment le front, se recourbant légèrement aux extrémités, mais sans prendre une forme franchement arquée. Elle avait les yeux grands, même pour une Orientale; ils n'étaient cependant ni saillants ni trop vifs, mais plutôt doux comme ceux d'une grive. C'était seulement lorsqu'elle éprouvait un mouvement d'effroi, de surprise ou de douleur, que sa pupille, semblable à une étoile, se dilatait et étincelait, produisant l'effet le plus éloquent et le plus magique. Les cils, bien séparés et noirs comme l'ébène, qui servaient de voile à ses yeux, étaient extrêmement longs et beaux; et quand elle dormait, ils se pressaient sur ses joues où ils formaient un arc délicatement festonné. Enfin, cette partie de l'œil qui a généralement la blancheur de la perle était chez elle nuancée d'une ombre légère de bleu, comme le ciel quand on le voit à travers le brouillard du matin. J'ajouterai que l'harmonie et l'amour avaient formé sa bouche; que son visage était petit et ovale, avec un contour d'une grâce ineffable qui tranchait délicieusement sur la douceur satinée de son cou et de son sein, lequel commençait tout juste à développer ses formes; que ses membres étaient longs, pleins et arrondis; ses mouvements prompts sans être brusques; bref, qu'elle était légère comme un zéphire.

En la voyant sous l'ombre mystérieuse de cet arbre sacré des Hindous, dont le feuillage épais tombait en guirlandes autour d'elle, je la croyais la reine de ces fées qu'on dit habiter dans chacune des feuilles sensitives du mimosa impérial; elle me paraissait avoir à l'instant glissé de la cime pour bondir et folâtrer parmi les fleurs. Courant à elle, je la pris dans mes bras et lui dis :

– J'attendais votre chute; à présent je vous tiens, charmant esprit, et je ne vous lâcherai pas!

Et je la serrai contre mon sein.

– Oh! laisse-moi! tu me fais mal; je ne suis pas tombée; laisse-moi!...

– Me promettez-vous de ne pas vous envoler vers votre demeure parmi les feuilles, vers votre royaume sylphique?

– Qu'est-ce que cela veut dire? Oh! laisse-moi, tu vas m'écraser!

Je la mis à terre doucement et lui expliquai mes craintes. Au moment où j'ouvris mes bras, effrayée comme un levraut timide, elle courut à sa vieille gouvernante; et ce fut la première fois que j'embrassai mon innocente Arabe.

A mon retour près de De Ruyter et Aston, je les trouvai discutant sur la nécessité de nous présenter au commandant de Port-Louis, et il fut convenu que nous nous y rendrions à cheval le lendemain. Mais je m'excusai sous le prétexte de quelque devoir que j'avais à remplir à bord.

Nous continuâmes à causer au grand air, jusqu'à ce que le souper nous fût annoncé, et notre soirée se termina aussi agréablement que la journée avait commencé. Zéla était la seule chose qui nous manquât. Nous nous retirâmes de bonne heure, parce que nous devions nous lever bien avant le soleil, pour jouir de la brise du matin.

Mon esprit inquiet ne me laissait goûter aucun repos. Après une heure d'efforts inutiles pour dormir, je retournai au pavillon d'été, où l'on me trouva le matin. Le bain que je pris alors me rafraîchit plus que le sommeil. Après avoir pris le café et fumé nos callians, nous allâmes faire un tour avec De Ruyter, pour visiter ses plantations et ses arbustes. Il les avait apportés de différentes îles de l'archipel indien, car le jardinage, avec l'architecture et la botanique, étaient ses passions favorites. S'il aimait tant cette île, c'était à cause de son climat; à cause aussi de son sol, qui laissait tout fleurir.

Le terrain qui entourait la maison, excepté la plate-forme sur laquelle s'élevait l'édifice, était inculte et inégal; le bois que l'on y trouvait avait été coupé partiellement, mais il y restait encore de petits groupes d'arbres et quelques troncs isolés. La maison ne se composait que d'un étage, avec un front saillant et une colonnade. La façade était au sud et dominait une petite vallée; la mer se trouvait au nord-ouest, et des montagnes, des forêts, des rocs et des précipices complétaient la scène du côté de l'est. Rien, à l'exception d'une partie du vallon en contrebas, n'indiquait l'existence de cultures ou la présence d'habitants dans cet endroit. Au creux de la vallée s'étendait pourtant une vaste plantation, et plusieurs autres plus petites, divisées par des avenues d'arbres et par des sentiers; là se nichaient de petites fermes en bois, bien blanchies, où De Ruyter se procurait mille provisions, se faisant un point d'honneur de tirer de sa propriété tous les articles qu'il consommait en abondance.

– Il serait plus avantageux, aimait-il raconter, d'après la manière dont on voit les choses dans le monde, de s'adonner seulement, et toujours en grand, aux cultures les mieux appropriées à la nature du terrain, et puis, en vendant le superflu de la récolte, d'acheter tous les objets de nécessité ou de luxe qu'on pourrait imaginer. Mais, outre la satisfaction dont je jouis dans mon plan, car ce que je perds en profit je le gagne en plaisir, en santé et en amusement, je puis encore de cette manière améliorer le sort de ces malheureux, pliés sous un système détestable, système que j'abhorre, sans pouvoir le détruire : je veux parler de l'esclavage. Ce que j'ai pu, je l'ai fait. Vous ne trouverez pas un esclave dans ma propriété. Quelques vingtaines d'esclaves que j'ai rachetés, ou que j'ai trouvés libres, sont mes tenanciers; j'ai droit à une dîme sur leurs produits, que je prends en nature. L'un doit me fournir annuellement du blé, l'autre du café, et ainsi le reste; pour le riz, le sucre, les épices, le coton, le tabac, le vin, l'huile, et tout ce que le terrain peut rapporter, je dispose du superflu. Tout ce que vous mangez et buvez ici est le produit d'un travail libre et volontaire, et je crois que ces denrées ne vous paraîtront pas plus mauvaises quand vous saurez que nous ne mangeons ni ne buvons ici la sueur de l'esclave.

La cavalcade pour aller voir le commandant ayant été ajournée au lendemain, nous allâmes nous occuper chacun selon sa fantaisie. De Ruyter fit le dessin d'une aile qu'il voulait ajouter à sa demeure, pour servir de *zennanah* (appartement des femmes). Aston déterra des pommes de terre douces et cueillit des yames et des herbes pour le dîner. Quant à moi, je formai un treillis avec des bambous que j'entourai d'arbustes, et je plantai au beau milieu l'arbre mystérieux, le *yacounou* qui avait coûté des larmes à Zéla le jour de notre voyage; puis je me reposai à l'ombre d'un pommier-rose, où je m'endormis doucement. Je fus tiré de mon sommeil par une sensation pénible, juste au moment où le soleil s'élevait au-dessus des arbres. Ses rayons avaient pénétré mes membres et les parcouraient comme une flamme; quelques moments de plus et j'étais consumé.

Cependant un bruit sourd s'approchait de moi. Que pouvait-ce être? J'étais étendu et plongé dans une indolence si paresseuse que je n'eus pas la force de me lever ni de regarder. Un moment après je sentis quelque chose qui s'était placé légèrement sur moi et qui résonnait dans son mouvement; j'ouvris les yeux, et je vis Zéla, accompagnée par sa petite favorite Adou, une jeune fille malayanne; elle m'ombrageait avec une moitié de feuille de tapillot [1]. Elle voulut s'enfuir quand elle s'aperçut que je ne dormais plus, mais je la saisis par le bord de ses pantalons flottants et brodés.

– Pourquoi, dit-elle, viens-tu te coucher au soleil? Ne sais-

1. Palmier originaire de Ceylan.

tu pas que sa morsure est plus venimeuse que celle du serpent, et son rayon plus fatal, quand il tombe sur la tête nue, que la rencontre du léopard ?

– Aimable Zéla, qui vous amène ici ?

– Je venais cueillir des fruits.

– Pourquoi avez-vous apporté ces feuilles de palmier ? Je n'en vois pas qui poussent en ce lieu...

Ses regards rencontrèrent alors l'arbre que je venais de planter :

– Pourquoi ?... s'étonna-t-elle. Pouvais-je savoir que tu dormais au soleil ?... Nous avons pris cette feuille pour couvrir ce yakounou.

– Comment saviez-vous que je l'avais planté ici ? Je n'en ai parlé à personne.

De Ruyter vint à notre rencontre.

– Belle demoiselle, dit-il, j'allais vous faire une visite et vous demander une tasse du café de la bonne Kamalia.

– Sois le bienvenu, capitaine, répondit Zéla, personne en effet ne sait mieux faire le café que Kamalia ; son scherbet [1] aussi est excellent ; et elle sait encore mille autres choses : lire dans les vieux livres de notre pays, par exemple, et même dans les étoiles.

A notre entrée dans le zennanah, la vieille gouvernante Kamalia nous compta sur ses quatre doigts secs et décharnés et, sans le moindre délai, se mit à remplir les devoirs de ce rite sacré que jamais on n'a oublié dans l'Orient, c'est-à-dire qu'elle nous présenta des rafraîchissements, sans cette cérémonie froide et mignarde qu'y mettent les Européens, toujours empressés à demander à leurs hôtes s'ils désirent ou ne désirent pas être régalés, et regardant toujours de mauvais œil celui qui prend ce compliment à la lettre. Je suivis donc la vieille Kamalia pour apprendre la véritable manière de faire le café en Orient.

Voici comment l'on procède... Un feu brillant était allumé dans un petit fourneau. Kamalia commença par prendre, pour

1. Sorbet. *(NdE)*

quatre personnes, quatre poignées de fèves de moka, pâles et petites, un peu plus grosses que des grains d'orge; elles avaient été choisies avec soin et parfaitement nettoyées. Elle les mit dans un pot de fer avec une promptitude et une adresse admirables et continua de les rôtir jusqu'à ce que leur couleur devînt brune et qu'il ne s'en exhalât plus d'humidité. Les grains trop brûlés furent séparés et l'on jeta les autres, pendant qu'ils conservaient toute leur chaleur, dans un mortier de bois, où une autre femme les broya immédiatement. Cela fait, Kamalia passa la poudre du café par une toile de poil de chameau, et ensuite par une autre plus fine. En attendant, une cafetière contenant exactement quatre tasses d'eau bouillait déjà sur le fourneau; elle en fut retirée. On en ôta alors une tasse d'eau pour y mettre l'équivalent de trois tasses de la poudre de café. Après que la duègne se fut bien assurée de la finesse du mélange en le palpant avec le pouce et l'index, elle remua le tout avec un bâton de cannelle, et la cafetière fut replacée sur le feu. On la retira au moment où le contenu allait déborder; et après avoir frappé avec le pot contre le bord du fourneau, on la remit au feu, répétant cette opération cinq ou six fois. J'oubliais de dire que la cuisinière avait ajouté à son breuvage un peu de muscade, mais en si petite quantité qu'on ne pouvait en distinguer le parfum. Il me faut ajouter enfin que la cafetière doit être en fer-blanc et n'être point couverte, autrement le café ne formerait pas cette crème épaisse qui doit s'étendre sur la surface.

Quand le pot fut retiré du feu pour la dernière fois, on y remit la tasse d'eau qu'on en avait d'abord extraite; puis on le porta dans la salle, sans le remuer, et on le versa dans les tasses, où il conserva la riche crème qui le couvrait.

L'odeur aromatique du café ainsi fait remplit toute l'enceinte; rien n'était plus délicieux. Une telle méthode, loin d'être longue et fatigante, comme on peut se l'imaginer par l'explication, est au contraire si facile que la vieille Kamalia n'y employait jamais plus de deux minutes par convive : ainsi, huit minutes à peine s'étaient écoulées depuis sa sortie de la salle jusqu'à son retour.

Zéla servit elle-même le café, suivie par la petite Molayanne, qui était chargée des confitures et de l'eau. Elle m'apporta ensuite une *chibouk* (pipe turque), selon la coutume de son pays, où la femme, dans son appartement, la remplit et l'allume elle-même, mais seulement pour son père ou son mari. Elle prit le tuyau d'ambre pâle qu'elle essaya de ses lèvres de rubis, me le présenta et croisa les mains sur son front. Puis elle me laissa, pour voir à ce que ses femmes servissent les autres convives.

Le lendemain matin De Ruyter et Aston allèrent visiter le commandant à la ville de Port-Louis, et je m'amusai, pendant leur absence, à jardiner. Zéla devenait plus aimable; elle s'habituait à ma compagnie; un sourire gracieux animait désormais ses traits calmes et mélancoliques; quant à moi, je ne pouvais vivre un moment loin d'elle. Le temps passait avec rapidité, comme le souffle du vent qui volait sur la surface argentée de l'étang à nos pieds, et qui faisait plier les fleurs en fuyant. Nous errions aussi dans l'enceinte du jardin, que nous ravagions en cueillant les fruits les plus mûrs et les plus beaux; Zéla s'animait, en faisait l'éloge de la datte fraîche et mielleuse, et moi je soutenais que ce n'était rien en comparaison de la nectarine (espèce de brugnon), couverte d'un doux duvet, et de l'ananas à la couronne royale. C'est en l'un de ces instants que nous entendîmes derrière nous Aston, lequel se prononçait contre nous en faveur du mangoustan; il prétendait qu'il réunissait, outre le goût qui lui était propre, celui de la nectarine, de la datte et de l'ananas!

– Oh! m'écriai-je, Aston! Je pensais que vous étiez allé faire votre visite au commandant. Il est déjà bien tard, le soleil est brûlant, je sens bouillir mon sang. Pourquoi n'êtes-vous pas parti avec De Ruyter? Il y a une heure qu'il a pris la route.

– Est-ce que vous rêvez? répondit Aston; De Ruyter et moi sommes partis il y a plus de six heures, et nous sommes de retour. Il est midi, et nous vous cherchons partout. Le dîner nous attend.

On m'informa que le commandant désirait me voir et qu'il

nous invitait tous trois à dîner; l'accueil qu'Aston avait reçu avait été des plus aimables.

Quelques jours après, nous reprîmes donc, avant la pointe du jour, le chemin qui nous avait conduit en ce lieu. Nous laissâmes en arrière le *Piton du Milieu*, et par une pente agréable et facile nous descendîmes jusqu'à la ville de Port-Louis. De ce côté, la montagne descend vers la mer par une pente aussi douce que celle de l'autre côté est brusque. Les terres qui jouxtaient la ville étaient soigneusement cultivées. Des groupes de jolies maisonnettes, avec des vérandas vertes et aérées, apparaissaient çà et là au milieu des plantations, séparées elles-mêmes par de doubles avenues d'arbres. Ceux-ci étaient des laquois, impénétrables par la masse épaisse de leurs feuilles barbelées et pointues, des pommiers-roses aux charmantes fleurs d'écarlate en forme de perles, croissant comme l'olivier et couvrant de leur ombre l'arbuste qui produit le café. Nous longeâmes des champs d'ananas abrités de haies, admirant au passage de nombreuses variétés de bananiers, d'abricotiers, de roses persanes, et un arbuste des plus gracieux que les naturels désignent sous le nom de *netshouly*. Au milieu de ce jardin de fées, le bambou, tel notre saule, penchait sa tête sur la rivière limpide, comme s'il était amoureux de ses formes gracieuses et flexibles.

Arrivés dans la ville bâtie près du havre, à l'entrée du vallon délicieux par où nous étions descendus, et qui était dominé par une montagne élevée, nous passâmes devant quelques maisons d'assez bonne apparence, formant le faubourg, et qui avaient des jardins pleins de fleurs et de fruits. Nous traversâmes ensuite des rues étroites, sales et dépavées, bordées de petites habitations faites de bois et de boue. La maison du commandant se dressait non loin du quai. Elle semblait un hôtel magnifique au milieu des méchantes cahutes qui l'entouraient.

Le commandant nous reçut avec cette urbanité, ces manières ouvertes qui caractérisent les Français et qui forment un contraste si frappant avec la fierté brutale, pleine de rudesse et de morgue, qui est la marque de l'Anglais au pouvoir, lequel Anglais regarde tout étranger comme un intrus qu'il faut repousser par la force.

Notre commandant français, au contraire, se jeta dans l'extrême opposé et nous accabla de compliments. Pendant qu'on préparait les rafraîchissements, il me conduisit au cabinet de toilette de sa femme et dit à Madame :

– Je vous amène un jeune shérif arabe... – sur quoi il nous quitta.

La dame me fit asseoir près d'elle sur un lit de repos et m'adressa toutes sortes de questions, ne se doutant pas de ce que j'étais en réalité. Elle me dit que j'étais beau, et que mes châles étaient encore plus beaux; elle voulut savoir s'ils étaient de Cachemire, pourquoi je me rasais la tête, si je croyais en la Vierge Marie, si j'avais aimé, et si je voulais me faire faire chrétien. Ses mains étant aussi vives que sa langue : elle me déshabilla presque pour examiner mon accoutrement. Ma peau, dit-elle, était fort douce, pas trop noire; puis elle me demanda si les femmes arabes étaient belles... et si j'aimais les Françaises. Elle me confia qu'elle allait très prochainement retourner en France, parce qu'elle ne pouvait endurer la chaleur, les gens barbares et le manque de société; qu'il lui fallait un opéra, enfin, toutes les choses nécessaires à la vie, à l'exception de celles qui réellement le sont, et qu'elle avouait elle-même être bonnes et abondantes dans l'île. Là, madame fut interrompue par De Ruyter, qui était en grande faveur près d'elle. Elle disait que c'était la seule personne comme il faut de toute l'île, parce qu'il avait passé plusieurs années de sa jeunesse en France, à Paris. Elle parlait d'ailleurs sans cesse de Paris.

– Mon cher De Ruyter, commença-t-elle, est-ce que ce beau garçon vous appartient? Où l'avez-vous eu? Je l'ai pris en amitié, et décidément je suis résolue de l'emmener à Paris. Pensez donc quelle sensation il fera là-bas!... Mais c'est étonnant! Ces gens qui habitent les sables, qui vivent parmi les lions et les tigres... comment font-ils pour avoir cet air?... Ils ont une grâce dans leurs manières!... Pensez donc, mon cher De Ruyter, ce qu'il sera lorsqu'il aura passé un hiver à

Paris et qu'il aura appris à valser! Ah! vous êtes bien aimable; rappelez-vous que vous me l'avez donné. Oh! qu'il met son turban avec grâce! Comment l'appelez-vous? En le voyant, toutes les femmes à Paris vont en devenir folles, rien qu'à voir son turban, et ce châle...

C'est ainsi que madame continua, jusqu'à ce que, fatiguée, elle se jetât sur son siège; et déclarant de la manière la plus précise qu'elle ne pourrait souffrir que je la quittasse, elle s'écria, en me montrant un *punka* (grand éventail) :

– Ah! qui peut vivre ici? la chaleur est insupportable; on ne peut dire un mot pour recevoir un ancien ami sans s'exposer à mourir de fatigue! Je vous assure que je n'ai pas prononcé deux paroles dans tout ce mois-ci. D'ailleurs ce pauvre garçon doit être bien abattu lui aussi. Vous connaissez notre maison, De Ruyter; vous êtes aimable, faites-moi venir quelques-unes de mes femmes, et donnez-moi un peu de cette eau de Cologne.

Après un tiffin somptueux, le commandant nous conduisit avec d'autres officiers de la corvette, qui était en ce moment mouillée dans le havre de Port-Louis, à un salon de lecture que les marchands du lieu avaient établi pour se livrer à des travaux littéraires utiles à l'amélioration de l'île. Nous trouvâmes là assemblées toutes les notabilités militaires, civiles et commerciales. On pria le commandant de lire une adresse de remerciements au capitaine de la corvette, à De Ruyter, à leurs officiers et aux équipages, pour le service important qu'ils avaient rendu en exterminant les pirates de Saint-Sébastien. Le capitaine français ajouta qu'on en devait le succès à l'intelligence et à l'intrépidité de De Ruyter. Sur quoi le commandant fit présent d'une belle épée à chacun des deux capitaines, et de vases de vermeil ornés d'inscriptions au lieutenant de la corvette et à moi. Mais je notai surtout que pour complaire au désir de De Ruyter, qui par délicatesse pour Aston et pour moi l'avait engagé à ne rien dire de notre affaire avec la frégate anglaise, il s'appliqua à passer cet épisode sous silence.

Nous nous séparâmes après avoir pris de nouveau des

rafraîchissements et jeté les yeux sur les livres et les journaux. De retour chez le commandant, où il devait y avoir un dîner public, madame insista pour que nous restassions à reposer chez elle durant la chaleur du jour, mais je m'échappai pour aller admirer les vaisseaux qui étaient dans le port. Le schooner américain s'y trouvait, et j'aurais passé toute la journée à examiner ses belles proportions et la perfection de son modèle. Cependant les plaintes des esclaves, chancelants sous leurs immenses fardeaux, leur front ruisselant de sueur, leurs yeux ternes et leurs épaules couvertes de plaies et de mouches m'éloignèrent bientôt de cette scène dégoûtante. Je me promenai en oisif par toute la ville. Sur une population de dix-sept ou dix-huit mille habitants, on ne comptait que sept à huit mille Européens; par conséquent la proportion des esclaves était immense. Ils étaient en général de Mozambique, de Madagascar et des îles adjacentes. Il y en avait de libres, qui exerçaient avec talent des professions mécaniques. La plupart parlaient français; plusieurs s'exprimaient en anglais avec facilité. Je ne vis ni chevaux ni voitures. Les buffles et les esclaves étaient les seuls animaux que l'on y employât : ils faisaient tout le travail. Je me promenai dans la banlieue où résident exclusivement les naturels. Je visitai leurs demeures et m'entretins longuement avec eux, jusqu'au moment où je crus convenable de retourner chez le commandant.

Il y eut ce soir-là une nombreuse société. Je dînai après avoir pris un bain; et le dîner fini, nous accompagnâmes le commandant à cheval jusqu'à une esplanade magnifique, plantée d'arbres et entourée de coteaux où se voyaient des maisonnettes d'été de toutes formes. Puis nous reprîmes le chemin de notre maison, accompagnés pendant une bonne partie de la route par le commandant en personne.

CHAPITRE QUINZIÈME

Où l'on parle
de Zéla. Les chauves-souris. Scolpvelt puni
de sa cruauté.

Telle était mon impatience d'arriver chez nous que je ne fis pas attention aux belles scènes qui se déployaient de tous côtés. De Ruyter me demanda ce que je pensais de Milady.

– Je pense, répondis-je, que c'est un petit ange! Qu'elle est gentille, noble, céleste, divine! Si elle est silencieuse à l'extrême, c'est par réflexion et par timidité, car des yeux pareils, une bouche semblable ne manquent jamais d'expression!

– Halte-là, mon garçon! vous en avez dit assez. Jeunesse et toilette! voilà toute sa beauté. Quant au reste des charmes dont vous venez de faire une énumération si pompeuse, ma foi! je n'ai rien découvert de semblable. Qu'est-ce que vous appelez timidité?... L'air et l'allure d'une courtisane? Sa réflexion! croyez plutôt au jugement de ces perroquets bavards qu'à la réflexion de madame.

– Madame! interrompis-je. De qui me parlez-vous?

– De qui? mais de la femme avec qui nous avons passé la journée!

– Oh! je l'avais oubliée! je vous parlais de Zéla.

– Ah, ah! répliqua-t-il en riant, vous ressemblez au jeune homme...

Qui finit par ces mots la missive à son père :
Adorable Zéla, pour toujours tu m'es chère!

» Je croyais que vous teniez trop de l'aigle pour descendre; j'aime cette expression anglaise : *falling in love*... pour dire devenir amoureux, car en effet on ne peut tomber plus bas. Une âme grande et généreuse ne se laisse jamais vaincre par un ennemi si faible. Vous épuisez insensiblement un poison qui finira par détruire toute l'énergie, tous les nobles sentiments de votre caractère.

Me voyant triste et silencieux, il ajouta pour calmer la peine qu'il m'avait faite :

– Je ne prétends pas censurer votre amour. Zéla est votre femme, elle dépend de vous et mérite d'être aimée. J'attaque seulement cette passion exclusive qui peut priver les autres de votre affection et qui consume le temps et le talent que vous pourriez employer à faire du bien à l'humanité.

Pour éviter de voir se prolonger cet entretien, je pressai le pas, laissant De Ruyter à une assez grande distance derrière moi. En gravissant l'éminence sur laquelle s'élevait notre maison, je fus surpris de voir toutes les croisées de la salle fermées et les jalousies abaissées. C'était le moment où, le soleil s'étant plongé dans la mer derrière la colline à l'occident, la brise du soir commençait à rafraîchir l'atmosphère enflammée. Zéla occupait seule toutes mes pensées. Je craignis quelque accident. Je me hâtai et, faisant le tour de la maison, je forçai les treillis et sautai dans la grande salle. La transition soudaine de la lumière à l'obscurité m'empêchait de distinguer les objets.

– Qui est-là ? fis-je.

A quoi une voix répliqua :

– Fermez, fermez la fenêtre, vite, vite! Ils vont s'échapper! Fermez donc; ils vont s'échapper!...

Regardant autour de moi, je reconnus bientôt le visage infernal de Van Scolpvelt. Il avait dans la main gauche une longue canne de bambou blanc, qu'il agitait comme une baguette de magicien. Il passa sans faire attention à moi, regardant le plafond de l'appartement avec des yeux hors de leur orbite. Il referma les treillis avec sa canne et recommença à faire le moulinet, en murmurant entre les dents :

– Oh ! ils n'ont pu m'échapper à moi... à moi Van Scolpvelt ! Les voilà ! Le renouvellement de l'air a dû leur faire du bien. Ils n'avaient que des vertiges ; ils viennent de reprendre leur vivacité. Eh bien ! c'est merveilleux ! Ah ! vous voilà ! Est-ce vous, capitaine ? Je suis enchanté que vous soyez arrivé, car vous allez vous amuser avec ces gais et spirituels quadrupèdes qui volent ici dans l'air.

– Qu'est-ce que vous dites ? Je ne vois nul quadrupède. Il faut être le diable pour n'être pas étouffé par la chaleur de ce four.

– De la chaleur ! Je ne sens pas de chaleur. N'allez pas ouvrir les fenêtres, ce serait me désespérer. Je vais être satisfait en peu de minutes. Regardez ; les voyez-vous ?

– Oui, je les vois, et j'entends leurs cris plaintifs. Que faites-vous avec ces oiseaux-là ? Êtes-vous à faire le sabbat avec eux ?

– Des oiseaux ! hein ? je conjecturais bien, d'après votre haine pour la science, que vous deviez être fort ignorant. Des oiseaux !... Ce ne sont pas plus des oiseaux que moi. Ce sont des vivipares, classés dans le même ordre d'animaux que vous. Si vous n'aviez pas jeté de côté mon Spallanzani, l'autre jour, quand je vous l'envoyai, vous ne seriez pas si ignorant que de donner à une chauve-souris le nom d'oiseau.

– Voyons, Scolpvelt, ouvrez les croisées ; je me trouve mal !

– Mal ! qu'est-ce que cela fait ? Ne suis-je pas ici ? Je veux que vous soyez témoin du succès de l'expérience. Ne croiriez-vous pas, en voyant tous leurs mouvements, qu'ils ont l'usage du point visuel ? Auriez-vous soupçonné qu'ils aient la cornée brûlée ?

– Brûlée !

– Oh ! il y a une demi-heure.

– Quel brutal a eu cette cruauté ?

Zéla, ayant ouvert la croisée, vint vers nous en pleurant :

– Je désirais vivement te voir de retour ; cet horrible Indien jaune a pris toutes les pauvres bêtes qu'il a pu attraper et leur a crevé les yeux avec des aiguilles rougies au feu.

Le docteur avait découvert quelques chauves-souris dans le mur ruiné d'un vieux puits. Il en avait pris trois, en avait aveuglé deux avec un fil de fer rouge et avait crevé les yeux de la troisième. Ensuite il les avait lâchées dans la salle, pour observer si elles dirigeaient leur vol avec la même rapidité et la même précision qu'avant qu'on leur eût ôté la vue d'une manière si barbare.

Il appelait cela une expérience intéressante...

– Spallanzani, ajoutait-il, a essayé la chose sur la chauve-souris commune, mais moi, Van Scolpvelt, je l'essaie sur le vampire, espèce infernale. Cette nuit, je vais éclairer une autre question. On assure que ces vivipares sont des phlébotomistes si admirables qu'ils insinuent insensiblement leur langue, aussi aiguë que la lancette la plus fine, dans les veines des personnes endormies, agitant leurs ailes comme des éventails pour entretenir le sommeil, et qu'ainsi ils extraient une immense quantité de sang. Le vampire aime de préférence les veines de derrière le cou, ou celles des tempes. Parfois leurs victimes meurent à la suite d'une sourde hémorragie.

» Eh bien ! poursuivit-il en se tournant de mon côté, vous êtes jeune, plein de feu et de fièvre – vous avez les veines larges et pleines –, voulez-vous vous coucher cette nuit près du vieux puits ? Je réglerai la quantité de sang, car je serai là pour arrêter l'hémorragie. C'est le seul accident à craindre. Pensez aux avantages que vous procurerez à la science et au bien que vous en retirerez pour votre santé !

Le docteur, échauffé par cette idée, devint éloquent. Je savais qu'il était inutile de discuter sur de pareils sujets avec lui. Je me contentai de me refuser formellement à sa proposition et de lui exprimer mon improbation sur tout ce qu'il avait fait. Il tenta de persuader De Ruyter et Aston de se laisser saigner, mais il les trouva sourds à son éloquence. Enfin, après avoir déclamé contre les préjugés du sexe fort, il déclara qu'il ne renoncerait pas à son expérience, et que ce serait lui qui dormirait près du vieux puits.

Il fallait punir la cruauté du docteur cannibale. Aston et moi nous résolûmes de venger les pauvres chauves-souris, et notre plan fut promptement arrêté. Pendant que De Ruyter accompagnait Van Scolpvelt à son souper, je me rendis près du puits, avec deux garçons nègres, pour reconnaître les lieux. C'était une citerne construite d'après la manière orientale, large et creuse, avec des marches qui conduisaient jusqu'au fond. Il était difficile d'y descendre. Les marches étaient dans un état avancé de ruine. Une végétation épaisse et ténébreuse, des plantes rampantes et des fleurs de nuit en rendaient l'accès difficile. Près du fond, le sol noirci et encombré par les ordures des chauves-souris n'offrait qu'un appui rendu glissant par la bave glaireuse des crapauds, dont les voix rauques et discordantes éclataient en un concert infernal. Je jetai un bambou pour sonder la profondeur de l'eau. Satisfait de n'en avoir trouvé que deux ou trois pieds, et ayant réussi à nettoyer en partie la descente, je remontai pour disposer mes derniers préparatifs.

On avait apporté un petit hamac dont se servait ordinairement De Ruyter. Nous le plaçâmes de manière à ce que la tête se trouvât près des marches du puits, en suite de quoi nous passâmes une corde par les anneaux des deux extrémités, avant de fixer le tout à une amarre lâche qui nous permît de haler le dispositif quand le docteur serait dedans.

Un grand arbre croissait dans ce lieu et étendait une de ses branches sur l'ouverture du puits, l'ombrageant de son feuillage épais. Nous attachâmes à ce rameau une poulie à travers laquelle courait une corde; ayant instruit les garçons sur le rôle qu'ils devaient jouer, je retournai à la maison pour les faire habiller convenablement.

Quand Van Scolpvelt alla se blottir dans son hamac près du puits, ayant engagé premièrement Aston à ne pas l'oublier et à lui faire une visite d'heure en heure, nous costumâmes aussitôt les garçons nègres selon le rôle qu'ils avaient à jouer. De Ruyter mêla de la chaux à de la glaise et traça sur leurs corps, avec cette mixture, des lignes qui représentaient un squelette bien dessiné sur la peau noire. Des arcs malais couverts de papier peint en noir avec des raies blanches, attachés aux épaules comme des ailes, donnaient à ces masques l'apparence de deux spectres aussi achevés que s'ils fussent sortis tout droit de quelque vision romantique. Nous les armâmes enfin de petites aiguilles unies par un fil, auxquelles nous ne laissâmes qu'une pointe très petite à découvert, comme font les matelots lorsqu'ils veulent se marquer la poitrine et le bras.

Minuit avait déjà sonné quand Aston et De Ruyter se placèrent au bout de la corde que l'on devait tirer au signal concerté. Je glissai sans être aperçu sous le pepul, et les nègres-spectres occupèrent leurs postes parmi les buissons, de l'un et de l'autre côté du hamac. Déjà plusieurs vampires, comme les appelait Van Scolpvelt, monstrueux et noirâtres, voltigeaient autour du puits. D'autres étaient cramponnés aux rameaux du pepul, suspendus au-dessus de la tête du docteur qui, couché sur le dos, paraissait les attendre avec anxiété.

Je donnai le signal; les noirs sortirent d'entre les broussailles avec un cri aigu, agitant leurs ailes de squelette, et, s'approchant du hamac, empaquetèrent le docteur dans les pans de sa couche et halèrent l'amarre en un clin d'œil. Le signal de hisser fut donné, et Van Scolpvelt s'envola en l'air. Je dirigeai le hamac vers le milieu de l'ouverture du puits et fis signe de le descendre. Les noirs cependant, avec force gestes grotesques, saisissaient la corde, sautaient sur le hamac et piquaient le pauvre Van avec leurs aiguilles : on eût dit qu'une sorte de guêpe sauvage se fût emparée de sa vieille carcasse. Enfin le hamac descendit avec toute la rapidité possible, et les chauves-souris effrayées, abandonnant leurs demeures solitaires, s'envolèrent en désordre. Les crapauds et les rats, dont le nombre était effrayant, augmentaient le tapage. Lorsque le hamac eut touché le fond du puits et que les noirs eurent coupé l'amarre et détaché la corde, nous retirâmes corde et amarre, laissent seul au fond l'inexorable anatomiste. Alors, hurlant de toutes nos forces, et mettant la main sur la bouche pour entrecouper nos cris, nous fîmes un chorus infernal de cris semblables à ceux des Indiens américains. Les habitants pacifiques de ces sombres demeures, où la paix et le silence avaient régné pendant des siècles, bêtes, oiseaux, reptiles, et jusqu'aux plus petits insectes, s'élancèrent dans l'instant hors de leur noir repaire, effrayés par le bruit de cette provocation furieuse.

Pour nous autres qui nous trouvions en dehors de ce manoir de vampires, c'était un spectacle horrible que de regarder en bas. Mais qu'était-ce donc pour Van, qui était au fond du puits?

Nous commencions à nous repentir de cette plaisanterie; cependant De Ruyter observa :

– Non! il a l'âme d'un stoïcien; la philosophie, ou la peur, ou l'une et l'autre, car ce ne sont pas deux choses incompatibles, l'empêchent de demander du secours.

– Sst! silence! murmurai-je; j'entends ses nageoires dans l'eau; il se remue... Écoutez! son coassement surpasse celui des crapauds.

Nous l'entendîmes en effet, murmurant et bronchant pour trouver une issue; et puis ce fut un clapotage dans l'eau, comme s'il eût glissé et plongé jusqu'au fond.

Certains qu'il n'était pas exposé à un danger imminent, et désirant le punir de sa cruauté envers les chauves-souris, nous le laissâmes là une heure tout entière. Puis Aston feignit d'arriver et jeta un cri de surprise en ne le trouvant pas; il fit le tour du jardin, l'appelant à haute voix. J'apparus alors à l'ouverture, et j'entendis l'infortuné se débattre dans l'eau, maudissant l'heure où sa mère l'avait jeté au monde, l'île, les chauves-souris, les puits, et tout l'enfer qui contenait de si excellentes choses. Le néerlandais, le latin, l'anglais, toutes les langues lui prêtaient leurs exécrations et leurs jurements. A la fin, Aston voulut bien l'entendre, et, après avoir laissé s'écouler encore quelque temps, nous préparâmes des cordes et des flambeaux pour le retirer de cette situation désagréable. Enfin un domestique descendit dans le puits, passa une corde autour du corps du prisonnier, et nous élevâmes ce dernier jusqu'à la haute branche du pepul avec tant de force que ses pantalons et sa chemise en furent déchirés, ce qui lui donnait l'apparence d'un criminel retenu au gibet par des chaînes et dont les guenilles flottent au gré du vent.

A sa descente de l'arbre, il était trop épuisé pour articuler un mot. La résurrection de Lazare n'offre qu'une image décolorée de la figure de Scolpvelt quand il se trouva devant nous, éclairé par la lumière de nos lanternes. Il secouait la tête comme un paralytique; ses genoux s'entrechoquaient comme deux bambous dans un ouragan; sa peau était tachée du fumier des chauves-souris et de la glaire verdâtre des crapauds; son visage blafard était couvert d'un voile bleu et marqueté de taches de sang; et sa longue et claire chevelure mouillée lui tombait sur les épaules comme celle d'une sirène. Enfin, pour couronner le tout, il fronçait ses sourcils et lançait des regards sombres et menaçants, tel un chacal pris dans le piège.

Jusqu'à la maison, où nous le suivîmes, il ne fit pas un mot de réponse à toutes nos questions; mais il jeta sur moi un regard méchant quand je lui demandai comment les vampires étaient parvenus à le plonger dans le puits, et s'ils l'avaient saigné pour l'amour de la science. Une rasade de schedam, une chemise sèche et un lit l'attendaient dans le salon. Il se coucha dans un morne silence.

Le lendemain matin nous prîmes, Aston et moi, nos javelines pour aller à la forêt qui s'étendait plus haut sur la montagne. Après avoir erré quelque temps, nous suivîmes le courant d'un petit ruisseau presque tari par une longue sécheresse; le reste de ses eaux coulait à peine par des détours sinueux, sous l'ombre des arbres et des arbustes qui bordaient les rives et qui lui devaient leur verdure, penchés qu'ils étaient sur leur faible nourrice, et la couvrant de leur ombre comme pour lui témoigner leur reconnaissance. Le soleil, brûlant comme la lave d'un volcan, paraissait détruire tout ce qu'il touchait. Le chêne robuste et le pin élancé, le palmier géant et le teck majestueux, s'élevant comme des princes de la forêt, courbaient languissamment leurs têtes fanées. Les feuilles ridées et flétries et les fruits desséchés tombaient des rameaux épuisés, sans souffle d'air pour les agiter, et craquaient sous nos pieds. La tribu bruyante des perroquets se taisait, et les singes inquiets, assoupis dans une douce paresse, restaient suspendus dans les branches, sans se soucier de notre passage; ou si j'éveillais leur attention en lançant ma javeline ou en leur jetant une pierre, ils montaient lentement et avec répugnance trois ou quatre pieds plus haut, ou bien prenaient appui sur un rameau voisin.

On ne voyait pas un autre animal. Cependant, avec la vigueur et la puissance de la jeunesse, nous paraissions braver l'ardeur du soleil. Nous avançâmes malgré tous les obstacles que nous offraient les broussailles, les bambous et les ronces, en nous frayant un passage avec nos javelines, tel le sanglier que nous cherchions.

Un appétit dévorant nous rappela qu'il était près de midi. Nous traversions donc le ruisseau pour regagner notre demeure, lorsque, à notre surprise, se fit entendre tout près de nous la détonation d'un mousquet. Le silence qui régnait partout porta l'écho de rocher en rocher, comme le grondement d'un canon. La forêt s'alarma, tous ses habitants se mirent en mouvement. En accourant vers l'endroit d'où le coup était parti, nous fîmes lever une laie qui surgit du tronc creusé d'un arbre, suivie de ses jeunes marcassins qui, de leurs voix harmonieuses, formaient le plus agréable concert. Nous nous précipitâmes sur elle, Aston et moi, avec un cri terrible. Toute brute qu'elle était, elle se tourna vers nous et opposa sa poitrine à nos armes, oubliant tout, excepté qu'elle était mère et qu'elle défendait ses petits. Dans mon ardeur, je devançai mon ami. Mais j'eus un geste malheureux et je brisai ma javeline que j'avais mal dirigée; elle effleura à peine la peau dure et ridée de mon ennemie, et, le terrain étant glissant, je tombai de tout mon long. La bête furieuse ne me donna pas le temps de me relever. Sans perdre ma présence d'esprit, je m'armai du petit cric que je portais dans mon sein, quoique l'œil farouche de la laie, son groin ridé et ses énormes défenses me parussent formidables. Au moment où elle allait se précipiter sur moi, Aston s'écria :

– Restez tranquille! ne bougez pas!

Je sentis sa lance vibrer au-dessus de moi. Le fer entra par l'épaule gauche de l'animal et toucha le cœur, traversant le corps presque de part en part. La bête tomba raide morte quasi sur moi.

Une autre voix cria :

– Ça fera des jampons excellents ! Je l'apporterai moi-même à la maison, je le salerai... je le fumerai...

Je sentis qu'on me prenait par les jambes.

– Que je sois pendu si vous le faites ! répondis-je en me relevant.

C'était Louis qui, arrivé le matin avec des provisions, songeait déjà à garnir son garde-manger.

– Oh ! fit-il, je n'afais pas fu qu'il y en afait deux...

Et il se penchait sur la laie, la touchait avec la main, la soulevait; enfin son imagination le faisait jouir du plaisir anticipé de disposer de l'animal. Mais quand il entendit les grognements des jeunes marcassins criant et courant après leur mère :

– Ah ! s'écria-t-il, elle a donc des petits... Pourquoi ne pas me le dire ?

Nous réussîmes à capturer la plus grande partie de la portée. Louis caressait les jeunes bêtes, les embrassait, les appelait ses chers petits, leur disait de ne pas crier et leur promettait d'avoir autant de soin pour eux que leur mère en aurait eu; en même temps, se tournant vers nous, il nous demandait si nous avions faim et s'il devait allumer un bon feu pour en rôtir une couple, afin d'exciter notre appétit pour le dîner.

Nous lui demandâmes sur quoi il avait tiré quelques instants plus tôt.

– Oh ! je l'afais ouplié ! Laissez-moi afant amarrer ces aimaples petites créatures, deux à deux, par les jampes, et je fous montrerai sur quoi j'ai tiré; il n'est pas encore mort...

Il nous conduisit à quelques pas sous un grand arbre : un énorme babouin était suspendu à une de ses branches horizontales; ses entrailles lui pendaient hors du ventre et son sang coulait à flots; il nous regardait d'un air suppliant et s'efforçait encore, dans son agonie, de grimper sur sa branche. Louis chargea son terrible mousqueton; le pauvre animal sembla comprendre le danger imminent qu'il courait : sa rage se convertit en frayeur; il fit un dernier effort pour se soustraire à sa périlleuse situation, et avant même que le coup fût parti, il tomba sans vie. Louis le saisit immédiatement par la peau du cou et lui coupa la tête. Cela ressemblait tellement à un meurtre que je frémis :

– Allons-nous-en, fis-je, laissez là cet animal, laissez-le.

– Pourquoi? s'insurgea Louis. Je ne feux pas le laisser; c'est le plat le plus exquis que l'on puisse manger en ce monde! Si fous ne le safez pas, fous ne safez rien.

– Bah! lança Aston, ce drôle est un cannibale. Allons donc!

Nous le laissâmes après lui avoir promis de lui envoyer quelques domestiques pour l'aider à transporter la laie, et nous redescendîmes la colline. En chemin, nous rencontrâmes Van Scolpvelt assis à l'ombre d'une haie. Il avait ouvert devant lui un large, vieux et gras in-folio, et regardait attentivement quelque chose avec un microscope. Il parut ne pas s'apercevoir de notre approche, et se mit à manœuvrer fébrilement un petit couteau. Je découvris qu'il procédait (incorrigible dans sa cruauté) à ce qu'il appelait une *vivisection* sur un malheureux hérisson. Il déclara à Aston, d'un ton aigre :

– Profitez de cette leçon! Regardez cette héroïque petite bête (passant le couteau au travers de l'animal); vous la voyez, elle est vivante; elle a des muscles et des nerfs; cependant, la brave petite bête! elle ne bouge pas, ne pousse aucun cri...

A notre retour, De Ruyter était occupé avec ses livres et ses journaux; il me pria de regarder ceux qui, avec quelques lettres, appartenaient au grab. Puis s'adressant à Aston :

– J'ai reçu l'ordre de... (mais c'est un ordre général), de vous enfermer jusqu'à ce que vous soyez échangé. Cependant, Aston, je préfère votre amitié à toute autre considération; je vais vous rendre la liberté sans condition. Je vous procurerai un passage pour un de vos ports, et vous serez libre de partir sitôt que vous serez ennuyé de la vie triste et monotone que nous menons ici.

– S'il faut que j'attende jusqu'à ce moment, répondit Aston, il n'arrivera pas de sitôt. C'est la seule période de mon existence où j'aie connu le plaisir, où j'aie senti le bonheur de la vie. Ici, je suis content; ici, je n'ai pas de désir qui ne soit satisfait; ici, je serais parfaitement heureux si j'étais certain de la durée de mon sort.

– Eh bien! restez où vous êtes, reprit De Ruyter en se levant et en lui donnant la main. Et laissez-moi le soin de ce qui vous concerne. Je vais m'arranger avec le commandant; et quant à ce que vous m'avez dit de vos affaires, cela ne peut pas nuire à votre service.

– Au diable le service! fit Aston, comme De Ruyter sortait de l'appartement. J'étais un enfant stupide à l'époque où j'entrai au service, et je n'ai été que plus stupide encore d'y être resté jusqu'à ce que je sois incapable d'exercer une autre profession où je puisse gagner mon pain. J'ai suivi la même carrière depuis dix ans; j'en ai vingt-cinq. Jamais, de tout ce temps, je n'ai été trois mois à terre; ma peau, voyez, est noire, brûlée par le soleil, et mes cheveux ont blanchi dans les tempêtes. Mon corps est couvert de cicatrices et plein de rhumatismes, et le rang de lieutenant est tout ce que j'ai obtenu et obtiendrai jamais.

– Mais vous aurez aussi, ajoutai-je, un petit hamac à l'hôpital de Greenwich... une jolie petite cabane, six pieds sur cinq, toute à vous... un fonds sans redevance ni taxes, qui vous servira de campagne, et trois sous de monnaie d'arrérages. Que peut encore désirer un homme?

Nous continuâmes sur le même train, Aston à se plaindre de sa rude destinée, moi toujours à lui offrir le tableau consolateur de l'hôpital. Cependant je parvins à le persuader de rester où il était et d'attendre une occasion favorable pour que nous pussions le placer à bord d'un des bâtiments du pays, ou le faire déposer à terre sur la côte de son choix, près de quelque établissement anglais. Je dois avouer que j'insistais souvent, avec toute la chaleur de mon caractère et l'intérêt de l'amitié que je lui portais, pour qu'il quittât le service, où il n'avait pas d'espoir d'avancement, et qu'il s'unît à nous, puisqu'il n'avait pas de fortune.

– C'est ainsi, lui dis-je un jour, que vous pourriez en peu d'années retourner à votre pays, ou vous fixer ailleurs, avec les moyens de jouir d'une vie champêtre, ce qui est tout ce que vous ambitionnez. Car un homme sans argent n'a pas de patrie. Du reste, Aston, vous êtes né au Canada. Apprenez donc qu'il vaut mieux ne pas se présenter en Angleterre sans argent. Rappelez-vous qu'il y a là-bas certains écriteaux très joliment peints, quoique désagréables à la vue, à l'entrée de toutes les villes, non loin des gibets, où l'on peut lire cet avertissement, assurément fort maladroit et incivil, adressé aux personnes qui en approchent sans argent : *Ici on n'admet pas les vagabonds...* Ainsi donc, à Greenwich...

Aston m'arrêta en saisissant une javeline, et je m'élançai par la fenêtre... Jamais il ne voulut écouter sérieusement mes propositions sur ce point : il était inébranlable. Quant à De Ruyter, je crois qu'il ne pensa pas même à lui en parler, quoique lui et Aston fussent devenus amis constants et inséparables.

Il me fallut encore descendre au port, à l'endroit où le bâtiment était mouillé. Là, je fis remettre à l'équipage une somme d'argent considérable, au titre de sa part de butin, et donnai congé à la plupart des marins, ne retenant à bord que le nombre nécessaire pour soigner le grab, sous les ordres du bon vieux raïs. Je fis un arrangement avec lui, par lequel je devais aller à bord deux fois par semaine, tandis qu'il aurait loisir de monter chez nous à cette occasion.

Ayant ainsi pris mes dispositions en ce qui concernait le vaisseau, je m'abandonnai d'âme et de corps aux plaisirs de notre vie rurale. Presque tous les jours j'explorais l'île dans une direction nouvelle; je découvrais des lieux où le gibier abondait, des rivières et des lacs où se trouvaient les meilleurs poissons, tout cela en compagnie d'Aston ou de De Ruyter. Pendant les beaux jours, nous allions tous ensemble, avec des provisions, dîner dans les bois; Louis, qui n'avait pas grand-chose à faire à bord, était notre pourvoyeur. Nous travaillions au jardin quand le temps était favorable; s'il était humide ou orageux, nous lisions, nous écrivions, nous fabriquions des armes, ou nous nous occupions à dessiner. Nos visites à la ville étaient fort rares, malgré les invitations que le commandant, son épouse, les officiers et les marchands nous envoyaient tous les jours. De Ruyter haïssait... ou plutôt nous détestions tous ce qu'on appelle société.

Zéla s'était familiarisée avec la mort, et ses affections se réveillaient à mesure que la douleur provoquée par la disparition de son père se calmait dans son âme; c'était sur moi que ses sentiments de tendresse se fixaient; et je lui consacrais tous les miens. Je lui enseignai ma langue et fis des progrès dans la sienne – laquelle résumait tout son savoir. Notre haleine se mêlait quand je me penchais vers elle; nos lèvres se rencontraient, nos cœurs palpitaient ensemble. Zéla était une excellente écolière, quoique la seule punition que je lui infligeasse pour indolence ou oubli consistât en des baisers si ardents, si prolongés que nos lèvres paraissaient se coller et ne former qu'une même bouche. Elle devint bientôt ma compagne dans mes excursions; elle me suivait à travers les forêts et sur les rochers, portant elle aussi un dard de chasse à la main; sa forme aérienne était douée d'une force et d'une souplesse merveilleuses; je la portais dans mes bras pour passer les torrents ou les ravins raboteux; je lui frayais le passage à travers les jungles. Nous ne pouvions jouir d'une plus grande félicité; elle était parfaite. Ceux qui nous entouraient absorbaient le petit vide que laissaient dans notre imagination l'amour et ses caresses. Aston toujours, De Ruyter quelquefois, sympathisaient avec nos sentiments et regardaient avec admiration une passion si tendre, si extraordinaire. A la vérité notre amour était sans égal.

CHAPITRE SEIZIÈME

Descente au port.
Recrutement. De Ruyter veut embarquer seul.
Mon amour pour Zéla ne diminue pas. Notre grab est de retour. De Ruyter retrouve son schooner de Boston. Il est blessé au bras. Je reprends la mer avec Zéla. Un port modeste mais sûr. Une beauté hollandaise. Nous enfermons nos prisonniers à bord du bâtiment capturé. Halte dans une hutte de pêcheurs. Aston aime la musique et plus encore les jeunes danseuses.
Retour à bord de la proa.

Quelques mois s'écoulèrent dans les plaisirs d'une vie tranquille; si peu d'événements remarquables étaient venus la troubler que tous ces heureux instants sont encore frais dans ma mémoire. Mais De Ruyter reçut des nouvelles qui le déterminèrent à se préparer pour mettre en mer.

Un soir que je travaillais au jardin, je fus surpris de l'entendre me héler du balcon :

– Oh! d'en bas! mon garçon! Nage à bord! on a besoin de vous!

J'hésitai un instant à pénétrer dans son appartement, voyant le plancher tout tapissé de cartes, un étui d'instruments ouvert; lui-même mesurait des distances avec une échelle et des compas. La longue et maigre figure du raïs arabe était penchée à ses côtés, montrant de sa main sèche et écailleuse un groupe d'îles dans le canal de Mozambique. De Ruyter était trop occupé pour s'apercevoir de mon arrivée; j'eus le temps de les observer en promenant mes regards de l'un à l'autre. Le voile sombre qui couvrait les yeux de mon ami lorsqu'il était calme avait disparu, le feu brillait dans son regard, son visage rayonnait, tous ses muscles étaient agités. Les traits du raïs n'offraient pas beaucoup d'altération; sa tête ressemblait à celle d'un vaisseau noirci par le goudron et les orages.

– Allons, mon enfant, me lança De Ruyter, en mouvement! faites sortir notre bétail, nous allons descendre au port.

Il se leva. Quelques instants plus tard, nous étions en route, son petit bidet d'Acham courant au gré de son impatience.

– Allons! nous pressait-il, il vaudrait mieux traverser à pied ces collines, en suivant la direction du compas, que de suivre cette marche de tortue qui ne convient qu'à des singes!...

Nous laissâmes nos montures à un domestique pour couper à travers les rochers, en faisant le trajet aussi directement et presque aussi rapidement que deux grues qui auraient parcouru la même distance dans les airs. Arrivés au port, nous nous embarquâmes dans une pirogue. A l'instant où De Ruyter monta à bord du grab, il en reprit le commandement en frappant du pied sur le pont; les Arabes, qui étaient mollement étendus au soleil, se levèrent d'un saut; tout bientôt ne fut plus que mouvement et vie dans le vaisseau. Les mâts neufs, les esparres et les voiles, que l'on préparait, furent bientôt mis en place. On répara le cuivre des œuvres vives, on changea l'avant, on amena les œuvres mortes. Bref, le grab était sur le point de se transformer en une véritable corvette!

M'ayant laissé des instructions pour diriger les travaux qu'il avait ordonnés, De Ruyter, accompagné du raïs, descendit à terre pour se rendre au Port-Saint-Louis, afin d'y recruter son équipage, de compléter ses provisions et de mettre ordre à ses affaires. A peine sut-on qu'il cherchait des volontaires que les matelots de tous les pays et toute espèce d'aventuriers coururent à lui, en foule, pour se faire enrôler. C'était assez de son nom pour que chacun crût sa fortune faite; au lieu d'éviter leurs créanciers en se cachant, ceux qui avaient été admis reparaissaient dans les cabarets, et on pouvait les reconnaître au tapage infernal avec lequel ils célébraient leur nouveau service, ou à la manière satisfaite dont ils s'appuyaient sur le comptoir ou s'étendaient sur les bancs. Leurs joues creuses se remplissaient de tabac, et ils voyaient revenir à eux les belles dont ils s'étaient vus délaissés. Cependant De Ruyter était très difficile dans le choix de ses gens, particulièrement des Européens, qu'il employait le moins qu'il pouvait, car il connaissait ce qu'il en coûte de gouverner un tas de mauvais sujets sans frein. Le raïs fut chargé de lever le nombre d'Arabes et de naturels de l'Inde qui devaient compléter la troupe, commission qui n'offrait pas beaucoup d'obstacles dans un port aussi fréquenté et aussi plein que celui de Saint-Louis.

De notre côté, nous travaillions ferme jour et nuit à bord du grab (comme je continuerai à l'appeler, bien qu'il eût subi plusieurs transformations). Nous fîmes, d'une carcasse flottante, un bâtiment qui semblait un être animé avec des ailes, et bientôt un vaisseau de guerre. Nous lui peignîmes les flancs de couleurs diverses, l'un tout en noir, l'autre orné d'une large bande blanche.

De Ruyter m'avait laissé comprendre qu'il allait s'embarquer seul. Son projet était d'intercepter quelques navires anglais dans le canal de Mozambique; il pensait ne rester en mer que quatre ou six semaines.

– Pendant mon absence, vous pouvez vous amuser à soigner les plantations et finir les améliorations que nous avons commencées. Vous paraissez si parfaitement heureux ici, depuis que vous vous êtes fait planteur, et il y a tant de choses qui réclament la présence d'un maître, qu'il vaut mieux, puisque l'un de nous y doit demeurer, que ce soit sur vous que le sort tombe. D'ailleurs, Aston ne doit pas rester. J'ai des plans importants en vue. A mon retour nous radouberons, nous nous embarquerons tous, et nous mettrons Aston à terre, dans un des établissements anglais.

Ces raisons et d'autres me firent accéder volontiers à l'arrangement de De Ruyter. Lorsqu'il eut fait ses provisions et de l'eau, nous eûmes une petite fête de départ à bord du grab, et, nous étant serré la main, il partit. La brise de terre enflait ses voiles, et le lendemain, à la pointe du jour, nous vîmes, Aston et moi, du sommet d'un rocher, le corps noir du grab, avec ses ailes de neige, qui fendait les vagues, semblable à un albatros.

Je continuai le même genre de vie, active, mais tranquille et heureuse. Mon amour pour Zéla ne diminuait pas. Je découvrais chaque jour en elle une qualité nouvelle à admirer et qui me la rendait plus chère encore. Elle était ma compagne inséparable; je ne pouvais vivre un instant sans la voir; notre bonheur était aussi parfait que constant. Je n'allais dans la ville que lorsque des affaires m'y appelaient, ou quand il fallait visiter le commandant, avec qui De Ruyter m'avait recommandé de conserver des relations amicales. Sa femme, qui était réellement une dame excellente, m'honorait toujours du même sentiment de préférence, et voulait se charger de l'éducation de Zéla, afin qu'elle fût instruite dans ce que Mme la Commandante appelait les règles de la société civilisée, mais j'étais résolu à laisser ma compagne dans sa simplicité sauvage.

L'absence de De Ruyter dura un peu plus de cinq semaines. Un messager vint un jour, avant l'aurore, m'avertir que le grab était ancré à Port-Saint-Louis. Je saute de ma couche, et, sans rien demander au porteur de la nouvelle, je traverse la forêt obscure, et je monte le Piton du Milieu avec la célérité d'un chevreuil. Quand j'arrive à l'éminence qui domine le port, il n'y a pas assez de lumière pour que je distingue les vaisseaux. A peine puis-je voir une masse confuse de corps et de mâts... Je cours. Le canon du matin annonce la pointe du jour, quand, montant sur un banc élevé, je découvre enfin le corps bas, long et sombre du grab, dont les mâts élancés s'élèvent au-dessus de tous les autres bâtiments. Il est mouillé en dehors du havre... Il hisse son pavillon... A la distance d'un câble à son arrière, mes yeux aperçoivent le beau schooner américain, flottant comme une mouette sur une mer courte et brisante. Que peut-il y faire? Il a quitté l'île Maurice pour Manille, avant de s'en retourner en Europe. Ce pavillon français – et cette enseigne anglaise qui se déploie au-dessous –, que veut dire tout cela? Sans doute il est revenu avec De Ruyter. Je descends. La curiosité m'aiguillonne; tandis que j'attends une barque, les instants me paraissent des années. Enfin, je saute dans une pirogue. Un des canots du grab passe près de nous en allant à terre, mais je ne veux pas le héler. Je prends la pagaie, et vogue comme si chaque coup allait me sauver la vie. C'est la voix claire et forte de De Ruyter ! Nos mains se pressent. Sa main gauche est suspendue en écharpe. Je veux lui demander des yeux ce qu'il a, avant même d'avoir repris haleine, et il me répond avec un sourire, en me montrant pour toute explication le schooner. Je m'étonne :

– Que voulez-vous dire ?

– Descendez, mon enfant, et je vous l'expliquerai... Après avoir croisé quelque temps sur la côte septentrionale du canal de Mozambique, j'eus connaissance d'une frégate anglaise qui, poussée par un grain, s'était affalée sur Moka. Pour l'éviter, je forçai de voiles vers les îles de l'Amirante, choisissant de passer entre celles-ci et les récifs d'ambre, à la faveur d'une nuit orageuse. J'observai, ou plutôt je m'imaginai voir, car il était difficile de les distinguer parmi les éclairs, des feux bleus et des fusées de signal sous le vent. Je suivis mon rumb le plus près possible, pensant que ce pouvait être la frégate. Vers l'aube du jour, le vent se calma et je ne tardai pas à découvrir, avec autant de surprise que de joie, une voile sous le vent à notre arrière, qui n'était certainement pas la frégate. Le bâtiment était nord quart à l'est, et la seule chose que j'en pus connaître, ce fut que c'était un vaisseau gréé de long en long, et pas en carré. Je fis guinder les perroquets, et nous rivâmes sur lui pour mieux le reconnaître. Cette manœuvre réussit ; le vaisseau, comme il parut après, nous montra qu'il avait eu son mât de misaine brisé par la foudre et restait à la cape. Lorsque nous fûmes assez près pour distinguer le corps du bâtiment et ses mâts élancés, je reconnus – et qui, l'ayant une fois vu, l'aurait pu méconnaître ? – notre schooner de Boston !

» Alors, doublement intéressé à lui porter secours, je fis force de voiles jusqu'à mettre sous la lame encore grosse le faible avant de mon vaisseau ; je crus même que j'allais aussi être démâté. Les petites esparres se pliaient comme des bambous, et les galhaubans, tout forts, tout élastiques qu'ils sont, éclataient comme du fer mal trempé, à cause non du trop, mais du peu de vent. En arborant mon pavillon, j'observai quelque agitation à bord du schooner, et mon étonnement fut au comble lorsque, malgré ses avaries, je le vis forcer de voile et virer de bord. Ce n'est pas vent arrière, comme vous savez, que le grab déploie toute sa célérité; par bonheur ce n'était pas non plus l'air favorable du schooner. Cependant il hissa sa voile carrée, et paraissait, avec son immense grand'voile, le disputer de vitesse avec nous. Dans ce moment critique, un des hommes en vigie cria : « Une voile étrangère sous le vent! » Tandis que mes conjectures se fixaient sur cette nouvelle apparition, je vis le schooner de Boston muder la grande voile, mais en faisant chapelle, son mât de misaine sauta d'abord. Je forçai de voile encore, et avant qu'il se fût débarrassé du mât renversé, qui bientôt après flotta dans les eaux de notre sillage, je le mis à la portée de mes feux.

» C'est alors que je fis tirer le canon de chasse de l'avant, mais sans balle, afin de lui faire déployer ses couleurs; cependant il fallut encore un autre coup, chargé à balle, et même un troisième qui tomba au but, pour qu'il hissât sa bannière. Une enseigne anglaise expliqua tout le mystère. Il avait été capturé par la frégate qui était sous son vent, et dont il avait été séparé par une rafale pendant la nuit...

» Il n'y avait pas de temps à perdre. La frégate, quoique très éloignée et sous le vent, était en vue. Peut-être ne nous avait-elle pas aperçus à cause de la distance et de notre petitesse relative. Il fallait aborder le schooner sans attendre.

» Le courage des Anglais ne se dément jamais un seul instant, quelles que soient les circonstances où il est mis à l'épreuve. S'étant débarrassé du mât de misaine brisé, le schooner continua sa marche vers sa compagne, en faisant feu avec toute l'artillerie dont il pouvait disposer. Je fus obligé de lui envoyer plusieurs bordées, et, me plaçant sous le vent, je lui ôtai toute possibilité de m'échapper. Toute défense était inutile; il amena son pavillon, et j'en pris possession. Il avait été...

– Mais, lui dis-je, vous ne m'avez pas dit encore la perte que vous avez soufferte, ni ce que vous avez reçu de vilain au bras...

– Nous avons eu un homme tué, deux blessés, et ma main a été maltraitée par un éclat de bois.

– Pas trop maltraitée, j'espère?

– Oh! non... ce n'est rien.

– Quoi! protesta mon vieil ami Van Scolpvelt, qui venait d'entrer dans le cabinet avec un emplâtre et des ciseaux, qu'est-ce que vous appelez rien? Moi, Van Scolpvelt, qui exerce depuis près d'un demi-siècle, je n'ai jamais vu blessure plus maligne que celle-ci : deux des trois ramifications digitales de l'artère lacérées; l'os par-dessous, le *flexor profundus* du doigt du milieu, n'était-il pas en état complet de dénudation? La première phalange de l'index n'était-elle pas déchirée jusqu'à la cavité du métacarpe?

– Bah! répliqua De Ruyter, un ou deux doigts plus ou moins courts...

Après le déjeuner, il termina le récit de sa croisière. Tout l'équipage américain, excepté cinq fiévreux, avait été transporté à bord de la frégate, et dix-sept marins, sous les ordres de deux des plus jeunes officiers anglais, s'étaient vu confier le soin du schooner.

Mais comme il a été dit, un grain avait séparé les deux voiles.

– J'envoyai ces hommes à bord du grab, continua De Ruyter, en les remplaçant par un équipage solide, composé de mes meilleurs matelots. Après quoi je pris le schooner à la remorque et réparai ses dommages avec quelques-unes de nos esparres. La frégate, bien évidemment, nous donna la chasse. Elle resta en vue pendant deux jours, jusqu'à ce que je me fusse enfoncé dans les îles de l'Amirante. Là (car je connaissais parfaitement les parages, et mon ennemi n'avait pas cet avantage), je me moquai de mon adversaire, en jetant l'ancre durant la nuit sous le vent d'une de ces îles. La frégate avait disparu. J'armai d'un mât de rechange le schooner, et me voici, mon enfant...

» A présent, prenez un canot, allez à bord du schooner, et entrons dans le havre... Mais non... Attendez... Il vaut mieux que vous restiez sur le grab. Le vent commence à tomber. Je dois aller à terre. Amarrez les deux bâtiments près l'un de l'autre dans notre ancien mouillage. Dans deux ou trois heures je serai de retour. Il faut que je parle au commandant, que les prisonniers soient débarqués et que je voie les négociants à qui le Boston était consigné. Quoique pris par les Anglais, il n'était pas encore déclaré par eux bonne prise quand je l'ai repris. Ainsi je suppose que tous mes droits sur ce bâtiment se réduisent au sauvetage du vaisseau et de sa cargaison... mais ils seront bien lourds!

Cette circonstance diminua mon plaisir, car j'avais regardé la prise comme nous appartenant, et ne doutais point que j'en aurais le commandement. C'était le but de tous mes désirs, et j'aurais préféré le schooner à un duché. Dans le moment que j'avais entre mes mains l'objet de mon ambition, je ne pouvais comprendre cette loi de sauvetage. Mon ami avait capturé le vaisseau, donc le vaisseau était à lui.

Ce ne fut qu'après de longs délais que De Ruyter put terminer enfin ses arrangements. Mais au lieu de recevoir, il fut obligé de donner une somme considérable d'argent, d'offrir des garanties, de signer des reconnaissances (préliminaires indispensables avant d'obtenir la possession du schooner). Quoi qu'il en soit, tout fut accompli, et je me trouvai, moins d'un mois après son arrivée, installé dans le commandement qui était l'objet de mes désirs. Aidé par De Ruyter, je me dévouai tout entier à la réparation du schooner. Quand le travail me retenait à bord, Zéla restait près de moi. Nous allions aussi passer quelques jours à la campagne avec Aston, à qui la maison avait été confiée.

Lorsque le grab et le schooner furent prêts pour la mer, De Ruyter me donna ses instructions. Nous levâmes l'ancre de compagnie. Il avait recouvré un peu l'usage de sa main. Les Américains qui étaient restés à bord et les quatre matelots pris avec Aston entrèrent au service du schooner. De Ruyter compléta mon équipage, qui devint une force assez respectable. J'étais armé de six caronades de douze et de quatre canons de six. Nous avions des provisions et de l'eau pour dix semaines. Zéla m'accompagnait.

Nous gouvernâmes vers le nord, dans l'intention de découvrir l'île Saint-Brandon et de passer près d'un groupe que l'on appelle les Six-Iles, résolus à croiser au nord de l'océan Indien, dans la parade par où font route les vaisseaux qui vont de Madras à Bombay, au moment de la mousson de sud-ouest.

Les premiers jours se passèrent à essayer notre force respective de voiles et à mettre nos vaisseaux dans la meilleure assiette. Le grab surpassait tout ce qui flottait sur les mers de l'Inde, excepté pendant le calme sous le vent, mais dans une lame grosse, rien n'avait la moindre chance contre lui, si ce n'était le schooner. Nous observâmes, d'après plusieurs expériences, que dans les petites bordées celui-ci pouvait vaincre le grab avec un bon frais, mais sous tout autre rapport, l'avantage était pour l'autre bâtiment, quoique l'écart qui les séparât fût des plus faibles.

Nous bordâmes l'île Saint-Brandon sans aucun événement particulier. Peu de temps après, je donnai la chasse à un brick, que j'abordai. Il était français, de l'île de Diégo-Garcia, et allait à l'île Maurice. Le capitaine nous dit qu'il était employé à faire la traversée de ces îles pour charger du poisson et des tortues fraîches, qui abondaient dans le voisinage de Diégo-Garcia. Cette île n'était pas habitée, mais il y avait été envoyé par quelques marchands avec une cargaison d'esclaves et, tandis qu'il les prenait à bord, une frégate de guerre anglaise avait failli le surprendre, et quoiqu'il lui eût échappé, les esclaves et la cargaison étaient tombés au pouvoir de l'ennemi.

Nous nous consultâmes avec le capitaine sur la possibilité de recouvrer les esclaves et la cargaison. De Ruyter ne tarda pas à trouver un stratagème que nous devions mettre à exécution, lui et moi. Le brick n'était pas grand voilier. De

Ruyter lui conseilla d'aller s'abriter dans le port d'une des Sept-Iles, qu'il lui marqua sur la carte, et qui avait été désigné auparavant comme notre rendez-vous, en cas de séparation. Ces arrangements pris, nous fîmes voile de conserve, avec un fort vent alisé, vers Diégo-Garcia. La forme de cette île est celle d'un croissant. En dedans de son arc se trouve une très petite île, qui, servant à briser la violence de la mer, offre un havre sûr et spacieux.

Comme nous découvrions les lieux, nous aperçûmes aussi la frégate; elle y était à l'ancre. Nous ralliâmes la terre et, tenant la petite île entre le bâtiment ennemi et nos voiles, nous réussîmes à échapper à ses vigies. Nous mouillâmes, et le lendemain, nous étant mis à pic ensemble, le grab dériva sous le vent, déguisé en négrier, et parut à l'entrée du havre, comme s'il avait ignoré qu'il y eût là aucun bâtiment; puis faisant mine de découvrir la frégate, qui l'aperçut à l'instant même, il vira de bord et fit voile pour s'enfuir.

La frégate lâcha son câble et se mit à la voile pour lui donner la chasse. Cependant le grab avait eu le temps de prendre un bon large, et j'en avais aussi profité pour me couvrir, en pinçant le vent. J'avais débarqué dans la petite île un homme pour faire des signaux, afin de connaître les mouvements de l'ennemi, et mon temps avait été si bien calculé que, à peine avait-elle débouché du port en tournant l'angle avancé de l'île, je passai au vent de la pointe opposée et entrai dans la baie sans être vu, ce qui me permit de débarquer sans peine, à la tête d'un fort détachement.

L'exécution de cette manœuvre avait été conduite avec tant de rapidité que je pus surprendre un corps de troupes que la frégate avait laissé pour garder les esclaves, et un autre qui était employé à couper du bois. Nous embarquâmes les esclaves, le poisson sec et la tortue, autant que nous le pûmes, durant l'espace de quatre heures que je hasardai de rester dans l'île. Le reste fut détruit. Quant à mes compatriotes, je les laissai... Cependant, ce ne fut qu'après leur avoir fait convenir que j'étais le meilleur homme du monde – car j'avais eu soin de leur permettre de s'enivrer.

Du reste je les avais joués en hissant les couleurs des *Yankees*, et ils restèrent convaincus que le schooner devait appartenir à cette nation-là. C'est ainsi qu'au lieu de se sauver dans les bois, comme ils auraient pu le faire en courant deux cents pas, ils avaient attendu notre débarquement sans aucun soupçon, calculant déjà la somme d'argent qu'ils allaient partager de leur prise, et désespérés du départ de la frégate qui les avait laissés pour courir après un fuyard de français, comme ils disaient en parlant du grab. Nous nous séparâmes si bons amis que, avant de quitter le rivage, ils me saluèrent avec trois acclamations, en retour des trois bouteilles de rhum que je leur avais données.

Je cinglai vent arrière vers le port où nous étions convenus de nous rallier, ne doutant nullement que De Ruyter n'eût réussi dans le projet d'éloigner la frégate, puis échappé à la faveur de l'obscurité.

Le grab et le schooner parurent presque simultanément au nord-ouest, entrant dans le canal qui s'ouvrait au milieu d'un système d'atolls, lieu marqué de notre rendez-vous. Nous pénétrâmes ensemble dans un port petit mais sûr, défendu des vents et couvert du côté de la mer par un banc élevé qui se prolongeait dans les eaux, en forme de bras étendu.

Le lendemain, le brick se présenta au large de l'île et ne tarda pas à nous joindre et à jeter l'ancre. Je laissai le soin de régler l'affaire du retour des esclaves à De Ruyter, qui débarqua dans cette intention. Je ne me rappelle rien de remarquable des habitants de l'île. Ils sont hospitaliers, d'un naturel simple, et presque tous pêcheurs. Nous nous y procurâmes des chèvres, du poisson et des végétaux, puis nous partîmes pour les îles Maldives, afin de gagner la côte de Malabar avant la mousson de nord-ouest, qui commençait à s'approcher.

Peu après, nous abordâmes et pillâmes plusieurs bâtiments qui portaient des papiers anglais. Il y avait dans un de ceux-ci une Hollandaise dont le corps était presque aussi large que celui du vaisseau. Feu son digne époux avait été employé par la Compagnie anglaise, c'était assez pour la condamner prise légale. Après avoir choisi la partie la plus précieuse de la cargaison et jeté ce qui valait le moins à la mer, je me rappelai que nous manquions d'eau. Il y avait là cinq ou six barils de cet élément. En attendant qu'on embarquât la chaloupe pour les envoyer à bord du schooner, le monstre hollandais, qui ne faisait que me sourire et me lorgner, me dit de descendre à sa cabine, en me priant de ne pas prendre leur eau.

– Il fait diablement chaud, dis-je, j'ai besoin de me rafraîchir. Apportez-moi ici un seau!

Et en même temps je saisis un baril à moitié plein.

Je pris un croc et forçai le bondon, car j'étais étonné de l'obstination avec laquelle la Hollandaise me retenait, en s'efforçant de distraire mon attention. Le bondon ôté, je reçus dans un seau l'eau claire qui coulait du baril incliné par un homme, tout en riant du meilleur cœur de l'opiniâtreté de la vieille, lorsqu'elle jeta un cri. Je fis un mouvement de surprise, en voyant une chose qui me parut d'abord un animal, mais que je reconnus ensuite pour le bout d'un collier de perles. Le visage de la *frau*, quand je tirai le collier et le lui montrai, devint plus rouge encore que le fil de cornalines que je fis tomber ensuite dans le seau.

Nous y pêchâmes un assortiment superbe de bagues, perles, coraux et cornalines, qui formaient la pacotille de notre Hollandaise.

Je partis pour le grab et plaçai notre butin à son bord, car nous n'aurions pas eu assez de place dans le schooner.

Nous tombâmes ensuite sur une flotte de vaisseaux du pays, qui venait de Ceylan et de Pondichéry, convoyée par un brick de guerre de la Compagnie. Sitôt que je fus à la portée de la flotte, je tirai un coup de canon au milieu, et ces bâtiments, telle une volée de canards sauvages, se dispersèrent en toutes les directions du compas. Je leur donnai la chasse, comme le benêt poursuit le poisson volant, et les obligeai à se rallier, en tournant autour d'eux, semblable au chasseur ou plutôt au gardien d'une meute de chiens. Quelques voiles réussirent à s'esquiver; cependant le corps principal ne put nous échapper. Nous les abordâmes successivement; toutefois le butin ne nous dédommagea point de nos fatigues. La plupart de ces vaisseaux étaient chargés de bambalou, de noix de bétel, de ghee, de poivre, d'arack et de sel. Mais il y avait aussi dans leurs cales une honorable quantité d'étoffes de soie, de mousselines, quelques châles; et à force de ruse et d'industrie, je parvins à réaliser un peu d'or en sacs de mores et des roupies.

De Ruyter était à une distance considérable sous le vent. Le bruit du canon m'annonçait qu'il se battait chaudement contre le brick ennemi, qui semblait être un excellent voilier. Laissant la petite flotte, j'arrivai vent arrière, déployant jusqu'au dernier pouce de toile que le schooner pouvait porter, afin de rejoindre le grab.

Dans la direction suivie par la flottille ennemie se voyait un groupe de rochers au nombre de trois, dont les crêtes s'élevaient sur les vagues avec majesté; ils signalaient un passage, et c'est vers cet endroit que le croiseur de la compagnie paraissait diriger sa route. Je ne pouvais guère deviner son projet, mais lorsqu'il s'approcha des trois rocs, ayant une grande partie de ses agrès détruits, et sachant qu'il lui était impossible de se sauver, il serra le vent et, après avoir diminué de voile, il vira au vent et commença le combat. Je brûlais d'envie de m'y trouver, mais un signal de De Ruyter me força à louvoyer sous le vent des îles, pour ôter à l'ennemi toute possibilité de lui échapper. D'ailleurs, selon toutes les apparences, le grab avait tant d'avantage sur son ennemi que ce n'aurait été que diminuer la gloire de mon ami, sans en acquérir moi-même. Mais avant que je pusse obéir au signal, je vis le brick ennemi s'affaler sur les rocs, avec l'intention de se briser; il n'en eut pas le temps et amena son pavillon.

A l'instant tous nos canots et ceux du grab furent mis à la mer; ils abordèrent le vaisseau et essayèrent de le touer au large. C'était une belle prise : un bâtiment superbe, armé de seize caronades de dix-huit, et servi par quatre-vingts ou quatre-vingt-dix hommes, officiers compris. La lutte n'avait pas duré plus de douze ou quinze minutes; cependant le corps et les agrès du navire capturé étaient horriblement lacérés.

Les pertes à son bord avaient été peu considérables : sept ou huit blessés et un mort. Le grab quant à lui avait eu trois blessés et un mort par accident.

Nous renfermâmes nos prisonniers dans le bâtiment capturé et prîmes une partie de leurs provisions et de leurs armes. Nos malades furent placés eux aussi à bord du brick, avec tout le butin que nous avions accumulé, le tout escorté par vingt hommes choisis, deux quartiers-maîtres, un agent de prises et un patron.

Après avoir réparé le brick pendant la nuit et le lendemain (car nous le touâmes hors des rocs sans trop d'avaries, le temps étant calme), nous l'envoyâmes à l'île de France. Nous donnâmes la liberté aux Lascars et aux naturels de son ancien équipage, et peu de jours après, nous les mîmes à bord d'un bâtiment du pays, à l'exception de huit ou dix hommes qui entrèrent au service de De Ruyter.

Celui-ci était déterminé à traverser le détroit de la Sonde, tandis que je devais traverser celui de Malacca afin d'obtenir quelques nouvelles des navires anglais; il fallut donc nous séparer. Nous devions nous retrouver, à une époque soigneusement déterminée, aux abords d'un îlot voisin de la grande île de Bornéo.

De Ruyter fit de tendres adieux à Aston, l'obligeant d'une manière aimable à recevoir un présent d'armes curieuses, dont ce dernier était amateur. Les deux hommes s'efforçaient, par des paroles indifférentes, de cacher leur émotion. Enfin De Ruyter me donna ses derniers ordres d'un ton solennel; il embrassa Zéla au front, nous nous donnâmes la main, et il rejoignit le grab.

Chacun de nous fit voile en suivant une direction différente. Aussitôt que je me crus assez près de l'entrée du détroit, je lofai sur la côte élevée des Malais, et mouillai dans un fond sûr, au milieu d'une baie spacieuse formée par un enfoncement des montagnes, entre un îlot et la grande île. Là j'ouvris des communications avec les naturels, mais ce ne fut pas sans difficulté que je parvins à me procurer une proa large et légère, croyant que c'était le moyen le plus sûr de débarquer

Aston à Pulo-Penang [1], petite île située à l'entrée du détroit et appartenant à la Grande-Bretagne.

Ayant résolu d'accompagner Aston, j'équipai la proa avec six Arabes et deux Malais (leurs armes cachées), et pris des provisions et de l'eau pour trois jours. Nous nous embarquâmes. Aston était habillé en pantalon blanc, avec une jaquette de la même couleur; je portais le costume d'un matelot arabe. Nous nous éloignâmes du schooner, dont je confiai le commandement au second maître, un Américain qui était contremaître de ce bâtiment lors de sa capture, et qui, rétabli d'une fièvre, m'avait été recommandé avec l'intérêt le plus vif par De Ruyter.

Nous larguâmes; le temps était calme et le soleil brûlait jusqu'à la moelle des os. Nous côtoyâmes les bords escarpés de l'île des Malais. Vers le soir, nous passâmes par Prya, l'une de leurs villes, défendue par une forteresse. Étant entrés en conversation avec quelques insulaires qui voguaient dans une pirogue de pêcheurs, nous croisâmes dans la nuit, en leur compagnie, le canal qui marque l'entrée de la rivière de Penang, laquelle roule ses eaux du côté méridional de Georgetown (île du Prince-de-Galles). Pendant cette traversée de moins de deux milles, nous nous régalâmes, Aston et moi, avec les huîtres délicieuses et si renommées de cette côte.

En voulant pénétrer dans la rivière, nous vîmes que notre barque était trop large pour passer la barre; nous débarquâmes donc. J'ordonnai à l'équipage de la proa de la conduire dans le havre, avec quelques barques de pêcheurs, qui, dès le matin, portaient du poisson frais à la ville.

Nous dormîmes dans une hutte de pêcheur. Avant le point du jour, nous partîmes pour la ville, et traversâmes plusieurs ruisseaux qui prennent leur source dans les montagnes et vont se perdre dans la rivière; les collines étaient couvertes de bois magnifiques; on respirait partout le parfum des fleurs et des épices, qui nous semblaient d'autant plus délicieux que nous sortions d'une petite barque encombrée de matelots.

1. Pulo signifie île en langue malaise.

Près de la ville, sur le bord de la mer, s'étendait une vaste plaine d'un sol léger et sablonneux, où l'on voyait autant d'ananas qu'on aurait pu voir de navets dans le terrain le plus fécond de l'Angleterre. Après un bout de route nous entrâmes dans la ville, sans qu'on nous fît la moindre question, et nous nous dirigeâmes vers un hôtel qu'on venait d'établir. Aston se prépara à visiter le président. Il lui raconta la partie de son histoire que nous étions convenus de lui faire savoir. Il ajouta qu'un bâtiment américain l'avait débarqué plus bas sur la côte, et qu'il était arrivé jusqu'à la ville dans une proa de Malacca.

Le président était un militaire; il le reçut avec affabilité et le pria d'accepter une chambre dans sa maison, jusqu'à ce que quelque vaisseau de guerre ou un bâtiment anglais arrivât. Aston crut prudent de ne pas refuser, demandant seulement la permission de rester dans l'hôtel un jour ou deux, jusqu'à ce qu'il eût des vêtements convenables et tout ce qui lui était nécessaire.

Il me rejoignit à son retour, et, comme je devais me rendre à bord de ma proa cette nuit même, nous résolûmes de profiter de ce jour. En conséquence, nous commençâmes par un tiffin, et je donnai des ordres pour un dîner somptueux.

Aston saisit cette occasion pour me conseiller une fois de plus de retourner à la marine, en me montrant le danger de servir sous un pavillon ennemi; il m'engagea au moins à demeurer dans l'île de France, sans combattre contre mes compatriotes.

– J'ai toujours été dans l'intention, répondis-je, de suivre l'exemple de notre ancien capitaine et de me faire agriculteur, mais avant tout et pour tout il me faut de l'argent, car, voyez-vous, l'âge commence à peser sur moi; j'ai une femme, et j'aurai bientôt une famille. Oui, je dois prévoir leurs besoins et y subvenir. Si j'étais un homme libre, tel que vous, par exemple, Aston, jeune écervelé...

– Allez, fou que vous êtes! toutes les années de votre famille unies aux vôtres pourraient à peine compléter l'âge de l'homme. Trente ans!

– Trente ans! Alors un homme est vieux, décrépit, horrible!

Ce dialogue avait lieu pendant que nous faisions une partie de billard. Fatigué du jeu, je sortis et j'allai visiter le port, gravant bien dans ma mémoire tous les bâtiments qui y étaient mouillés. Je remarquai aussi ma proa, qui était à l'arrière d'un vaisseau arabe, un peu à l'ouest de la ville, près d'un débarcadère aboutissant à une descente où l'on construisait une large pirogue. Il n'était pas prudent d'attirer l'attention sur moi, et je retournai à l'hôtel. Nous dînâmes; je ne dirai pas que je fus aussi sobre qu'un prêtre doit l'être avec le madère et le clairet qui précédèrent le dîner, et le rhum qui le suivit, ni que je devins aussi taciturne qu'un quaker, cependant je n'étais pas ivre et, afin de conserver ma raison, je proposai de faire une promenade.

Lorsque je fus au grand air, je chancelai un peu et reculai de temps à autre, car la terre semblait tourner autour de moi, mais bientôt je gouvernai au cap. Nous étions las de parcourir des rues tortueuses et de voir les huttes noirâtres qui les formaient, quand nous arrivâmes à une place que l'on appelait Bamboo-Square [1]. C'était un espace ouvert, avec un rang irrégulier de boutiques, défendues tout autour des rayons brûlants du soleil par des bambous et des nattes. Le bruit des tambours et le tintamarre d'autres instruments nous conduisirent à un cercle de huttes occupées exclusivement par des filles nâches. Aston aimait la musique, et plus encore les jeunes danseuses, auxquelles, moi, j'avais renoncé. D'ailleurs, l'odeur de l'huile rance et de l'ail n'était pas un parfum à mon goût. Je laissai Aston, et tournai du côté d'un rang de boutiques que l'on appelait bazar des Joailliers.

Ce bazar était encombré d'une foule nombreuse et éclairé par des lampes de papier de couleur. Je m'arrêtai devant une des plus belles boutiques; elle appartenait à un Parsis, qui montrait à une femme voilée de la tête jusqu'aux pieds des boucles d'oreilles et des anneaux pour le nez presque de la

1. Place des Bambous. Les Anglais appellent leurs grandes places *squares*, c'est-à-dire *carrés*.

circonférence d'un cerceau d'enfant. Il s'enrouait à force de répéter ses éloges sur la perfection et l'élégance de ses marchandises. Lorsqu'ils furent d'accord sur le prix, la femme écarta de sa tête une partie de la draperie qui l'enveloppait et laissa voir ses narines et un petit bout de son oreille, mais assez pour qu'on pût comparer celle-ci, par sa longueur et la manière dont elle tombait, à celle d'une truie : elle descendait quasiment jusqu'au niveau du cou. Le joaillier entrouvrit l'anneau avec son pouce et suspendit l'énorme pendant, qui avait l'apparence d'un chandelier. Elle n'avait pas besoin de miroir, car en tournant un peu sa tête de côté, elle tira le tendon luisant de son oreille pour s'y regarder; de plaisir elle fit une grimace qui découvrit une double rangée de dents couleur d'orange foncée, plus nombreuses et plus aiguës que celles d'un râteau de jardinier. Plein d'enthousiasme à la vue de ces charmes, le joaillier s'écria :

– Oh! quel ange!

Elle lui demanda alors une boîte à bétel. Il lui en présenta quatre ou cinq d'or, assurant que nul autre métal n'était digne de toucher sa jolie main. Les boîtes étaient d'un travail exquis. Il me prit fantaisie de donner à Aston, qui venait de me faire cadeau de sa montre le matin, un souvenir d'amitié. Je pris deux de ces boîtes, les pesai dans ma main, et, sans attendre qu'il m'en dît le prix, car je déteste faire des marchés et marchander, je les mis dans les plis du châle qui me servait de ceinture, et lui donnai, sans compter, une somme de mores d'or qui me parut en être la valeur. Il la prit et, me voyant si prodigue de mon argent, il devint plus exigeant. Il jura que je ne lui avais payé qu'une boîte.

– Voilà un fier mensonge, lui répliquai-je, et, roulant une feuille de chinam, je la mis dans ma bouche et tournai le dos au marchand. Il m'appela brigand, étendit la main pour m'arrêter, et, saisissant en effet la pointe de mon turban qui tombait derrière moi, il me l'arracha de la tête. Je me retournai et lui appliquai un coup de poing qui le fit tomber au milieu de ses boîtes à bijoux. Un Parsis n'oublie jamais une telle preuve d'affection... mais qui l'oublie en ce monde?

Dès qu'il se fut relevé, il me porta un coup de poignard ou de quelque autre arme; cependant je pus l'éviter en faisant un saut en arrière, car il était dans sa boutique et moi dehors. Mon sang ne tarda pas à s'enflammer : j'étais plus indigné de l'audace de ce drôle que des efforts qu'il faisait pour m'assassiner; prenant une des boîtes de bijoux que je trouvai sous ma main, je la lui brisai sur la tête.

Plusieurs personnes accoururent au bruit, tant de l'intérieur que de l'extérieur de la boutique, et tous se rangèrent du côté du Parsis. Le tumulte, on l'imagine, ne tarda pas à se répandre par tout le bazar. Le joaillier, la tête et la figure ensanglantées, m'appelait voleur, brigand, pirate, et criait à ceux qui étaient près de moi (car ses hurlements avaient attiré là tous les oisifs) de me saisir, de me traîner en prison ou de me tuer si je faisais la moindre résistance. La foule croissait; on commençait à me presser, et le marchand furieux tenta un dernier effort pour s'emparer de moi.

Le danger me rendit mon sang-froid. Je tirai de ma ceinture un pistolet et mon cric, les deux meilleures armes pour une position si resserrée; cependant je n'y mis la main que lorsque je vis près de moi plusieurs hommes dégainer leurs poignards. Je ne fis pas non plus le moindre usage de mes armes, parce que, dans les cas de cette espèce, on crie, on menace, on ajuste, mais on ne frappe pas; on craint tout d'un homme armé, résolu et prêt à se défendre. Il est vrai qu'aussitôt que le premier coup est porté, l'attaque générale commence, et le faible doit succomber, à moins qu'un événement imprévu ou quelque heureux hasard ne vienne le délivrer.

Durant cette pause momentanée, où mon sort tenait à un cheveu, je jetai un regard autour de moi; je ne voyais aucune probabilité d'échapper; la foule obstruait les issues. Il valait mieux mourir sur-le-champ que d'être saisi et plongé dans une prison. Je profitai de la seule issue qui me restait; je fis retraite dans la caverne de mon ennemi le joaillier, mais ce ne fut pas pour implorer sa grâce. Mes mouvements furent si rapides que ceux qui se trouvaient dans la partie intérieure de la boutique n'eurent pas le temps de s'y opposer. J'en blesse un, renverse le joaillier, romps les nattes, abats les deux bambous qui soutenaient le hangar. Le toit poudreux tombe avec fracas sur mes victimes; ses ruines me servent de rempart et me séparent de la multitude ébahie. Je me sauve par un passage étroit et ténébreux derrière le bazar.

J'aurais dû même m'embarquer sans délai, mais le désir de voir encore Aston et de lui dire adieu m'arrêta. Je franchis donc avec précaution la distance qui séparait le bazar de ma demeure, étonné de ne pas être poursuivi. Cependant je me hâtai, et pour ne pas être reconnu je fis quelques changements à mon costume. Ce fut avec une peine incroyable que je pus retrouver, dans ce labyrinthe de petites rues noires, l'hôtel qui était tout près du port.

Je réussis enfin à me glisser dans ma chambre, mais, ennuyé d'attendre Aston et craignant qu'il ne fût compromis dans l'affaire, je me déterminai à changer d'habillement et à aller le chercher. La jaquette blanche et les pantalons de mon ami servirent à mon déguisement. En sortant de la maison, je ne pus m'empêcher de rire du domestique qui nous avait servi le dîner, et qui se perdait en conjectures, sans pouvoir deviner qui j'étais. Ce sourire triomphant, comme je le vis bientôt après, dut me trahir.

J'allai tout droit au bazar. Là, je vis la tête élevée d'Aston qui dépassait de beaucoup la foule assemblée encore devant la boutique du joaillier, ou plutôt à la place de celle-ci, car ce n'était plus qu'un espace vide et ruiné. J'observai que la multitude ne se composait pas des mêmes personnes, mais de sepoys et d'officiers de police. Aston et l'un des officiers paraissaient écouter un récit de la catastrophe. Le Parsis, hideux et le visage hagard, racontait devant eux l'événement dont il était la victime; il était entouré de plusieurs personnes de sa famille, et montrait le lieu où sa boutique avait été... ce n'était plus qu'un amas de débris... Lorsqu'il eut fini son discours véhément, il arracha son turban et déchira sa robe en lambeaux, puis, sans écouter ceux qui lui parlaient, il disparut.

Pour éviter d'être observé, et ne me souciant pas d'être interrogé, je retournai à l'hôtel. Aston vint me rejoindre un moment après et, me secouant la main :

– Je suis content, me dit-il, de vous rencontrer ici. Il y a eu un vacarme épouvantable dans le bazar, et, ma foi, je craignais que vous n'y fussiez pour quelque chose.

– Qu'est-ce donc? demandai-je.

– J'ai été conduit sur les lieux par la foule que je voyais attroupée. Il y avait là une boutique appartenant à un orfèvre; cette boutique a été renversée; la canaille a voulu profiter du désordre pour la piller, pendant que le maître, assisté de quelques personnes, faisait des efforts pour défendre sa propriété. Mais tous les filous du port étaient là, et je crains bien qu'on n'ait pas laissé un grain d'or au pauvre diable. Je suis arrivé trop tard, et sans épée; cependant j'ai fait ce que j'ai pu : je lui ai procuré la garde des sepoys de la porte de la ville, et j'ai fait rouler par terre quelques-uns des gredins à coups de pied et à coups de poings.

– Et comment cela est-il arrivé?

– C'est un Arabe qui en a été la cause; d'après ce que j'ai entendu, de telles rixes se produisent souvent, quoique rarement d'une manière aussi effrontée. Le bazar était plein de monde... profitant de ce que le joaillier était occupé à montrer quelques babioles à une femme, que l'on suppose être complice, un Arabe est entré; il a saisi tout ce qui était à sa portée, a assassiné un des hommes de la boutique, jeté par terre le marchand et, assisté par d'autres qui étaient en dehors, il a tout bousculé sur son passage, ouvrant la voie à un tas de mécréants qui se sont mis à voler à qui mieux mieux.

– Et soupçonne-t-on quelqu'un particulièrement?

– Je n'en sais rien, on a pris plusieurs voleurs.

– Venez, venez; allumez votre *scharout*, et je vous raconterai toute l'affaire.

Grande fut sa surprise en apprenant que j'étais le voleur arabe. Il me reprocha avec sévérité mes folies et mon imprudence.

– Sachez que le Parsis a dit qu'il reconnaîtrait son homme

entre mille : jetant tout ce qu'il avait pu sauver, il a juré par sa croyance qu'il jeûnerait jusqu'à ce qu'il fût vengé.

– S'il tient parole, répondis-je, son ramadan peut durer toujours; je vais faire voile avec le vent de terre.

Cependant le temps, comme si le diable s'en fût mêlé, ne me permit pas de m'embarquer cette nuit-là. Je n'avais aucune raison de m'imaginer que je fusse ou pusse être soupçonné, des scènes semblables n'étant que trop fréquentes dans cette ville, et la disparition ou la mort d'un homme n'excitant point l'attention parmi des gens toujours armés et sanguinaires. Car en parlant des Arabes, et mieux encore des Malais, qui sont de toutes les nations de l'Orient, et même de toute la race humaine (les rois exceptés), ceux qui respectent le moins la vie d'autrui, on pourrait dire qu'ils ne croient pas commettre un crime quand ils volent ou qu'ils tuent. Si le temps et l'habitude détruisaient la culpabilité des actions, le brigandage et le meurtre ne seraient pas condamnables parmi ces castes, car ils sont nés avec leurs tribus. D'ailleurs, le frère du Parsis n'était pas mort.

Aston se rendit de bonne heure chez le président, et je sortis, ayant la précaution de mettre un bonnet d'astrakan au lieu de mon turban. Je rôdai autour du port afin d'apprendre les nouvelles. Je visitai les boutiques pour acheter quelques bagatelles dont j'avais besoin. En outre j'avais des renseignements à prendre, plusieurs commissions importantes à faire pour De Ruyter, et des lettres de lui à envoyer dans l'intérieur de l'Indoustan. Je fis tout cela par le moyen d'un agent de la France qui avait des espions, je crois, dans tous les ports des Indes. Une ou deux fois durant la matinée, je pensai que j'étais observé, et j'échappai à mon persécuteur imaginaire. Le garçon de l'hôtel même m'étonna plus d'une fois en me faisant des observations sur l'affaire de la nuit précédente; ces observations m'inquiétaient d'autant plus qu'un autre domestique nous avait dit que le joaillier apportait toujours ses bijoux à l'hôtel quand il y avait des étrangers.

Nous passâmes ce jour comme le précédent, quoique en vérité je ne me trouvasse pas à mon aise. Mais ce n'était pas l'affaire du Parsis qui m'inquiétait, elle n'était rien, comparée à la crainte que j'avais d'être découvert. Il pouvait se trouver dans ce port quelques-uns des vaisseaux que j'avais pillés, et d'un moment à l'autre on pouvait se rappeler mes traits, en dépit de mon changement de costume. Mon imagination se portait aussi vers le schooner. Quoiqu'il fût dans un ancrage sûr pour un ou deux jours, un événement imprévu pouvait le faire découvrir; il ne pouvait être en sûreté qu'à la voile et au large. Mais qu'étaient toutes ces considérations comparées au seul souvenir de Zéla? Zéla! ma tourterelle amoureuse, dont les yeux fixés sur les étoiles leur demandent sans cesse le moment de mon retour; Zéla, qui ne prend aucun repos depuis mon absence! Je me déterminai enfin à m'embarquer la nuit malgré le vent et la mer, malgré l'orage et les ténèbres, mais, comme il arrive dans ces latitudes, la brise du jour tomba quand le soleil disparut.

Je passe sous silence mes adieux manqués, pour m'épargner une partie de la peine que mon cœur ressentit. Je profitai de l'absence d'Aston et lui écrivis un mot en lui laissant les cinquante ou soixante mores d'or que j'avais sur moi, dans la manche de sa jaquette, de manière à ce qu'il ne pût manquer de les trouver.

Je marchai avec toute la facilité possible, en m'écartant des rues les plus fréquentées de la ville. C'était un peu avant minuit; l'obscurité et les passages étroits et malpropres que je traversais ralentissaient considérablement ma marche. Enfin je gagnai l'espace ouvert qui conduit au port, alors tranquille, et par où je devais passer pour sortir de la ville. Il y avait là une espèce d'arsenal de construction grossière, à moitié achevé; c'était près d'un de ses plans inclinés que ma barque était mouillée. Le temps était favorable; le vent, à ce que j'observai par des bouffées interrompues, n'était pas stationnaire, mais changeait dans tous les points du compas. On voyait des masses de nues blanches et noires se grouper dans le ciel. Leur rencontre, par intervalles, plongeait la terre dans les ténèbres en obscurcissant les faibles rayons de la lune. Lorsque je me vis hors de la ville, je sentis mon cœur soulagé d'un poids terrible; ma marche devint plus libre. Bientôt j'aperçus à ma droite l'immensité de la mer, et les montagnes devant moi : j'y aurais trouvé un asile si l'on m'eût poursuivi; je me considérai dès lors comme hors de danger. Je m'approchai d'une ligne de huttes bordées par une palissade, que je n'avais pas observée auparavant. Une sentinelle qui était sous le vent d'une des habitations, s'avançant au moment où je passais, s'écria :

– Qui va là? Halte!

Je ne savais pas à quelle distance était la garde. Je m'arrêtai donc afin d'empêcher que le soldat donnât l'alarme, comme il l'aurait fait si je n'avais pas obéi; et pour soutenir mon rôle indien, je répondis en indou :

– Ami.

Il me demanda, suivant l'usage, où j'allais et ce que je faisais dans les parages. A ma réponse, il répliqua :

– On ne passe pas sans ordre.

– Je le sais bien, répondis-je, j'en ai un.

Je fouillai dans tous les plis de ma robe et, avec la plus grande apparence de simplicité, je lui donnai le premier papier venu, en m'avançant et en lui disant :

– Le voilà.

Il me cria de me tenir au large, tout en brandissant son mousquet. Alors je me précipitai sur lui, le saisissant à la gorge pour qu'il ne pût donner l'alarme, et je le couchai par terre; ce fut l'affaire d'une seconde. Le mousquet lui tomba des mains. Ce petit et irascible soldat de Bombay fit des efforts incroyables pour me faire lâcher prise et me saisir à son tour, mais sans plus de chances de succès qu'un chat n'en aurait dans un combat avec un mâtin. Je le pressai jusqu'à ce qu'il fût presque étranglé; alors la lune étant de nouveau cachée dans les nuages, je jetai la baïonnette d'un côté, le mousquet de l'autre et, relâchant mon homme, je me levai et fis mine de retourner vers la ville... avant de prendre ensuite un chemin tout opposé, coupant à travers quelques champs de maïs à peu de distance de l'arsenal. Lorsque je me crus assez éloigné, je me dirigeai de nouveau vers la mer;

il me sembla plus d'une fois que l'on me suivait. Je m'arrêtai et me retournai. En regagnant le chemin battu, je crus voir une figure qui s'esquivait, et dont l'ombre se refléta sur un mur. Je tirai mon cric et revins sur mes pas, mais l'objet avait disparu. La lumière incertaine de la lune rendit mes recherches infructueuses. Je conclus que c'était une illusion enfantée par mon imagination exaltée, et continuai mon chemin. Lorsque la lune vint à percer de ses rayons un groupe de nues, j'aperçus entre moi et la mer, tout près du rivage, un édifice qui devait servir d'abattoir public. Un peu plus loin, sur un plan incliné, un vaisseau avait été mis en construction – ou en réparation. Ma proa était à un demi-mille du rivage, attendant mon arrivée.

Je fis halte sur une petite levée de sable pour regarder si la chaloupe ne se montrait pas dans la baie, et m'appuyai un instant au mur de l'abattoir. Mon ombre se dessinait obliquement sur le sol blanchâtre, que la lune éclairait derrière moi, lorsque je vis un bras gigantesque (au moins il paraissait tel dans l'ombre) élevant une arme longue, semblable à une lance, sur le point de me percer. Je me retournai et, afin d'éviter le coup, j'avançai ma main gauche, que par hasard j'avais entourée de mon abbah.

Un homme s'apprêtait bel et bien à m'assassiner avec son cric. L'arme perça plusieurs plis de l'étoffe de poil de chameau qui me protégeait, mais elle se détourna, m'effleurant à peine les reins. Je jetai un cri, sautai en arrière, tirai un pistolet qu'Aston m'avait donné, et le déchargeai sur la figure du traître. Cette breloque de Birmingham n'était pas faite pour qu'on pût s'en servir, elle manqua. Je jetai au diable l'arme inutile, avec cent malédictions contre le fabricant, et je tirai mon cric, dont je me servais à merveille, grâce à l'enseignement du raïs. J'étais sur la partie la plus élevée du terrain, en sorte que l'assassin ne pouvait me porter un second coup. Il croyait m'avoir déjà blessé, et, sachant que son arme était empoisonnée et qu'il suffisait que ma peau fût égratignée pour que je passasse à trépas, il tenta de fuir.

Je le suivis. Il était léger, je l'étais aussi. Il paraissait connaître le terrain, où il tournait et retournait comme un éclair, et sur lequel je bronchais sans cesse. Cependant je le serrais de si près, en lui criant : « Arrête, ou je fais feu! » (quoique je n'eusse pas d'arme à feu), qu'il s'engouffra soudain par une ouverture du mur. Je pris alors une pierre détachée et la lui lançai. Je continuai de le poursuivre; aux piques et au bois de charpente qui embarrassaient ma marche je reconnus l'arsenal provisoire. Je me rappelai qu'il y avait là une palissade très élevée, car j'avais été deux fois sur les lieux pour parler à des gens de mon équipage. En face était un canal profond et presque à sec, que l'on avait creusé pour y mettre un vaisseau à flot. Je crus que l'assassin ne pouvait m'échapper, mais je le vis suivre tout droit; puis il se tourna et hésita un instant. Je m'imaginai qu'il allait revenir et m'attaquer encore. La nuit était devenue un peu plus claire; cependant je ne pouvais distinguer de sa figure noire que ses yeux, toujours fixés sur moi. Au moment où j'allais mettre la main sur lui, il m'échappa en se jetant de côté, car il était tout à fait au bord du canal. Il me sembla qu'il marchait dans l'air. Alors, tournant la tête, il s'écria :

– Voleur! assassin! tu n'oses faire un pas de plus!

Un rayon de lune expliqua ce mystère. Une poutre traversait horizontalement le canal; l'inconnu, assurant son équilibre, s'y était cramponné, et, les pieds nus, marchait sur cet appui avec précaution.

Il fit une pause pour me défier et me maudire. J'hésitais. Que faire? Dans cette irrésolution, je lui dis :

– Lâche esclave! qui es-tu? Pourquoi m'as-tu attaqué?

– Pourquoi? répliqua-t-il en tournant vers moi son visage effrayant; sache que je suis le joaillier que tu as volé, celui dont tu as assassiné le frère! Mais je suis vengé!

– Tu mens sur ce dernier point...

– Insensé! hurla-t-il alors, agitant son poignard : s'il n'a pas pénétré avant, le poison qu'il a vomi dans ton sang fera le reste...

– L'espères-tu?... m'écriai-je; et sans hésiter davantage, j'ôte mes souliers et m'élance sur la poutre. Sur quoi il se met à sauter comme un diable, dans l'intention sans doute d'ébranler le madrier, ou de le renverser, je ne sais pas. Mon action fut si rapide que je le joignis avec la vitesse de la foudre qui se précipite le long du paratonnerre. Il fut surpris, sinon frappé d'une terreur panique. La violence de notre rencontre nous fit perdre l'équilibre... nous tombâmes tous deux, sans chercher à nous servir de nos poignards. Le Parsis, qui occupait la partie la plus étroite et la plus arrondie de la poutre, fit, je crois, un effort désespéré pour m'entraîner dans l'abîme, mais il ne devait pas en être ainsi, car il ne saisit qu'une partie de ma robe qui se déchira, et le bruit de son corps retentit sourdement dans le fond du gouffre ténébreux.

J'étais tombé sur le visage, et je me tenais collé à la poutre à l'aide de mes jambes et d'un bras, car il me sembla que l'autre avait été disloqué dans ma chute. Il fallait me retirer de cette position critique. A peine sais-je comment je parvins à me soutenir et à ramper, ne me servant que d'une seule main et des pieds, sur un pont aussi dangereux que celui que Mahomet appelle *Al Sirat*, plus mince qu'un cheveu, aigu comme le fil d'une épée, et au-dessous duquel le gouffre de l'enfer s'entrouvre pour dévorer ses victimes.

Ce qui est étrange, c'est qu'au moment où le joaillier saisit et déchira mes vêtements, les deux boîtes d'or, cause de tout le mal qui était arrivé, et que je n'avais pas jugé prudent de donner à Aston après tant de scandale, glissèrent de mon sein et allèrent tomber sur la tête du marchand, où je les vis briller.

Enfin je gagnai le bord du canal, sans haleine et presque expirant de fatigue, souffrant horriblement d'une contusion à la tête et au poignet. Je m'assis au bord de ce gouffre noir et profond, qui, comme un tombeau, s'était ouvert pour m'engloutir, et que la pâle clarté de la lune me rendait encore plus affreux. Le bruit qui montait du fond du précipice me glaçait d'horreur : c'était le Parsis qui luttait contre la mort, car le peu d'eau stagnante qui restait dans le canal, les sables de la mer, la fange des torrents et toutes les ordures accumulées de l'abattoir avaient formé dans ce cloaque une masse consistante qui ne permettait ni de surnager longtemps ni de couler à fond sur-le-champ. Chacun de ses efforts rendait sa position plus horrible, et l'on pouvait juger, au bruit sourd et précipité que rendait sa poitrine, qu'il était à moitié suffoqué par cette composition glaireuse. Il haletait, soufflait, et de ses mains frappait la surface. Je ne pouvais distinguer qu'une masse confuse se tordant et gémissant dans les angoisses de la mort. C'était horrible à voir.

Je regardai autour de moi dans le vain espoir de trouver un moyen de secourir ce malheureux, mais les rayons de la lune ne me servaient qu'à me convaincre que sa situation était entièrement désespérée. Je voulus détourner mes regards de cette scène d'horreur; cependant, ils restaient attachés sur ma victime. J'étais presque décidé à donner l'alarme, à appeler au secours, sans penser au danger qui me menaçait.

Enfin, les efforts du marchand s'affaiblirent, et le bruit qu'il faisait en se débattant devint confus, étouffé. Je regardai : la masse obscure qui nageait sur la surface s'enfonçait lentement et commençait à disparaître. Je crus voir son bras armé d'un cric redoutable, qu'il brandissait à mesure que sa vie s'éteignait, comme s'il eût été agité des dernières convulsions de la mort et qu'il n'eût voulu quitter ce monde qu'en menaçant.

Mes yeux étaient encore fixés sur le lieu d'où le Parsis avait disparu. Le bouillonnement de la surface se calmait par degrés; bientôt le poli d'une croûte égale et unie rendait au lit du gouffre son apparence ordinaire, lorsque je tressaillis et manquai tomber en entendant une voix me crier à l'oreille : *« All's well. »*

C'était la voix d'une sentinelle éloignée, portée par le vent, amplifiée à mon oreille par la vibration de la poutre sur laquelle j'étais encore installé. Cette circonstance et le silence de la nuit donnant à la voix plus de force, elle m'avait frappé comme si elle eût été articulée près de moi, et certes elle m'alarma plus que je ne l'avais encore été.

D'un bond je fus sur pied et regardai avec effroi autour de moi, mais la paix et le silence régnaient de nouveau sur la nature. Les premiers rayons du soleil se montraient à l'horizon. Il n'y avait plus à perdre de temps. Un dernier regard sur le tombeau du malheureux Parsis éveilla dans mon cœur, au milieu des plus poignants remords, le souvenir de ma vie de deux jours. J'avais causé la ruine de cet homme, peut-être la mort de son frère, la sienne, le deuil et le désespoir de toute sa famille. Quelles malédictions devaient tomber sur ma tête!... Quel génie du mal, quel démon pouvait m'inspirer? Les cris de mort de ces victimes me poursuivirent longtemps.

Je me hâtai de descendre vers le rivage avec le même empressement que si l'on m'eût poursuivi. En voyant la proa, j'allais la héler, mais je me rappelai que la sentinelle était non loin de là. J'avais le poignet gauche foulé ou démis, un sang brûlant coulait sur mes joues, et je sentais tout mon corps couvert d'une sueur gluante. Je cherchai avec anxiété une chaloupe sur le bord de la mer, mais je n'en découvris aucune. Chaque instant de retard pouvait me devenir fatal.

Je mets alors dans mon bonnet d'astrakan quelques objets que l'eau aurait pu altérer, et me jette à la mer. L'eau était calme, tout juste ridée par une légère brise de terre. Je nage avec toute la célérité possible, n'ayant l'usage que d'un bras. Ce n'était pas une difficulté pour moi, qui pouvais nager presque aussi bien que marcher, et dont l'amusement journalier, pendant mon séjour à Madras, était de lutter contre les ressacs où tous les canots européens périssent. Le seul danger que je courusse était de rencontrer des requins ou des alligators, qui sont nombreux aux environs de ces îles – surtout à proximité d'un abattoir, où les attire l'odeur du sang.

J'arrivai heureusement à bord de la proa. Ayant levé le grappin silencieusement, nous nous couvrîmes et laissâmes la barque aller dans le canal. Quand les pirogues de la pêche sortirent du port, nous voguâmes avec elles, puis nous hissâmes notre voile de nattes, et nous portâmes vers la côte de Malabar. Le vent fut faible durant le jour, et il nous fallut courir le long du rivage à la pagaie. Vers le soir, l'état du ciel annonçait une nuit orageuse; nous entrâmes dans une petite crique où l'on ne voyait aucune trace d'habitation.

Nous retirâmes notre barque de la mer et fîmes les préparatifs nécessaires pour souper et pour dormir, à l'abri de quelques pins qui croissaient près du rivage. Dans cet intervalle, deux Malais placés sur des rochers harponnèrent des poissons, et d'autres allumèrent au pied d'un énorme teck un feu qui, comme je l'ai su après, gagna la forêt et continua à brûler pendant six ou sept mois. Après avoir placé deux hommes en vedette à quelque distance de nous et leur avoir recommandé de faire bonne garde, accablé de fatigue, je cherchai une pierre pour m'en servir comme d'un oreiller et, les pieds tournés vers le feu, le corps enveloppé de la voile de la chaloupe, je m'endormis si profondément que ni le vent ni la pluie, qui durèrent toute la nuit, ne purent m'éveiller.

On m'appela une heure avant l'aube du jour; j'avais les membres engourdis par le froid; néanmoins mes remèdes infaillibles, la pipe et le café, me remirent bientôt. Nous mîmes notre barque à la mer et, boulinant sous une brise de terre, nous gagnâmes le large pour chercher le vent de la mer. Dans l'après-midi, le temps se mit au beau. Sur le minuit, nous longeâmes la côte nord-est de l'île, où le schooner était mouillé. L'ancrage de ce bâtiment était si bien masqué que nous ne le vîmes qu'après avoir tourné un pertuis. L'homme du schooner qu'on avait placé de garde à terre nous signala dès qu'il nous eut découverts. En approchant, j'aperçus Zéla avec mon télescope de poche; elle nous regardait par un des sabords.

Sautant par-dessus le bas plat-bord du schooner, je l'enlevai dans mes bras, ravi de joie. Je la pressai contre mon sein, je la descendis par l'écoutille et la fis asseoir sur la table de la cabine. Puis, me tournant vers mon contremaître :

– Eh bien! Strong, lui dis-je, avez-vous vu quelque voile étrangère au large?

– Rien qu'une barque du pays, monsieur.

– N'importe; faites à la mer, et courons une bordée vers l'est.

J'ai oublié de dire que j'avais examiné l'endroit où je croyais avoir été atteint par le cric du joaillier, mais sans y avoir vu de blessure. Les plis longs et doubles de mon abbah de poil de chameau et le châle qui entourait ma tête m'avaient sauvé. Mes yeux étaient noirs de la contusion que je m'étais faite au front, et le gonflement de mon poignet gauche me causait une vive douleur.

La vieille Kamalia pansa mes blessures, et Zéla frotta mes tempes et me frictionna les bras avec de l'huile de cajeput et du camphre. La cause de ma guérison est encore un mystère pour moi; je fus pourtant obligé de porter mon bras en écharpe pendant quelque temps encore, et je crois même que jamais il n'a repris sa première force.

De Ruyter m'avait dit qu'il comptait passer le détroit de la Sonde et toucher à Java. Je me dirigeai quant à moi vers Bornéo et passait le détroit de Drion, mais, dans l'empressement d'en sortir, je n'abordai aucune des barques que nous y croisâmes.

CHAPITRE DIX-SEPTIÈME

Nous tombons sur une jonque chinoise.
Scène de pillage. Zéla me raconte les feux qu'elle a vus dans le désert. Le Simoun s'éloigne de notre navire.
Nuit horrible. Mort de Kamalia.
Nous retrouvons De Ruyter.

Quelque temps s'était écoulé lorsque, toujours en chasse de bâtiment, nous tombâmes, entre quatre barques côtières du pays, sur une jonque chinoise poussée hors de sa route à son retour de Bornéo. Elle avait toute l'apparence d'une énorme caisse de thé flottante, et sa vitesse répondait dignement à sa forme lourde et grotesque. C'était un bâtiment aplati par les fonds et les côtés, peint et doré tout entier, avec force décorations de dragons verts et jaunes; il avait quatre ou cinq mâts, des vergues de bambou, des voiles de nattes, des agrès de cuir, un double ordre de galeries tout autour. Sa proue et sa poupe étaient aussi élevées que mon grand hunier, sur une carcasse dont le port pouvait être de six cents tonneaux.

L'intérieur du navire offrait un aspect plus bizarre encore : on l'aurait pris pour un bazar. Il était encombré d'une foule immense; chaque passager, disposant d'un espace mesuré sur la portion de tonnage qui lui appartenait, y avait établi une boutique ou un magasin. Ces divisions étaient semblables aux cellules innombrables d'une ruche d'abeilles, et on aurait pu les compter par centaines. On s'y livrait, comme on aurait pu le faire à terre, à toute espèce de métier, depuis celui de forgeron jusqu'à la fabrication du papier de riz. On y voyait des manufactures d'éventails en ivoire et de broderies d'or sur mousseline. On y exerçait enfin l'art d'engraisser les porcs, que l'on exposait sur des lits de bambous pour les vendre. Je vis là dans une cabine un voluptueux Tartare et un Chinois au ventre arrondi qui s'étaient réunis pour dîner ensemble. Leur repas consistait en un chien gras rôti tout entier, farci de *turmeric* (ou safran des Indes), de riz, de suif, d'ail, et lardé avec du saindoux; on y avait ajouté de célèbres et délicieux nids d'alcyons véritables [1], des nageoires de requin en gelée, des œufs salés et du pilau jaune. Un bol immense de punch d'arak chaud occupait le centre de la table, et le garçon chargé d'en servir le contenu s'acquittait de ses fonctions sans se reposer un instant ni laisser reposer sa cuillère. Je n'ai vu de ma vie une voracité pareille; ces deux gloutons se servaient de leurs mâchoires avec la vitesse et le mouvement continuel d'un joueur de gobelets qui escamote ses balles. J'étais venu pour parler à ces heureux compagnons, car l'on m'avait dit qu'ils étaient les principaux marchands du vaisseau, mais sans faire attention à ma visite, ils continuèrent leur orgie, plongés comme des porcs jusqu'aux yeux dans une profusion d'immondices épicées et savoureuses. Le matelot qui m'avait guidé, chuchotant à l'oreille de son maître, lui fit savoir qui j'étais; pour toute réponse, celui-ci marmotta trois ou quatre mots et mit sur un coin de la table quelques poignées de riz, utilisant à cet effet une main aussi sale, aussi graisseuse que celle d'une cuisinière, arrangea cet emplâtre avec ses doigts, puis, faisant un trou au milieu, il y versa du saindoux fondu qui servait à accommoder le chien. Ajoutant ensuite à ce mets une demi-douzaine d'œufs salés, cuits et durs comme des cailloux, il me fit signe de m'asseoir et de manger.

1. Les nids d'alcyons ou d'hirondelles de mer sont un des mets les plus délicats pour les Chinois. On les leur apporte des côtes de la Cochinchine, de Cambaye, et d'autres contrées orientales; le prix en est excessif; c'est après le ginseng, que l'on a vendu quelquefois au poids de l'or, l'article le plus cher du commerce intérieur de la Chine.

Chassé de ce lieu par des brutes si dégoûtantes, j'allai dans la cabine du capitaine tartare, construite au-dessus du gouvernail. Le maître du navire était étendu sur une natte, fumant de l'opium à l'aide d'un petit tube de canne. Il jeta un coup d'œil au compas, et me servit à peu près cette chanson : *« Kie! houé!... Kie! Chi! »* Voyant que je n'obtiendrais pas plus de réponse de lui que je ne devais en attendre du gouvernail, je demandai du renfort au schooner, lequel me dépêcha un bon nombre d'hommes.

Nous commençâmes par faire une visite générale, entrant de force dans toutes les cabines, et causant une confusion, un bruit et un dégât inimaginables, aggravés encore s'il se pouvait par les sauts et les cris des singes, des magots, des lories et des perroquets.

On ne peut décrire ni s'imaginer la consternation, la terreur panique où se trouvèrent plongés l'équipage hétérogène de ce bâtiment et les marchands passagers qui avaient pris place à bord. Tous ces gens n'avaient jamais songé qu'un navire sous le pavillon sacré de l'empereur, le roi des rois, le soleil de Dieu, le luminaire du monde, le père et la mère du genre humain, aurait pu, surtout dans ses propres mers, être assailli, profané de cette manière. « Qui êtes-vous? s'écriaient-ils... D'où venez-vous? Que venez-vous faire ici? » Daignant à peine jeter un regard sur le petit schooner, dont le corps mince et noir, sous l'arrière de la jonque, semblait un esquif, offrant l'apparence d'un serpent marin plutôt que d'un bateau, ils restaient ébahis à la vue d'une troupe armée aussi nombreuse et aussi féroce, et ne voulaient pas croire que nous pussions être placés tous dans un bâtiment dont les bords s'élevaient si peu sur la surface de la mer. Un marchand de soie hong vint nous offrir un foulard à chacun pendant que l'on mettait à bord de nos chaloupes ses grandes balles, malgré ses protestations; il jurait que nous n'avions pas assez de place dans notre petit vaisseau pour les contenir.

Quelques-uns firent les mutins; ils crièrent au secours et voulurent défendre leur propriété. Plusieurs soldats tartares se rassemblèrent en armes; le Tartare à la grande bouche et son camarade, repus de chien rôti et de nids d'hirondelles, prirent aussi les armes, soufflèrent, crachèrent, et purent enfin arriver jusqu'à moi. Je pris le Tartare par ses moustaches, dont les pointes lui caressaient les genoux. A son tour il voulut tirer sur moi, mais le mousquet manqua. Sa mâchoire s'élargit pour ne plus se refermer, car je la lui arrêtai par un coup de pistolet. La balle entra dans sa bouche (pouvait-on le manquer?), et il tomba, non d'une manière gracieuse comme César, mais de la chute d'un bœuf gras que l'on renverse d'un coup de marteau.

Nous eûmes une escarmouche sur le pont durant une ou deux minutes; on y tira quelques coups de mousquet, et un ou deux hommes périrent dans le combat. Le schooner nous envoya de nouvelles forces, et nous ne trouvâmes bientôt aucune résistance. Alors, au lieu de choisir les articles les plus précieux et de leur laisser le reste de la cargaison moyennant une somme d'argent, comme nous l'aurions fait si les drôles ne s'étaient pas refusés à des conditions si raisonnables, je déclarai la prise légale. Nous commençâmes donc un pillage régulier et tournâmes le bâtiment sens dessus dessous. Il n'y eut aucun trou, aucune niche ou aucun coin qui ne fût visité minutieusement. Nous laissâmes la partie volumineuse de la cargaison, qui l'était presque toute, car elle se composait de camphre, de bois de teinture, de drogues, d'épices, de fer et de fer-blanc; nous ne prîmes que les soieries, le cuivre, des drogues choisies, une quantité considérable d'or en poudre, quelques diamants et des peaux de tigre et d'ours. Je n'oubliai pas non plus les œufs salés qui approvisionnaient le bâtiment, avec du riz et des jarres de saindoux fondu : je pris quelques milliers de ces œufs, qui étaient un article de vivres parfaitement frais et tout à fait comestible. Les Chinois conservent les œufs en les faisant bouillir dans de l'eau de sel, jusqu'à ce qu'ils deviennent durs; le sel les pénètre et peut les conserver des années.

Le philosophe capitaine, dont le devoir n'allait pas plus loin que de diriger la navigation de la jonque, n'ayant rien à faire avec les propriétaires de la cargaison, continua sa délicieuse occupation de fumer sa drogue narcotique. Son lourd regard était encore fixé sur le compas, et sa voix léthargique répétait : *« Kie! Houé!... Kie! Chi! »* Cent fois je lui demandai le port pour lequel il était frété, mais sa réponse était toujours *« Kie! Houé!... Kie! Chi! »* Je lui mis la pointe de mon poignard sur la gorge, ses yeux cependant ne s'écartèrent pas d'une ligne du compas. Je lui brisai l'embouchure de sa pipe, mais il continua à fumer son tabac en répétant : *« Kie! Houé!... Kie! Chi! »* Au moment de partir, quand je passai sous l'arrière, je coupai les drosses du gouvernail, et la jonque devint le jouet des vents; une dernière fois la voix du pilote philosophe se fit entendre, qui répétait, *« Kie! Houé!... Kie! Chi! »*

Le butin que nous remportâmes du bâtiment chinois fut glorieux. Il n'y avait pas de coin dans notre vaisseau qui ne regorgeât de marchandises. Nos hommes changèrent leurs haillons goudronnés contre des chemises et des pantalons de soie de différentes couleurs; ils ressemblaient plutôt à des jockeys qu'à des marins. Je m'emparai aussi de quelques armes curieuses, parmi lesquelles figurait le mousquet qui aurait pu terminer ma carrière s'il avait obéi à son maître. Des roses et des figures en or étaient incrustées sur le canon, sur la platine et sur le bois de cette arme, que je conserve encore aujourd'hui.

Je me trouvais alors au sud-ouest de l'île de Bornéo; et comme le moment où je devais rejoindre De Ruyter approchait, je fis de mon mieux pour gagner le petit groupe d'îles qui était le lieu de notre rendez-vous. Mais à peine avions-nous découvert la terre que survint un calme plat qui dura trois ou quatre jours, et qui me coûta la vie de l'un de mes meilleurs matelots. Soutenu par une drisse en dehors de l'avant du schooner, cet homme était occupé à clouer une planche de cuivre qui commençait à s'ébranler, la tête des clous qui la soutenaient étant usée. J'étais sur le pont, quand tout à coup j'entends un bruit effroyable que dominaient des cris perçants. Je cours à l'avant : de là partait le tumulte. Un requin monstrueux venait de saisir la jambe du malheureux calfat; il couvrait l'eau d'écume en agitant ses nageoires et sa queue et faisait des efforts pour entraîner sa proie au fond de la mer, tandis que la victime, une grosse corde attachée sous les aisselles, se cramponnait aux chaînes des galhaubans et luttait avec violence pour lui échapper.

Lorsque ce malheureux m'aperçut, il s'écria :

– Capitaine, sauvez-moi !

J'ordonnai qu'on apportât les harpons et les piques d'abordage et qu'on mît à la mer le canot de l'arrière. Le monstre fut attaqué avec toute la célérité et tout le courage qu'on peut attendre de marins qui voient un camarade en danger. Un frère de l'infortuné se précipita dans la mer, un poignard à la main. L'écume qui blanchissait la surface de l'eau était teinte de sang, et le monstre vorace reçut plusieurs blessures sans qu'on pût lui faire lâcher sa proie. On le harponna, mais faute de lui larguer assez la ligne, elle se rompit et le monstre s'enfuit. On hissa le matelot à bord; il avait perdu connaissance, sa jambe était horriblement mutilée et la chair de son mollet retombait comme un bas déchiré en laissant l'os à découvert. Nous avions à bord une espèce de chirurgien que Van Scolpvelt nous avait recruté dans l'île de France, mais cet homme, à qui du reste on ne pouvait reprocher l'ignorance de son art, manifestait un penchant invincible à l'ivrognerie et à la paresse. Le matelot mourut quelques jours après; j'ai tout lieu de croire que sa blessure était incurable.

Retenus par le calme devant Bornéo, je résolus de mener une reconnaissance le long du rivage; c'est ainsi que nous découvrîmes une petite baie à l'embouchure d'une rivière dont nous remontâmes le courant à quelque distance. Nous jetâmes le grappin pour dîner et le soir, quand l'atmosphère fut rafraîchie, les hommes de l'équipage se baignèrent. Le frère de la victime du requin, qui était un nageur excellent, défia un Malais (que j'avais pris pour être mon interprète, dans les cas où je rencontrerais quelques-uns de ses compatriotes) à qui plongerait et demeurerait le plus longtemps sous l'eau. Je venais d'en sortir et commençais à m'habiller. Les deux plongeurs se précipitèrent ensemble dans la rivière, et y restèrent si longtemps que je conçus de l'inquiétude. La tête noire de l'Indien parut enfin sur la surface de l'eau; ne voyant pas son adversaire, il s'étonna de sa défaite, et déclara que le blanc devait avoir le diable au corps, car nul autre n'aurait pu le vaincre. Notre anxiété augmentait à chaque instant, chacun avait les yeux fixés sur le courant, comme si l'on eût pu sonder la profondeur de ses flots troublés. Le malheureux ne sortit plus de ce tombeau. Ce fut en vain que nous employâmes toutes sortes de moyens pour retrouver son corps. La nuit nous obligea de retourner au schooner.

Ces deux morts si étranges et arrivées dans un si bref espace de temps produisirent une forte impression sur l'équipage. Des branches de plantes aquatiques, un arbre tombé dans la rivière, une crampe, ou ce qui est encore plus probable les mâchoires d'un alligator, pouvaient avoir retenu le plongeur. On crut aussi que le chagrin de la mort de son frère, qui sans doute l'avait profondément touché, l'avait poussé à cette espèce de suicide. Quoi qu'il en soit, cet accident abattit et découragea ma troupe mieux encore que ne l'aurait fait une perte plus considérable, dans les fureurs d'une bourrasque ou les massacres d'un combat.

Nous nous traînâmes lentement le long de la côte vers le port signalé, longeant à présent la rive sud-est de la grande île. Le temps était, depuis plusieurs jours, extraordinairement clair et serein, avec de petites brises agréables. Un soir, un moment avant le coucher du soleil, je vis la première apparence d'une nue. Des vapeurs d'une gaze transparente commencèrent à couvrir les montagnes de l'ouest; et sitôt que le soleil disparut derrière leurs masses gigantesques, on vit soudain jaillir le long des sommets une flamme en forme de barre, qui, se roulant autour du dôme escarpé du plus haut pic, y demeura pendant quelques instants, telle qu'une couronne de rubis. La lune était d'un rouge obscur; la mer changea de couleur et devint claire et transparente. Je fus surpris de pouvoir distinguer jusqu'au fond le roc, le poisson et les coquilles. Nous sondâmes, et il y avait douze brasses d'eau. L'atmosphère était lourde; on sentait une chaleur suffocante, et la flamme d'une chandelle allumée sur le pont s'élevait aussi claire et tranquille que si elle eût brûlé dans un caveau. J'ordonnai de ferler les voiles et de lâcher l'ancre, car nous nous étions dirigés vers le rivage dans l'intention de profiter du premier souffle de vent pour continuer notre course. Je fis savoir à mon contremaître, qui était de quart, que nous étions à l'ancre, et que le charme était déjà rompu.

– Mais monsieur, s'étonna-t-il, nous ne sommes pas encore arrivés au port...

Le rivage le plus proche de nous était bas et paraissait un vaste marais couvert de roseaux monstrueux qui se balançaient dans l'air, quoiqu'on ne sentît pas un souffle de vent. Là s'abritaient des éléphants, des tigres, des serpents et des fièvres. Nous crûmes entendre des rugissements dans le silence de la nuit. J'attendais avec impatience la brise la plus légère pour m'arracher à cet horrible voisinage. Ce pays n'était certainement habité par aucun être humain; cependant nous vîmes, quand il fit nuit noire, des lumières errer en diverses directions sur la surface des broussailles, comme des petits fanaux de pêcheurs; d'autres lumières étaient stationnaires, semblables à celles d'un village.

On ne voyait pas de nues vers le côté du vent, mais aucune étoile ne brillait dans le ciel. Au bout de quelque temps, des éclairs commencèrent à sillonner les ténèbres au loin, du côté des montagnes. J'étais assis sur le pont avec Zéla, regardant ces signes nouveaux qui nous remplissaient le cœur de pressentiments funestes. Zéla me racontait les feux, les simouns et les trombes qu'elle avait vus dans les sables du désert, quand tout à coup un bruit étrange interrompit notre entretien; on eût dit le mugissement sourd du tonnerre...

– Sst!... Qu'est-ce que cela? fis-je en me levant d'un saut.

Le coup était porté avant que j'eusse eu le temps de lever les mains, tirant de leur somnolence les hommes de quart installés sur le pont... Nous étions démâtés. Je regardai en haut, et à la lumière des éclairs je ne vis que deux mâts nus; tous nos hauts esparres, nos vergues et nos agrès avaient été emportés par le vent et volaient comme de la paille qu'un tourbillon enlève du sol. La mer était couverte d'une écume blanche qui tombait sur nous comme si nous eussions été au-dessous d'une cataracte. Nos sabords et presque toute la galerie du faux pont furent entièrement balayés; les ralingues des canons sautèrent, et les pièces se détachèrent de leur batterie. Notre petit navire plongeait avec furie, et nous fûmes un moment sous la surface de la mer. Je saisis Zéla d'une main et de l'autre les haubans, pouvant à peine me soutenir contre le poids des vagues et leur terrible impulsion. Le câble d'ancre se rompit; ce fut heureux, car autrement nous eussions inévitablement coulé bas.

Je respirai en voyant reparaître l'avant du navire sur l'eau. J'appelai l'équipage; personne ne me répondit; je pensai que tous avaient été entraînés par la mer. Enfin, muets de terreur, tremblants, glacés d'effroi, quelques marins rampèrent jusqu'à l'arrière. « Y a-t-il du monde en bas? » hurlai-je, et, regardant par-dessus la poupe, j'entendis une voix qui me criait de la mer : « Capitaine! » Il faisait clair comme au milieu du jour : les éclairs se succédaient presque sans interruption, et leur flamme brillante était près de m'éblouir. La mer était blanche comme la neige, et il me semblait distinguer tout près de nous des objets noirs qui luttaient en vain contre ses vagues écumeuses. Je reconnus la voix qui m'appelait, c'était celle de mon mousse favori, le Suédois; je m'imaginai même un instant voir son regard suppliant et désespéré.

Enfin, ce fatal souffle de simoun s'éloigna de notre navire. Je lâchai Zéla, qui s'était cramponnée à moi dans sa terreur, et la plaçai dans un endroit sûr, près du quartier-maître américain, qui avait pris le gouvernail. Je courus alors vers le passe-avant, croyant y trouver encore la baleinière qui avait échappé au naufrage, car le canot d'arrière avait été emporté. Je rameutai tout le reste des hommes de l'équipage au secours de leurs camarades. Ils hésitèrent un moment, sachant à peine s'ils étaient eux-mêmes sauvés. Je me tournai à la fin vers mes Anglais, que j'appelai par leurs noms :

– Quoi! nous laisserons périr nos compagnons faute d'une

barque! Pas même une main pour leur jeter une corde! Embarquez la chaloupe... Strong!... Où est-il? Par le ciel! il doit avoir été emporté... sinon il aurait déjà paru sans avoir besoin d'être appelé! Holà! hissez ensemble, mes enfants; ...la voilà qui flotte; ...prenez garde qu'elle ne file ou qu'elle ne tourne; c'est bien. ... Voyons! les quatre meilleurs marins à la barque; ...j'irai avec vous; ...je sais où ils sont. ... Allons! nous sommes assez! Et vous, monsieur, tenez le schooner.

Nous voguâmes; le vent s'était calmé aussi promptement qu'il s'était élevé, mais la mer était houleuse, brisée et se roulait comme une rivière au moment où elle confond ses eaux avec les vagues de l'océan. Les éclairs s'étaient éteints; une lueur faible, presque imperceptible, leur succédait de temps à autre, comme pour donner une teinte plus funèbre encore au voile obscur et mélancolique qui nous enveloppait. Sitôt que nous eûmes atteint l'arrière du schooner, nous parvînmes à sauver deux hommes qui s'étaient attachés à des esparres coincés sous notre poupe. Nous en tirâmes de la mer deux autres qui flottaient près des premiers. Puis nous voguâmes en lançant des appels vers le lieu où le simoun nous avait frappés, dans l'intention de chercher le contremaître et le Suédois, qui manquaient parmi beaucoup d'autres dont nous n'avions pas eu le temps de noter la disparition. Cependant, nous voyant en danger de perdre notre vaisseau, nous fûmes contraints de retourner à bord.

La nuit fut horrible. Un vent chargé de pluie succéda bientôt à l'ouragan. Ce ne fut qu'après des efforts redoublés et avec une peine infinie que nous approchâmes du schooner et gagnâmes enfin son côté sous le vent, au moment où il commençait à s'éloigner du rivage avec une incroyable rapidité. A l'instant où la barque se mettait sous sa hanche, qui n'avait pas de cordes de défense, et tandis que ceux qui étaient avec moi s'efforçaient de grimper à bord, le vaisseau éprouva une secousse violente, renversa la barque et me jeta dans la mer avec six matelots. Je donnai de rudes coups à ceux qui tentèrent de s'accrocher à moi. Les cris et les malédictions se confondaient. Comme nous étions tombés dans le sillage du bâtiment, qui paraissait nous abandonner, j'entendis l'équipage qui encombrait l'arrière jeter des cordes, dont aucune n'arriva jusqu'à nous. On nous criait de saisir les esparres qui flottaient sur la mer, mais nous ne pouvions plus les atteindre, et le schooner s'éloignait toujours.

– Une corde, ou nous sommes perdus! m'écriai-je d'une voix forte, car je savais que la seule chaloupe qui restait à bord ne pouvait être jetée à la mer.

Je croyais mon heure arrivée lorsque j'aperçus une forme blanche sur le couronnement du vaisseau; une voix parvint jusqu'à moi, qui fit tressaillir mon corps fatigué; elle s'élevait au-dessus du vent, de la mer et des cris des naufragés.

– Voilà une corde! Allah! ill Allah! donne-la-lui... ou prends-moi!

L'instant d'après, le bout d'une mince corde blanche tomba presque dans ma main. Ah! l'œil qui l'avait dirigée ne pouvait se tromper.

Zéla, qui n'avait pas quitté le pont, avait été témoin de cet affreux spectacle. Elle avait saisi la ligne de sonde, qui par un heureux hasard n'était lestée d'aucun plomb, puis, grimpant avec l'agilité de la gazelle sur le marchepied de la grande vergue, elle en avait gagné l'extrémité... ensuite de quoi, dirigée par ma voix, elle avait jeté le fil de toute sa force.

Sur six hommes qui étaient avec moi, quatre réussirent à agripper la ligne, qui n'était pas plus grosse que la corde d'un fouet. Ce fut vraiment par miracle qu'elle put nous soutenir. Mais le schooner commençait à reculer; bientôt on nous envoya d'autres cordes, et nous nous vîmes hors de danger. Quant aux deux autres hommes, ils ne reparurent jamais.

Zéla se précipita dans mes bras, mais sans articuler un mot. Ses lèvres étaient glacées. Je l'assis près de la jeune Malayenne, sur le capot de l'écoutille.

– Ô Dieu! m'écriai-je, en la voyant tomber inanimée entre les bras d'Adou, elle est morte!

La voix tremblante de la vieille Kamalia se fit alors entendre :

– Non! la mort est venue, mais pas encore pour elle. Prends plutôt Kamalia, bleu démon!

Ces paroles furent suivies d'un bruit, comme si la pauvre nourrice se noyait.

Je savais que la cabine était remplie d'eau, mais j'avais oublié la vieille Kamalia. Je demandai de la lumière et ordonnai que la jeune Malayenne et deux hommes descendissent avec une lanterne pour l'amener sur le pont.

Il n'y avait pas à bord un haillon qui fût sec. Je pressais Zéla contre ma poitrine glacée; je la réchauffais de mon souffle; c'était tout ce que je pouvais faire; enfin je crus sentir en elle des symptômes de vie. On cria d'en bas que la vieille nourrice était morte, dure et froide comme une pierre.

Ayant vidé l'eau de la cabine, j'y transportai Zéla; dès que je vis qu'elle respirait mieux à son aise, je la laissai sur le sein de la jeune Malayenne et me hâtai de remonter sur le tillac.

Nous travaillâmes avec ardeur toute la nuit à réparer les désastres du naufrage. Ce ne fut qu'à la pointe du jour que nous pûmes faire le compte des hommes que nous avions perdus.

Les cris d'Adou m'avaient entre-temps rappelé vers la cabine, où je trouvai Zéla dans des convulsions que je crus d'abord celles de la mort; elle se tordait dans une affreuse agonie; il semblait que seul l'excès de la douleur l'eût rappelée à la vie. Son agitation se calma quelques instants avant l'aurore. Il s'avéra qu'elle avait été saisie d'un travail prématuré : notre enfant vint au monde mort-né, mais j'étais heureux, car elle vivait. Je l'obligeai, malgré sa répugnance, à boire de l'eau chaude avec de l'eau-de-vie, et elle s'endormit d'un sommeil profond et paisible.

Craignant qu'elle n'apprît la mort de Kamalia, et peut-être qu'elle ne vît son cadavre, j'allai dans l'endroit où la bonne et fidèle nourrice avait été déposée. J'approchai la lanterne de son visage, sur lequel je ne distinguai pas la moindre altération. Une momie que j'avais vue à l'île de France, et que l'on pouvait croire du temps de Cléopâtre, c'est-à-dire déterrée depuis deux mille ans, ne me paraissait pas plus antique que la vieille Kamalia. Ses restes flétris, secs et ridés, n'offraient pas plus d'apparence de chair animale que la statue d'un tombeau. Les vers étaient frustrés de leur proie. La peau livide du cadavre ne couvrait que des os sans moelle; une ligne d'un cramoisi pâle, formée par une dernière goutte de sang, marquait une veine sur la tempe; une petite mèche de cheveux gris couvrait seule sa tête chauve, telle une touffe de mousse autour d'un tronc fané, ou comme si une araignée eût étendu sa toile blanchâtre sur son crâne découvert. Ses bras et son corps étaient si raides qu'on aurait craint de les briser en les touchant. Après avoir enveloppé le cadavre dans son propre barakan, je me chargeai du fardeau et le transportai dans une cabine à l'écart; il ne pesait guère plus qu'une poignée de joncs. Je fermai ses yeux de pierre et sa bouche décharnée.

Quand les premiers rayons du jour commencèrent à paraître, on cria : « Des brisants sur l'avant! » Mais nous n'avions pas de sonde. Malgré l'état misérable du schooner, qui portait à peine quelques voiles, nous pûmes manœuvrer en vue du ressac qui se brisait contre des rocs que les vagues couvraient. Dès que le jour parut le temps se calma peu à peu; le soleil se montra bientôt dans toute sa majesté. Un voile vaporeux de brouillard couvrait la ligne de la côte lointaine, d'où nous avions été repoussés par l'ouragan. Le marais vaste et effrayant qui se trouvait juste en arrière s'étend profondément dans l'intérieur de l'île et suit le littoral pendant plus de cent milles, exactement sous l'équateur. Nous devions nous estimer encore très heureux d'avoir été repoussés de cette côte, car autrement nous étions perdus. Brisé, démâté, le schooner n'était plus qu'un misérable ponton, à la merci des flots et des vents que nous semblions défier quelques jours auparavant.

Notre butin et une grande partie de nos provisions étaient passablement avariés. Retardés par un calme et par le manque de voiles, nous eûmes besoin de quatre ou cinq jours pour arriver au port, lieu de notre rendez-vous. Nous y trouvâmes

De Ruyter avec deux prises. Oubliant à l'instant même toutes nos souffrances, nous passâmes sous l'arrière du grab, chantant et jetant des cris de joie, comme si nous étions de retour du plus heureux voyage.

De Ruyter s'empressa de venir à bord, ne sachant que penser de l'état affreux où il voyait le schooner :

– Holà, hé! mes enfants! cria-t-il en s'approchant; venez-vous du pôle? on dirait que vous venez d'échapper à ses glaces après y avoir été prisonniers cent ans.

– Non, répondis-je, nous avons tout simplement changé le schooner en cloche de plongeur ou en torpille pour croiser sous l'eau.

– Qu'est-il arrivé? reprit De Ruyter, lorsque, montant sur le pont, ses yeux pénétrants se portèrent sur les débris de la tempête. Vous avez lutté contre le simoun; ce ravage ne peut être l'effet d'une machine formée par l'homme. Ah! mais il manque des visages bien connus!...

De Ruyter avait le don, que possèdent, dit-on, les rois, de ne jamais oublier les physionomies.

Il descendit tout étonné dans notre cabine, où je lui racontai notre funeste histoire.

– Eh bien! ajouta-t-il, vous avez échappé par miracle. Il n'y a pas de remède. Nous ferons tout ce que nous pourrons afin de réparer vos avaries. J'espère que tout est en bon état sous l'eau. Nous avons assez de bois de rechange, et je ferai de manière que vous ayez des cordes et des voiles. J'ai été plus heureux que vous : nous avons rencontré un convoi côtier de barques dans le détroit de la Sonde, et, après avoir démâté le croisier de la Compagnie qui les protégeait, nous leur avons pris deux charges de provisions et d'effets maritimes et militaires. Nous nous sommes rendus ensuite à Java, où nous avons vendu leur cargaison à bon prix. Puis nous avons saisi, en venant ici, deux navires marchands, l'un chargé pour Macao de caisses d'opium, qui ont plus de valeur que des piastres; l'autre chargé d'huile, de café, de sucre candi et d'autres articles. Vous les voyez tous deux dans le port. En outre, j'ai rendu quelques services aux naturels de ce pays, que les Maures appellent Biajous, ce qui veut dire « Sauvages », et ils m'en ont récompensé en me faisant roi de l'île. Me voici le roi Prospero, avec mille Calibans [1] pour sujets! Voyez, ils m'apportent à présent du bois et de l'eau.

– Que voulez-vous dire? demandai-je.

– Près des îles désertes de Tamboc, je suis tombé sur une flotte de proas. Cette rencontre me causa quelque surprise; les croyant des pirates, je m'empressai de les joindre. Ils étaient mouillés près du rivage, et plusieurs de leurs gens purent se sauver. Quelques barques levèrent l'ancre et tentèrent de fuir, mais je les contraignis de retourner, à l'exception de deux ou trois qui s'échappèrent. Les équipages se jetèrent alors dans la mer et gagnèrent la terre à la nage. J'abordai leurs petits bâtiments, et, comme je l'avais prévu, je reconnus qu'ils étaient des pirates, malais et maures pour la plupart. Ils avaient écumé la côte sud-est de Bornéo, s'en prenant aux naturels qui, dans ce pays marécageux, pendant la saison des pluies, vivent dans des maisons flottantes que l'on attache aux arbres. Les malheureux indigènes ne pouvaient fuir, car ces brigands les poursuivaient avec leurs chaloupes, faisant prisonniers les femmes, les enfants et tous ceux qui ne pouvaient ni combattre ni se sauver. Ayant mis à la voile avec leur cargaison vivante, ils venaient de relâcher aux îles de Tamboc pour rafraîchir leurs provisions et faire de l'eau, quand heureusement je les surpris et délivrai les captifs. Ceux-ci étaient au nombre de deux cents. Je les mis en possession des proas, les accompagnai jusqu'ici et débarquai mes Biajous à peu de distance de leur patrie.

Je dois rappeler que nous étions alors mouillés dans un port naturel, au large de la côte de Bornéo. La baie que nous occupions était formée par trois petites îles qui n'étaient pas habitées, ni ne pouvaient l'être, car la plus grande n'avait pas même un mille de circonférence et manquait d'eau. Le canal qui nous séparait de la haute mer avait à peine un mille de largeur, et le passage était fermé par des récifs, sur

1. Personnages de *la Tempête* de Shakespeare.

lesquels les vagues toujours agitées se brisaient avec fureur. Le grab était là comme dans un bassin. J'avais côtoyé cet endroit plusieurs jours durant sans pouvoir le découvrir, malgré la direction minutieuse et précise que De Ruyter m'avait donnée par écrit.

Pour rendre plus affreux le sort du schooner, une fièvre putride et la dysenterie avaient attaqué notre équipage. On attribua ces maladies à l'influence de l'air pestilentiel que nous avions respiré la nuit où nous étions ancrés devant la côte fatale du marais. Plusieurs malades moururent dans le temps de vingt-quatre heures; aussitôt qu'ils avaient expiré, nous étions forcés de jeter leurs corps dans la mer, pour nous délivrer de l'odeur méphytique qu'ils exhalaient avant même que de devenir cadavres. Tous ces malheurs, évidemment, furent imputés à la seule circonstance d'avoir commencé le voyage un *vendredi.* A bord du schooner en tout cas, chacun, excepté moi, en fut bientôt convaincu.

CHAPITRE DIX-HUITIÈME

Les Biajous de Bornéo.
Nous découvrons un vieillard couvert de poils et de cheveux gris. Zéla plonge sa javeline dans le flanc du vieillard.

Les Biajous sont, à ce qu'on prétend, les habitants primitifs de la grande île de Bornéo. Ils ont été repoussés vers l'intérieur des terres, lequel est couvert de collines et de montagnes énormes, obscures, escarpées et entrecoupées de précipices. Une chaîne de ces montagnes, qui s'avance vers la côte en vue de laquelle nous étions mouillés, prolonge ses racines dans la mer et en rend l'approche dangereuse. Sans les petites îles qui, s'élevant comme des excroissances ou rejetons de ces racines, nous servaient d'abri, nous n'aurions pas trouvé d'ancrage à plusieurs milles à la ronde. La mer entourait l'un et l'autre côté du promontoire, dont les flancs n'offraient ni port ni pâturage. Un peu plus loin, d'immenses marais cernés de hauts escarpements formaient une véritable barrière, qui séparait ce district du reste de l'île. Là, les Biajous demeuraient paisiblement, moyennant un tribut qu'ils payaient à une colonie de Malais établie sur la côte, vers l'ouest. Il leur arrivait parfois d'être inquiétés par des maraudeurs qui, se glissant dans des proas jusqu'à une plaine bordée par le marais, pillaient le peu de villages qu'on y rencontrait. Gouvernés par leurs propres chefs, ils vivaient là dans une simplicité patriarcale. La chasse et la pêche étaient leurs principales occupations; ils disposaient avec cela d'une quantité suffisante de riz, de maïs et de quelques autres grains, sans oublier les fruits, les racines et les herbes, qui sont en abondance dans ces régions. A Bornéo, la saison des pluies commence en avril et dure plus de la moitié de l'année; dans le grand marais qui est la limite de ce territoire, il pleut quasi sans discontinuer, et les orages ne cessent jamais de gronder sur ce lieu qui semble être voué aux éclairs et au tonnerre. Nul être vivant n'ose pénétrer dans ce labyrinthe, excepté les bêtes fauves qui viennent y chercher leur proie. On appelait ce pays la Terre de la Destruction, les naturels de l'endroit assurant qu'il était peuplé par des démons qui, après avoir préparé les maux qui affligent le monde, dirigeaient de là leur vol, pour s'abattre sur ceux qu'ils haïssaient. Les Biajous sacrifiaient à ces esprits destructeurs pour apaiser leur colère et leur présentaient des offrandes. Ils croyaient aussi en un pouvoir supérieur, plein de bonté, mais comme celui-ci ne se manifestait jamais sous les couleurs du mal, ils ne tentaient pas de briguer ses faveurs avec des présents, ni d'invoquer sa clémence en lui sacrifiant des victimes.

Les chefs de ces sauvages étaient choisis par les vieillards. Le chef de chaque famille jouissait d'un droit despotique sur ceux qui lui appartenaient. Ce n'était que pour de grands crimes qu'un homme était appelé à comparaître devant l'assemblée générale; le plus hideux de tous les délits était l'adultère, que l'on punissait de mort.

Ces gens n'oublièrent pas les bons offices que De Ruyter leur avait rendus; leur reconnaissance n'eut pas de bornes. Les deux cents Biajous qu'il avait délivrés se considéraient comme ses serfs naturels et lui rendaient tous les services imaginables, refusant toute espèce de salaire. Quelques-uns d'entre eux étaient continuellement autour du navire ou à bord : ils nous apportaient des fruits, du poisson, des chèvres, de la volaille et de tout ce que leur pays produisait. Ils construisirent des huttes commodes dans la plus grande des îles pour les malades et les estropiés, dont le nombre était considérable à bord des deux bâtiments.

Scolpvelt fut chargé de notre hôpital, et eut toujours soin de ne pas manquer de médicaments. Du reste, il était lui-même herboriste et consacrait ses heures de loisir à chercher des plantes, à faire des décoctions, à distiller et à préparer des gommes et des baumes, pour lesquels Bornéo jouit d'une grande célébrité. On mit à ses ordres la pirogue d'un des Biajous, avec laquelle chaque jour il faisait une nouvelle excursion à la côte.

Les réparations du schooner m'occupèrent exclusivement pendant plusieurs jours de temps. J'allais chercher dans les bois du pays des arbres pour en faire des esparres. Il n'était pas difficile d'en trouver dans des forêts, où l'on aurait pu couper assez de charpentes pour construire des escadres entières, mais il fallait des arbres ayant les qualités requises de légèreté, de force et d'élasticité.

Un jour, comme nous avions poussé assez loin le long du rivage, je pénétrai dans une petite anse en forme de vallon, rendue inaccessible du côté de la terre par une montagne encombrée d'arbres fort gros et fort nombreux, dont les intervalles étaient obstrués d'une véritable jungle de buissons et de roseaux si étroitement entrelacés d'énormes plantes rampantes qu'il ne paraissait pas qu'un rat pût y pénétrer. Voyant là une espèce de pins qui semblaient convenir à mes projets, je débarquai, suivi de Zéla, et renvoyai la chaloupe à bord en donnant ordre qu'on amenât là les charpentiers avec leurs outils. Quoique le schooner fût un peu loin, la barque disposait d'un bon vent pour aller et revenir; et comme elle était d'une célérité remarquable, je calculai qu'elle serait de retour en trois heures.

En attendant, nous reconnûmes le terrain, à la recherche de quelque sentier, mais en vain. Nous nous amusâmes alors sur le bord de la mer, dans une petite clairière, seul espace qui fût ouvert, à recueillir des huîtres et des moules, car nous étions enfermés de tous côtés par des pointes de rocs qu'il était impossible de gravir. Tandis que Zéla préparait le café, j'étais étendu sur le rocher, bercé par le son des vagues monotones, par le chant du coq des jonchaies et la voix lointaine du faon qui faisait retentir la forêt de ses notes plaintives et aiguës.

Après avoir pris le café, Zéla reposa sa tête sur mon bras et me montra un point blanc sur la surface de l'eau. Selon elle, ce devait être une pirogue; quant à moi, je prétendais que c'était notre chaloupe, et ce dissentiment amena une gageure. Notre enjeu ne fut rien d'autre qu'un baiser, de telle sorte que toute chance se réduisait à donner ou à recevoir.

Prétendant que je reconnaissais bel et bien notre chaloupe dans l'objet qui approchait, je forçai Zéla à me donner un baiser, mais bientôt la distance nous permit de distinguer le canot de Van Scolpvelt. J'allais donc payer le pari perdu, et rendre les baisers que j'avais indûment reçus, quand j'entendis un frémissement dans les broussailles, tout près de nous. J'armai ma carabine et entraînai ma compagne sous la voûte que formait la saillie du rocher. Un faoo voltigeait sur nos têtes.

– Prenons garde, me glissa Zéla à voix basse, le tigre approche; cet oiseau le précède toujours.

J'ajoutai silencieusement une balle à la charge de ma carabine et appuyai l'arme sur le roc, déterminé à ne faire feu que lorsque nous serions attaqués. Si j'eusse manqué mon ennemi, nous nous serions jetés à la mer pour gagner la chaloupe, qui s'approchait avec rapidité du rivage. Du reste, nous étions cachés, et j'espérais que nous échapperions sans être aperçus. Le frémissement dans les buissons n'avait pas cessé. J'ôtai mon bonnet de poil pour regarder par-dessus le roc, et, à mon grand étonnement, je vis non un tigre, mais un vieillard couvert de poils et de cheveux gris. Il écarta le buisson, examina l'endroit avec la précaution la plus minutieuse, par-dessous les broussailles, et arriva enfin à la clairière de la petite anse. J'allais me lever, mais Zéla me retint en me faisant signe de ne pas bouger ni dire un seul mot. Lorsque le vieillard se redressa, sa figure me parut la plus étrange que j'eusse encore vue : il était grand, maigre, décharné; je ne connaissais aucun être à qui j'eusse pu le comparer. Ses bras et ses jambes étaient d'une longueur remarquable; il ne portait d'autre arme qu'une énorme massue, taillée sur le modèle de celles qu'utilisent les insulaires des mers du Sud. Son visage noir était couvert d'une barbe grisonnante et sillonné de rides profondes. Sa taille paraissait courbée par l'âge et les infirmités; cependant il faisait de longues enjambées sur un sol raboteux. La malignité triste et sauvage de ses yeux rappelait à l'imagination plutôt le regard d'un démon que celui d'une créature humaine. Il s'assit sur la pointe d'un rocher au bord de l'eau, tournant le dos à l'abri d'où nous l'observions; puis, à l'aide d'une pierre aiguë, il se mit à briser une grande quantité de coquillages qu'il avala précipitamment et avec voracité. Après avoir mangé, il ramassa une large feuille, mit dedans quelques huîtres et quelques moules et les enveloppa soigneusement. Fixant ensuite ses regards sur la chaloupe, il se lava les mains et, d'un pas soudain étrangement leste, il reprit le même sentier et disparut.

– Je vais le suivre, murmurai-je en me relevant.

Zéla voulut m'en dissuader, « car, disait-elle, ce personnage n'était autre qu'un *jungle admee*, plus dangereux, plus artificieux, plus cruel que toutes les bêtes féroces ».

– Il est seul, répliquai-je, et certes je puis me mesurer avec lui. D'ailleurs, j'espère grâce à lui découvrir un passage; cela vaut la peine de le suivre.

Je me lançai à ses trousses. Le sentier que je découvris en me glissant sous les buissons épais des cantis offrait un passage étroit et tortueux, mais battu. J'entendais devant moi le vieux sauvage, et, sans être vu de lui, je l'apercevais de temps en temps. Un coup de sa massue renversait les rameaux qui s'opposaient à sa marche, ou sous lesquels il lui aurait fallu se courber. Derrière moi venait Zéla, que rien n'avait pu décider à m'attendre. Nous suivions l'étrange individu en silence, mais de fort près. Bientôt, tournant à droite, il prit la direction du grand marais, passa le lit d'un torrent, gravit un pic de la montagne, et, arrivant au pied d'un roc taillé perpendiculairement, et d'une élévation de quinze à seize pieds, grimpa lestement à un pin que l'âge avait couvert de mousse. Lorsqu'il parvint à la hauteur du sommet du rocher, il s'accrocha par les jambes et par les bras à une branche horizontale; puis, à la manière d'un matelot qui gagne le bout d'une vergue en avançant alternativement les pieds et les mains, cet homme singulier arriva jusqu'à toucher le bord du roc. Là, soutenant le poids de son corps à l'aide de ses seules mains, il se laissa doucement tomber sur le rocher et poursuivit sa marche.

Nous fîmes de même, avec toutes les précautions possibles pour n'être ni vus ni entendus. Notre guide traversa une chaîne de rochers presque stériles. C'était là que croissaient les pins dont j'avais besoin, sur un sol relativement dégagé de broussailles.

Le vieillard s'arrêta; observant avec attention le tronc d'un énorme pin qui était tombé de vétusté et dont le cœur presque pourri jetait encore quelques jeunes pousses qui perpétuaient ainsi son espèce, il parut mesurer la longueur de celles-ci avec un bâton. Il en arracha quatre, les dépouilla de leur feuillage, en fit un faisceau, les lia avec une corde d'herbes, les chargea sur son épaule gauche, et continua sa marche jusqu'à un petit espace où poussaient des mangoustans et des bananiers. Après avoir examiné leurs fruits et les avoir sentis, pour voir s'ils étaient mûrs, son choix tomba sur un platane, qu'il rejeta, n'ayant pu réussir à en arracher l'écorce aussi vite qu'il l'eût désiré. Alors le vieux sauvage fit plusieurs tours. Nous le suivions d'aussi près que possible, sans risquer d'être aperçus; enfin il parvint à un lieu découvert dont le sol était soigneusement aplani et nettoyé de toute herbe et de tout buisson. Dans un coin, sous l'abri protecteur d'un bel arbre couvert d'un épais feuillage parsemé de bourgeons blancs, je remarquai une jolie petite hutte.

Je regardais autour de cette enceinte, et tout excitait mon étonnement : le solitaire avait choisi le lieu de son ermitage avec un goût exquis. D'un côté, les rocs formaient une balustrade couverte de tamarins et de noisetiers sauvages, dont les parfums embaumaient l'air qu'on respirait là. Vers le bas de cette balustrade s'ouvrait une excavation qu'ombrageaient en partie trois arbres de bétel au tronc élancé, à l'écorce d'argent, beaux, flexibles et resplendissants comme les trois génies de la forêt. Derrière l'ermitage, l'œil reposait sur un fond de verdure formé par une vaste jonchaie, et nuancé majestueusement par le tamarin, le noisetier, le nopal, l'acacia, le figuier des Indes et les feuilles obscures du bambou.

Ayant déposé sa charge contre le mur de sa cabane, le sauvage se courba pour passer la porte sur ses genoux et ses mains, car le toit, construit en feuilles de palmier, descendait à moins de deux pieds du sol. Pendant que j'examinais les lieux, dans l'intention d'y faire une seconde visite, et au moment où je me baissais pour regarder l'intérieur de la hutte par-dessous d'épaisses broussailles qui bordaient la clairière, j'entendis dans les buissons un frémissement qui détourna mon attention : c'était le serpent horrible qu'on appelle *cobra de capello,* avec ses yeux étincelants, pareils à deux brillants enchâssés sur sa tête noire et carrée comme sur une bague mortuaire. Il passa près de Zéla et sembla s'arrêter pour fixer sur elle son regard funeste. Oubliant tout autre danger que celui qui la menaçait, je jette un cri et la prends dans mes bras. Le serpent, sans paraître effrayé, se retire lentement dans le gazon, et Zéla s'écrie :

– Oh ! le *jungle admee!*

Je la laisse glisser à terre et me retourne. Le sauvage s'avançait vers nous, brandissant au-dessus de sa tête sa massue. La malignité de son regard courroucé, le grincement de ses dents, les rides nombreuses de son front étroit, sa marche, tout annonçait qu'il venait m'attaquer. Ma carabine était armée, je la tenais de la main gauche, mais avant que j'eusse le temps de l'appuyer sur mon épaule, déjà il s'était approché de moi par une longue enjambée, et sa massue s'abattait sur ma tête. Un saut en arrière me préserva de ce coup meurtrier; au même instant, je fis feu; la charge de mon arme lui entra par-dessous le bras gauche et se logea toute dans son corps. Il fit un bond et, avant que je pusse me relever, il tomba de tout son poids sur moi. Me voyant par terre sous mon sauvage adversaire, je crus qu'il allait me tuer et criai à Zéla de courir au rivage et de se sauver dans la chaloupe. Mais dans le moment même elle lui plongeait une javeline dans le flanc.

– Il est mort, me dit-elle enfin, ne bouge plus; lève-toi!

Ce fut avec beaucoup de difficulté que je parvins à me dégager; je vis alors que la balle avait percé d'outre en outre le corps du sauvage en lui traversant le cœur, et c'est probablement ce qui avait causé le saut convulsif qu'il venait de faire. Un torrent de sang avait jailli de sa blessure.

Nous entrâmes dans sa demeure. Elle différait très peu, dans l'intérieur, de celles des autres naturels de l'île, si ce n'est qu'elle était beaucoup plus propre et paraissait plus commode. A l'une des extrémités, une cloison partageait l'ermitage en deux, destinée par un dispositif ingénieux à garantir le propriétaire des lieux des voleurs, lorsqu'il était absent. Des fruits et des racines étaient étendus avec soin et séparés les uns des autres pour les préserver de la pourriture. J'étais tenté de prendre cette chaumière pour le *cottage* d'un savant écossais.

Des coups de fusil et des voix que nous entendîmes tout près de nous me révélèrent la proximité de la mer; j'en fus surpris, car je m'en croyais plus éloigné; le sentier sinueux que le sauvage des jonchaies avait parcouru m'avait trompé dans mon calcul. Nous nous hâtâmes de retourner au rivage, et nous y trouvâmes Van Scolpvelt et sa pirogue. Les rameurs de notre chaloupe l'avaient dirigé vers cet endroit; ne nous voyant pas, mais alertés par la détonation de ma carabine, il avait conçu des craintes et avait ordonné de tirer quelques coups de mousquet.

– Soyez le bienvenu, Scolpvelt, lui dis-je; je vous ai procuré le plus beau sujet pour vos exercices anatomiques.

– Où est-il? s'écria le docteur, quand je lui eus raconté mon combat et ma victoire.

Je l'eus à mes talons jusqu'à ce que nous fussions arrivés sur le terrain, et lorsqu'il eut aperçu le corps du sauvage :

– Quoi! s'écria-t-il, rien que cela! Mais ce n'est pas un

individu de l'ordre *Bimana*, du genre *homo* ou homme... mais une affaire du second ordre : *Quadrumana*, de la tribu des *Simiœ*, singes, guenons, babouins... *pelvis* étroit, *falx* prolongé, bras longs, pouces courts, fesses aplaties.

» Bref, il s'agit là, poursuivit Van Scolpvelt en le retournant, d'un orang-outang : le premier que j'aie jamais vu dans toute sa croissance. Sans doute il ressemble beaucoup au *genus homo;* cependant tâtez : il a treize côtes. Il y a très peu de différence entre lui et vous. Buffon prétend que ces animaux n'ont nuls sentiments religieux; et quels sont ceux que vous avez? Ils sont braves et féroces comme vous l'êtes, et ils sont aussi très ingénieux, ce que vous n'êtes pas. Du reste, ce sont des êtres qui réfléchissent, qui pensent; ils ont le meilleur gouvernement du monde : ils divisent leur pays en districts, jamais ne se rendent coupables du crime d'invasion et ne foulent jamais aux pieds les droits des autres. Tout cela vient de ce qu'ils n'ont pas de prêtres, de rois, d'aristocrates. Leurs chefs sont démocrates; ils marchent en corps, bâtissent des maisons, et vivent bien. Celui-ci a été réfractaire, un pécheur endurci; et voyez son air maladif, voyez ces ulcères et ce goître à la gorge, et ces blessures qu'il a par tout le corps. ... Oui, oui, il a été réfractaire, et sans doute banni de la société de ses semblables. Je conserverai son squelette pour le présenter au collège chimique d'Amsterdam. Il est d'une espèce rare.

Nous laissâmes travailler le docteur sur l'orang-outang. Nous partîmes examiner le bois; puis nous nous frayâmes un passage jusqu'au bord de la mer. Au coucher du soleil, nous retournâmes à nos barques, car les naturels nous avertirent que ces lieux étaient infestés de tigres et de serpents.

CHAPITRE DIX-NEUVIÈME

De Ruyter
fait de fréquentes visites avec le grab.
Nous nous préparons pour la chasse au tigre. Assassinat d'un lépreux. Bataille d'un faucon et d'un corbeau. Zéla aperçoit un serpent venimeux. Un tigre sort des broussailles.
Je rallie quelques hommes pour chercher De Ruyter.
Le secrétaire français
veut se noyer.

Les Malais sont réputés, d'une voix commune, les plus farouches, les plus traîtres, les plus ignorants et les plus inflexibles de tous les barbares. Cependant De Ruyter, qui ne croyait pas à l'infaillibilité de l'opinion publique, et qui ne se laissait pas influencer par les autres quand il pouvait juger par lui-même, ne tarda pas à rectifier mes idées sur le caractère de ces peuples si indignement maltraités. L'expérience me prouva qu'il leur rendait justice en disant qu'ils étaient fidèles à leur parole, libéraux jusqu'à la prodigalité, et d'un courage invincible. Toutes les tentatives des rois européens et orientaux pour subjuguer ces Indiens ont échoué. Si quelque portion de leur territoire leur a été arrachée par une force supérieure, ils l'ont abandonnée sans se courber sous le joug du vainqueur, et ils ont conquis bientôt des établissements dans les îles ou dans les possessions de leurs voisins. Ils forment une grande partie des habitants de Malabar et des trois grandes îles de la Sonde. Là où ils peuvent être libres, sur les rocs ou dans les sables du désert, ils vivent heureux; là est leur patrie. Ils ont des goûts simples, ils sont braves et entreprenants.

Près de la côte où nous étions mouillés, ils avaient une colonie, avec laquelle nous fûmes bientôt en relation amicale, par l'intermédiaire du grand nombre de leurs compatriotes que nous avions à bord, et grâce aux dispositions de De Ruyter, qui les aimait beaucoup. Les Biajous quant à eux étaient d'une sorte inférieure, et nous ne tardâmes pas à en trouver certains quelque peu fatigués.

Nous avions presque toujours en notre compagnie un prince malais et, lui ayant exprimé notre désir de faire la chasse au tigre, il y consentit volontiers, quoique en général les Malais ne soient pas amis d'un tel exercice et qu'ils n'attaquent cet animal que pour s'en garantir ou pour défendre leur propriété.

Je dois dire que, pendant que nous étions ancrés à cette côte, De Ruyter faisait des croisières assez fréquentes avec le grab, dans l'intention de découvrir quelque bâtiment, ou pour apprendre ce qui se passait dans ces mers. Pendant ce temps, les réparations du schooner marchaient avec rapidité, car j'avais trouvé de quoi lui fabriquer des esparres. Parfois nous faisions des parties de chasse sur le rivage; nous tirions des daims, des chiens sauvages, des chevreuils, de temps à autre des buffles, et nous rafraîchissions nos vivres de cette manière sans diminuer nos provisions de mer. Outre la chasse, il y avait d'excellent poisson en abondance le long de la côte, et nous envoyions chaque jour à la pêche une partie de l'équipage, en sorte que nous vivions très bien et sans la moindre dépense. Le riz, le café, le tabac, le maïs et d'autres grains nous étaient apportés en échange par les naturels. De Ruyter voulait attendre la flotte chinoise sur la voie de son retour, et, s'il était possible, l'attaquer.

Comme nous en avions le temps, nous fûmes curieux de voir l'intérieur de l'île. Les naturels nous avaient parlé fréquemment des ruines d'une ville antique, bordant de grands marais qui étaient la demeure des tigres et d'autres bêtes fauves. Nous arrêtâmes le plan d'une excursion dans cet endroit.

Nos vaisseaux étaient toujours dans le meilleur ordre, et

l'on n'épargnait aucune précaution pour éviter toute surprise par mer ou par terre. En général, De Ruyter ou moi nous restions à bord. Dans l'île où nous avions établi notre hôpital, nous avions construit une batterie et monté deux pièces qui commandaient le schooner. Tous nos hommes étaient employés constamment à quelque occupation. Le mécontentement, les disputes des ivrognes, leurs querelles avec les habitants du pays pouvaient nous causer de nombreux désagréments. Mais aucun homme ne possédait comme De Ruyter les qualités nécessaires pour le service qu'il faisait. Sa discipline sévère, l'opportunité des punitions, sa douceur et sa prudence réprimaient les réfractaires et calmaient les mécontents.

Nous nous occupâmes des préparatifs pour notre chasse au tigre. Le prince malais devait nous accompagner avec un détachement de sa troupe; il s'engagea même à nous fournir d'éléphants. De Ruyter prit vingt des plus mauvais sujets de son équipage, bien armés, et quelques hommes choisis du schooner.

La chasse au faucon et les combats de coqs formaient les délices du chef malais. Une des singularités de son caractère, c'était l'observation la plus scrupuleuse du code malais sur la peine du talion, surpassant la loi juive : « Un œil pour un œil, une dent pour une dent. »

Notre prince fut pris d'un accès de colère le premier jour de notre marche. Un Tiroun, homme brutal de sa suite, lequel remplissait à l'arrière de la troupe les fonctions de *mabout* (cornac, ou conducteur) du petit éléphant de Zéla, fit un signe à cette bête, dont la sagacité profonde n'est pas contestée. C'était au moment qu'il passait à côté d'un malheureux qui venait de sortir des ruines d'une citerne pour demander l'aumône. L'éléphant obéit : il tua cet homme. Je parlais avec le prince malais lorsque la voix de Zéla me fit tourner la tête. Elle me montra du doigt l'objet que je n'avais pas observé auparavant; c'était un lépreux sale et hideux, dont le corps, plein d'ulcères épais, semblait à moitié dévoré par les vers. Il était tellement enflé et couvert de feuilles et de haillons qu'il n'avait d'apparence humaine que le visage, qui, malgré l'empreinte de cette horrible maladie, laissait voir un homme frappé dans l'âge de la vigueur et de la santé.

Le *mahout* était d'une race qui se plaît à répandre le sang. Ces hommes font des sacrifices à leurs divinités, et offrent des victimes à leurs maîtresses. Nul Tiroun ne peut se marier jusqu'à ce qu'il ait jeté aux pieds de sa fiancée une tête ensanglantée, d'ami ou d'ennemi, n'importe, prise dans une bataille ou dans le lit d'un hôte assassiné pendant son sommeil; une tête humaine est chez ces gens le premier présent de noces. Un amant qui offre à la plus orgueilleuse des beautés du pays un bouquet de têtes ne peut être refusé.

Mais pour revenir à mon ami le chef des Malais, sitôt qu'il apprit l'affreux assassinat commis par le Tiroun sur un malheureux que sa fatale maladie bannissait de la société des hommes, le rendant l'objet du mépris général, il saisit le bâton d'un mahout et commença à le battre. Le Tiroun sauvage tira de sa ceinture un dard empoisonné et tenta de blesser celui qui le punissait. Ce que voyant, le Malais devint furieux; il lui arracha le dard des mains, tira son propre cric, poussa le drôle contre un arbre, l'y retint avec force de la main gauche et lui perça le corps avec l'arme qu'il tenait à la main droite. Ses coups étaient si répétés qu'il le frappait encore longtemps après sa mort. Sa fureur ne peut se décrire, il semblait lui-même couvert du sang du Tiroun; ses cheveux d'ébène et son visage de feu, trempé de sueur, lui donnaient l'apparence d'un démon vengeur revenu des enfers.

– Il faut que j'apprête ma carabine, dis-je à De Ruyter qui s'était approché de moi; ce gaillard est fou, il va faire ici des sottises.

Las de poignarder, le prince malais jeta le corps déchiré du Tiroun à côté du lépreux. Levant alors les yeux au ciel, il fit retentir un hurlement de joie et montra de la pointe ensanglantée de son cric un objet vers les nues.

– Ils sont là! s'écria-t-il. Ne l'avais-je pas dit?

Un faucon à longues ailes, de l'espèce la plus grande, combattait avec un corbeau que l'odeur du sang avait attiré sur les lieux. Son vigilant ennemi avait aperçu l'oiseau noir; il l'avait épié, et venait de fondre sur lui. Le chef malais soutenait que le faucon était l'esprit du lépreux et le corbeau celui du Tiroun, et contemplait leur lutte avec l'intérêt le plus vif. Les deux oiseaux prirent de la hauteur, affrontés l'un à l'autre, jusqu'à ce qu'ils devinssent presque imperceptibles. Ils ne paraissaient pas plus grands que les atomes qui voltigent dans un rayon du soleil. Cependant le Malais aux yeux d'aigle hurlait :

– Voilà qu'il a le dessus, le lépreux; il retombe sur l'esprit de son noir assassin!

Le faucon avait atteint le point le plus élevé de son vol; il tomba comme la foudre sur le corbeau, l'étourdit par ses coups, le serra dans ses griffes, l'enveloppa de ses vastes ailes et, lui dessous, tous deux roulèrent comme une balle noire jusqu'à une courte distance de la terre. Le faucon déploya alors ses ailes, mais sans ouvrir les serres. Enfin, près du sol, agissant par la force de l'air, il reprit le dessus, et le corbeau tomba sans mouvement, quoique son croassement fort et soutenu laissât voir qu'il n'était pas encore mort. Le prince claqua des mains, alla près des cadavres, prit une pierre et broya la tête du corbeau. Le faucon quant à lui alla se poser en triomphe sur la branche d'un arbre très élevé, comme s'il eût attendu notre départ pour commencer son festin.

Nous nous étions placés sous la conduite de ce chef farouche. Il faut observer que, l'issue du combat de ces oiseaux l'ayant tranquillisé complètement, nous reprîmes notre marche en harmonie. Hors de ses accès de colère, il était en effet sensible, courtois, affable, et des plus attentifs avec ses hôtes. Il faisait montre d'une grande sagacité naturelle pour vaincre toutes les difficultés qui s'opposaient à notre marche, maintenait l'ordre et la subordination parmi ses hommes, et prenait toutes les précautions imaginables pour ne pas être surpris par les peuples dont nous traversions le territoire. Il jouissait d'une remarquable maîtrise des mouvements de son corps. Il la devait à un exercice constant, qu'il serait impossible de trouver parmi les personnes civilisées, dont les sens sont émoussés faute d'en faire usage. Ses yeux distinguaient les objets avant que nous les aperçussions, et son ouïe était plus fine que celle du chien. Malgré ces avantages, nous avancions lentement; les éléphants étaient obligés souvent de nous frayer un passage à travers les jonchaies, et nous perdions des jours entiers à chercher un sentier autour des marais ou des forêts impénétrables. A peine voyait-on des signes de la présence des hommes et de rares traces de cultures, mais nous rencontrions une succession continuelle de bêtes et d'oiseaux.

Durant la chaleur de la journée et le soir, tandis que nous reposions, nous nous amusions à tirer à balles sur les daims, sur les chiens sauvages et sur les grandes poules des jungles, qui volaient par milliers sur nos têtes, se retirant au bois pour y chercher leurs perchoirs. Le cinquième jour nous commençâmes à nous approcher des lieux où nous devions faire la guerre aux tigres, vers le sud-est de l'île. De Ruyter nous conseilla de fumer tout le temps que nous serions dans ce voisinage, et moi, convaincu de l'efficacité de cette précaution, je fis aussi fumer à Zéla un petit houka. Mon *argola* ne me quittait jamais; j'étais monté sur un dromadaire colossal, et le conducteur, placé sur le cou de l'animal, portait un petit brasier de charbon de bois et un ample sac de *tombachie* (tabac de Perse). Pendant cette excursion, je fus témoin des effets admirables du tabac pour se préserver de la fièvre. Ceux qui ne fumèrent pas eurent des étourdissements, vomirent, crachèrent le sang, furent atteints de la dysenterie et souffrirent de la fièvre. Ceux qui n'avaient pas cette habitude, mais qui prenaient de temps à autre un petit cigare, n'eurent que de légères attaques fébriles. Je notai enfin qu'il ne suffisait pas en l'occurrence de mastiquer le tabac. Le houka et le callian étaient les seuls préservatifs réels. En même temps nous évitions, lorsqu'il était possible, de dormir sous les arbres ou près des jungles. Les Malais les brûlaient, ce qui débarrassait le passage et purifiait l'atmosphère.

En sortant des bois, nous entrâmes dans une plaine fort étendue, où l'on ne voyait que des cannes énormes, du gazon et des herbes fétides qui croissaient jusqu'à la hauteur des jeunes pins et se mêlaient confusément avec des ratans. Les éléphants sauvages avaient ouvert ici et là quelques sentiers, sans quoi nous n'aurions pu traverser ce désert impénétrable. Il était borné par des montagnes, par des forêts d'arbres les plus merveilleux que j'eusse jamais vus et, sur notre droite, par une suite de petits rochers, le long desquels nous poursuivions notre marche. Il s'élevait du centre de ces rochers un monticule qui semblait être une île d'émeraude, enchâssée dans un bandeau de rocs, dont l'une et l'autre extrémité se prolongeaient comme pour s'attacher aux montagnes. C'est sur ce vaste monticule qu'étaient, disait-on, les ruines d'une ville immense des Maures, autrefois appelée la ville des rois, mais à présent la ville des tigres. Quant au désert, on lui donnait le nom de Plaine des Éléphants.

Nous fîmes plusieurs milles, suivant toujours la trace des pachydermes, mais sans en voir un seul parmi les animaux que nous rencontrions. Enfin, nous arrivâmes à la chaîne de petits rochers, et, les ayant montés, nous aperçûmes un noir et infect marais qui s'étendait à perte de vue, dans un terrain considérablement plus bas que celui que nous venions de traverser. Il nous fallait encore un jour de marche pour arriver à la montagne verte et boisée où nous allions. Un voile triste de vapeurs s'étendait sur le grand marais, où ne croissaient que de sombres roseaux dont les têtes soyeuses et élevées balançaient leur noire chevelure comme les plumes d'un corbillard, quoique là où nous étions on ne sentît pas un souffle d'air. Certes, l'imagination la moins poétique aurait pu fixer en ce lieu la demeure de tous les maux de l'enfer, surtout lorsque la nuit couvrait la terre de ses ténèbres et que la brise agitait les roseaux, illuminés par la lueur pâle et bleuâtre des éclairs. On aurait dit une mer noire et tempétueuse qui roulait ses vagues sous nos pieds.

Après avoir dévoré la plus grande partie d'un dindon sauvage à moitié rôti, je me couchai dans ma tente sur une peau de tigre et plaçai ma carabine sous ma tête; Zéla se mit près de moi et jeta sur nous une peau d'élan tannée. Je dormis mieux que l'homme le plus splendidement logé, jusqu'au matin, que je fus éveillé, non sans difficulté, par Zéla.

Dans la vie errante et périlleuse qu'elle avait menée dès son enfance, elle avait contracté l'habitude d'un sommeil léger, et le moindre bruit l'éveillait immédiatement. Je l'ai vue ouvrir les yeux au bourdonnement d'une mosquille que j'avais chassée de son front. Ce matin-là, elle avait été éveillée par un bruit semblable à celui d'un grelot. Voyant que j'avais les jambes nues, elle allait me les couvrir lorsqu'elle aperçut un serpent terrible et venimeux qui sortait de dessous la peau. Heureusement je dormais comme si j'eusse été mort. Elle eut le sang-froid de rester appuyée sur le bras, en retenant sa respiration, et d'observer tous les mouvements du reptile à la clarté de la lampe et des brandons du feu qu'on avait allumé à la porte de la tente, comme préservatif contre les vapeurs méphytiques du marais. Attiré par la chaleur du bûcher, le serpent avait quitté son gîte froid parmi les rocs, et le moindre mouvement de ma part ou de celle de Zéla m'aurait exposé à sa morsure mortelle. Lorsqu'il se fut retiré, Zéla m'éveilla. Dès qu'elle m'eut appris le danger qui m'avait menacé, je me levai d'un saut, craignant que quelques-uns de ceux qui dormaient au-dehors ne fussent attaqués; je dis à Zéla d'éveiller ceux qui étaient à côté de la tente, et je suivis le serpent qui fuyait. Il entendit mes pas, dressa sa crête et se retourna pour me regarder. Je ne pouvais manquer, à bout portant, sa tête énorme; j'y logeai toute la charge de ma carabine.

Le prince donna l'alarme et courut vers moi, suivi de ses gens. Je lui montrai le reptile qui se tordait dans les dernières convulsions, au milieu des brandons du bûcher presque éteint. La détonation de ma carabine lui avait fait croire qu'un combat était engagé, mais lorsqu'il vit le serpent, il parut désappointé et s'écria :

– Bah! ce n'est qu'un *chickta!* Quel dommage de brûler de la poudre pour tuer un misérable ver! Il y en a ici des milliers; voici comme on les tue...

Il traversa la tête du serpent avec sa lance et la mit sur le feu. Le reptile s'entortilla autour de l'arme qui l'avait blessé et parvint jusqu'à la main de son meurtrier. Le chef malais, l'ayant détaché, le jeta au feu et déclara :

– Si vous avez la patience d'attendre dix minutes, il sera rôti, et vous le trouverez excellent.

Au pied de la montagne s'étendait un terrain onduleux dont la surface était tapissée de roseaux rougeâtres et petits, qui formaient une jungle de peu d'élévation, toute couverte de baies jaunes et rouges. Des outardes, des hérons, des grues et des oiseaux marins volaient par larges bandes sur nos têtes, tandis que nous voyions passer devant nous des chacals, des renards, et plusieurs autres animaux que je n'avais jamais vus. Nous vîmes aussi des bandes d'éléphants sauvages et de buffles paissant tranquillement dans la plaine que nous venions de quitter. Vers midi, nous fûmes arrêtés par une rivière large, fangeuse et peu profonde. Après y avoir été longtemps retenus, les éléphants passèrent un gué, et nous nous reposâmes la nuit, ou plutôt nous ne reposâmes pas, car les insectes nous empêchèrent de dormir. Le lendemain, nous gravîmes la côte qu'on appelle Montagne des Esprits. Les naturels la regardent avec une terreur si superstitieuse que probablement nous seuls, depuis plusieurs siècles, avions troublé l'enceinte sacrée des ogres et des esprits qui, d'après la croyance religieuse du pays, demeurent dans ces cavernes solitaires. Là se trouvaient en effet les restes d'une ville d'origine mal connue. De Ruyter affirmait qu'elle était maure [1]. Il y avait là de grandes masses de pierre, des étangs délabrés, et parfois quelque indice d'une muraille; mais des arbustes épais, des joncs, des plantes rampantes et maintes autres herbes couvraient ces décombres de leur feuillage et de leurs fleurs.

Nous établîmes nos tentes sur une partie rocailleuse de la montagne qui n'était pas envahie par la jungle; on alluma des bûchers, et l'on commença gaiement à faire les préparatifs pour le lendemain, après avoir rôti pour souper un jeune cerf. Avant la pointe du jour, l'inquiet Malais avait éveillé

1. C'est-à-dire fondée par une colonie d'Arabes musulmans. *(NdE)*

ses gens et préparé les éléphants, dont six lui appartenaient. Tout était prêt au lever du soleil, et nous continuâmes notre marche. Zéla, qui voulait absolument nous accompagner, montait son petit éléphant, encaissée dans le seul houdah fermé que nous eussions, car les nôtres étaient tous découverts. Ce fut en vain que nous cherchâmes des tigres. L'empreinte de leurs pas se voyait dans plusieurs places, près des citernes d'eau stagnante, mais elle disparaissait dans le haut gazon et dans les broussailles épaisses, qui nous empêchaient d'en suivre la piste. En attendant, nous tuâmes du gibier en abondance, des daims, des porcs sauvages et des oiseaux de cent espèces. De Ruyter, ayant reconnu les alentours avec soin, revint vers la nuit; il nous dit qu'il avait éventé trois tigres et les avait suivis jusqu'à une jungle épaisse près de laquelle il avait trouvé les os d'un élan récemment dévoré.

Dans l'espérance d'une chasse certaine, nous nous levâmes le lendemain avec grande joie. Après avoir marché environ deux milles, nous descendîmes jusqu'à une plaine et gagnâmes une jungle de ronces et de cannes excessivement épaisse. La plaine était couverte autour de nous de haut gazon et de roseaux aquatiques, avec des buissons çà et là, mais on n'y voyait pas beaucoup d'arbres. De Ruyter nous conduisit à la place où il avait trouvé les os du cerf; la terre y était humide et remuée, et l'herbe foulée; il n'était plus difficile de suivre le sentier que le tigre avait marqué de ses énormes griffes. Ici De Ruyter divisa notre troupe afin de bloquer toutes les issues des jungles qui paraissaient accessibles. C'était à la faveur de ces ouvertures pratiquées par les bêtes fauves que nous devions y pénétrer. La plupart des gens de notre suite étaient à pied et ne paraissaient pas plus inquiets que si nous eussions été chasser aux belettes. Je laissai Zéla sur son houdah, à l'entrée du bois, gardée par quatre de ses Arabes.

De Ruyter et moi avions mis pied à terre pour nous frayer un passage. Les Malais étaient divisés en deux bandes. Notre arrière-garde était formée par nos marins, que nous avions avertis sur l'usage qu'ils devaient faire des armes à feu, car il y avait plus à craindre d'eux que des tigres. De Ruyter exprima des doutes sur le courage de nos éléphants; il ne croyait pas qu'ils feraient face aux fauves, mais il fallait les essayer. Dans notre marche vers les buissons, nous fîmes sortir de leurs gîtes plusieurs daims, lièvres et lynx. Nous vîmes aussi des ruines que l'on disait être celles d'un palais maure. Rien, excepté la sagacité des éléphants, n'aurait pu nous tirer de ce labyrinthe inextricable de bâtiments en ruine et de puits masqués par des herbes aquatiques.

Nous parvînmes enfin à un lieu sauvage et mystérieux qui glaça la joie turbulente des matelots et mit un frein aux obscénités et aux querelles des Malais. La voix des éléphants, comme le son rauque d'une trompette, annonçait l'approche de la tanière du tigre. Il y avait devant nous une espèce de dôme en ruine et, du milieu des broussailles qui l'entouraient, on entendait un frémissement qui fit crier à De Ruyter : « Restez tranquilles, mes enfants! » Un tigre, le premier que j'eusse affronté, sortant de derrière les broussailles, se précipita sur nous. Je ne sais quel fut l'effet de notre décharge, car dès que nous eûmes fait feu tous ensemble, nos éléphants se retournèrent et s'enfuirent, saisis d'une peur qui les rendait furieux. Mon mahout se jeta promptement à terre, et je fus moi-même renversé par des branches d'arbre. J'entendis un bruit affreux, des cris de poursuite, et de tous côtés des coups de fusil. L'éléphant de De Ruyter tomba dans les décombres d'un mur délabré, mais mon ami ne tarda pas à sortir d'embarras.

Abandonnant les éléphants à leur sort, nous résolûmes de ne pas perdre la chasse. De Ruyter était d'avis qu'il devait y avoir plusieurs tigres dans la tanière; nous avançâmes à pied pour les déloger. Nous rassemblâmes une partie de nos gens et, guidés par l'odeur abominable du lieu, par les os secs et décharnés épars dans les alentours, nous nous dirigeâmes vers leur gîte. Nous battîmes les buissons, serrés l'un contre l'autre pour forcer le chemin; nous entendîmes enfin des grondements sourds et d'horribles grincements de dents.

– Serrez-vous bien! cria De Ruyter. Il y a ici une tigresse

avec sa portée; prenez garde, mes enfants, ne faites pas feu avant qu'elle se découvre, et alors tirez bas.

Un jeune tigre parut le premier et nous chargea. De Ruyter, espérant que la mère le suivrait, conserva son coup de fusil et me conseilla de faire de même. Le jeune tigre, effrayé, s'enfuit; il alla se tapir sous une broussaille épaisse, où il resta en grondant, et où bientôt ses frères le suivirent. La voix de la tigresse se fit alors entendre tout près, terrible. Un coup porté à l'un de ses petits la fit sortir, battant ses flancs de sa queue et écumant de rage. Elle s'élança droit sur nous. Je fis feu de mes deux coups, et nous reculâmes de quelques pas. La bête, blessée, se traîna de notre côté. A l'instant qu'elle allait bondir sur nous, De Ruyter lui traversa le cœur d'une balle. Pendant que je rechargeais mon arme, un des jeunes tigres, déjà blessé, se précipita sur moi et me jeta par terre. Alors De Ruyter, avec autant de sang-froid que s'il eût été à la chasse aux oiseaux, lui mit le canon de son fusil à l'oreille et lui fit sauter la tête. Les matelots, pendant ce temps, faisaient un feu dont les balles se croisaient sur nos têtes et poursuivaient les jeunes fauves blessés.

– Mettons-nous derrière ces rocs, fit De Ruyter; un matelot se sert avec autant d'adresse d'un fusil que d'un cheval : il renverse tout ce qui est devant lui.

Un Malais vint nous dire, de la part de son prince, que l'autre côté de la jungle était plein de tigres; qu'ils en avaient tué deux, et qu'un de leurs gens avait péri dans le combat. Le bruit et la confusion qui régnaient dans ce désert ressemblaient à une bataille navale ou au sac d'une ville. J'observai cependant que les tigres n'étaient pas des adversaires si redoutables que je me l'étais imaginé. Ils se tapissent dans l'herbe qui les cache, ou sous le feuillage des buissons. En général, il faut les blesser pour les mettre en mouvement; alors ils essayent par tous les moyens d'échapper à travers les buissons les plus épais. Ce n'est que lorsqu'ils ne trouvent plus d'issue à leur fuite, et quand les tenaille la douleur poignante des blessures, qu'ils se précipitent aveuglément et en furieux sur leurs persécuteurs.

Inquiet d'avoir été si longtemps éloigné de Zéla, je retournai seul à l'entrée du bois, où je l'avais laissée bien gardée. Comme j'approchais du lieu, je fus alarmé par un bruit confus de ménagerie et de voix humaines. Je me hâtai d'y arriver aussi promptement que les broussailles du chemin et l'inégalité du sol me le permettaient. Le râle des tigres se faisait entendre de plus en plus fort. Je débouchai à l'endroit où j'avais quitté Zéla. Je me précipitai, plein d'effroi, de l'épaisseur des buissons vers l'espace ouvert de la clairière; je vis alors un tigre monstrueux juché sur l'éléphant où avait pris place l'aimable enfant, grimpant à l'aide de ses énormes griffes sur le houdah, grinçant des dents, rugissant et écumant de rage. Je ne vis pas ma Zéla... je la crus dévorée. Je me frappai la tête avec le poing. « Bête! bête! » m'écriai-je; et je chancelai, et le froid des tombeaux glaça mes membres affaiblis. Ce ne fut que l'agonie d'un moment : mon sang reprit sa course dans mes veines, et ce fut du feu qui coulait à travers tout mon corps. Ma carabine n'était pas chargée; je la jetai loin de moi, et, armé seulement d'un poignard malais, sans crainte, sans réflexion, je terrassai un jeune tigre qui grondait et rugissait à la vue d'un objet que je passai sans l'apercevoir. L'éléphant frappait, criait et luttait en désespéré pour secouer son ennemi. Le vieux tigre tomba, mais il entraîna dans ses griffes une personne entourée et couverte d'un vêtement blanc, tel celui de Zéla. Comme je m'approchais du tigre, qui levait une de ses pattes sur la poitrine de sa victime, il me lança un regard féroce. A l'instant où je me précipitai sur lui, j'entendis au-dessus de moi une voix faible et tremblante s'écrier :

– Saint Prophète, protège-le!

Je n'entendis plus rien. J'allongeai le bras, avec la fureur d'un aliéné, pour plonger mon poignard dans la gorge du fauve au moment qu'il sautait sur moi. Mais l'éléphant, comme s'il eût compris la prière de Zéla, frappa au même instant le tigre de ses pieds de derrière, tandis qu'il avait les yeux fixés sur moi, et le jeta au loin en le faisant voltiger comme une plume. Avant qu'il pût se relever, je lui enfonçai mon cric dans le corps jusqu'à la garde. Un hurlement plus fort que les cris du tigre, de l'éléphant et que tout autre bruit m'avertit de l'approche du chef des Malais. Il arrivait à temps, car le tigre est dur à mourir : le mien avait encore assez de force pour me terrasser et, sans l'assistance du Malais, lui et le jeune fauve qui s'était déjà jeté sur moi m'auraient infailliblement déchiré. Le prince passa sa lance à travers les flancs de la plus jeune des deux bêtes, et vint ensuite plonger vingt fois son cric dans le corps du vieux monstre. Après quoi il me dégagea et m'aida à me lever, en s'écriant :

– Ah! le bel amusement!... Ah! que j'aime donc cela!... Retournons à la jungle; il y en a encore là-bas un grand nombre de bêtes. Nous allons toutes les tuer!

Puis il partit, rugissant comme un lion, couvert de sueur et de sang et brandissant sa lance, et il disparut dans le bois.

Heureusement que mes yeux égarés vinrent à rencontrer Zéla, sans quoi j'aurais perdu la vie ou je serais devenu fou. Elle était à mes pieds, muette, glacée, insensible. Je voulus la relever; mes forces m'avaient abandonné et je tombai en la serrant contre mon cœur; je restai quelque temps sans mouvement. Quand je repris mes sens, je trouvai Zéla sauvée; j'aperçus les corps sanglants des tigres, et je constatai que tout était calme autour de nous.

– Qu'est-ce que cela? lui demandai-je, montrant le paquet de chiffons blancs qui était à mes pieds.

– Mon ami, c'est le pauvre mahout. J'ai peur qu'il ne soit mort.

– N'est-ce que cela? Eh bien! je pensais que c'était vous...

Ma colère se tourna contre les Arabes de Zéla, qui dans ce moment sortaient des buissons où ils s'étaient amusés à poursuivre une portée de léopards dont De Ruyter avait tué la mère – ils en avaient pris un tout vivant. J'étais furieux contre ces drôles qui avaient mis en danger la vie de Zéla, et je courus après l'un d'eux pour lui brûler la cervelle. J'avais mon pistolet pointé vers sa poitrine, mais au moment où je portais le doigt sur la détente, une main leva mon bras, et l'arme fut déchargée en l'air. Je me retournai dans l'intention de punir le téméraire avec la crosse du pistolet, mais les yeux de Zéla rencontrèrent les miens. Son regard pénétra jusqu'au fond de mon âme...

– Cet homme est mon frère de lait, sa nourrice a été la mienne, et nous devons avoir le même sang. Ne nous détruisons pas les uns les autres, le Prophète n'a-t-il pas sauvé le dernier reste de la maison de notre père? C'est le mauvais esprit qui a tué mon père qui vient de s'emparer de toi; sa main est sur ton cœur : prends garde qu'il ne le convertisse en pierre. Son ombre plane sur ta tête, comme un nuage sur le soleil, et te fait paraître aussi noir, aussi farouche, aussi cruel qu'il l'est lui-même.

– Vous êtes le faucon de notre Malais, répondis-je, mais l'ombre noire de l'aile du corbeau s'est évanouie; le soleil brille sans nuages, l'oiseau de mauvais augure m'a déjà quitté. Il faut que j'aille encore à la jungle. Que peut-il être arrivé à De Ruyter? Voyons, montez sur votre éléphant, je préfère vous confier à lui que de vous laisser entourée de mille Arabes. C'est un noble animal.

Lorsque Zéla fut près de l'éléphant, je lui donnai du pain et des fruits pour qu'elle pût régaler le brave animal, mais celui-ci paraissait absorbé dans une contemplation mélancolique; ses regards se fixaient sur le corps du mahout expirant, avec une sympathie plus qu'humaine; il ne faisait pas attention à nous, et quand ses yeux rencontraient le tigre mort, il frappait des pieds, faisait quelques pas mal assurés, et la colère brillait dans ses yeux. Il faisait entendre alors un bruit semblable à celui d'une trompette, comme en triomphe d'avoir vengé son malheureux ami. Puis, comme s'il eût réfléchi qu'il l'avait vengé, mais non sauvé, il baissait les oreilles et la trompe. Quoiqu'il fût lui-même sanglant et déchiré, ses yeux pensifs et humides prouvaient assez qu'il oubliait ses propres souffrances et n'éprouvait alors que la douleur de la perte d'un ami. Il regardait les Arabes qui formaient une espèce de brancard pour emporter le moribond, lequel avait toute la poitrine déchirée et ouverte, et une des aines horriblement mutilée.

Ce sensible éléphant refusa toute nourriture, même après que le mahout fut éloigné de sa vue. Je plaçai contre lui l'échelle de bambou, et Zéla monta au houdah; il retourna sa trompe et, reconnaissant sa passagère, il reprit sa première position et continua ses sanglots.

Je ralliai quelques hommes et retournai dans la jungle pour chercher De Ruyter, dont la longue absence m'alarmait. Enfin, j'entendis sa voix si connue; il appelait par son nom une des personnes de la troupe. A notre arrivée, il nous demanda des nouvelles de son secrétaire avec une anxiété paternelle; celui-ci l'avait accompagné dans les jungles et manquait à l'appel.

Les fauves ayant été poussés vers la plaine, nous nous séparâmes en groupes de deux ou de trois, et nous explorâmes en tous sens une vaste étendue d'épaisses broussailles, appelant le disparu par son nom et tirant des coups de fusil pour lui faire connaître les lieux où nous étions, mais en vain; la nuit, qui commençait à rembrunir le ciel nous força à quitter ce repaire de tigres, de reptiles et de fièvre. Nous marchâmes vers nos tentes, formant des conjectures sur la disparition du malheureux secrétaire.

C'était un jeune Français que De Ruyter avait emmené, par compassion, pour le consoler de grandes infortunes qui lui étaient arrivées à l'île de France. De Ruyter s'était attaché à lui; afin de le distraire de sa mélancolie, il l'avait tiré du comptoir de l'un de ses agents et l'avait placé à bord, à l'occasion de ce voyage, en qualité de secrétaire. Au début, le jeune homme s'était acquitté de son devoir avec exactitude; c'était à peine s'il sortait une fois le jour de sa cabine; il ne se mêlait ni ne parlait à bord à personne, excepté à De Ruyter. Il mangeait peu. Les livres, qui avaient été jadis sa consolation, n'avaient plus d'empire sur son âme; son bonheur, comme poète, avait été de rêver et d'écrire ses rêves enchanteurs, mais ses rêves s'étaient évanouis. Il n'écrivait plus; il restait des jours entiers dans un morne silence, que parfois il interrompait en se parlant à lui-même, ou en tirant des sons monotones d'une guitare brisée. Dans mes visites à bord du grab, je le voyais très rarement, et, piqué de ses manières froides, j'eus la sottise de m'en offenser, sans faire attention que le chagrin, et non l'orgueil, avait enchaîné sa langue. Un jour, il était assis sur le couronnement, sa place favorite, si distrait qu'il n'entendit pas une question que je lui fis. Dans mon dépit, je ne manquai pas de me venger par une allusion satirique – peu importe laquelle. Ma repartie perça son cœur, mais il demeura silencieux, et se contenta de regagner sa cabine.

Je restai cette nuit-là sur le pont, attendant De Ruyter qui était allé à terre. Je croyais que tout le monde dormait à bord, excepté moi, quand je vis monter le jeune Français par l'écoutille; un brillant rayon de lune tombait sur son visage et le rendait plus pâle que l'astre qui l'éclairait. Il fit en silence trois ou quatre fois le tour du pont, comme s'il eût cherché quelqu'un. Torra se présenta soudain à ma mémoire. Je l'avais insulté, il pouvait méditer sa vengeance. Cependant je restais tranquille, les paupières à demi fermées, chaque fois qu'il passait près de moi, pour lui faire croire que je dormais... mais sans le perdre un instant de vue.

Il me regarda fixement. Je me serais levé s'il avait eu quelque arme, mais son œil était triste et abattu, tandis que les bras lui tombaient languissamment. Il alla pour la dernière fois à l'arrière, disposa une des caisses à boulets comme pour s'asseoir dessus, et monta reprendre sa place habituelle sur le couronnement. J'avais toujours mes regards fixés sur lui; les siens étaient fixés sur la lune. Il tourna la tête pour contempler les vagues et, murmurant quelque chose que je ne pus entendre, comme s'il eût perdu l'équilibre, il tomba dans la mer. Je me levai d'un saut, j'éveillai ceux qui dormaient près de moi, et courus à l'endroit où il était tombé en criant :

– Un homme à l'eau! Embarque le canot de l'arrière!

Le schooner voguait alors dans le sillage du grab, et la nuit était si calme qu'on entendit de l'autre navire mes ordres aussi distinctement que j'entendis les matelots du grab embarquer leur canot; dans le même temps, je sautai dans le nôtre. Mes yeux ne s'écartèrent pas un seul moment de l'endroit où le malheureux jeune homme venait de disparaître. On y observait que la lame endormie formait des cercles qui s'étendaient au loin sur la surface des flots, tandis que des étincelles phosphoriques pétillaient d'une lumière argentée. Après une pénible pause, je découvris enfin le malheureux Français au milieu de l'élément. Il était ployé en deux, la tête en bas; les boutons ronds et luisants de derrière sa jaquette, tels que les portent les dragons anglais, brillaient distinctement. Oubliant tout, excepté le danger couru par le pauvre jeune homme, et sachant que l'instant était critique, je plongeai jusqu'à lui. Je le saisis par un bras; et cette impulsion grâce à laquelle un habile plongeur remonte du fond des vagues nous aida tous deux à reparaître à leur surface. J'essayai de redresser la tête du noyé, mais son corps était si raide et si extraordinairement pesant que, malgré tous mes efforts, j'avais peine à me tenir à flot. J'étais presque suffoqué par la quantité d'eau que j'avais avalée, quoique la mer ne fût pas même ridée par le vent le plus léger. J'allais l'abandonner, pour me préserver moi-même d'une mort inévitable, lorsque le canot du schooner me fit parvenir une rame, mais je la manquai, et nous fûmes replongés dans l'eau par la quille du canot qui passa par-dessus nous; néanmoins, le péril imminent où j'étais ne put me faire lâcher le corps. Deux hommes plongèrent du canot. A notre grand étonnement, le jeune Français était presque flottant. On nous retira de la mer, et nous retournâmes au grab avec notre pauvre secrétaire, qui ne donnait guère de signes de vie.

Van Scolpvelt m'aborda; j'étais malade, la crampe me tourmentait, je croyais que la tête allait me fendre. Le docteur tâta mon pouls et déclara :

– Vous avez besoin de médicaments; l'eau de la mer est très bonne pour les estomacs forts, mais il y a de l'imprudence à s'en administrer une si large dose.

– Allez plutôt en bas, docteur, et voyez votre patient. Si j'ai avalé un baril d'eau, vous trouverez qu'il en a bien avalé une cuve.

– Combien de temps a-t-il été dans la mer?

– Je ne sais pas, mais il me semble que tout cela a duré une heure.

– Non, dit le raïs, j'ai tourné le sablier à minutes six fois seulement.

– Oh! répliqua Scolpvelt, alors il ne fallait pas être si pressé. Vous pouvez rester sous l'eau pendant vingt minutes sans danger, pourvu que je sois là pour vous porter secours.

Il descendit dans la cabine, où il fit déshabiller le jeune Français et l'étendit sur une table; ensuite, par le moyen de la chaleur externe, des frictions et de l'insufflation artificielle des poumons, les premiers symptômes de vie commencèrent à reparaître chez l'infortuné jeune homme. Louis était là, sa bouteille de grès à la main; il l'appliqua immédiatement à la bouche du malade, et il la lui aurait versée tout entière sans la présence de Scolpvelt, qui le repoussa avec indignation. On appliqua au nez du patient un petit flacon d'éther, dont on lui versa quelques gouttes mélangées d'eau dans la gorge, mais il tarda encore quelques heures à rouvrir les yeux et à mouvoir ses membres.

Il se rétablit. Il avait eu le dessein de se noyer, et dans cette intention, il avait pris deux balles de gros calibre, une dans chaque main, pour s'en servir comme de lest. C'était pour prendre ces balles que le malheureux, après s'être assuré d'abord que tout le monde dormait, avait remué la caisse installée à l'arrière, toute prête pour le service.

A la suite de cet épisode, le pauvre garçon tomba dans le plus sombre désespoir, manifestant une indifférence absolue pour tout. Il ne parlait pas, ne mangeait pas, et si parfois il se rendait aux instances de De Ruyter, ce n'était que pour se délivrer de son importunité. Son aversion pour moi, après lui avoir sauvé la vie, semblait le seul sentiment qui restât dans son cœur.

Ce fut un mois après cet événement que nous partîmes pour la chasse au tigre. Le jeune Français avait demandé ce jour-là la permission de nous accompagner; De Ruyter la lui avait accordée volontiers, et même avec plaisir. Il avait suivi l'arrière-garde de notre troupe, voulant se soustraire à toute observation. De Ruyter, qui ne le perdait jamais de vue, avait donné des ordres précis pour que personne ne le troublât ni ne prît la liberté de lui parler, à moins qu'il ne parût le désirer. Quand nous arrivâmes sur le terrain de la chasse, l'attention du jeune homme sembla s'éveiller; il était plus observateur, je pense même qu'il était content. A l'entrée de la jungle, ses yeux brillèrent, et ses mouvements devinrent plus animés. Il me sembla, quand je passai de son côté, qu'il voulait m'adresser la parole; un sourire de bonté éclaira son visage. Il était près de De Ruyter lorsque nous tournâmes la tanière du premier tigre, et, quoique armé d'une carabine, il ne tenta pas de s'en servir. On trouva ensuite cette carabine à la même place. Il avait dû s'écarter de nous dans la confusion de la lutte. A compter de cet instant, on ne put retrouver ses traces; nul n'avait plus entendu parler de lui.

– J'ai quelques raisons de croire, me dit De Ruyter, par des propos qui lui ont échappé, qu'ayant donné sa parole de ne pas attenter à sa vie, il désirait le moment de l'abandonner à la fureur des bêtes fauves. Nous cherchions les tigres pour les détruire, il venait les chercher pour en être la victime. Quand je combattais en lui la manie du suicide, après que vous l'eûtes sauvé, il me répondait avec amertume et presque d'une manière abstraite : « Serai-je condamné toujours à l'esclavage? Ne pourrai-je disposer de mon existence quand elle est un fardeau insupportable? »

Nous continuâmes encore trois jours notre chasse dans la jungle et au milieu des ruines, excités plutôt par l'espoir de nous assurer du sort du jeune Français que par le désir de nous amuser. D'ailleurs, la plupart des tigres avaient fui cette partie du bois, et les accidents qui étaient survenus avaient beaucoup attiédi notre enthousiasme. La disparition mystérieuse d'une personne qui nous inspirait de l'intérêt nous poussa à n'épargner ni peine ni sacrifice pour la découvrir; nous fîmes donc tout ce qui était possible, mais en vain. Excepté sa carabine, nous ne pûmes retrouver le plus petit haillon du malheureux jeune homme, ni quelque autre chose qui lui appartînt.

De Ruyter me conta par le détail l'histoire de ce pauvre garçon. Son agent à l'île de France avait écrit en Europe pour demander des commis français. Peu de temps après débarquèrent deux jeunes gens avec des lettres de recommandation; ils se donnaient le nom de frères, et la ressemblance parfaite qu'on leur trouvait était une garantie de cette assertion. L'aîné pouvait avoir vingt ans, l'autre était plus jeune, mais tous deux étaient beaux, gentils, d'une élégance remarquable, particulièrement le cadet, dont l'apparence et les manières étaient plus efféminées. On leur destina un appartement dans la maison du marchand.

L'aîné avait très peu de connaissance des affaires; le cadet en avait moins encore, ce qui mécontenta leur patron, mais leur attention et leur fidélité ne tardèrent pas à le réconcilier avec eux, enfin, par leur application, ils devinrent des comptables admirables. Ils ne se séparaient jamais; ils évitaient tout commerce avec les autres. Bref, leur conduite était en tout différente de celle des jeunes gens en général. Ils expliquaient cette attitude en invoquant la santé délicate du plus jeune, et les dernières volontés de leurs père et mère expirants.

Le cadet fut attaqué d'une fièvre maligne qui ravageait le pays; son frère ne quittait pas son chevet. Pour leur faire changer d'air, le marchand les envoya dans une maison de campagne. Resté plusieurs jours sans nouvelles d'eux, le bon négociant voulut un soir les visiter et dirigea sa promenade du côté de leur demeure. Il fut alarmé en voyant la maison fermée; c'était le temps le plus chaud de l'année, et l'heure de respirer la brise rafraîchie de la mer; le silence régnait partout comme si l'on eût abandonné la place. Il frappa, on n'ouvrit point; il appela, personne ne répondit; enfin, ayant forcé une fenêtre, il entra dans la maison. Un bruit sourd – on eût dit des sanglots étouffés – le détermina à monter l'escalier; il écouta contre la porte d'une chambre, appela les frères par leurs noms et, ne recevant pas de réponse, il essaya d'ouvrir la porte, en vain; on l'avait fermée en dedans. Il se procura des instruments, et bientôt réussit à franchir le seuil. Les deux frères étaient étendus sur un matelas par terre, étroitement serrés dans les bras l'un de l'autre; il les crut morts. Cependant, comme il venait d'entendre la voix de l'un d'eux, il les examina. Sa surprise fut très grande lorsqu'il découvrit leurs corps : le plus jeune des deux était une femme. Il y avait quelque temps qu'elle était morte. Son amant, dont la constitution était forte, et qui était déjà dans l'âge de la virilité, offrait à peine de faibles symptômes de vie.

En examinant la chambre, le marchand trouva une lettre cachetée, qui lui était adressée. Le contenu de ce papier affecta profondément son cœur et lui expliqua tout le mystère. Il paraissait que, ne pouvant endurer la perte de sa maîtresse, et ne succombant pas à sa maladie (car il avait lui-même gagné la fièvre) aussi promptement qu'il l'eût désiré, le pauvre jeune homme avait avalé de l'opium, afin de rester uni à sa bien-aimée après la mort, comme il l'avait été pendant la vie. Le marchand était doué de présence d'esprit et avait outre cela quelques connaissances scientifiques : il parvint à le rendre à l'existence, car la violence de sa passion avait neutralisé, ou au moins affaibli, les effets du poison. Mais soit que l'opium ou que le chagrin, le plus subtil des poisons, eût pénétré ses esprits, durant quelques mois le malheureux fut dans un état d'insensibilité complète. Le temps et les soins rétablirent ses facultés. Cependant le corps et l'esprit se refusaient tout secours mutuel et combattaient l'un contre l'autre. Tandis que l'esprit était engourdi, le corps reprenait ses forces; lorsque l'esprit se réveillait, c'était aux dépens du corps. Accablé et succombant à son désespoir, l'infortuné n'était plus qu'une ombre, errant dans les ténèbres comme un spectre.

L'homme des factures et des balles conservait encore quelques traces d'humanité; il fit tout ce qu'il put pour calmer le chagrin du malheureux jeune homme. Hélas! il avait pénétré trop avant; la sonde du chirurgien, la science de la médecine, la sympathie d'un ami n'y purent porter remède. De Ruyter embarqua le malade pour dernière ressource, croyant que, si quelque chose pouvait secouer et guérir sa mélancolie, c'était notre existence, l'existence toujours changeante des marins.

La lettre que le jeune Français avait écrite avant de prendre l'opium était le récit de son histoire. Il était, ainsi que sa maîtresse, d'une famille noble. La jeune demoiselle avait été élevée dans un couvent à Paris, où l'on emprisonnait les pauvres filles de ces orgueilleux et barbares aristocrates. Ceux-ci, pour empêcher les effets salutaires des lois sages et justes du code français, qui donne des droits égaux à tous les enfants sur l'héritage de leur père, avaient coutume d'enfermer leurs derniers enfants dans des tombeaux vivants. Le jeune homme fut reçu dans ce couvent, à cause des liens de famille qui l'unissaient à la jeune recluse. Leur amour était connu; il avait grandi avec eux dès leur plus tendre jeunesse et, quoique des circonstances puissantes les eussent séparés, ils s'étaient revus, après bien des années, avec le même sentiment. Ce n'était plus l'amour innocent de l'enfance, mais une passion de feu, indomptable, absolue. Les bonnes vestales ne croyaient sans doute pas que semblable flamme pût se glisser dans leur enceinte, et moins encore aux conséquences que cela pouvait entraîner. Du reste, l'amour y était défendu en vain.

L'évasion fut convenue, et le déguisement sous lequel on devait l'exécuter choisi. Ils s'enfuirent et gagnèrent Le Havre-de-Grâce. Un contrebandier hollandais, séduit par l'offre de tout ce qu'ils possédaient, les cacha dans son embarcation. La police de France, aux yeux d'Argus, se mit en mouvement; on découvrit leur trace; on mit un embargo sur tous les bâtiments du port, et on les visita un à un depuis la quille jusqu'à la hune.

Le contrebandier avait à craindre les conséquences d'une découverte, dont la moindre pour lui aurait été la restitution de l'or et des bijoux qu'il avait reçus, puis une amende et la prison. Ces dangers éveillèrent son génie et lui inspirèrent une ruse qui mit en défaut la vigilance des gens de police. Pendant l'embargo, profitant de la chaleur de la recherche à bord des bâtiments qui étaient dans le port, il cacha les deux amants, qu'il crut fils de quelque proscrit de distinction, dans les caves de son agent local. Lorsque les bâtiments obtinrent la permission de quitter le port, il les embarqua, et soucieux de ne pas négliger la moindre précaution, il les fit entrer pour plus de sécurité dans deux barils qui avaient leur place sur le pont; car, soit qu'on eût quelque soupçon particulier sur ce vaisseau, soit que ce fût une règle généralement adoptée, quand le brave Hollandais eut levé l'ancre, les argus de la police l'abordèrent et renouvelèrent la visite la plus rigoureuse. Ce fut alors qu'un officier de police ôta le bondon du baril où était cachée la demoiselle et la traversa de son épée. La pointe effleura la gorge de la pauvre enfant, tandis que le contrebandier lançait avec une indifférence glaciale : « Ce n'est qu'un baril d'eau vide! » L'amour, qui inspire au cœur le plus timide le courage des héros, put seul donner assez de force à cette fille délicate pour garder le silence dans cette dernière épreuve de barbarie.

Les deux jeunes gens échappèrent ainsi aux recherches de leurs persécuteurs et allèrent se réfugier en Hollande, sans amis, sans ressources, en proie à toutes les horreurs d'un affreux avenir. Le contrebandier craignait qu'on ne découvrît sa complicité, jugeant, par les circonstances qu'il avait apprises pendant les recherches de la police, que ce n'était pas un cas ordinaire et qu'il risquait plus qu'il n'avait gagné. Devenu fort inquiet sur ce sujet, il désira trouver les moyens d'éloigner de lui tout ce qui pourrait le compromettre. Il reconnut qu'il avait été trompé, mais ni les menaces ni la ruse ne purent arracher aux amants leur secret; il ne sut jamais qui ils étaient.

A cette époque, les Hollandais employaient tous les moyens qu'ils avaient en leur pouvoir afin d'embarquer des aventuriers pour leur établissement dans l'Inde, et notre honnête contrebandier était un de leurs agents. Les jeunes gens le supplièrent de leur procurer des places dans une de ces colonies; il accueillit cette demande avec plaisir, tout étonné de ne pas l'avoir prévenue. On les embarqua pour l'île de France, ils furent recommandés à la maison du marchand dont nous venons de parler, et leur bon patron, qui avait déjà mis dans sa bourse toutes les richesses des fugitifs, empocha consciencieusement une récompense pour avoir engagé deux volontaires bien élevés et donnant des espérances. Il savait bien qu'on n'entendrait plus parler d'eux.

CHAPITRE VINGTIÈME

Préparation d'une expédition anglaise contre les pirates de Samboss. Un navire espagnol transporte des nids d'alcyons. J'amène à bord une petite fille de huit ans pour Zéla. Mort de Louis.

Cette excursion nous avait retenus plus longtemps que nous n'en avions l'intention; nous retournâmes en toute hâte à notre point de départ, où nous rembarquâmes. Nous eûmes la satisfaction de voir que l'ordre régnait à bord de notre petite flotte et que le schooner serait bientôt prêt à mettre à la mer.

Les agents de De Ruyter à Pulo-Penang m'avaient donné des nouvelles d'une expédition que les Anglais préparaient contre les pirates de Samboss, ville sur la côte de cette île. Les forbans y étaient nombreux et avaient commis d'affreux ravages sur les bâtiments marchands de la Compagnie, ainsi que dans ses établissements de terre, car ils s'efforçaient, comme la cour de la Chancellerie, de s'emparer de toute propriété. On résolut de les exterminer... non pas les pirates de la cour de la Chancellerie, mais ceux de Samboss, plus innocents mille fois que ceux-là, et qui pendant la saison se rassemblaient dans le port de leur ville.

De Ruyter prit la résolution de battre à cette occasion la flotte anglaise, et, sans le misérable état du schooner, j'aurais fait voile immédiatement pour chercher des croiseurs français. Je leur aurais communiqué cette nouvelle et j'aurais combiné avec eux les mesures nécessaires pour attaquer les forces maritimes de la Compagnie. De Ruyter fut donc obligé de renoncer à cette partie de ses plans, s'en tenant à prêter secours aux habitants de l'île, selon la promesse qu'il leur en avait faite.

Enfin j'embarquai de l'eau et du bois à bord du schooner, et je partis pour Java avec des lettres et des instructions. Le même jour, De Ruyter leva l'ancre pour Samboss. Je lui avais laissé une partie de mon équipage avec deux pièces de bronze; ce fut ainsi que nous nous séparâmes une seconde fois. Ma commission était d'apporter ses dépêches au gouverneur de Batavia, d'acheter des provisions et des vivres et de rejoindre le grab, sans autre délai, au rendez-vous convenu. Louis m'accompagnait comme négociateur pour le département des vivres.

Il ne nous arriva rien de remarquable durant mon court voyage à Java, si ce n'est la prise, ou plutôt la reprise (il avait été déjà capturé par un bâtiment de guerre anglais), d'un petit navire espagnol appartenant à des marchands des îles Philippines, chargé de camphre et de ces célèbres nids d'hirondelles qui se mangent dans ces régions. Malgré la valeur de la prise, il n'y avait à bord, pour la garder, que six matelots anglais avec un *midshipman;* on ne devait donc pas tenter de faire la moindre résistance.

Peu de temps auparavant, un brick de guerre anglais avait capturé, à la hauteur des îles Philippines, notre bâtiment espagnol chargé de ses nids d'alcyons. Quand l'officier anglais, à l'instant de l'abordage, s'était enquis de la nature de leur chargement, les Espagnols avaient répondu la vérité : « Des nids d'oiseaux. » Le John Bull, qui venait d'entrer dans les mers des Indes, ouvrit la bouche d'étonnement et s'écria :

– Des nids d'oiseaux! Comment, drôles! me prenez-vous pour un mousse de cale? Des nids d'oiseaux! Je vais vous en envoyer chercher aux enfers, canailles de menteurs! Faites sauter les écoutilles!

Les ordres du marin furent exécutés, et les matelots visitèrent en entier le bâtiment, mais ils restèrent stupéfaits de ne trouver là que des sacs de nids d'hirondelles sales et puants, tels qu'ils étaient habitués à les voir aux poutres de leurs maisons. Ils crurent cependant que cette composition dégoûtante n'était qu'une couverture pour déguiser quelque chose de plus précieux, et ils en jetèrent une grande partie dans la mer, afin d'arriver aux trésors cachés. En même temps ils n'épargnèrent pas les railleries envers ces Espagnols qui allaient chercher des nids d'oiseaux pour remplir leurs vaisseaux. Ils fouillèrent jusqu'à la quille et cherchèrent dans tous les coins ce qu'il n'y avait pas. L'officier, à son retour au brick, rapporta fidèlement à son chef ce que les Espagnols lui avaient dit, n'oubliant pas d'ajouter qu'il avait tout visité de ses propres yeux. Son rapport ne manqua pas d'exciter le rire de ses camarades, et même de tout l'équipage.

– Cependant, avait conclu le novice, le navire est espagnol, et nous devons le garder; quoiqu'il soit vide, sa carcasse vaut toujours quelque chose. On a dû manquer diablement de lest, au pays d'où viennent ces gens, pour se charger de cette saleté. Et puis il la conservaient en sacs!

Il donna ordre à un *midshipman* et à trois ou quatre de ses meilleurs marins de se charger de la direction du bâtiment, qu'ils devaient amener vers le port le plus proche. Il prit une très sage précaution en faisant passer à bord de son brick les Espagnols prisonniers, car sans cela, ils n'auraient pas tardé à reprendre leur navire. Ce ne fut qu'après l'avoir abandonnée de cette manière qu'il sut le prix de la cargaison, lorsque dans un port chinois il raconta par hasard cet accident... pour se moquer des Espagnols. On vendait alors, dans un marché chinois, cet article à trente-deux piastres le *katti* [1]; calculant sur la quantité qui était dans le navire, sa cargaison valait au moins de quatre-vingt à quatre-vingt-dix mille livres sterling! Quelle fortune pour le pauvre diable qui, malgré ses vingt ans de service, n'avait jamais eu vingt livres dans sa poche! Il pria Dieu, pour la première fois de sa vie, tant il

1. Poids de Canton, en Chine.

souhaitait obtenir l'heureuse arrivée de sa prise dans le port, mais il devait en être autrement...

Les trois ou quatre gaillards qu'il avait mis à son bord ne pouvant suffire à la manœuvre, le bâtiment et la cargaison firent naufrage sur les côtes de la Chine. La perte de toute une flotte chargée d'or en poudre n'aurait pas produit une impression aussi terrible sur les Chinois que celle de cette cargaison de nids d'hirondelles. La nouvelle de ce malheur se répandit comme un incendie; on ne parlait que du bâtiment échoué sur les côtes de l'empire céleste et de sa valeur incalculable. Les timides Chinois étouffèrent leurs craintes et, bravant la fureur des vagues et des vents, ils se précipitèrent dans la mer à travers l'écume bouillonnante du ressac; le fort passait sur le faible, le frère sur le frère, pour arriver au navire qui fut tellement pillé qu'on le vit flotter bientôt comme une caisse de thé vide. On enleva jusqu'aux morceaux de charpente, qui sentaient le nid d'hirondelles! Pendant ce tumulte, dans la mer et à bord, il y en eut plusieurs qui perdirent la vie, car on se disputait à mort chaque sac, chaque poignée, chaque grain. A trente milles aux alentours, la côte offrait, longtemps encore après le pillage, le spectacle de l'anarchie et d'une confusion d'enfer.

Celui qui avait capturé le vaisseau était un officier bien informé, mais j'eus plus de soin de ma prise et pour mieux m'en assurer, je préférai la touer [1] : Louis me pria de le laisser aller sur ce navivre, en qualité d'agent de prise, dans la seule intention, disait-il, de débrouiller quelque peu le mystère de cette soupe glutineuse et délicate, si fameuse dans la Chine. En effet, il y a un proverbe parmi les Chinois qui donne à ce mets la vertu de retenir l'âme, quand même elle serait déjà aux narines, prête à s'envoler.

Mais revenons à mon voyage. Je touchai à l'une des îles Barlies, escale raisonnable dans ma course. Là je ne pus trouver qu'une paire de sacs de tabac chinois, qui est si bon.

1. La prendre en remorque. *(NdE)*

Pendant que je marchandais sur le prix, je m'amusais avec une jolie petite fille malaise.

– Voyons, dit sa mère, donnez-moi cette monnaie d'or, et je vous donne le tabac, les quatre poules, le panier d'œufs, les fruits, et ma fille aînée par-dessus le marché, puisque vous semblez l'aimer.

Je lui jetai la pièce qu'elle me demandait; je dis à mes gens de porter à bord du canot tous ces articles, et j'emmenai la petite fille, âgée de huit ans environ, sans que ni elle ni sa tendre maman échangeassent un seul regard d'affliction en se séparant pour toujours. Je lui donnai des fruits pour manger et des *pices* pour jouer, et elle me suivit à bord, enchantée de sa nouvelle demeure. J'en fis présent à Zéla.

La France et la Hollande étaient alors unies sous la même dictature. Arrivé à Batavia, capitale de Java, je fus très bien reçu par le gouverneur, qui était un officier hollandais. Dès que je lui eus délivré mes dépêches, il donna l'ordre aux autorités de la colonie de m'accorder tous les moyens dont j'aurais besoin pour réparer et approvisionner mon bâtiment. Il me conseilla de ne pas perdre de temps et de partir sans avoir de communication avec les habitants, afin de me préserver du choléra morbus qui ravageait alors le pays.

Les Européens qui se trouvaient dans le port et ceux qui étaient établis dans la colonie soutenaient que la seule prophylaxie de ce fléau était de bien manger, de boire sans crainte. Ils assuraient que la boisson forte et spiritueuse, agissant comme stimulant, était la meilleure méthode de maintenir en activité la circulation languissante, mais on n'en déterminait pas la quantité. L'eau, les fruits, le riz, les plantes potagères et toutes les autres substances crues étaient interdites comme de véritables poisons, et des plus mortels. Cependant c'était ma nourriture, celle de mes hommes aussi, et nous ne mourûmes pas, tandis que les Européens qui suivaient leur système tombaient comme des moutons attaqués du tournis. On affalait des vaisseaux qui étaient dans le port, faute de matelots pour les assurer; d'autres, qui étaient frétés, n'avaient pas assez d'équipage pour lever l'ancre. Deux bâtiments de guerre, l'un français, l'autre hollandais, avec l'ordre de mettre à la voile, ne pouvaient quitter le port, moins encore manœuvrer en mer. Si la bonne chère avait pu conjurer la maladie, les Européens de mon bord auraient été à l'épreuve de la fièvre. Cependant non seulement elle aborda le schooner, mais elle porta son audace jusqu'à tomber exclusivement sur les forts enfants du Nord, en respectant sa propre race, les noirs fils du Soleil.

Dès l'instant fatal que la fièvre commença ses ravages à bord, à chaque heure que tournait le sablier et que la cloche sonnait, Louis marquait le temps en criant :

– Garçon ! ne sais-tu pas que l'horaire est tourné et que le choléra morpus est à bord ? Apporte-moi la pouteille ; il faut s'en préserfer.

Sur quoi il vidait une rasade. Quand le mousse se permettait de faire observer que la cloche n'avait pas sonné, Louis vociférait :

– Alors on a ouplié de la sonner ; il y a plus d'une minute que l'heure fient de passer. Moufe tes jambes, phoque endormi ! donne-moi ma pouteille.

Enfin il s'écriait :

– Ah ! petit scorpion, qu'est-ce que tu as fait ? Tu as sucé ma pouteille, et tu fiens d'y mettre du poison ! Oui, tu as mis de l'eau dans ma pouteille. Fi donc ! ça ne fient pas de mon armoire ; c'est un breufage d'enfer qui tournerait l'estomac à un chefal !

Louis fit une pause et montra des symptômes évidents de malaise.

– Maudit garçon du diaple ! continua-t-il, il a pu le skedam et a mis de la médecine dans ma pouteille. Je ne puis sentir les breufages d'apothicaires. Apporte-moi une autre pouteille, menteur, démon, foleur !

On lui apporta une autre bouteille. Il la goûta, mais la liqueur avait déjà perdu son bouquet délicieux pour le palais du pauvre Louis.

Il cracha, fit la grimace et jeta le flacon. Il me sembla dans le même temps qu'il avait laissé derrière lui sa pipe allumée.

Pensant qu'il pouvait arriver quelque chose, je me levai pour m'en assurer. La vivacité pétillante de son petit œil gai paraissait ternie sous un voile sombre; ses lèvres étaient blanches et couvertes d'écume; il avait la mâchoire inférieure pendante, la tête inclinée, sans force, et les mains serrées. Je le secouai :

– Holà, vieux Louis! qu'est-ce que cela? Êtes-vous malade?

– Malade! Qui? moi? Je ne suis jamais malade; seulement j'ai un peu mal au cœur. Ce preuvage infernal m'a empoisonné.

Il fit un violent effort pour se lever.

– Allons, Louis, vous êtes malade. Otez-vous du soleil et allez vous coucher en bas.

– Capitaine, je ne suis pas si pête pour tomper malade, mais jamais je ne me suis troufé comme à présent, excepté une seule fois, dans les mers du Sud.

Je l'aimais beaucoup et voyais avec peine les marques terribles que la fatale contagion traçait par moments sur son ample et honnête visage. Je le conduisis dans ma propre cabine, le couchai sur mon hamac et chargeai l'aimable Zéla de le soigner et d'arrêter, si c'était dans le pouvoir de quelque remède humain, le coup mortel qui menaçait l'existence du malheureux munitionnaire. Mais tout était écrit, et qui peut changer les décrets du destin? Louis eut des contorsions convulsives; il écuma, il délira, puis il tomba dans une insensibilité stupide, sanglotant et murmurant des paroles incohérentes. Quand le jour parut, il prononça avec un accent faible, mais clair, le premier mot intelligible qui fût sorti de sa bouche depuis plusieurs heures : « Garçon, ma pouteille! » Le mousse, accablé de sommeil et de fatigue, se leva de sa dure couche tout endormi, traversa en chancelant la cabine pour accomplir le premier devoir du jour : il alla prendre la bouteille de grès qui était dans l'armoire du munitionnaire. Je demandai à Louis comment il se sentait.

– Je prûle, répondit-il, et j'ai une soif de damné!...

Je ne pus résister à son regard suppliant et au geste de sa main tremblante, tandis qu'il l'avançait pour saisir le verre que le garçon, déjà complètement éveillé, lui présentait. Mais à peine la liqueur avait-elle touché ses lèvres glacées qu'il détourna la tête avec horreur.

Jusqu'à midi, il resta tantôt dans le délire, tantôt dans une insensibilité muette. Le garçon, à ce moment, me dit qu'il dormait. Cependant la fièvre avait été si rapide, si funeste, que je fus alarmé et descendis dans la cabine. Je frémis en voyant alors mon pauvre compagnon. Ses traits étaient tordus, pincés, repliés, ses narines ouvertes, ses yeux à demi fermés et vitrés; des taches blanches entrecoupaient la teinte pâle de sa peau, sa main se serrait à moitié, pareille à la griffe d'un corbeau; les bras lui tombaient sans mouvement, sans force; tout indiquait qu'il avait amené son pavillon à la reine du monde. Le drapeau cendré de la mort le couvrait. J'approchai une glace de ses lèvres : point de respiration pour la ternir. La corruption avait aussi commencé son ouvrage, même avant que l'étincelle de feu qui animait cette argile fût entièrement éteinte. A peine avais-je eu le temps d'essuyer mon front avec le revers de ma main, encore incliné sur le corps de Louis, que le médecin de la frégate, à côté de moi, me prit par le bras et me dit :

– Êtes-vous sourd, capitaine? Vous ne m'entendez pas! Je vous répète que si vous ne jetez pas immédiatement ce cadavre à la mer, vous irez demain servir de banquet aux requins.

– Comment! m'écriai-je, le bon, l'honnête et joyeux Louis, qui était la vie et l'âme de tout l'équipage, le meilleur de tous les serviteurs, serait jeté dans la mer pour servir de nourriture aux poissons, avant même qu'il n'ait expiré! Il est encore chaud! Non, non, je ne le permettrai pas. Tâtez.

Le docteur partit pour son bord; deux ou trois heures après je fus convaincu de la justesse de son conseil; il paraissait dur, inhumain, mais il était sage. La décomposition du cadavre fut étonnamment rapide, et l'atmosphère du schooner, qui était déjà fort lourde et infecte, devint méphytique et mortelle. Il aurait été imprudent de s'approcher du corps à présent. Je donnai l'ordre de le coudre dans un hamac et de l'assurer avec deux boulets de gros calibre attachés aux extrémités inférieures; puis je fis descendre la dépouille du malheureux dans un canot et, pour poêle, je le fis couvrir d'un drapeau de son pays. Enfin je voguai au large pour le déposer dans le sein des flots, me conformant à un ordre qui défendait d'ensevelir aucun cadavre dans le port ou ses alentours. J'aurais lu volontiers l'office des morts si l'on avait pu trouver un livre de prières ou quelque chose de semblable à bord, mais les articles d'église n'étaient pas de ceux qui convinssent à la cargaison du schooner, ni les prêtres des camarades pour son équipage. Nous fîmes trois décharges sur le corps de Louis et le jetâmes dans la mer.

Ayant présidé aux funérailles, je virai pour me rendre à bord; alors, les yeux fixés sur le bouillonnement qui rompait la surface cristalline de la mer, je murmurai :

– Pauvre Louis! pauvre Louis! je donnerais le monde entier pour t'avoir ici en... Ah! qu'est-ce que cela?

Les rameurs se tournèrent et s'écrièrent ensemble :

– Pardieu! le voilà qui reparaît!

Et il remontait en effet. L'apparition du corps sur la surface des eaux interrompit mes réflexions; il remontait comme un esparre qui, lancé au fond d'une grande hauteur, saute en l'air, poussé par la réaction qu'il affronte, retombe et flotte sur la surface. Le canot était encombré de monde; on avait voulu accompagner jusqu'à sa dernière demeure un homme que chacun avait aimé. Nous étions si étonnés d'une réapparition dont la cause (la chute des balles mal assurées) ne nous vint pas alors à l'esprit, que nous retournâmes vers lui avec le même empressement que si nous eussions vogué pour sauver un camarade. Quelques-uns voulurent le reprendre à bord pour examiner s'il vivait encore. Après avoir découvert que le lest était tombé, nous fûmes dans le plus grand embarras : que faire de ce corps? Ce serait un sacrilège pour les marins que de laisser un cadavre flottant; on croirait qu'on lui a refusé la sépulture. Le grappin du canot était le seul poids que nous eussions; il était assez lourd pour servir de lest au cadavre, et on le lui attacha. Le corps plongea de nouveau.

J'avais placé le schooner en dehors du port, aussi loin de la terre qu'il fût possible sans compromettre notre sécurité. Mon intention était de m'éloigner des miasmes pestilentiels de la côte et de jouir des avantages de la brise de mer. Mais malgré mes précautions, la maladie étendait ses ravages à bord. Les symptômes de la fièvre et la rapidité de la corruption étaient chez tous les mêmes qu'avait éprouvés Louis. Durant une grande partie de la nuit, je me dévouai à l'assistance des malades; je passai le reste à méditer sur les mesures à prendre afin d'arrêter les progrès de la contagion. Je pensai à tout abandonner et à me diriger vers quelque autre port pour rafraîchir mes provisions, craignant que tout nouveau délai apporté à mon départ ne me mît tout bonnement dans l'impossibilité de faire voile. Mon ivrogne de médecin avait déserté. Je n'en aurais pas été fâché dans toute autre circonstance, mais je n'avais pas encore réussi dans les démarches que j'avais faites pour en avoir un autre. Il n'y avait à bord que très peu de médicaments, et je ne savais pas en faire usage, quoique De Ruyter se fût donné beaucoup de peine pour m'apprendre cette partie importante de mon devoir. Huit hommes de l'équipage étaient très malades. Je tins conseil avec mon état-major, et l'on résolut de partir à la pointe du jour. Je me retirai tout harassé de fatigue, afin de réparer mes forces par le sommeil.

A peine le jour commençait-il à paraître qu'un de mes hommes, un vieux marin, descendit dans la cabine, m'éveillant d'un sommeil profond.

– Capitaine, me dit-il, il flotte encore une fois, et bord à bord de nous. Est-ce qu'il doit monter à bord, monsieur?

Je lui répondis, en me frottant les yeux :

– Oui... qu'il monte à bord... Mais qui...?

– Mais monsieur... lui!...

– Qui lui?

– Le munitionnaire, monsieur.

– Le munitionnaire! quel munitionnaire?

– L'honnête Louis, monsieur...

Je fis un mouvement convulsif et sautai de ma couche pour m'assurer si j'étais éveillé.

– Ne vous l'avais-je pas dit, monsieur, continua le contremaître, qu'il ne resterait pas à l'ancre sous l'eau?

Je suivis le messager sur le pont; il me montra en effet le corps de Louis enveloppé dans le hamac et flottant au travers de notre avant, apparemment soutenu par le câble. L'équipage, frissonnant de terreur, la bouche béante de surprise, s'attroupait pour le voir. Cette réapparition me causait un étonnement égal à celui des matelots. Le grappin avait été bien attaché; il avait souvent retenu le canot dans une mer houleuse, et la nuit précédente il n'y avait eu ni mer grosse ni vent. L'examen expliqua le mystère : les requins s'étaient mis au travail et, à force de tirer et de déchirer, ils avaient réussi à percer le hamac. Le corps était horriblement mutilé; il lui manquait une jambe, la partie supérieure ayant été défendue par la toile. Ma résolution fut de l'enterrer sur la côte, mais les restes du cadavre étaient trop méphytiques pour qu'on pût s'en approcher; n'ayant pas non plus de charpentes pour lui faire une bière, je ne trouvai rien de meilleur, après quelque hésitation, que de le touer à terre et de le déposer dans une fosse préparée par le contremaître, hors des atteintes de la mer.

– Car, disait-il, s'il sent l'eau, appelez-moi marin d'eau douce, il larguera son câble, mettra à pic, fera voile et voguera bord à bord de nous, n'importe où nous serons. Je vais donc lui donner un branle bien sec.

Comme ces raisons étaient incontestables, nous claquemurâmes Louis dans sa tombe de sable, et, pour plus de sûreté, nous y halâmes le fond d'une vieille chaloupe, qui était près du lieu, afin de lui en faire une pierre sépulcrale. Il pouvait reposer en paix, car dessus et dessous, il était assuré contre l'eau.

CHAPITRE VINGT ET UNIÈME

Querelle à bord.
Un hameau javanais. Je commence à farcir de drogues l'estomac de mes patients. Une partie de chasse imprudente. Le chef javanais essaie de nous empoisonner.
Délivrance.

Avant de mettre à la voile, j'allai visiter le gouverneur et les marchands avec qui j'avais des affaires à terminer; j'obtins les acquits de la douane, je payai les mémoires et charges du port, je fis viser mes papiers, etc. Ensuite, ayant chargé deux barques de terre avec toutes les provisions fraîches qu'il me fut possible de trouver, je tirai les canons de départ et hissai le signal de lever l'ancre.

Ma place était loin d'être une sinécure, au milieu d'un équipage composé d'éléments si hétérogènes. J'étais entouré de sauvages du pays et de rebuts de l'Europe, des hommes que la main de fer des lois n'avait pu dompter ni adoucir, dont les cœurs de tigre ne connaissaient aucun lien, aucune affection de famille, de patrie, ou qui se plaisaient à les rompre s'ils en connaissaient. Plus d'une fois mon autorité se trouva dans le plus grand danger, malgré les précautions de De Ruyter, qui m'avait laissé pour la soutenir une force de vétérans fidèles choisis parmi les siens, les Européens que je m'étais attachés et les Arabes de Zéla, dont le dévouement et la loyauté n'avaient chancelé dans aucune circonstance.

Je dis tout cela parce que telle était la férocité de quelques misérables de mon équipage que je fus souvent en un péril imminent. Cette fois-là, ils avaient formé le projet de m'assassiner... Zéla, par le moyen de la petie fille malaise que j'avais achetée à sa tendre et affectionnée mère, et les Arabes de ma Zéla furent mon salut, en m'avertissant à temps des complots que l'on tramait contre ma vie. Mon second maître, l'Américain, était de surcroît un véritable ami, car des liens d'un intérêt mutuel l'unissaient à De Ruyter, et c'est bien le seul lien qui puisse garantir la fidélité de l'homme. Mais nous avions à bord une bande de Français horriblement barbus, canailles sans foi ni loi, qui avaient été contrebandiers et forbans, des ruffians à longs poignards, querelleurs si irascibles qu'ils avaient toujours, comme par instinct, la main sur le manche, tandis que leurs yeux gris et traîtres dardaient des regards farouches à la plus légère provocation. Leur jalousie maligne trouvait des prétextes dans la partialité qu'ils s'imaginaient que j'avais pour mes compatriotes et les naturels du pays; ils faisaient un vacarme continuel et nourrissaient une véritable guerre civile à bord.

Le chef de cette cabale eut un jour une dispute avec l'Américain, qui était un homme tranquille et même timide, et, le menaçant, tira un poignard contre lui. J'entendis la querelle de ma cabine. La conduite de cet homme m'avait irrité depuis longtemps, car il était l'organe de tous ses compatriotes réfractaires. D'un bond, je me lève des pieds de Zéla où j'étais assis, la tête appuyée sur ses genoux, je monte sur le tillac; le gredin ne bougea pas à ma présence, il tenait encore son arme à la main. Nos yeux se rencontrèrent avec méfiance, comme ceux des gladiateurs; dans l'instant j'empoignai le petit kriss que je portais à la ceinture, en m'écriant : « Un mutin! saisissez le vilain! » Nous nous élançâmes l'un sur l'autre. Il appela ses compatriotes; tout fut bruit, désordre, confusion à bord. Je sentis le poignard de mon adversaire dans mon bras et dans mon côté avant que j'eusse pu seulement me servir de mon kriss. Je ne fis aucun effort pour parer ce coup, mais prenant d'une main le drôle par son cou hâlé, je lui enfonçai ma lame derrière l'épaule gauche, d'après la coutume des Malais, et lui traversai le cœur. Nous tombâmes ensemble sur l'affût d'un canon.

Lorsque je me levai, tous les muscles de son corps se tordaient, comme se tord un serpent blessé, dans les accès de sa rage. J'avais tué cet homme non par l'instigation d'une colère soudaine, mais parce que j'avais prémédité la mort du misérable ruffian, après avoir essayé de me le concilier. Il était maître d'équipage, le plus dur de mes matelots, et moins sensible à la crainte qu'un buffle. Il haïssait les Anglais, et moi je le haïssais à cause d'une histoire qu'il racontait souvent avec une raillerie sauvage. Jadis il avait été patron d'une de ces petites barques qui font le trafic de bestiaux entre l'île de France et Madagascar. Le bâtiment avait été pris par une corvette de guerre anglaise, et on avait mis un aspirant avec six hommes à son bord pour le garder. Ce drôle et deux autres de l'équipage étaient restés dans la barque, et on leur avait permis imprudemment d'aider à la manœuvre, au lieu de les consigner comme prisonniers. Une nuit de calme que l'officier dormait, de même que presque tous ses gens, il s'était glissé dans sa cabine et l'avait égorgé. Ensuite, secondé par ses deux camarades, il avait massacré tous les autres et jeté leurs corps dans la mer. Puis il s'en était retourné à l'île de France, tout glorieux du succès de cette atrocité. La nuit précédente encore, je lui avais entendu répéter cette histoire, en pouvant à peine contenir mon indignation.

Avançant alors ma main rouge de sang, et faisant vibrer l'acier qui fumait encore, je criai d'une voix de tonnerre aux Français qui se rassemblaient autour de moi :

– Chacun à son devoir! Voilà votre chef, mutins! Je suis prêt à traiter de la même manière ceux qui oseront me désobéir!

Zéla était près de moi; elle avait mon sabre à la main, et dans ses yeux rembrunis brillait le feu de sa race. Les Français révoltés se retirèrent d'un air sombre, et le reste de l'équipage se forma silencieusement en groupe sur le tillac. Cet événement augmenta considérablement mon influence sur mes gens.

Nous voguâmes le long de la côte orientale de Java, dans la direction d'une baie où, selon ma carte, nous devions trouver un bon ancrage; là, j'avais l'intention de me procurer du bois et de l'eau. Nous affalâmes autant que possible pour profiter des vents de terre, mais nous demeurâmes longtemps stationnaires sous l'ombre épaisse que projetaient les hautes montagnes du rivage.

Notre amusement était de tirer aux pouries avec nos carabines, ou de nous baigner, en abaissant la voile de tréou [1] pour nous y envelopper, car dans ces mers, et près des côtes, il nous fallait employer cette méthode afin d'échapper aux requins, tapis dans leurs cavernes sous-marines comme des lions qui attendent leur proie. La chaleur était dévorante; mes rajepouts, tout en adorant le soleil, se disputaient à coups de poing un pied d'ombre formée par les voiles sur le tillac.

Les climats chauds conviennent moins à un schooner qu'à un autre navire. Ses manœuvres exigent plusieurs hommes, et sa capacité leur offre moins d'espace que tout autre bâtiment pour leur servir d'abri. Les matelots semblaient sortir d'un bain de vapeur quand ils montaient des entreponts.

Mais les calmes sur mer sont passagers; et ils sont généralement suivis d'une brise, d'un grain, d'une rafale ou d'une tempête. Nous aperçûmes l'arrivée du vent; il caressa nos voiles endormies comme le baiser d'un amant, et le schooner glissa tranquillement le long de la rive, toujours belle et toujours variée, pour gagner notre mouillage près de Balamhua, sur la côte de l'île d'Abaran. Nous y trouvâmes une barre sablonneuse, fort étendue, une petite rivière et des bois si serrés que les arbres paraissaient amoureux des vagues et des brises de la mer : ils s'y inclinaient, baignaient leurs flexibles rameaux dans l'onde agitée et se relevaient avec orgueil, couronnés d'une écume rayonnante. Un hameau javanais occupait le bord de la rivière à son embouchure. Le chef de cette peuplade nous donna la permission de nous procurer ce dont nous aurions besoin, moyennant un peu d'eau-de-vie

1. Voile latine. *(NdE)*

et de poudre. Nous débarquâmes nos barils vides et commençâmes à couper du bois.

Les calmes, la chaleur excessive, une atmosphère étouffante, tout se liguait pour répandre la fièvre et la dysenterie parmi l'équipage. A peine se passait-il un jour sans qu'il y eût quelques victimes. D'après mes instructions, l'éther, l'opium et le calomel étaient les médicaments que l'on devait appliquer aux malades, et la quine [1] et le vin aux convalescents. J'avais appris quelque chose sur les maladies du pays, mais je regrettais de ne pas avoir été plus attentif aux lectures médicales de Van Scolpvelt. Pour cette fois, sans médecin, je dévorai un des volumes scientifiques de notre Esculape hollandais, après quoi je me jetai dans l'art difficile de la pratique, et, quoique sans perruque, sans canne à pommeau d'or ou d'ambre, sans montre à breloques pour masquer mon ignorance, je commençai par farcir de drogues l'estomac de mes patients, puis je les abreuvai de potions avec aussi peu de scrupule que MM. les membres du Collège royal de médecine, qui ajoutent à leurs noms les initiales M. D., c'est-à-dire *Medicus Doctor*, ou plutôt *Mundi Destructor*.

En me préparant pour faire voile, je fus surpris d'entendre qu'il y avait eu des querelles entre les marins et les habitants du hameau. Les gens de mon équipage avaient blessé deux villageois, en faisant feu sur eux. Il arrivait toujours de pareilles disputes dans nos marchés, car il était impossible de faire comprendre à mes requins qu'ils avaient des devoirs à terre comme ils en avaient à bord.

Je ne pouvais trouver aucun remède contre ce mal. Dans cette occasion, je fis justice autant que je pus, afin de réparer les torts que les Javanais avaient soufferts. On les accusait d'être les agresseurs, mais quoiqu'il me fût impossible de remonter jusqu'à l'évidence des faits, je compris qu'on devait leur avoir fait quelques vilenies... et ils ne sont ni endurants ni oublieux. C'est pourquoi, craignant une vengeance sanglante de leur part, observant en même temps qu'ils ne s'ap-

1. Médication à base de quinquina. *(NdE)*

prochaient plus de nous et que nos intérêts souffraient infiniment de l'abandon de nos amicales relations, j'allai vers le rivage avec deux canots armés et des présents pour le chef. Cette mesure ne réussit pas; il me fallut y retourner seul avec mon interprète. Alors, après beaucoup de difficultés et d'explications, j'obtins, au moins en apparence, la réconciliation des deux parties et le renouvellement de nos échanges.

Au moment du départ, le chef javanais vint à bord et me pria de l'accompagner à une partie de chasse, dans un endroit très abondant en daims et sangliers. Il m'avait entendu souvent exprimer le désir d'y aller, mais il avait différé cette expédition prétextant qu'il valait mieux attendre la pluie, parce qu'alors les bêtes descendaient des montagnes. Comme la nuit précédente il y avait eu une tempête horrible, suivie d'un véritable déluge, cette invitation ne paraissait que la conséquence de ses promesses. J'acceptai. Il me dit, avec une grande apparence de sincérité, qu'il fallait éviter tout motif de querelle ou de jalousie, en éloignant de son peuple la crainte qu'une troupe nombreuse d'hommes armés pourrait lui inspirer. Après m'avoir donné d'autres conseils d'amitié, il prit congé : nous devions nous rejoindre le lendemain dans son hameau, avant la pointe du jour.

Quoique sans crainte, je ne négligeai pas cependant les précautions que me conseillait la prudence. Je descendis à terre le lendemain avec quatorze hommes bien armés et de grande résolution, puis, une fois débarqué, je donnai l'ordre au canot et à la chaloupe qui nous accompagnaient avec une partie de leurs équipages de se séparer de la rive et de se mettre au grappin; sous aucun prétexte, ils ne devaient débarquer ou parler avec les naturels.

Le chef m'attendait, accompagné de quatre ou cinq hommes, armés seulement de leurs poignards et de leurs javelines. Nous pénétrâmes dans l'intérieur des terres, suivant le bord tortueux de la petite rivière, maintenant gonflée, bourbeuse et rapide. Nous la traversâmes par différents gués, non sans difficultés. J'avais oublié de prévenir ma troupe de garantir de l'humidité les armes et la poudre. J'avais appris à être observateur et soupçonneux, et je remarquai une circonstance de peu d'importance à première vue. Le Javanais parlait souvent avec ses gens; parfois il voulait nous faire passer la rivière par des endroits où le fond était fangeux et entrecoupé de fossés; intervertissant l'ordre de notre marche, il restait à l'arrière de notre petite colonne. J'allais alors moi aussi vers l'arrière, et je l'observais de près. Il y avait dans le regard étincelant de son petit œil enfoncé quelque chose de rusé et de traître qui me faisait frémir. Pour ne pas lui laisser soupçonner qu'on doutait de sa bonne foi, je résolus, car nous avions déjà marché trois milles, d'avancer sans plus nous arrêter. Je me tenais toujours à son côté, et je l'étudiais soigneusement. En même temps je notais les localités de la route et les gués de la rivière.

Le menaçant danger où j'avais laissé Zéla à la chasse au tigre, en dépit des plus sages avis et des réflexions de la prudence, pouvait seul m'avoir forcé à la laisser à bord, malgré ses prières et son désir de m'accompagner. Je me croyais invulnérable, car elle était en sûreté; cependant il avait fallu me rendre à ses pressantes sollicitations. J'avais pris avec moi la petite Malayenne Adou, qui jouissait de la confiance absolue de sa maîtresse et qui était d'un esprit intelligent. Adou ne pensait qu'à Zéla, et cet attachement venait de ce que Zéla l'aimait. Elles étaient presque du même âge, mais jamais on n'eût pu rencontrer deux personnes plus dissemblables. La Malayenne était d'une taille rabougrie, large et osseuse; elle avait le front étroit; ses cheveux rudes, lâches et noirs, tombaient sur son visage plat et tanné comme les crins d'une barbe, mais qui irait vers le haut. Ses yeux, petits et enfoncés, semblaient, par l'étrange distance qui les séparait, être indépendants l'un de l'autre; on eût dit qu'elle pouvait regarder à la fois à bâbord et à tribord, au nord et au sud. Ces yeux étaient brillants, vifs, perçants, comme ceux d'un serpent, mais c'est là tout ce qu'elle avait de commun avec la gent reptile. La pauvre petite Adou, loin d'être astucieuse et perfide, était la fille la plus loyale, la plus dévouée qui se soit jamais consacrée au service d'une maîtresse.

Pour revenir à mon histoire, nous poursuivîmes notre route le long de la rivière sur une distance de quatre milles, au bout de laquelle, après avoir gravi un rocher stérile et raboteux, notre Javanais proposa une halte destinée à nous rafraîchir avec des margoustans et du café, tout en attendant le retour des explorateurs qu'il avait envoyés pour reconnaître les lieux de la chasse. Il y avait là trois ou quatre huttes de roseaux. J'agréai sa proposition. Mes soupçons étaient en grande partie dissipés, car je ne voyais plus rien qui pût alimenter les inquiétudes que j'avais conçues sur mon hôte.

Le café de cette île est excellent; on nous l'apporta, en l'accompagnant de fruits et de lait, et Adou fit le mien, car c'était un article pour lequel j'étais un grand épicurien. Nous étions assis sous le toit d'une hutte inhabitée qui nous défendait du soleil, et, tandis que je fumais mon callian, la troupe mangeait et buvait. Le chef était à mes côtés, assis sur une natte, dans l'espace qui me séparait de la porte, bloquée par les Javanais. J'étais sur le point de porter à mes lèvres la tasse de café que j'avais dans ma main gauche tout en m'appuyant sur la main droite, mes membres paresseusement étendus et ma tête reposant contre un bambou qui servait de pilier à la hutte. J'allais donc avaler mon café quand je sentis qu'on touchait ma main. Je me retournai pour voir ce que c'était; une voix étouffée me dit de dehors, mais tout contre mon oreille :

– Sst! pas bouger!

Son accent indiquait la terreur. Sans faire aucun geste, je tournai les yeux dans la direction de la voix, et mes regards rencontrèrent ceux d'Adou à travers la natte. J'approchai la tête et elle me dit :

– Pas boire café... sortir, sortir... hommes méchants!

Quelques-uns de mes marins s'étaient plaints de mal au cœur sitôt qu'ils avaient eu pris leur breuvage, et je me souvins de l'empressement du chef à me servir. A l'instant je compris qu'on nous servait là du poison. Par un retard heureux, je n'y avais pas encore goûté, attendant la longue opération consistant à préparer, remplir et allumer ma pipe persane à eau. Le chef, qui était dans ce moment à la porte, échangeait avec ses Javanais des regards d'intelligence; tous avaient les yeux fixés sur moi, et leurs mines sauvages et malignes trahissaient leurs intentions. Le moment n'était pas propice pour former un plan et le communiquer à ma troupe. Le Javanais attendait des renforts pour nous attaquer; du moins, c'est ce que je soupçonnai, et le bruit qu'on entendait à l'extérieur de la hutte me fit croire que ce renfort était arrivé. Tout ce monde voulait profiter de l'état où le poison était censé plonger ma troupe pour nous massacrer, c'est-à-dire pour brûler les chaumières et nous assassiner quand nous aurions tenté de nous sauver. Je m'armai d'un pistolet, le levai brusquement et me dirigeai vers l'entrée. Le chef javanais tira son kriss et voulut m'arrêter. Ma balle lui traversa le corps, et je fis résonner, avec un hurlement affreux, le cri de guerre arabe, en appelant mes marins :

– Nous sommes trahis! A moi, mes enfants!

Ce mouvement fut si soudain que les naturels, glacés de terreur, se jetèrent en bas du rocher pour aller se cacher dans la jungle. J'empêchai mes hommes de les poursuivre, puis je donnai l'ordre de reconnaître si les fusils étaient en état de service et de mettre la baïonnette. Adou m'informa, d'après ce qu'elle avait entendu, qu'on avait mêlé au café quelque drogue assoupissante ou mortelle, et que le chef attendait du renfort.

Le premier danger était passé; notre situation cependant était des plus périlleuses. Nous partîmes à la hâte pour regagner nos canots, ou pour nous mettre à la hauteur du schooner et lui faire connaître par des signaux notre détresse. Nous guéâmes la rivière, mais, calculant que les ennemis avaient dû nous dresser des embûches afin de nous couper la retraite, j'évitai soigneusement la route par où nous avions passé dans la matinée et suivis ma marche par un terrain plus clair, plus élevé. Grâce à ces précautions, nous réussîmes, quoique très observés, à nous retirer sans être inquiétés jusqu'aux trois quarts de la distance qu'il nous fallait parcourir. Adou, qui ne me quittait pas d'une ligne, regardait d'un côté et d'autre et marquait les mouvements des embusqués avec une précision admirable. Nous avançâmes, toujours menacés du double danger de nous embourber et d'être attaqués dans cette position. Enfin, arrivés à un des angles de la rivière, et ayant devant nous un marais fangeux, nous fûmes obligés de la passer. Soit que le stimulant de la peur ou les efforts fournis eussent neutralisé ou retardé les effets du poison; soit que la drogue qu'on avait mêlée au café n'eût pas de force narcotique, ses effets disparurent sans qu'on sût comment, et une demi-heure après je n'en entendis plus parler.

Tout occupé de regagner notre navire, je conduisis la troupe à travers la rivière, sondant le fond du lit et m'appuyant sur un épieu. Nous assurâmes nos cartouches dans nos bonnets. L'eau n'était pas haute, mais son lit devenait çà et là plus profond, et le limon mou, noirâtre et glissant rendait le passage difficile. Nous venions de trouver, après beaucoup de peine, un gué plus praticable, lorsque Adou s'écria :

– Malik, ils venir!

Nous n'étions encore que cinq hommes de l'autre côté de la rivière. Je préparai ma carabine et criai au reste de la troupe de se hâter. Les Javanais sortirent de leur embuscade avec un mugissement horrible, firent feu sur nous et se précipitèrent tumultueusement vers la rive. Le premier cri des sauvages à la guerre et leur première décharge ont un double but : à eux, s'inspirer du courage pour continuer d'avancer; aux ennemis de la crainte, tout comme ces chiens qui aboient et poursuivent ceux qui fuient, mais reculent devant ceux qui ont de l'audace. Si le premier cri et la première décharge sont repoussés par un autre cri et par une autre décharge, l'attaque s'affaiblit, la marche en avant hésite. Les Javanais s'arrêtèrent sur le rivage en voyant que nous restions inébranlables et que nous nous préparions à répondre à leur feu. Profitant de leur indécision, nous fîmes une décharge, puis, renforcés par le reste de la troupe, nous les attaquâmes avec vigueur. Ils se réfugièrent dans la jungle, et nous traversâmes le gué sans avoir perdu un seul homme.

Nous descendîmes le long du courant, harcelés par les

habitants du pays qui suivaient notre arrière-garde ou attaquaient nos flancs, en nous lançant parfois des dards, en faisant feu sur nous, en hurlant des malédictions et des menaces aussitôt que nous en mettions un à découvert; notre seule réponse était un coup de fusil, et ce seul coup renversait l'audacieux. Mais le nombre de nos ennemis augmentait, et à mesure que nous nous approchions de la mer, la jungle devenait moins épaisse. Ce fut alors que la petite Malayenne m'avertit qu'elle voyait des hommes à cheval s'avancer vers notre front. Au même instant je sentis l'air de la plage, tout imprégné de l'odeur des plantes mortes et du poisson pourri, et je le respirai avec plus d'extase que le parfum du tabac ou de mes vins favoris de Bordeaux ou de Tokay.

– Mes braves, dis-je à la petite troupe, nage en avant!... A la mer!

Ils gravirent la basse colline où j'étais, avec plus de célérité qu'ils ne grimpaient aux vergues pour voir la terre après un voyage ennuyeux. Lorsque nous vîmes les banderoles soyeuses qui resplendissaient sur les mâts de notre schooner, nous envoyâmes une volée de mousqueterie à nos ennemis et, nous croyant hors de danger, nous l'accompagnâmes d'un long hourra qui retentit au loin dans les montagnes et alla se perdre dans l'océan.

Une masse confuse de gens se distinguait sur la plaine sablonneuse qui bordait la mer. Les yeux d'aigle d'Adou ne l'avaient pas trompée. Le cri sauvage des habitants de l'île qui se fit entendre sur nos talons confirma la découverte de la Malayenne. Un corps d'insulaires était devant nous. Ils étaient à cheval, presque nus, armés de lances et montés sur des coursiers petits, mais infatigables et légers. Leur escadron n'était pas nombreux, mais, soutenu par les fantassins qui nous entouraient, il suffisait pour détruire l'espérance du plus sage et pour faire penser au ciel les timorés. Par bonheur je n'étais ni sage ni religieux; toutes mes pensées se concentrèrent dans ma situation et dans les mesures à prendre pour sortir du danger.

Au confluent des eaux de la rivière et de celles de la mer

il s'était formé, à travers l'embouchure, un banc ou une barre de limon et de sable, où les vagues et les torrents des montagnes, en se disputant le passage, déposaient leurs dépouilles. De vieux troncs déracinés par l'ouragan, des débris de pirogues naufragées étaient venus s'implanter sur ce banc, à travers lequel le courant s'ouvrait d'étroits canaux, creusant de plus en plus le fond de la rivière des deux côtés. Sur notre gauche se voyait un plateau sablonneux; plus loin, près du rivage, les huttes qui formaient le hameau, divisées par des groupes de cocotiers, et deux ou trois groupes de ces amants de la mer sur notre droite, qui nous interceptaient la vue du schooner. Nous n'eûmes pas le temps d'occuper un de ces bosquets, car la cavalerie de l'ennemi s'approchait rapidement. Je pris possession de la barre dont je viens de faire mention. Nous nous retirâmes tous au milieu de la rivière, et nous réussîmes avec quelque difficulté à nous établir sur cette espèce d'îlot, ayant de l'eau jusqu'aux genoux. Le banc, qui nous prêtait un terrain ferme, nous défendait aussi par un parapet formé des broussailles et des sables qui le couvraient. J'aurais pu facilement occuper la rive opposée, mais j'avais trop peu de monde pour diviser ma troupe. Par chance, je n'avais pour lors que deux hommes blessés légèrement; ils pouvaient encore faire feu. Outre les armes d'abordage, chacun de nous avait un fusil, sa baïonnette et une giberne pleine de cartouches, car j'avais économisé nos munitions, sachant que c'était notre unique espoir dans cette dangereuse situation.

Nos ennemis avançaient toujours en poussant des cris et des hurlements; nous les attendîmes en silence. Ces cavaliers, dont l'aspect sauvage était des plus repoussants, étaient conduits par leur prince, monté sur un petit alezan fougueux, dont la crinière et la queue flottaient au vent. Le chef de la troupe était le seul qui portât un turban et qui fût armé de pied en cap. L'impétueux désir de commencer le carnage se peignait sur les traits tatoués de son visage. Le coursier, docile aux inspirations du démon qu'il portait, tournait et retournait, sautait et caracolait, était dans un mouvement rapide et perpétuel. Enfin le prince barbare se précipita dans la rivière; il fit feu sur moi avec un pistolet, jeta sa javeline sur un autre, regagna la rive qu'il venait de quitter, décrivit plusieurs cercles en galopant sur le sable, hurla pour accélérer la marche de son escadron, poussa les fantassins avec son sabre, retourna à la rivière, revint sur ses pas... Il encouragea d'abord les insulaires qui étaient à pied, ensuite de quoi il se remit à la tête de ses cavaliers. Il les animait au combat, puis il excitait son cheval, qui, frappant la terre du sabot, tout couvert d'écume, ouvrait ses larges narines, secouait sa crinière, et semblait encore défier le vent.

Je suivis des yeux le prince, ma carabine appuyée sur la branche d'un arbre, derrière lequel je me dérobais à l'attaquant; j'ajustais souvent sa personne, sans jamais pouvoir l'atteindre. Notre position néanmoins était si forte, nos feux si bien dirigés et si bien soutenus que les tentatives des habitants du pays, encouragées par leur capitaine, ne purent réussir à nous en déloger. Cependant nous commencions à manquer de munitions; deux hommes avaient été tués, plusieurs autres ne pouvaient se servir de leurs armes, à cause des blessures qu'ils avaient reçues. De notre côté, nous avions fait un dégât affreux parmi les insulaires; leur position découverte nous donnait le plus grand avantage sur eux. La cavalerie, qui s'était élancée dans la rivière avec intrépidité, souffrait horriblement de notre feu, mais encore plus de la fange, des arbres et des branchages qui obstruaient les gués. Du reste, excepté leur chef, les cavaliers n'avaient pas d'armes à feu, mais l'esprit infernal qui animait le prince semblait s'être emparé de toute sa troupe, et leurs cris étaient effrayants. Heureusement, leurs lances n'arrivaient pas jusqu'à nous, et nous les abattions sans péril. Cela dit, nous ne pouvions échapper à une mort certaine qu'en détruisant ou en décimant cette bande d'élite qui menaçait notre retraite.

Le temps de faire un effort désespéré pour regagner la rive et nous retirer vers la plage était arrivé. Le seul gué praticable sur ce point était défendu contre la cavalerie par la nature du terrain; l'escadron ne pouvait nous incommoder, quoique, de l'autre côté de l'eau, nous eussions à combattre une multitude de villageois qui paraissaient prêts à nous arrêter. Dans cet état de choses, accablé de fatigue et presque sans forces, je fis passer avec précaution quelques-uns de mes hommes, un à un, sur le rivage opposé. Lorsque les barbares s'aperçurent de ce mouvement, ils se rassemblèrent et nous serrèrent de plus près. Les cavaliers, dont le nombre avait fort diminué, galopèrent vers la mer pour traverser quelque gué et nous couper la retraite. Nous cédâmes à la pénible nécessité de laisser deux blessés. Le premier homme qui mit le pied sur le rivage fut tué par un caillou. Notre colonne resta donc réduite à neuf hommes, en me comptant. Pour comble de malheur, mes gens avaient bu, pour apaiser leur soif brûlante, de l'eau verdâtre de la rivière, qui les avait rendus malades; puis les rayons d'un soleil torride avaient tellement frappé leurs têtes pendant leur long séjour à découvert dans l'eau qu'en arrivant au plateau, ils chancelaient, comme ivres.

Nous étions encore à un mille de la mer. Nous quittâmes le gué, suivant le bord de la rivière et nous tenant serrés autant que possible. Les naturels passèrent l'eau à leur tour et nous poursuivirent, en nous harcelant parfois de si près qu'il nous fallait faire halte et contenir leur audace par une décharge. Enfin nous découvrîmes le corps du schooner, et les pauvres marins, vacillants et abattus, respirèrent une vie nouvelle. Notre espoir commençait à renaître lorsque s'éleva devant nous un nuage de sable que le vent emportait; au milieu de ses tourbillons épais parurent le prince-vampire et son fougueux alezan, couvert d'écume, respirant le combat et la mort.

Il y avait à notre gauche une hutte d'argile ruinée et sans toit, ombragée par quelques palmiers, au milieu d'un désert de sable. Notre unique espoir était d'y arriver; nous y courûmes pour échapper à la mort. Le cœur palpitant et près de se briser, nous sautâmes par-dessus les murs de la hutte pour ne pas perdre de temps à chercher la porte. Un de nos blessés tomba dans le chemin, accablé de souffrances et de lassitude. Je tournai la tête au cri des sauvages et vis le prince malais passer et repasser sur le corps de notre malheureux compagnon dans l'intention de l'écraser. Il sauta de son cheval et, dédaignant d'employer son sabre, lui broya la tête avec la crosse de son mousquet. Après quoi il se remit à cheval d'un bond, hurla un ordre à sa troupe, puis galopa jusqu'à deux cents pas de nous. Ses gens alors se séparèrent et, commençant à décrire des cercles autour de la hutte, finirent par s'en approcher d'assez près pour nous lancer leurs javelines. Nous leur répondîmes par une décharge. Deux de mes plus adroits tirailleurs ajustèrent avec moi le chef; nous tirâmes : le cheval se retourna sur ses jambes en se redressant et en chancelant dans son escapade; la plume d'oiseau de paradis qui ornait le turban du prince tomba de sa tête et voltigea en l'air. Je crus la mort de notre camarade vengée. Point du tout, le guerrier mit pied à terre, se secoua, examina son cheval, puis il remonta dessus et, quoique son ardeur parût un peu ralentie, il recommença de nouveau ses exercices.

Il ne nous restait plus qu'une cartouche par homme, et nous étions complètement enveloppés. Désespérés, las, presque mourants de fatigue et de soif, nous nous préparâmes à vendre chèrement notre vie en faisant une sortie vigoureuse. Une pensée de mort traversa mon imagination... La mort était si près, elle paraissait si inévitable! De Ruyter vint à ma mémoire, mais l'image de Zéla s'empara de tout mon être; Zéla fut ma seule pensée : pensée triste, pensée d'horreur, car c'était la dernière, et elle m'annonçait une séparation éternelle.

Le mur de derrière la hutte était assez élevé. A l'abri de ce rempart, nos ennemis s'étaient avancés jusqu'à notre réduit, et nous ne tardâmes pas à sentir une odeur de feu. Nous perçâmes le mur avec nos baïonnettes; de l'autre côté des roseaux secs et des broussailles soigneusement mis en tas brûlaient. Nous éloignâmes ces matières, mais il nous fut impossible d'éteindre les flammes qui avaient déjà pris aux ruines.

Il y avait en face de la hutte quelques palmiers entourés d'une haie de baquois [1], muraille forte, épineuse, impéné-

1. Baquois (ou baquoi), arbre des contrées tropicales *(pandanus)*, dont on tire une sorte de filasse utilisée pour faire des sacs. *(NdE)*

trable. Je m'étais souvent reproché de n'avoir pas occupé cette position, qui était aussi sûre que la hutte contre les chevaux et qui nous aurait permis d'observer les mouvements de l'ennemi. Heureusement le front de la hutte donnait sur cet enclos qui s'ouvrait comme une cour devant l'habitation – ce qui avait empêché les insulaires d'y pénétrer.

Le prince javanais poussait les barbares; il voulait nous serrer et nous contraindre à demeurer dans nos ruines. Ma troupe avait murmuré contre mes dispositions; on obéissait à mes ordres avec lenteur et répugnance; ce ne fut qu'avec beaucoup d'énergie et de peine que je pus réussir à former un petit peloton pour repousser les ennemis à la baïonnette.

Au même instant, la détonation d'un coup de canon venant du côté de la mer salua nos oreilles. C'était du schooner! L'effet en fut magique : mes marins, abattus et désespérés, se trouvèrent dans l'instant animés d'une nouvelle ardeur; leur front brillait de joie; ils jetèrent leurs bonnets en l'air et remplirent l'espace de leurs hourras. C'était un signal de secours, il était prochain, et cette idée ranima les mourants. On entendit un second coup de canon, et tandis que les sauvages restaient stupéfiés à ce son, que l'écho répétait de la jungle aux collines, de la plage aux montagnes, profitant de leur terreur panique, nous les chassâmes de leur position et nous nous mîmes à l'abri sous des palmiers.

Les matelots se donnaient la main; ils juraient de se défendre jusqu'à la mort contre tous les ennemis qui se présenteraient et, pleins d'une joie vivifiante, ils couraient occuper leurs postes. Les barbares, quoique consternés, furent encore forcés de nous attaquer, harcelés par leur prince, qui, sur son cheval fumant, parcourait leur ligne d'une extrémité à l'autre avec un courage indomptable. Six cartouches composaient toutes nos munitions; il fallait employer la baïonnette. Les insulaires, ne voyant pas arriver de secours en notre faveur, et s'apercevant que notre feu cessait, avancèrent jusqu'à la haie et blessèrent quelques-uns de mes marins à travers les rameaux des baquois.

En effet, notre situation était plus désespérée que jamais,

mais par bonheur la plupart des hommes à cheval s'étaient dirigés vers la mer, intimidés par leurs pertes, et toute l'énergie de leur prince n'avait pu les résoudre à nous donner l'assaut. Je commençais à partager la croyance de mes camarades, qui voyaient dans le chef ennemi l'incarnation de l'esprit malin : il paraissait invulnérable.

Nous étions là depuis déjà une heure, qui nous semblait un siècle, quand le cri simultané et le mouvement des Javanais qui se dirigeaient vers le bord de la mer me firent regarder attentivement de ce côté. Une décharge de mousqueterie dissipa le nuage qui obscurcissait mes esprits; c'était mon équipage qui venait nous délivrer. Notre impulsion première fut de sortir et d'aller les joindre, mais nous ne pouvions abandonner les blessés. Nous criâmes et bientôt nous reconnûmes, par le tumulte des habitants qui étaient rassemblés devant nous, l'approche de nos compagnons, qui marchaient en ligne droite vers le banc de la rivière. Dès que j'aperçus les bonnets rouges de mes Arabes, je leur indiquai notre position en déchargeant ma carabine, et ils répondirent à mon signal par leur cri de guerre. Le prince, avec le reste de son escadron, galopait autour d'eux; mais au feu soutenu de ma troupe, je reconnus qu'elle avait assez de forces pour repousser tous les efforts de l'ennemi.

Cependant il paraissait, au vu des essaims de barbares qui entouraient l'indomptable prince, qu'il avait reçu du renfort. Il dépensa, à disputer aux miens le terrain, une obstination si extraordinaire qu'ils furent souvent obligés de faire halte et de lui envoyer quelques décharges. Enfin nos renforts parvinrent à la barre de la rivière que nous avions sur le flanc et, s'étendant en deux corps, s'avancèrent vers notre position. Les insulaires se retirèrent. Dans mon impatience je sautai par-dessus le mur végétal de notre réduit et, le bonnet à la main, j'animai mon vaillant équipage. A peine étais-je sorti de l'enclos qu'une femme légère et bondissante, avec sa robe flottante et ses cheveux épars au vent, courut à moi avec la célérité de l'hirondelle; mais la messagère du printemps et des fleurs eût-elle jamais pu faire une impression aussi douce!

C'était ma joie, mon espérance, mon bonheur, c'était ma Zéla! Elle sauta dans mes bras, nous nous serrâmes l'un l'autre dans une extase muette, il coula dans mes veines un plaisir convulsif qui gonfla mon cœur, et semblait l'étouffer. Le plus rude de nos matelots oublia alors le danger et sentit qu'il avait aussi un cœur, à la seule vue de notre amour.

Ce silence momentané fut suivi par la question : « Que s'est-il passé, capitaine? Où sont nos camarades? » tandis que se vociféraient des cris mêlés de menaces contre les Javanais.

Nous emportâmes nos blessés et regagnâmes la barre de la rivière, d'où nous poursuivîmes notre marche en bon ordre vers la mer, malgré les petits corps d'insulaires qui venaient nous inquiéter, mais qui ne pouvaient nous disputer le passage. Le prince, à la tête d'une masse innombrable de sauvages armés, nous précédait, sans doute dans l'intention de nous attaquer au moment de l'embarquement, ou de s'emparer de nos canots avant notre arrivée. Cette crainte nous fit redoubler d'allure, car je savais que le schooner ancrait trop loin pour protéger les canots de ses feux, mais mon contremaître me dit qu'il avait fait mouiller les chaloupes à une distance considérable et que le grand canot était armé d'une caronade.

Nous étions accablés de lassitude, mourant de faim et plus encore de soif. Zéla, en véritable enfant du désert, était la seule qui eût pensé à nous apporter de l'eau, mais elle avait été distribuée aux blessés.

Les barques avaient été repoussées du rivage par les naturels qui occupaient la plage. Le schooner quant à lui avait levé l'ancre pour s'approcher. Nous nous avançâmes vers l'océan, rangés en bataille, après avoir fait une décharge, marchant à la baïonnette au milieu d'une foule immense de barbares qui nous harcelaient de tous côtés. Parvenus à l'embouchure de la rivière, nous déposâmes nos blessés à bord des chaloupes qui avaient réussi à s'avancer jusque-là; mais au moment d'embarquer la troupe, les insulaires fondirent sur nous et tuèrent quelques marins dans une escarmouche au milieu des eaux. Le grand canot, encombré d'hommes et fortement enfoncé dans la vase, fut le théâtre d'une lutte corps à corps, où les kriss des habitants du pays avaient l'avantage sur nos armes à feu; d'ailleurs, nos gibernes étaient pleines d'eau; on n'entendait aucune voix de commandement, on ne suivait aucun plan, tout était confusion, danger et mort.

Nous ne pouvions rester dans cette eau fangeuse et teintée de sang, car lorsqu'un de nos hommes glissait, les naturels se précipitaient sur lui et le massacraient au fond de l'eau. Zéla était dans le grand canot; j'avais réussi à l'y placer, secondé par trois hommes d'une vigueur et d'un courage à toute épreuve. Les insulaires nous assaillirent avec une nouvelle fureur, mais nous tirâmes la caronade, et la mitraille calma un instant leur rage. Mon équipage profita de cet intervalle; nous nous ralliâmes; une seconde décharge ouvrit un espace sur le rivage, et nous mîmes à flot nos embarcations.

La mèche à la main, debout sur l'avant du canot qui était échoué sur un banc de sable, je défendais les marins qui le poussaient dans la mer. Les insulaires étaient dispersés et s'enfuyaient dans toutes les directions pour éviter le canon; la plage était jonchée de morts et de blessés. Alors le prince, suivi de six hommes à cheval qu'il entraîna derrière lui et qui s'arrêtèrent à la vue de la machine meurtrière, pointée directement sur eux, tenta un nouveau mouvement. Se tournant vers les siens, il les harangua d'une manière énergique, puis, avec un hurlement affreux et dans un geste de railleuse bravoure, il aiguillonna son brillant alezan et courut s'offrir comme un blanc à la bouche de notre canon. Je soufflai la mèche et l'approchai de l'amorce, mais le coup manqua. Le barbare me jeta un turban à la figure et me tira un coup de pistolet. Ce choc me fit chanceler. Alors Zéla ramassa la mèche qui m'était tombée de la main et fit feu. Des cris horribles retentirent sur le rivage.

Un cheval blessé courait, comme en délire, foulant à ses pieds son cavalier et le broyant sous son sabot, mais ce n'était pas le cheval du prince. Plus loin, sur la plage rouge de sang, près de la lame paisible, on apercevait un amas de restes mutilés confusément groupés : la jambe d'un homme et celle d'un cheval, des mains et de la corne, des haillons et des morceaux de harnais tout noircis de poudre, tout rouges de sang. On pouvait cependant reconnaître le héros à ces débris, quoique ce fût tout ce qu'il restât du meilleur coursier que guerrier eût jamais monté et du chef le plus vaillant qui eût conduit des braves au combat.

Je me sentais grièvement blessé, sans savoir trop quel était l'endroit atteint par la balle. Une sensation lourde et intense engourdissait mes extrémités inférieures et s'emparait de tout mon corps. En regardant mes jambes, je vis mes vêtements déchirés depuis ma hanche droite jusqu'en bas, et mon large pantalon en feu. On ne pouvait distinguer d'où coulait le sang. Je me couchai sur le banc des rameurs et, les canots étant à flot, nous voguâmes sans aucune opposition de la part des insulaires vers le schooner, qui de temps en temps tirait un coup de canon sur la plage. Lorsque j'eus repris mes sens, la froide et profonde torpeur qui avait enchaîné mes nerfs fut suivie de peines et d'angoisses mortelles. On me plaça à la partie arrière du canot, où ma Zéla, penchée sur moi, s'efforçait de soulager mon agonie par ses attentions obligeantes et de douces paroles d'amour.

– Zéla ! lui disais-je, mon bon esprit ! dites-moi, fut-ce notre mauvais destin qui frappa ma vie ?... Fut-ce Azraël, l'ange rouge de la mort ?... M'a-t-il blessé mortellement ?

– Bismallah [1] ! répondit-elle ; le bon esprit arrêta le bras du guerrier quand il menaçait ta vie. Dieu est fort et nous sommes faibles ; la mort frappe le tronc, non les rameaux.

Une balle m'était entrée par-dessous l'aine droite, dans une direction transversale, car le prince était au-dessous de moi lorsqu'il avait tiré. La douleur augmentait, mais la blessure ne saignait point. Cela dit, il n'était pas consolant de se trouver sans chirurgien à bord dans des circonstances pareilles. Je fus hissé sur le pont du schooner, transporté dans la cabine et couché sur mon hamac. Le prince s'était tellement approché de moi qu'une assez grande quantité de poudre

1. Au nom de Dieu ! *(NdE)*

avait pénétré dans la blessure; la décharge avait scarifié, meurtri la chair qui l'entourait, et qui venait de prendre une couleur noire et livide. Zéla m'appliqua sur la partie affectée des jaunes d'œuf, afin d'extraire la poudre. C'est un remède oriental très efficace. Après cela on lava la plaie à plusieurs reprises avec du vin chaud, puis on renouvela les cataplasmes. Mais pendant quatre ou cinq jours rien ne soulagea mes douleurs. Seulement, comme il m'est toujours arrivé dans les blessures causées par balle, je souffrais surtout entre midi et le lever du soleil. Aussi jamais rajepout n'attendit son retour avec plus d'impatience que moi et n'adora les rayons de l'astre du jour avec un culte plus pur et plus ardent que le mien.

Deux semaines s'écoulèrent sans que je prisse aucune nourriture; comme la baleine, je ne vivais qu'en suçant. Ce qui se grava le plus profondément dans mon cœur fut le dévouement sans égal, le soin infatigable de Zéla, qui souffrait, j'en suis certain, plus d'esprit que je ne souffrais de corps. Je ne puis oublier l'appétit dévorant, la faim de loup qui m'assaillit quand j'entrai en convalescence. Le premier jour qu'on m'apporta une tranche d'agneau, je la dévorai comme un lion dévore sa proie. Le lendemain Zéla m'apporta une épaule de chevreau rôti; il était midi, et je n'avais fait depuis le matin que penser à l'heure du dîner. Quand je vis l'assiette devant moi, je m'écriai :

– Mon Dieu? est-ce tout? Ah! c'est aujourd'hui que je ressens la perte de Louis! Ce n'est pas lui qui m'aurait donné cette parcelle d'un chevreau mort de faim!

A mesure que je sentais le retour de mon appétit, mes forces augmentaient graduellement. Je repris enfin, aidé par l'honorable soutien d'une paire de béquilles, le commandement sur le pont. Nous perdîmes un de nos blessés; il ne mourut certainement pas de l'égratignure qu'il avait reçue, mais à cause du poison qu'on avait versé dans son café. Ses camarades se plaignirent longtemps des effets de cette drogue; mais je crois que leur malaise venait plutôt de la médecine que je leur avais prescrite, savoir : le vin. Cependant les brises de la mer, une température douce et la régularité méthodique de la vie de vaisseau ne tardèrent pas à chasser la fièvre et la dysenterie; et la santé reparut forte et belle parmi l'équipage.

Peut-être on sera curieux de savoir comment nous reçûmes le secours qui nous délivra du danger dont nous étions menacés au milieu des Javanais. Deux mots en expliqueront la cause.

Zéla s'était embarquée dans une petite pirogue appelée par plaisanterie son « petit bateau. » Accompagnée par sa plus jeune servante, elle avait vogué le long du rivage jusqu'à un réduit formé par les rochers et défendu contre l'ardeur du soleil par les rameaux verdoyants qui l'ombrageaient; son intention était de se livrer à sa récréation favorite, la nage. Dans cette occasion, Zéla, qui rasait le bord sablonneux de la mer, entendit le bruit d'une fusillade que le vent marin apportait et qui se prolongeait au loin sur la surface unie de l'océan; c'était un bruit sourd et confus. Au commencement, elle crut naturellement que le gibier était en vue, mais, disait-elle, un noir pressentiment lui torturait l'imagination. Elle s'habilla à la hâte. Sa première pensée fut de marcher jusqu'à ce qu'elle eût découvert la cause de ce bruit, mais la réflexion lui défendit de suivre son inclination; elle suivit la plage jusqu'à l'embouchure de la rivière, où elle avait vu les canots au grappin; ils n'y étaient plus. L'écho de nos décharges devint alors plus distinct, et l'ouïe délicate de Zéla lui fit reconnaître le son de ma carabine par sa détonation perçante et sonore. Bientôt après, les cris des insulaires, qu'elle entendait faiblement, suffirent pour confirmer ses craintes, car elle y distingua les hurlements de guerre des sauvages. Elle s'empressa d'arriver à bord et fit part de ses soupçons à mon contremaître. Celui-ci, grimpant à l'extrémité du mât, vit la cavalerie qui s'avançait et les groupes détachés des Javanais qui sortaient précipitamment du hameau. Les chaloupes étaient par bonheur dans la mer, et le grand canot portait une caronade destinée à protéger les hommes qui allaient couper du bois.

On ne tarda guère à préparer une flottille de guerre. Malgré les prières et les observations de l'équipage, Zéla voulut accompagner l'expédition et, fort instruite dans la manière de combattre les sauvages, elle guida le renfort libérateur avec une infaillible sagacité, car autrement il serait arrivé trop tard.

CHAPITRE VINGT-DEUXIÈME

Abordage d'une nouvelle jonque.
Lettre de De Ruyter. Le « Voltigeur Hollandais ».
On croise plusieurs bâtiments.
Le grab en vue.

Notre vie n'était ni oisive ni sans profit. Toujours à la chasse des bâtiments de toutes les nations, au milieu des calmes ou des orages, poursuivant tout navire qui nous inspirait le plus faible espoir d'une prise légale, fuyant ceux qui pouvaient nous détruire, nous ne prenions aucun instant de repos.

Nous touchâmes tout d'abord à l'île de Caramate pour prendre de l'eau. Presque toute la capacité de notre navire était remplie de butin, et il n'y restait que très peu d'espace pour y placer des barils. Notre avarice fut bien souvent et bien amèrement punie par la plus cruelle torture que l'homme puisse éprouver, la soif. Nous étions réduits à la ration mesquine de trois demi-pintes par jour d'une eau sale et fermentée, mais elle avait beau être nauséabonde, le plus avare de nos camarades aurait donné volontiers toute sa part de butin pour en avoir une portion illimitée. Mes idées de bonheur parfait étaient alors un lac pur et frais où l'on pût se plonger; un ruisseau ne suffisait point à mon insatiable soif. Nous éprouvions cette détresse lorsque nous arrivâmes à Caramate, où nous obtînmes de l'eau en abondance, des fruits et de la volaille, puis nous poursuivîmes notre course.

Un des points de ralliement où nous pouvions joindre le grab était dans le voisinage des îles Philippines. En rasant la côte nord-est de Bornéo, nous abordâmes une jonque. Elle était encombrée de Chinois qui allaient former une colonie à Bornéo. J'échangeai quelques-uns de mes nids d'hirondelles contre des provisions fraîches, telles que des fruits, des canards et des porcs, laissant le reste des animaux bipèdes poursuivre leur voyage sans les inquiéter.

Quelques nuits après nous touchâmes sur un banc de sable; nous fûmes horriblement alarmés, mais il y avait peu de vent, et nous échappâmes sans dommage apparent, car si une rafale eût soufflé nous aurions fait naufrage. Nous découvrîmes l'île de Palawan, puis nous jetâmes l'ancre dans un mouillage à l'abri d'un groupe de petites îles, sur le promontoire de Bookelooyant. Nous y demeurâmes deux jours sans avoir des nouvelles du grab; au troisième nous mîmes à la voile pour un autre rendez-vous, dans une île déserte plus au nord, à laquelle on a donné le nom d'île de l'Hippopotame. Après y avoir cherché un endroit que De Ruyter m'avait le plus minutieusement décrit, je trouvai une lettre qu'il m'avait promise, avec des instructions ultérieures, pour le cas où nous ne nous rencontrerions pas. Je devais, d'après cette lettre, courir dans une ligne parallèle de latitude qu'il marquait jusqu'à la vue de la côte de Cochinchine. Ce que je fis aussitôt.

Après quelques jours de calme, nous observâmes les signes d'un prochain changement de temps. Une tranquillité effrayante régnait dans l'atmosphère, qui était surchargée d'une humidité lourde. Les étoiles paraissaient avant le temps de leur lever ordinaire, mais ternes et mourantes.

En levant les yeux vers le ciel, j'aperçus un soir un globe de feu, que je pris pour une étoile filante; il descendit perpendiculairement au-dessus de nous et tomba dans la mer avec un bruit semblable à celui d'un boulet rouge qui se serait plongé dans les eaux. A l'instant même les cieux parurent se rompre avec un craquement affreux; notre vaisseau fut ébranlé comme s'il eût frappé contre des rochers; la pluie, le vent, le tonnerre et la foudre, tout éclata sur nos têtes tandis que la mer s'élevait jusqu'aux nues en montagnes noires et rugissantes. L'orage vint se briser contre l'arrière du schooner – cela fut notre salut – et nous entraîna avec une force irrésistible. Le premier choc passé, l'équipage se remit bientôt de sa frayeur, et nous nous laissâmes emporter par le grain vers le nord-est. Lorsque la fureur de la tempête fut calmée, nous hissâmes les voiles de bourrasque pour nous trouver en mesure de gouverner notre course.

Je descendais dans la cabine voir sur la carte où nous nous trouvions, lorsqu'un cri général m'appela sur le pont. Je ne pouvais deviner la cause de ce tumulte, mais en sortant de l'écoutille je restai muet, interdit à la vue d'un large vaisseau qui se précipitait sur nous. Il cinglait à sec. Ce bâtiment nous avait vus, et je distinguai la figure d'un homme qui portait un fanal sur l'avant. L'étranger nous demanda qui nous étions; un moment après on nous cria dans un porte-voix :

– Oh! du schooner! Amenez, ou nous allons vous couler bas!

C'était une frégate, à ce que je pus reconnaître. En un instant tout fut en commotion sur son pont; on entendait qu'elle préparait son artillerie pour la diriger contre nous. La surprise m'empêcha de répondre, et ce ne fut qu'après que ses haubans de grand mât nous eurent presque emporté notre bâton de foc et après avoir entendu la voix nous répéter « amenez! » que je repris mon sang-froid pour commander la manœuvre.

– Arrive! m'écriai-je, et nous virâmes jusqu'à ce que nous eussions le vent par la hanche.

On tira sur nous. La tête à la mer, craquant et frémissant des coups horribles des lames, le schooner s'élançait en délire à travers les crêtes écumantes des montagnes de vagues qui sifflaient et fumaient, comme si l'océan eût bouillonné.

Je commençais à me réjouir de notre heureuse fortune, car nous avions échappé à l'ennemi comme par miracle, lorsque l'homme qui faisait le quart de l'avant sur les agrès, parce que la mer balayait tout ce qu'elle rencontrait sur le pont, cria : « La frégate par l'avant! » Nous eûmes à peine le temps de virer pour esquiver le bâtiment, mais je vis, par le fanal terne qui éclairait faiblement son arrière, que c'était un vaisseau d'un rang supérieur à celui de la frégate. Nous ne l'avions pas encore passé quand nous croisâmes par la proue d'un autre, et puis d'un autre. Le contremaître s'écria alors du ton de la terreur :

– Oh! non, monsieur, ce ne sont pas des bâtiments réels, c'est le *Voltigeur hollandais!*

A quoi le quartier-maître répondit :

– Le diable m'emporte si c'est ça! C'est une flotte de la Chine.

Tel était le cas, comme je ne tardai pas à le comprendre : c'était la flotte de Canton qui retournait dans ses ports [1].

Quand nous nous retrouvâmes sous le vent de ces navires, nous boulinâmes nos voiles et nous nous remîmes à la cape pour attendre le jour. Après une nuit d'anxiété, de craintes et de périls, l'obscurité, que je croyais éternelle, commença lentement à disparaître, et les éclats d'une lumière livide, qui annonçait la bourrasque, éclairèrent confusément le cercle étroit et rembruni de l'horizon. Quel changement en vingt-quatre heures! La matinée précédente avait été douce et paisible : un bateau en papier, comme en font les enfants, aurait pu flotter sur la mer avec sécurité; et ces navires anglais, malgré leur taille colossale, près de laquelle notre schooner devait paraître une coquille de noix, étaient alors ballottés par la houle comme de frêles pirogues. Chaque vague menaçait de les engloutir, et l'écume qui les couvrait remplissait l'air d'un brouillard semblable à la neige.

Nous croisâmes bientôt trois vaisseaux de l'Inde, de douze à quinze cents tonneaux, qui paraissaient avoir souffert des avaries considérables. Ils étaient à la cape, attendant, comme

1. Il s'agit de la flotte anglaise affectée au service des mers de Chine. *(NdE)*

je pensai, l'arrivée de leurs compagnons : car il était évident qu'ils faisaient partie du convoi que j'avais rencontré la nuit. Je conclus donc que nous étions devant et sous le vent de la flotte, et qu'il fallait profiter du temps pour nous mettre hors de chasse quand les vaisseaux de guerre arriveraient et que la violence de l'orage commencerait à se calmer. En conséquence, lorsque à la pointe du jour, comme il arrive en général, la tempête se ralentit un peu, nous serrâmes le vent avec nos voiles de bourrasque. J'ai déjà dit que jamais meilleure quille que celle de notre embarcation ne fendit les eaux de la mer. Nos esparres étaient bien assurés, les écoutilles et les sabords bien lattés; nous n'avions pas de meubles inutiles, et nous étions dans une assiette excellente; bref, nous flottions sur les mers avec aisance et même avec sécurité, tandis que les énormes et lourds bâtiments de l'Inde, avec leurs masses gigantesques hors de l'eau, surchargés en dedans et au dehors, ressemblaient à tout ce qu'on aurait voulu leur comparer, excepté à des cygnes se baignant dans un lac.

Plus le jour s'avançait, plus l'horizon paraissait s'étendre. Le soleil, obscurci souvent par la masse opaque des nues qui passaient rapidement, perçait de ses rayons incertains les vapeurs qui s'étendaient sur l'océan; je pouvais distinguer à l'aide de mon télescope sept autres bâtiments, parmi lesquels s'élevait un vaisseau de ligne qui portait le large pennon des commodores. Ce vaisseau faisait des signaux, sans doute à la frégate à laquelle nous avions échappé d'une manière si miraculeuse, grâce à l'ouragan.

Passant en revue toute la ligne de l'horizon au vent, j'observai que la frégate se dirigeait vers les navires qui étaient sous le vent, apparemment pour les aider en cas de besoin. Toutes les autres voiles s'étaient approchées d'eux, et il ne restait dans cette direction qu'un bâtiment isolé, dont le perroquet de fougue, malgré ses ris, attira mes regards par sa blancheur. Il changea sa course à son tour, mais sans suivre le rumb des autres, quoique l'on eût cru d'abord que son intention était de se tenir près de la flotte. Je l'examinai d'une manière attentive. La coupe de ses voiles, ses mâts élevés, la promptitude de ses manœuvres et la vélocité de ses mouvements indiquaient un navire de guerre, et cependant tout montrait qu'il n'était pas anglais.

– Prenez la lunette d'approche, dis-je au vieux quartier-maître; je ne puis venir à bout de reconnaître cette voile-là; elle change de rumb et s'approche de nous. Il faut virer de bord et lui tourner le dos. Eh bien! qu'en pensez-vous, quartier-maître?

– Moi, monsieur? répondit le vieux marin, avez-vous jamais vu dans les Indes trois voiles de l'avant à l'arrière, comme les porte ce bâtiment-là? Je connais cette coupe, je l'ai apprise à bord d'un yacht de pilote, quand j'étais au service de New York, et je ne m'appelle pas Bill Tompson si mes mains n'ont pas servi à celle-ci!

– C'est donc le grab? m'écriai-je.

– Oui-da! c'est lui-même, répliqua Bill.

CHAPITRE VINGT-TROISIÈME

Le grab vient bord à bord.
*Sauvetage de quelques hommes de l'*Indiaman.
Les Malais montent à notre bord. Métamorphose du41grab
et du schooner. Arraisonnement
d'un brick.

La nouvelle se répandit tout à coup sur le schooner, et la joie brilla dans tous les yeux. Un instant après, le grab était bord à bord avec nous, et nos cris d'allégresse retentirent au-dessus du mugissement de la tempête. Ce secours si inattendu et si à propos me causait un plaisir inexprimable. Comme la mer ne permettait pas qu'on y jetât les canots, nous fûmes obligés de nous entendre par le moyen des signaux de notre code particulier. C'est ainsi que je reçus des instructions pour me tenir près du grab et suivre ses mouvements.

Le grain continua à souffler avec force; venant du golfe de Siam, il poussait le convoi vers l'île Bornéo. Nous suivîmes De Ruyter, qui borda le côté de la flotte. Je remarquai alors que la plupart des navires marchands avaient de sérieuses avaries; un bâtiment que touait le commodore n'avait plus de mât de misaine, enlevé par un coup de tonnerre qui, comme nous le sûmes après, avait tué douze ou quatorze hommes à son bord; un autre, remorqué celui-là par la frégate, avait perdu son mât de hunier et le bâton de foc. Cela dit, il était mauvais voilier, même en bon état, et restait sous le vent à une grande distance du convoi. Les navires restants faisaient tous leurs efforts pour se tenir ensemble et se prêter un mutuel secours. De Ruyter, pendant ce temps, employait toutes sortes de ruses pour les inquiéter et les séparer; je secondais et soutenais ses manœuvres avec une effronterie sans exemple.

Nous les poursuivîmes jour et nuit, tels des loups affamés qui rôdent autour d'un troupeau et ne se retirent que pour éviter la rencontre des chiens qui le gardent, mais qui reviennent sur leur proie par un autre endroit sans défense. La supériorité de nos voiles nous facilitait les moyens de les harasser; mais, outre le vaisseau de ligne, les autres bâtiments marchands de la Compagnie l'emportaient sur les nôtres en artillerie et en équipage; ils montraient chacun trente ou quarante pièces de canon, et de cent cinquante à trois cents hommes. Néanmoins, nous réussîmes à ralentir leur marche par des attaques réelles ou feintes le jour et la nuit, par de faux signaux assortis de coups de canon et de fusées. Dans l'intention de nous couler bas ou de se débarrasser de nous, la frégate nous donna alternativement la chasse, mais, quoiqu'elle fût forte et qu'elle manœuvrât de la manière la plus habile, nous déjouâmes ses tentatives. Ma témérité me mit souvent dans le plus grand danger. Une fois j'aurais été inévitablement pris par la frégate si elle n'eût pas perdu son hunier de misaine et son bâton de foc, au moment où ses chasseurs de l'avant faisaient feu sur le schooner. Les îles, les écueils et les rocs sur lesquels la flotte s'affalait du fait de l'incessant orage, de la houle et des courants, favorisaient nos intentions. Lorsque le bâtiment toué par la frégate fut privé de son secours, il demeura sous le vent et fort loin à l'arrière du convoi. Près du coucher du soleil, De Ruyter s'approcha de nous, qui devancions considérablement la flotte, et nous cria :

– Ce grain ne durera que vingt-quatre heures, mais il ne sera guère moins violent pour cela. Nous allons faire le dernier effort cette nuit pour nous emparer de ce bâtiment à l'arrière. Je m'y prendrai de telle sorte que la frégate ne puisse lui prêter le moindre secours avant le coucher du soleil;

ensuite elle ne lui sera plus d'aucune aide. Quand viendra la nuit, tombez sur le sillage des *Indiamen*, vous m'y trouverez près de vous.

Après quelques mots de plus sur ce sujet, De Ruyter me quitta pour s'élancer au milieu de la flotte avec une impétuosité qui surpassait encore son audace habituelle. Il échangeait ses feux avec les *Indiamen*, arrivait, dérivait, et, par la rapidité de ses évolutions, ne laissait pas un instant de repos à la frégate. Les bâtiments marchands ressemblaient à des jonques chinoises; la plupart étaient montés par de misérables Lascaris, race d'esclaves vagabonds qui ne mérite que le mépris. Le bâtiment qui avait perdu ses mâts était dans un état si misérable que De Ruyter et moi, ayant réussi à le détacher du reste de la flotte, nous le regardâmes déjà comme notre proie.

Le temps laissait pressentir un changement. Les petits nuages crépus qui se rassemblaient au vent et qui avaient jusqu'alors suivi la même direction pour s'incorporer à la masse noire et raboteuse de la tempête ne se rangeaient plus en lignes horizontales et ne nourrissaient pas non plus son cratère foudroyant; ils troquaient leur teinte foncée pour une nuance grisâtre, prenaient une forme aérienne, et commençaient à disparaître. Enfin, avec la nuit vinrent des ondées fréquentes, et telle était l'obscurité que je ne pouvais distinguer l'*Indiaman* que par les signaux de détresse qu'il faisait à ceux qui ne le voyaient pas ou qui ne pouvaient lui porter secours. Quoique le grain fût interrompu, il soufflait encore par rafales avec la même furie. Dans les intervalles, quand nous étions délivrés de l'impétuosité du vent qui pressait le peu de voiles que l'on pouvait porter, les houles tumultueuses et répétées nous ballottaient çà et là; notre pont se couvrait d'eau, et des flots monstrueux se brisaient contre le flanc du schooner avec le bruit et le choc d'une avalanche. Chaque lame menaçait de nous engloutir; à chaque pas on rencontrait un rocher couvert par l'écume, et, pour augmenter notre péril, nous avions dans notre course un récif très étendu sous le vent.

Ce fut seulement au matin que nous aperçûmes le grab. Le temps était déjà calmé, mais De Ruyter me fit savoir qu'il craignait que l'*Indiaman* ne fût naufragé; qu'il avait vu le banc dont il s'était approché pour l'avertir du danger et lui conseiller de virer de bord en serrant le vent, mais qu'il avait disparu sans qu'on pût savoir où il était.

– A cette heure, ajouta-t-il, ils doivent avoir péri tous. C'était inévitable. Oui, les voilà qui tirent le canon, ils demandent du secours, mais c'est trop tard!

Les conjectures de De Ruyter furent vérifiées par les rayons du jour naissant. Le premier objet que mes yeux rencontrèrent fut le malheureux bâtiment jeté sur un lit de rocs.

On ne découvrait nul vestige de la flotte à travers le voile épais qui noircissait la ligne de l'horizon. Après avoir tourné du côté de l'est, le grain avait épuisé sa force; au premier rayon du soleil, il expira. Nous étions à la cape, et nous tanguions et roulions si rudement que nos mâts se pliaient comme des ratans; les courbes, les charpentes craquaient; les cloisons et le pont s'entrouvraient et se refermaient avec une violence sans pareille. Notre pensée dans cet instant fut de sauver ceux des gens de l'équipage anglais qui avaient pu résister à la fureur des vagues.

A neuf heures du matin la mer se calma assez pour que De Ruyter y lançât un canot; je suivis son exemple, et, ne pouvant quitter le bord du schooner à cause de mes blessures, j'envoyai la chaloupe de pêche, qui était légère et singulièrement flottante; le second maître d'équipage et quatre de mes meilleurs rameurs dirigèrent la petite embarcation. De Ruyter les héla, et ils voguèrent ensemble, faisant un long tour sous le vent du récif, afin, comme je le conjecturai, de tenter par un effort désespéré de s'approcher du bâtiment naufragé. Le brave De Ruyter était le premier marin du monde et le premier dans le danger, soit pour attaquer, soit pour secourir; tandis que j'étais là, impuissant comme un vieil invalide, regardant sur le pont et maudissant ma blessure, qui ne me permettait pas d'imiter son généreux exemple...

Il était déjà midi passé lorsque je vis les deux barques faire le tour des brisants, dans la direction du grab. J'avais pu distinguer des hommes qui se mouvaient sur la grande vergue de l'*Indiaman*, et que les canots s'étaient approchés assez pour les engager à se jeter à la mer, soutenus par des cordes. Je conclus qu'on avait sauvé quelques malheureux. Je fis avancer le schooner, qui était le bâtiment le plus léger, et les barques parvinrent à nous aborder en sûreté, grâce au calme qui commençait à se rétablir dans l'océan. De Ruyter se jeta à la mer avec une corde et gagna notre bord à la nage. Il pressa ma main avec joie; sur son visage brillait un éclair de bonheur que je n'avais pas encore observé chez lui.

– Si ce lourdaud de navire, dit-il alors, se fût tenu à l'écart des brisants, il aurait été à nous, et j'aurais mis dans ma poche quarante mille piastres; cependant, je ne sais pas pourquoi, mais je me sens plus heureux d'avoir sauvé quatre de ses gens que d'avoir fait cette prise. Pauvres diables! Il faut qu'ils soient doués de la constitution des loutres pour avoir survécu à une telle nuit et sur une telle perche. Hissez-les à bord, mes enfants! Mais le père et le fils les premiers.

A peine ces paroles avaient-elles été prononcées qu'un homme en jaquette de camelot rouge à parements jaunes brodés de fil d'or s'avança vers moi en chancelant; le reste de son habillement était taché, en lambeaux, et tout trempé; il semblait accablé de souffrances et se soutenait difficilement dans sa marche. Un jeune homme au teint brun, aux formes sveltes et musculeuses, nu jusqu'à la ceinture, lui prêtait son appui. Le plus âgé avait de quarante à cinquante ans; il était capitaine dans un des régiments du Bengale, et retournait en Europe après vingt-cinq ans de service dans l'Inde, où il avait obtenu son congé et la paie complète de son grade pour le reste de sa vie. Il aurait joui de cette misérable aumône de cent quatre-vingts livres pendant plusieurs années encore si ses habitudes, ou l'intempérie du climat, n'avaient pas ruiné sa santé; mais, incarcéré dans une atmosphère de four comme celle de Calcutta, il avait été attaqué d'une maladie mortelle : son foie s'était élargi dans les mêmes proportions que celui d'une oie de Strasbourg, et par les mêmes causes : l'échauffement et la gourmandise. Ce n'était pas du sang, c'était de la bile qui semblait circuler, ou plutôt stagner par tout son corps, communiquant à sa peau cette nuance vert et jaune qui colore la croûte de l'eau fangeuse. Je n'aurais pas donné de sa pension le revenu de six mois.

Le jeune homme, quant à lui, avait de seize à dix-sept ans; c'était le fils du premier, issu à l'évidence d'une femme du pays. Rejeton d'un tronc indigène, le jeune métis s'était bien développé et promettait de bons fruits. Ces détails et d'autres encore, je les appris par la suite; à leur arrivée à bord, je donnai à ces deux-là une cabine séparée et ne pensai qu'à satisfaire leurs besoins.

L'un des deux autres hommes sauvés était le troisième maître de l'*Indiaman,* homme athlétique, carré, né dans le Nord, endurci par les ouragans, familiarisé avec les naufrages, car il avait été élevé dans un bâtiment charbonnier sur les côtes dangereuses de sa patrie. L'autre était le serang, ou maître d'équipage, un homme du pays. C'était le gaillard le plus beau que j'eusse jamais vu, brave et bon marin, ce qui était remarquable si l'on songe à l'avilissement, à la lâcheté et à la stupidité qui sont l'ordinaire de sa caste. Ces gens parlaient avec étonnement et admiration du jeune homme qui avait préservé la vie de son père au milieu de tous les dangers que je viens de décrire.

Aussitôt que le temps le permit, nous dirigeâmes notre course vers le nord-est, jusqu'à ce que nous eussions découvert les petites îles où nous avions déjà mouillé, en face de la côte de Bornéo. Dès que nous y fûmes arrivés nous réparâmes nos avaries, mîmes à terre nos malades et nous rafraîchîmes nous-mêmes par la même occasion.

J'avais raconté fidèlement à De Ruyter tout ce que j'avais vu, fait ou entendu. La mort de Louis le toucha profondément.

Après avoir écouté attentivement le récit de mon affaire avec les Javanais, il s'écria :

– Eh bien, vous alliez à la chasse aux canards sauvages ou au sanglier, excité, je le suppose, par le danger que présentait cette extravagance. Il est vrai que nul autre ne se serait mieux tiré du piège de ces barbares, mais nul autre non plus n'aurait été capable d'une telle folie. Vous êtes aussi imprudent et aussi téméraire que notre ami le Malais, le héros de Samboss.

– A propos des Malais, De Ruyter, repris-je, votre alliance avec cette tribu de pirates me paraît inexplicable; elle n'est pas moins bizarre ni moins chevaleresque que mon expédition à la Don Quichotte de Java.

Il se frotta les mains avec un mouvement de joie; ses yeux brillèrent, et sur ses traits mâles et hâlés se montra la satisfaction qui débordait de son cœur. Ses lèvres se ridèrent et sa poitrine s'élargit :

– Non, dit-il, non, mon enfant, cette alliance n'est pas inexplicable; c'est un devoir envers le pavillon sous lequel je navigue que de harceler, brûler, couler bas, détruire les navires de ses ennemis. J'avoue que je n'entreprendrais pas ces expéditions stériles avec tant de plaisir sans la haine implacable que j'ai vouée à cette compagnie de marchands anglais, et à toute compagnie quelconque, car elles sont fondées sur l'égoïsme et ne se soutiennent qu'au détriment de la grande masse de la société. La vengeance, ou plutôt la rétribution, est pour moi ce que le sultan de Bornéo dit du diamant sans pareil qu'il possède : « Elle est, comme le soleil, au-dessus de tout prix. » Et certes, vous le savez, les dettes d'honneur sont sacrées. Je crois que pour chaque piastre qu'ils m'ont prise une fois, je leur en ai fait perdre plus de mille. La Compagnie désire depuis longtemps mettre le pied et se fixer dans cette partie de Bornéo, mais ses tentatives ont constamment échoué, parce qu'on ne trouve presque aucun port sur cette côte et que les nobles et chevaleresques Malais ont toujours déjoué ses projets. Dernièrement elle a jeté ses regards avides sur la ville de Samboss, bâtie sur le bord d'une rivière, avec un abord commode, sûr et peu distant. Cette ville est défendue par une petite forteresse; en outre sa situation est avantageuse pour la culture et pour le commerce de toute l'île. Aussi perfides dans leurs desseins qu'ils sont scélérats dans l'exécution de leurs plans, les Anglais firent courir le bruit que l'unique but de l'expédition qu'ils préparaient était de détruire ce refuge de pirates, mais le vrai était qu'ils avaient résolu de s'y établir et d'y jeter la pierre fondamentale de leur vieux système, en commençant par s'emparer de tout le produit, de tout le trafic du pays, pour arriver ensuite à la possession complète et absolue de l'île elle-même.

» Le grab était dans un mouillage à l'abri de tout danger, et le chef héroïque des Malais s'était engagé, lui et son peuple, à se mettre sous ma conduite. Après avoir complété tous les préparatifs nécessaires, je fis embarquer ses gens dans leurs pirogues de guerre et je les accompagnai le long de la côte, avec un fort détachement dans mes canots, jusque dans la baie de Tangong, où nous débarquâmes et laissâmes nos embarcations. Nous continuâmes ensuite notre marche par terre, en transportant par mer dans les pirogues la grosse artillerie et tout le matériel lourd et embarrassant. Enfin, après un voyage long et pénible à travers des forêts et des montagnes raboteuses et gigantesques, au milieu de plaines presque infinies, traversant des rivières et des torrents, pénétrant dans des jungles et dans des marais, nous arrivâmes aux bords de la rivière de Samboss. D'un côté s'étendait un marais, de l'autre une jungle interminable. Sous la conduite d'indigènes nous menant par des sentiers obscurs et difficiles, nous gagnâmes la ville de Samboss, marquée du signe de la destruction par les Anglais.

» Ses habitants étaient blottis ensemble dans de petites huttes de ratans, défendues par une masse informe de charpente et d'argile, qu'on avait ennoblie du nom de tour ou de forteresse. Çà et là s'élevaient des habitations, en forme de grands paniers, soutenues, comme vous l'êtes, par des béquilles, et apparemment prêtes à se mettre en marche pour la ville quand les affaires ou la nécessité l'exigeraient. J'avais remarqué dans notre voyage une baie très étendue et magnifique, à l'est de la demeure des Malais; il était certain que les envahisseurs viendraient y jeter l'ancre et y débarqueraient leurs troupes. Les habitants, de leur côté, ne s'occupaient que de sauver leurs meubles, leurs biens et leurs barques de guerre; ils les transportaient dans des lieux inaccessibles et secrets; ils paraissaient disposés plutôt à éviter qu'à repousser l'invasion qui les menaçait, et dont je les avais avertis. Le chef, à mon instigation, pénétra, suivi de ses gens, dans la jungle et dans le marais, gravit la montagne, visita les cavernes; il harangua la jeunesse et les vieillards de la contrée et les engagea à se rallier et à former un corps de défense. A l'espoir des combats et du butin, les guerriers cachés sortirent de leurs retraites comme des bandes de chacals. Le courage du chef enflamma tous les cœurs. Le second jour, tandis que je dirigeais les travaux de la forteresse et que nous abattions des arbres pour obstruer le passage de la rivière, je fus surpris en entendant le cri de guerre de milliers de ces braves. Ils se précipitaient de la montagne comme un torrent, et je fus heureux d'être en possession de la tour d'argile, durant ce premier paroxysme de leur fièvre. Leurs cris perçants, les décharges de leurs armes à feu, le cliquetis de leurs sabres et de leurs lances, la voix rauque de leurs trompettes d'écaille, la confusion et le tumulte de leur marche guerrière résonnaient de rocher en rocher. Mon ami, le chef malais, accompagné des magnats des tribus, vint me joindre et me fit connaître de ses alliés. Il prononça un long discours, où il exagéra mes services, et qu'il termina en me proposant pour général, à cause de mon savoir dans l'art de la guerre telle que la pratiquent les Européens.

» Armé de cette autorité, je divisai cette multitude en tribus auxquelles je confiai des positions particulières, où elles devaient rester en embuscade jusqu'à ce que l'ennemi eût débarqué ses troupes. Ensuite on devait le laisser avancer à une certaine distance; un corps nombreux de Malais se présenterait sur son flanc du côté de la jungle et le forcerait à se replier vers le marais. Là, il serait attendu par les habitants qui connaissaient le mieux le terrain.

» Lorsque tout fut préparé, nous attendîmes l'arrivée de la flottille de Bombay. Nous avions placé des vedettes sur toute la côte et envoyé des proas à la découverte, mais elle tarda si longtemps à paraître et, quand elle parut, sa marche fut si lente que nous fûmes près d'abandonner tout espoir de vengeance.

» Comme il fut beau ce jour où les Malais farouches poussèrent leurs ennemis dans les eaux noires de la rivière pour servir de festin aux alligators! Point de quartier, tous ceux qui débarquèrent périrent. Nous poursuivîmes les fugitifs, les exterminant comme ils tentaient de regagner leur navire. Mais, écoutez, j'entends notre chef malais. Allons, il faut le recevoir en vieil ami...

Les Malais ne se firent pas attendre; ils montèrent de leurs proas à notre bord. Le chef courut à De Ruyter, s'agenouilla et lui baisa la main; la plaçant ensuite sur son cœur, puis sur sa tête, il débita un discours d'un accent et avec un geste qui n'étaient guère de l'école de Démosthène, mais si pathétiques que les membres et les muscles de ses compatriotes s'agitaient comme s'ils eussent ressenti les effets du galvanisme.

Pendant ces compliments, un banquet avait été préparé; le chef l'accepta. Il promit alors à De Ruyter qu'on lui apporterait toutes sortes de provisions le lendemain et que ses désirs seraient satisfaits, quels qu'ils fussent. Il déclara pour terminer sa visite :

– Tu aimes mon peuple, puisque tu as fait pour lui plus que nos pères et nos mères pour leurs enfants. Ils nous ont donné la vie; toi, tu nous as donné la liberté. Nous sommes pauvres, et nous aimons les présents. Cependant, si quelqu'un de nous accepte le moindre don des tiens, moi-même je le tuerai, fût-il sorti du même ventre, eût-il été nourri par le même sein que moi!

Après quoi ils s'embarquèrent dans leurs proas et voguèrent vers le rivage.

Las d'être enfermé si longtemps, et dans l'impatience de saluer mes anciens amis du grab, j'allai les voir, accompagné de ma petite garde-malade Zéla et de De Ruyter, qui l'aimait comme sa fille. Nous passâmes près d'eux une joyeuse nuit. Nous soupâmes, nous bûmes, et l'aube trouva l'équipage riant, dansant et heureux. J'avais apporté à mes hôtes, avec permission, un baril d'arak de Java, le meilleur des Indes.

Je n'oubliai pas Van Scolpvelt, que je trouvai presque le même que lorsque je l'avais quitté. Il me tendit sa main décharnée, que je pressai de tout mon cœur, et me demanda des détails sur ma liste de malades. Il dévora le récit que je lui fis sur les ravages de la fièvre de Java. En apprenant la mort du pauvre Louis, il témoigna le plus grand chagrin, mais il ne put s'empêcher de s'emporter contre son mépris de la médecine, puis il me quitta brusquement, afin de voir ce qu'il pouvait épargner d'acide nitrique, m'annonçant qu'il passerait le lendemain à bord du schooner pour visiter les malades.

Les traits durs du raïs s'adoucirent quand il s'approcha de moi pour me saluer. Zéla, qui l'aimait pour les soins tendres et paternels qu'il lui avait prodigués, lui baisa la main, et, s'asseyant à ses côtés, lui parla de leur patrie et de leurs tribus. C'était sur ce sujet seulement que le vieil Arabe était intarissable.

Un moment après notre arrivée, nous nous trouvâmes entourés par une multitude de pirogues de la côte, chargées de provisions, d'animaux, de poissons, de fruits, de légumes; il y en avait assez pour approvisionner une frégate! Les quatre personnes que De Ruyter venait de sauver passèrent à bord du grab, où il y avait plus de place pour les loger commodément jusqu'à la première occasion de les embarquer pour un des établissements anglais, comme De Ruyter le leur avait promis. Le capitaine bilieux de l'armée du Bengale souffrait beaucoup plus de sa maladie depuis le naufrage. Je vais terminer leur histoire, puisque j'y suis à présent. Nous les embarquâmes peu de temps après pour Bombay, dans une prise que nous renvoyâmes en liberté, après l'avoir bien allégée. Le vétéran et son fils prirent leur passage pour l'Angleterre. De Ruyter et moi avions glissé à leur insu une bourse de maures d'or dans un coffre plein d'effets indispensables qu'ils avaient été contraints d'accepter, dénués comme ils l'étaient de toutes choses nécessaires.

Pendant notre séjour, nous virâmes le schooner en carène, pour examiner s'il avait reçu quelque dommage en effleurant le banc de sable. Il n'avait point souffert, seules quelques planches de cuivre avaient été enlevées. Nous mîmes ensuite nos bâtiments dans la meilleure assiette pour naviguer; nous complétâmes notre eau, prîmes aussi des esparres de réserve et peignîmes le corps des deux bâtiments. Le grab fut de nouveau métamorphosé en arabe : il reprit ses formes lourdes et côtières, sa poupe élevée et ses gaillards d'avant en toile peinte. Le schooner rentra lui aussi dans son état primitif; il redevint le cotre *yankee* à larges barres jaunes et brillantes qu'il avait été naguère.

De Ruyter fit plusieurs excursions dans l'intérieur, guidé par le chef malais; il désirait découvrir ce pays totalement inconnu des Européens. Je voguais quant à moi le long de la côte et autour des îles avec Zéla dans sa pirogue. Nous visitâmes nos anciennes retraites et, après avoir dessiné le plan d'un bungala, j'y traçai le terrain d'un jardin. Je calculai le travail nécessaire pour défricher la terre, afin de la rendre assez productive pour qu'elle pût donner au moins du blé, du riz et des vignes; enfin j'arrangeai dans ma tête, de la manière la plus méthodique, tous les éléments nécessaires pour établir une colonie, un paradis de joie et de pureté, où nous, qui en étions les heureux fondateurs, devions passer le reste de nos jours à savourer les délices de l'amour et de la paix. En attendant, nous construisîmes de nos propres mains une chaumière, qui consistait en quatre bambous couverts d'un toit de feuilles de palmier. Un jour que Zéla faisait rôtir du poisson sur les braises, avec un art culinaire sans égal, se servant pour broche de la baguette de fer de ma carabine, je ne pus contenir mon enthousiasme. Fier de l'importance que je venais d'acquérir comme seigneur de mes terres, châteaux et domaines, vraiment sans limites, je m'écriai :

– Chère Zéla, nous serons mille fois plus heureux sous notre vigne sauvage et nos figuiers que dans cette bière de schooner, où nous sommes emballés pêle-mêle, nous pressant, nous heurtant l'un contre l'autre comme des dattes empaquetées sur le dos d'un dromadaire boiteux! Combien nous serons heureux!...

Ici je fus interrompu par un bruit de feuillage épais que l'on écartait. De Ruyter parut. Il riait à se tenir les côtes; c'était la seconde fois qu'il troublait mes plans imaginaires de vie rurale et de bonheur :

– Voyons, mon enfant, venez donc! Le Malais m'envoie dire qu'on a aperçu du haut des montagnes, où sont ses vedettes, une voile étrangère au large dans la direction du nord. Venez donc! Le grab n'est pas encore prêt pour la mer. Si vous réussissez à découvrir ce bâtiment étranger, il ne peut vous échapper. S'il en vaut la peine, ce que je crois, amenez-le ici.

En dix minutes je fus à bord; en cinq de plus le schooner était à la voile. Nous mîmes au large avec une brise favorable, et avant le coucher du soleil nous étions en vue du navire étranger. C'était un excellent voilier. Durant la nuit nous le perdîmes, mais par bonheur il y avait peu de vent. Nous pûmes le revoir le lendemain et l'aborder avec le vent du golfe, après une chasse de neuf heures. Il s'agissait d'un brick marchand du pays, très beau, construit en teck de Malabar et doublé en cuivre; les Parsis de Bombay l'avaient fabriqué et il était frété de ce port pour la Chine. Ayant entendu dire qu'un croiseur français longeait les côtes de la Cochinchine, il avait pris avec la plus grande précaution le rumb opposé sur celle de Bornéo, et de cette manière il était tombé entre nos mains. Sa cargaison se composait de coton, de quelques caisses d'opium, de fusils, de perles d'Arabie, de nageoires de requin, de nids d'hirondelles et d'huile des îles Laquedives, avec quatre ou cinq sacs de roupies. Cette riche prise nous consola de la non-réussite de nos plans sur la flotte de la Chine, et produisit une grande satisfaction parmi nos gens.

Nous retournâmes à notre ancrage, fiers de notre succès. Un ou deux jours après, De Ruyter envoya son ami, le chef malais, à Pontiana [1], vaste et riche province de la côte occi-

1. Établissement européen sur la partie occidentale de Bornéo.

dentale, fondée depuis peu de temps par un prince arabe, sage et puissant, et qui avait établi la capitale de son royaume sur les bords d'une rivière large et navigable; il y tenait une branche de factorerie hollandaise, avec laquelle les Malais commerçaient beaucoup. Il y allait chercher un agent pour disposer de notre cargaison, qui était la meilleure pour ce marché, et que nous ne pouvions envoyer à une longue distance, ayant besoin de tous nos bras à bord.

Nous ne savions que faire du brick. Le capitaine, qui était intéressé dans une partie de la cargaison de même que dans le bâtiment, y était tellement attaché qu'il proposa de le racheter. Pendant ces arrangements, je me réjouissais fort du retard qui me permettait de continuer l'exécution de mes plans à terre, et mes loisirs près de Zéla.

CHAPITRE VINGT-QUATRIÈME

*De Ruyter s'absente
pour les mers de Chine. Un facteur hollandais
essaie de négocier l'achat d'un bateau capturé.
Une veuve de Jug veut m'épouser. Repêchage
d'un navire naufragé.*

Comme il fallait nécessairement qu'une partie de temps considérable s'écoulât pour nous permettre de placer avantageusement notre prise, De Ruyter me laissa des instructions sur ma conduite durant son absence, mit à la voile et partit pour une croisière dans les mers de la Chine.

Mon temps était entièrement absorbé par la multitude d'affaires qui réclamaient ma surintendance. Le maître d'équipage fut chargé de garder la prise, avec un détachement de nos marins, qui amenèrent ses hommes à la petite île où les Malais nous avaient construit des huttes. Le contremaître et une escouade de matelots furent employés à fumer de la chair de buffle et de cerf, puis à saler des porcs, des canards sauvages, etc. J'achetai une grande quantité de riz et de maïs, et le peu de temps qui me restait, je le consacrai à mes occupations champêtres, que je poursuivais avec l'élan de la nouveauté et le zèle d'un colon émigré. La petite anse où je me baignais avec Zéla, et où nous avions rencontré l'homme sauvage, devint mon arsenal; j'y passai une grande partie de mon temps sous une tente. Cette place était complètement barricadée et séparée du reste de l'île par une muraille vive de jungle. Du pinacle élevé d'un roc à l'est, nous commandions une vue que terminait l'horizon lointain de la mer, d'où l'on découvrait le schooner et sa prise. Je pouvais avoir des communications fréquentes avec ces bâtiments, par le moyen d'un mât de pavillon que j'avais fait placer sur le sommet. Au coucher du soleil, je me rendais à bord pour souper et pour dormir, ou pour fêter mes prisonniers et remplir les devoirs de mon poste.

Le vieux quartier-maître nous interrompit ce soir-là en criant :

– Holà! ho! du canot!

– *Hadjie* [1], répondit la pirogue.

A ce mot d'ordre, nous reconnûmes l'approche d'un ami. Une large proa se glissa bord à bord du schooner, cédant à l'impulsion vigoureuse de ses rameurs, et le chef des Malais parut sur la grande écoutille. Tandis qu'il s'efforçait d'expliquer d'une manière compréhensible, en s'aidant de son geste éloquent, la raison de son retour inattendu, la voix du contremaître, avec lequel le capitaine beuglait le *Rule Britannia* [2], assourdissait les cris du Malais, qui me présentait pour corollaire un homme petit et trapu, ayant toutes les apparences d'un agent de commerce. Je me levai pour le recevoir. En voyant la gravité de sa figure plate et carrée et son ventre enflé comme une voile de hunier abaissée, je ne pus m'empêcher de rire. Ses membres étaient démesurément courts et, selon l'expression du quartier-maître, « il cinglait avec des mâts de tréou ». Il me salua d'un pas mesuré et avec une gravité de plomb, en me déclarant :

– Je suis, monsieur, Barthelemy-Zachariah Jans, facteur accrédité de la Compagnie hollandaise à son établissement de Pontiana, et agent de Van Olaüs Swammerdam. Ayant entendu dire que vous avez une prise dont vous voulez disposer, je viens ici pour traiter et négocier avec vous sur cette affaire.

1. « Pèlerin » (mot arabe dans son emploi local). *(NdE)*
2. Chant national des Anglais, avec le *God save the King*.

Notre Hollandais s'assit sur l'écoutille sans que sa taille apparente donnât le moins du monde l'impression de souffrir de ce changement de posture. Il lava ses dents avec une rasade de skedam, qui aurait surpris même son demi-compatriote Louis. C'était, disait-il, pour déloger l'air de la nuit qu'il avait avalé cela.

– Mais, foi de Barthelemy Jans, ajouta le facteur, c'est la meilleure boisson qui ait jamais été présentée dans aucun marché. J'en boirais encore une petite goutte si j'avais un morceau de biscuit.

Je donnai l'ordre au quartier-maître de satisfaire aux désirs de Barthelemy-Zachariah Jans, facteur accrédité de la Compagnie hollandaise, et le vieux papa goudron se leva pour éveiller le mousse de la cabine, en murmurant :

– Avons jamais abordé un dogre pareil, il a le ventre d'un requin. Vraiment *le Téméraire,* à trois ponts, n'avait pas une soute au pain aussi large. Une croûte! bah! Un sac de biscuits flotterait dans sa darse, comme des petits pois dans la chaudière d'une frégate! Voyons, garçon, mets à pic.

Ayant fait lever le mousse d'un coup de pied, j'entendis qu'il lui commandait d'apporter tous les restes qu'il y avait dans l'armoire.

En effet, il parut sur le pont avec un morceau de porc froid, une oie énorme de l'île et la moitié d'un fromage de Hollande. Pendant que je parlais avec le chef malais, le facteur accrédité dévorait en silence, ce qui provoquait son insatiable appétit et comblait à plaisir la capacité de son ventre merveilleux. Après avoir nettoyé les plats et vidé une bouteille de genièvre, il conclut :

– Capitaine, il est tard. Ce n'est pas bien de parler d'affaires quand on vient de souper. La nuit est trop avancée, je vais coucher ici.

A peine avait-il prononcé ces paroles qu'il se jeta, non sans difficulté, sur la grande voile qu'on avait mise à l'arrière pour la raccommoder; il s'y blottit, s'enveloppa dans un pavillon et dit au mousse de charger sa pipe. Nous l'entendîmes aussitôt ronfler et souffler comme un bœuf. Nos ivrognes suivirent son exemple, les uns se couchèrent à l'écart, les autres tombèrent au milieu des bouteilles et des verres vides, penchant tous leurs têtes appesanties. Le sommeil vint bientôt fermer leurs yeux troublés.

Le lendemain, lorsque Barthelemy-Zachariah Jans eut réparé les pertes de sa chaleur animale à force de porc salé et de genièvre, nous nous rendîmes ensemble à bord de la prise. Je m'aperçus aussitôt que j'avais affaire à un marchand froid, subtil et calculateur. Cela me mit en garde, quoique je fusse ignorant et prodigue dans les transactions commerciales lorsqu'elles ne concernaient que mes intérêts, car l'amour de l'or, comme celui des olives, n'est pas inné, mais acquis. Quand le capitaine de Bombay, avec la franchise d'un marin, vint pour traiter avec le facteur du rachat de son navire et qu'il parla des circonstances particulières de son malheur, qui l'avaient réduit en un moment du faîte des richesses à une extrême indigence, le Hollando-Sauvage s'arma d'une impénétrabilité aux souffrances humaines pire que celle des Hollandais de souche, des Écossais ou du diable lui-même : Barthelemy-Zachariah Jans avait un cœur de granit et une tête de bois. Il fixa ses regards sur le capitaine ruiné avec une apathie froide, inaltérable et sans remords. Sans faire attention au malheureux prisonnier, le facteur continua l'examen des papiers, des factures et des listes de la cargaison du brick. Voyant le capitaine accablé de désespoir, je le consolai, lui promettant qu'il ne serait pas oublié dans la vente, mais le facteur s'écria :

– Je proteste contre toute stipulation de cet ordre. Si le capitaine en donne un bon prix et présente des sûretés, on prendra en considération ses offres, bien entendu si c'est l'établissement qui en fait l'acquisition, ou moi qui en suis l'agent, pourvu toujours que Van Olaüs Swammerdam approuve.

J'étais jeune et ne savais pas, à l'époque, qu'il n'est rien de plus commun dans la vie que de semblables caractères. Ce gros animal m'inspira tant de dégoût que non seulement je refusai de traiter avec lui, mais que je fus sur le point de le chasser du schooner à coups de pied, ou de lui faire prendre un bain dans la mer et de l'y harponner. Heureusement j'en fus dissuadé, et je renvoyai ce misérable en l'accablant de mépris et d'injures, qui sont presque toujours plutôt mérités qu'infligés.

De Ruyter revint avec un petit schooner à la remorque, et nous mîmes à la mer. Nous mouillâmes à Batavia, dans l'île de Java, sans aucun événement remarquable. La fièvre s'était un peu calmée sur cette partie de la côte. Outre les prises dont De Ruyter voulait se défaire, il avait encore plusieurs affaires à terminer, que Louis n'avait pas conclues, et il prit son quartier général à terre.

Les navires furent allégés, et nous mîmes à bord un approvisionnement considérable, fort supérieur à celui que depuis longtemps nous étions dans l'habitude de faire. Nos vaisseaux étaient en bon état, et nous avions très peu d'occupation sous tous les rapports. Nous faisions, Zéla et moi, de fréquentes excursions dans la partie montagneuse de cette île riche et populeuse. Ses productions de bois de construction, de grains et de fruits étaient de meilleure qualité que celles d'aucune des îles que j'eusse visitées, à l'exception de quelques endroits de Bornéo. Le général Jansens, qui en était gouverneur, grand ami de De Ruyter, se conduisit envers moi, comme lors de ma première visite, avec beaucoup d'égards et de prévenances. Nous passâmes une grande partie du temps dans sa maison de campagne.

En Europe, les vierges aux cheveux d'or font ou ont fait fureur, mais ici le caprice était pour un teint doré. Dans la maison même du marchand chez lequel De Ruyter était logé demeurait aussi une riche douairière, native de la ville de Jug, située dans cette partie de l'île, gouvernée encore par ses princes naturels. Cette femme faisait l'admiration de Batavia, et sa beauté personnelle avait attiré tous les damoiseaux du district, qui rôdaient jour et nuit devant sa porte. Elle avait une taille de quatre pieds et demi et une peau si dorée et si brillante que quand elle se frottait avec de l'huile les rayons du soleil s'y reflétaient comme sur le globe qui couronne un dôme toscan, auquel elle ressemblait par sa rotondité. Ses petits yeux de jais étincelaient au milieu d'un visage rond et potelé comme une orange; à peine pouvait-on y distinguer un nez qui n'était pas plus grand que le bec d'un oiseau-mouche; des lèvres grandes et charnues ne démentaient pas son origine africaine; les cheveux qui couvraient sa tête, pris tous ensemble, n'excédaient peut-être pas le nombre de poils de mes moustaches. Cependant, telle que je viens de décrire cette personne, elle était le beau idéal, le type de la perfection à Java, et l'on accourait en foule des quatre parties de l'île lui présenter des hommages. Dans cet heureux empire, les femmes jouissent du privilège de divorcer, loi qui ne court pas le danger d'être oubliée, car pour son compte l'incomparable veuve dont nous parlons, à peine âgée de vingt-quatre ans, avait déjà été mariée légalement à dix hommes différents; l'un était mort, deux avaient été tués, six avaient été renvoyés pour négligence dans l'exécution de leurs devoirs, et le dernier avait disparu.

Les Javanais sont une race remarquablement petite; les hommes en général ne dépassent pas cinq pieds, et les femmes quatre et demi. Avec une taille de six pieds et des proportions fortes et robustes, nous paraissions, De Ruyter et moi, des géants, quand, de l'air libre et dégagé des marins, nous nous ouvrions un passage en renversant la foule des bazars ou des places; on aurait dit deux *benêts* au milieu d'une multitude de poissons volants. Mon air mâle avait fait une impression profonde sur la sensible veuve, qui traita alors les poupons de l'île avec moquerie et mépris, en déclarant que son intention était de s'unir à un *homme,* non pas à des lambeaux d'homme, comme elle les appelait, nés seulement pour être des mendiants. Après un examen minutieux et la délibération la plus grave sur le choix qu'elle devrait faire, de De Ruyter ou de moi, j'eus le bonheur d'obtenir la préférence, parce que j'étais plus jeune, et que, grâce à quelques restes de jaunisse, j'étais sensiblement plus blême que mon ami. Ne doutant point de mon assentiment et de mon enthousiasme, elle me fit faire par De Ruyter la proposition formelle de me livrer à discrétion ses charmes et ses vastes possessions de caféiers, de cannes à sucre et de plantations de tabac, ses maisons et ses esclaves, lesquels étaient en assez grand nombre pour qu'elle pût traiter d'égal à égal avec le plus puissant prince de la province de Jug. De Ruyter, après lui avoir adressé des compliments flatteurs, lui dit qu'il reconnaissait tout l'honneur et l'éclat d'une telle marque de condescendance et de faveur de sa part, mais qu'il y avait un léger inconvénient, c'est que j'étais déjà marié. Elle ne pouvait comprendre cet obstacle. Elle avait vu avec moi une petite fille délicate et maladive, à la taille mince et flexible, au teint de neige, aux cheveux en nattes épaisses couronnant sa tête comme un turban, avec des yeux grands, des lèvres vermeilles et une bouche ridiculement petite. Enfin, tout cela faisait peur aux hommes. Fi donc! Vraiment cette poupée est bonne pour la mer; elle a l'apparence d'un poisson; et quelle autre chose pourrait vivre dans l'eau? Alors elle écarta le voile qui couvrait ses charmes éblouissants et dit :

– Regardez-moi!

De Ruyter avoua qu'elle était le revers de la fille de mer, mais il lui fit observer que les hommes avaient des goûts capricieux en amour et en gourmandise, cependant il ajouta qu'il m'informerait de sa détermination en ma faveur.

– Ah! s'écria-t-elle, envoyez-le-moi; que ses propres yeux me jugent, qu'il vienne contempler la beauté, que son âme soit charmée, et que dans son cœur s'allume l'incendie!

Railleur par nature, De Ruyter ne perdit pas une si belle occasion de se réjouir à mes dépens. Il ne cessait de me plaisanter sur cette princesse de Jug et de me donner le titre d'Altesse. Il se constitua l'agent de la veuve et se chargea de diriger toutes ses démarches. Il alla plus loin, il s'offrit à l'épouser par procuration, et attisa le feu de sa passion en exagérant mes qualités. Le schooner fut encombré de sacs de café, de tabac, de sucre candi; en outre, elle m'envoyait chaque jour des provisions fraîches en quantité, de même que des fruits confits et des fleurs. Il me fallait accepter tout cela, sous peine de mériter la disgrâce éclatante de la veuve de Jug.

Pendant ce temps, nos entrevues devenaient plus fréquentes, car quoique les Javanais soient mahométans, ils ne se conforment qu'à une seule partie de leur religion, celle qui, dans toutes les superstitions, est toujours le plus strictement observée : l'extérieur. J'étais presque fâché contre Zéla parce qu'elle riait et qu'au lieu d'être jalouse, elle s'amusait autant que De Ruyter et le secondait dans toutes ses plaisanteries. Le soupçon ne put jamais entrer dans un cœur si simple, si loyal.

Dans sa dernière expédition, De Ruyter avait été retenu par un calme au milieu de ces mille petites îles qui couvrent le golfe de la Sonde. Là, il avait trouvé, en explorant et en sondant, l'épave d'un bâtiment peu considérable, mais, selon toute apparence, de construction européenne. Le navire était échoué sur un fond de roches, et De Ruyter en avait marqué la place sur sa carte, puis il avait pris toutes les mesures que le compas et les observations astronomiques avaient pu lui fournir; il avait eu l'intention d'y retourner ensuite, pour essayer de retirer le bateau du fond de la mer. Le temps, qui était calme et serein, l'engagea à ne pas différer ce projet. Une autre considération importante l'avait incité à exécuter son plan. Il devait rester encore quelque temps à Batavia, et l'oisiveté commençait à produire ses terribles effets sur la discipline et les mœurs de nos marins. Tous les préparatifs nécessaires furent accomplis; nous emmenâmes un détachement d'excellents nageurs. Lorsque le vent de terre se fit sentir, nous mîmes à la voile, et le lendemain de notre départ, nous restâmes en calme en face du petit groupe des cinq îles qui était le lieu de notre destination.

Nous jetâmes nos canots à la mer, et nous voguâmes toute la journée, mais sans résultat; le soleil était si brûlant que nos cerveaux semblaient devoir se dessécher. Enfin, à la chute du jour, nous fûmes assez heureux pour rencontrer l'endroit marqué par De Ruyter, mais la nuit nous força bientôt à remettre notre projet au lendemain.

Nous fîmes escale ce soir-là sur la côte d'une charmante petite île et, ayant retiré nos canots de la mer, nous soupâmes et nous dormîmes. Les premiers rayons de l'aurore nous rappelèrent à notre entreprise; nous retournâmes à notre découverte, et nous fûmes bientôt sur le bâtiment naufragé. La mer était claire et transparente comme du cristal. Il n'y avait, d'après la sonde, que vingt pieds d'eau sur le pont du navire; et, comme il gisait sur des rocs, il ne s'était amassé que très peu de sable autour de lui. Nous jetâmes une bouée pour indiquer le lieu, puis nous retournâmes à bord de nos navires, qui s'approchaient traînés à la remorque, car le vent était si plat que les plumes des girouettes des grands mâts demeuraient immobiles.

Nous retournâmes encore au navire naufragé, pourvus de lignes, de cordes, de grappins et de toutes sortes d'outils, sans oublier les plongeurs. Ce que je pus distinguer de ce bâtiment, en le regardant attentivement à travers les eaux transparentes de la mer, me parut si parfait que sa vue me rappela malgré moi ces cylindres de cristal où l'on conserve les modèles de vaisseaux. Comme un de ces modèles, le navire était entouré de rocs, dont les pointes inégales et dentelées ressemblaient à ces vagues fictives que l'artiste y ajoute quelquefois.

Après des efforts longtemps inutiles et un travail pénible, nous réussîmes à installer tout un dispositif sur le navire. Plongeant des bottes [1] d'eau, les fixant soigneusement aux brayers attachés au bâtiment naufragé, et pompant l'eau de ces bottes pour faire flotter sa carcasse, nous parvînmes à le mouvoir et à lui passer par-dessous de grosses et fortes haussières. Le grab et le schooner se placèrent le second jour de l'un et de l'autre côté; on augmenta le nombre des barils immergés et on multiplia les appareils jusqu'à suspendre entre deux eaux la coque à peine déformée du navire. Il semblait un immense cercueil où l'on aurait enseveli quelque colosse antédiluvien. C'était un étrange aspect que celui de ce cadavre éclairé par les rayons du soleil. Des étoiles de mer, des cancres, des écrevisses et des mollusques de toute espèce peuplaient l'intérieur et l'extérieur de l'épave. Nous vidâmes

1. Gros barils destinés d'ordinaire à contenir les provisions d'eau. *(NdE)*

une partie de l'eau qui remplissait le bâtiment; quoiqu'elle y pénétrât très promptement, il n'était cependant pas brisé. Le tillac et le grand creux avaient été nettoyés ou par la mer ou par les pêcheurs de Sumatra, qui avaient pu passer par-dessus dans leurs petites chaloupes, mais le creux de l'arrière, fortement latté, protégé par un double pont et défendu par des cloisons, était encore intact. J'oubliais de dire que tandis que nous vidions l'eau hors du bateau échoué, nous découvrîmes dans le fond de la cale un énorme serpent, que les matelots prirent pour un câble, et qui, en se déroulant, ne tarda pas à balayer les ponts. Il y avait été attiré ou par le goût des coquilles, ou parce qu'il préférait un nid de bois à une couche de corail. Nous l'attaquâmes à la fois avec des piques et des fusils. Notre attaque fut vigoureuse, mais notre ennemi ne se rendit et ne nous laissa continuer notre travail que lorsqu'il fut écrasé.

Ayant remorqué la carcasse vers l'île, nous l'appareillâmes dans un bas-fond, et nous nous ouvrîmes un passage au creux de l'arrière. Il était, comme de juste, plein d'eau, et il y flottait des casques et des barils, que nous séchâmes. Nous arrivâmes aux meubles : nous retirâmes des sacs de grain pourri, des barils de poudre et une foule d'articles méconnaissables et confondus ensemble. En remuant et en cherchant dans cette masse informe, on trouva, comme De Ruyter l'avait prédit, deux petites caisses soigneusement fermées et lattées. Leur ouverture nous réjouit et nous paya de toutes nos fatigues, car elles contenaient huit mille piastres espagnoles, noircies par l'eau salée, comme l'était tout ce qui était à bord de ce navire. Nous visitâmes minutieusement tous les trous et les plus petits coins, mais nous ne trouvâmes rien qui méritât la peine d'être emporté, si ce n'est cinq ou six anneaux de bronze qui ne valaient pas grand-chose. Nous abandonnâmes la carcasse, et nous retournâmes à Batavia.

CHAPITRE VINGT-CINQUIÈME

Retour à Batavia.
Un grain nous jette sur la côte de Nouvelle-Hollande.
Sauvetage. Dans les îles de la Sonde.
Orgies nocturnes. Ancrage
près du Fort Rotterdam.

A notre arrivée à Batavia, le grab fut encombré de visiteurs, et pour cause : il s'était répandu le bruit, tout le long de la côte, qu'ayant échoué contre un récif, nous avions découvert un banc de piastres espagnoles dont nous avions chargé nos vaisseaux et que nous avions pêché des tonneaux de vin dans la mer, marqués sous la date de 1550 et gardés par des serpents qui s'y étaient attachés.

On vendit les prises, et De Ruyter n'oublia pas le capitaine de Bombay dans l'intérêt de la vente. Son cher brick lui fut rendu pour un prix fort au-dessous de la plus basse estimation, et tous les prisonniers obtinrent la liberté. Après ces arrangements et d'autres qui étaient indispensables, nous levâmes l'ancre, et nous nous éloignâmes de Java.

Deux jours après que nous eûmes quitté le port, et dans la direction du sud-est, nous tombâmes sur deux belles frégates françaises et sur un schooner à trois mâts, qui revenaient de croisière et se rendaient à Batavia. Ces gens étaient tout fiers d'avoir donné la chasse à une frégate et à un brick de guerre qui, d'après l'aspect maladif de l'équipage français et le désordre qui régnait à bord de cette petite flotte, auraient pu leur présenter avantageusement le combat. Par la description qu'on fit des bâtiments anglais, je reconnus la frégate d'où j'avais déserté.

Un grain qui dura quelque temps nous jeta sur la côte de la Nouvelle-Hollande [1]. Lorsqu'il eut cessé, et tandis que nous labourions dans la houle qui le suivit, nous découvrîmes une petite barque sans doute en détresse, à laquelle nous allâmes porter secours. Nous fûmes quelque temps sans pouvoir en approcher, car bien que le vent se fût calmé, la mer continuait encore à être houleuse et contraire. Le grab réussit enfin à se mettre à côté de l'embarcation en danger et à prendre à bord l'équipage, qui consistait en quatre matelots et un contremaître. Ils appartenaient à une frégate anglaise qui les avait mis à bord d'une petite brigantine qu'elle avait capturée. Une rafale avait séparé la frégate de sa prise, dans le détroit de la Sonde. Ayant souffert des dommages considérables dans les mâts et les agrès, la brigantine n'avait pu résister à la violence d'un vent de nord-ouest qui l'avait entraînée fort loin. Dans cette position affreuse, un coup de mer terrible avait frappé par l'arrière sa carcasse frêle et avariée, et avait détaché l'étambot en ébranlant toute la charpente de sa poupe. L'eau avait pénétré si rapidement dans l'intérieur que ce ne fut qu'avec la promptitude et l'adresse les plus grandes que l'équipage put jeter à la mer une lourde chaloupe qui était au milieu du pont et qui flottait déjà, même avant que la brigantine eût sombré. Les hommes n'eurent que le temps de se sauver; deux d'entre eux déjà, et un enfant, avaient péri, probablement pour avoir voulu retirer quelque chose du naufrage.

La chaloupe était aussi vieille et mauvaise que le bâtiment qui s'en servait; les marins s'étaient empressés de la vider avec leurs bonnets et de la calfater avec des guenilles et des morceaux de cuir, jusqu'à ce qu'ils eussent fermé ses crevasses et les fentes que le soleil avait faites. Par un heureux hasard, pendant le voyage, on avait mis dans l'embarcation un dépôt

1. Côte occidentale de la Nouvelle-Guinée. *(NdE)*

de vieilles voiles de rechange, d'avirons, de bouts de filins, de cordes et, ce qui était d'une plus grande importance, un poulailler avec six canards, une vieille chèvre et une poule qui avait pondu ses œufs secrètement dans la partie couverte de l'avant, où elle avait juché des années dans une sécurité parfaite. Les matelots remercièrent la Providence lorsqu'ils virent ces provisions miraculeuses. Dans l'eau jusqu'aux genoux, trempés d'eau, dégouttant l'eau partout, victimes de l'eau qui avait détruit leur navire, menacés par des montagnes de cet élément et au milieu de l'immense océan, les malheureux naufragés oublièrent pour quelques heures qu'ils manquaient de ce soutien de la vie, mais bientôt on entendit ces mots terribles : « Point d'eau fraîche ! » Et chaque voix répéta comme en écho : « Point d'eau fraîche ! » Leurs yeux se fixèrent d'une manière sauvage sur la chaloupe, puis se perdirent dans la mer; élevant vers le ciel des voix de désespoir, ils firent retentir la phrase de mort : « Point d'eau ! mon Dieu, il faut périr ! »

Tout danger présent et passé fut oublié. Cette barque ouverte, crevassée, faisant eau, à peine assez grande pour contenir son mince équipage, à la merci des flots, tout cela n'est rien si le marin a quelques gouttes d'eau. Pour leur salut, leur officier, quoique le plus jeune d'entre eux, leur était supérieur par l'habileté et la force du caractère.

Il ranima le courage abattu de ses camarades. Les matelots connaissaient leur chef; ils avaient en lui une confiance sans bornes. Son exemple, sa patience et sa fermeté produisirent sur eux plus d'effet que ses paroles. Ses espérances semblèrent se réaliser. Ils devinrent calmes, et la raison les rendit obéissants.

Ils savaient que leur perte était inévitable s'ils venaient à être poussés dans cette mer immense et déserte de l'océan des Indes méridionales. Il fallait donc, pour s'en éloigner, pincer le vent le plus près possible, à tout risque, afin de gagner l'est. Ils n'avaient qu'un aviron pour gouvernail, mais le contremaître vit couronner en partie le succès de sa manœuvre par son habileté consommée. Point de compas, point de cartes pour se diriger dans cette course errante et solitaire; ils n'avaient que les étoiles ou le soleil, qu'ils osaient à peine regarder tant ses rayons étaient éblouissants et volcaniques! Il ne leur restait d'autre espoir que de découvrir une des îles de la Sonde, ou d'être entraînés vers la côte de la Nouvelle-Hollande, ou enfin de rencontrer quelque bâtiment que le hasard eût jeté sur leur passage.

C'était ainsi qu'ils manœuvraient et qu'ils souffraient le jour et la nuit. « Nous contemplions tous avec une pénible anxiété la formation et le changement des nues. Enfin, au bout d'une succession fatale d'espérances et de désappointements, nos yeux obscurcis découvrirent au loin un nuage lourd et noirâtre, évidemment chargé de pluie; nos cœurs palpitèrent encore une fois en le voyant s'approcher. A peine ses premières gouttes avaient-elles touché nos lèvres desséchées et humecté nos tempes brûlantes que nous ouvrîmes la bouche pour recueillir cette manne tant désirée. Notre gorge s'agitait et se gonflait. Le nuage sur lequel nos vies étaient suspendues déploya ses richesses et, comme pour se jouer de nos tortures, il ne répandit qu'une faible partie de son inestimable trésor; il passa, et nous le vîmes au loin mêler ses eaux aux eaux salées de l'océan. »

Mais qui peut décrire tous les tourments que ces hommes endurèrent pendant sept jours! Chaque minute était une souffrance nouvelle, souffrance mortelle, toujours la même et toujours variée. Ces sept jours produisirent sur ces marins abandonnés le travail de soixante-dix ans. Leurs paupières livides et gonflées laissaient entrevoir des yeux vitrés, sanglants et hagards; leurs joues n'étaient plus que deux cavités ridées, difformes; leurs lèvres enflées, ulcéreuses et grisâtres, relevaient d'une manière affreuse leurs bouches enfoncées et leurs narines contractées; des cheveux qui tombaient ou qui blanchissaient; des membres chancelants ne pouvant plus soutenir ces carcasses énervées; des voix inarticulées qui étaient plutôt un grognement sauvage, le cri des bêtes fauves...

Deux de ces infortunés, dans leur frénésie, se jetèrent à la mer; ils s'abreuvèrent de ses eaux salées et finirent leurs souffrances sous son dôme froid et liquide. Un autre, après avoir été plongé dans un état stupide d'insensibilité, entra dans une fureur sanguinaire; il se déchira les membres et mangea sa chair vivante, suça son propre sang, puis il se coucha, s'endormit, et ne se réveilla plus. Au bout de sept jours il ne restait à bord que quatre hommes avec leur officier. Le ciel, la mer, la chaloupe, tout leur paraissait brûler et rougeoyer de feu. Toute espérance les avait abandonnés, quand, au matin du huitième jour, nous parûmes... Ils étaient sauvés!

Quel spectacle épouvantable! Ils ressemblaient plutôt à des cadavres décharnés qu'à des hommes vivants. Le contremaître, qui était le plus faible des survivants, était le seul qui eût conservé ses facultés. Lorsqu'il fut hissé à bord, il regarda confusément autour de lui, en s'écriant :

– Nous mourons d'une mort d'enfer! Donnez de l'eau à mes gens.

Et puis, comme s'il eût rempli son dernier devoir, il porta le doigt à ses lèvres glacées, car il ne pouvait plus parler; le courage qui l'avait soutenu pendant le danger parut l'abandonner, et il tomba comme si la vie l'eût quitté. Certes, il serait mort calme comme il avait vécu, sans le talent et l'habileté de De Ruyter et de Van Scolpvelt, qui arrêtèrent son dernier souffle à l'instant même où il s'échappait de ses lèvres. Après de longs efforts et de douloureuses convulsions, il recouvra lentement ses forces; les premières paroles intelligibles qu'il prononça furent :

– Qui êtes-vous? le diable? Où suis-je?

Quand il eut quelque peu recueilli ses souvenirs, il s'écria :

– Où sont-ils, mes matelots? Leur a-t-on donné de l'eau? Je veux les voir, les malheureux!

Quand on lui eut bien assuré et répété qu'on avait pourvu à tous leurs besoins, il demanda de l'eau pour lui-même. On lui en appliqua quelques gouttes sur les lèvres. Nous prêtâmes la plus grande attention à ne lui en faire avaler, à lui comme à ses hommes, qu'une légère dose à la fois; encore la plus grande partie remontait-elle teinte de sang, car les glandes enflammées lui avaient obstrué et presque fermé la gorge. On lui frottait sans cesse la poitrine et les tempes avec du vinaigre étendu; ce remède agissait comme un calmant local. Les bains et la saignée furent les soins les plus efficaces et sans lesquels jamais, selon De Ruyter, on n'aurait pu tirer d'affaire ces malheureux. Cependant, malgré tous nos secours, et en dépit du talent de Scolpvelt, nous ne sauvâmes que le contremaître et deux hommes. L'un de ceux qui périrent expira dans les accès de la rage; il faut dire qu'il avait bu de l'eau de mer et du sang de celui qui était mort enragé dans la chaloupe.

La convalescence du contremaître fut la plus décisive et la plus rapide. Ce jeune homme, appelé Darvell, resta longtemps à bord; nous nous liâmes d'amitié, avec la franchise des vrais marins. Nous nous aimions l'un l'autre sans dire un seul mot sur ce sujet, et nous devînmes de la sorte amis pour la vie. La sienne fut courte, comme celle de tous ceux à qui je me suis attaché, et ils sont, ou plutôt ils furent nombreux; à l'âge de trente ans, ils avaient tous été enlevés.

Le vent s'étant apaisé durant quelques jours, un calme s'ensuivit, et nous demeurâmes dans une mer houleuse, toujours ballottés, et cependant stationnaires comme un groupe de rochers ou comme des soldats marquant le pas. En nous tenant au nord-est, nous nous trouvâmes bientôt près des îles de la Sonde.

Comme nous nous avancions dans nos canots vers le rivage de l'une de ces terres, les insulaires nonchalants semblèrent nous contempler avec surprise, car ils ne comprenaient pas la folie d'une bande d'étrangers qui, sacrifiant leur repos, erraient au milieu du désert immense des flots, portés par des barques construites dans des troncs. Nous leur fîmes entendre par des signes que nous avions besoin de fruits et d'eau, mais ils nous montrèrent, pour toute réponse, la rivière et les arbres.

A quelque distance de la grande île de Cumbava [1], nous tombâmes sur deux flottes nombreuses de proas engagées dans un conflit désespéré. Le vent soufflait à peine, et la

1. Sumbava. *(NdE)*

nuit vint avant que nous puissions nous approcher assez près des combattants pour suspendre leur lutte sanglante. Lorsque je dis à De Ruyter que les navires de ces insulaires se disputaient peut-être la suprématie de la mer, il me répondit : « Ou ils se déchirent pour un coco », car il avait remarqué qu'une des flottes était celle de nos amis les belliqueux Malais.

Il y eut un calme pendant la nuit, et le lendemain à la pointe du jour, la flotte malaise se dirigea vers nous à la pagaie. Les bâtiments de leurs adversaires, ayant pris une course tout opposée, disparurent bientôt à l'horizon. Les Malais, trompés sans doute par notre apparence, nous avaient crus des marchands. Quelques coups de notre grosse artillerie suffirent pour changer leurs hurlements de guerre en cris de frayeur; ils s'enfuirent en désordre. Peu de temps après nous parvînmes à la partie la plus orientale de l'île de Cumbava, et nous y rafraîchîmes nos provisions, ce que nous fîmes aussi dans la plupart des îles de l'endroit, qui nous fournirent en abondance des ananas, des shadocs [1], des pommes de terre douces, des porcs sauvages et des canards; aussi nous vivions bien, et nous avions peu de malades à bord.

Un soir, nous étions à Cumbava, devant un village de la côte, où nous nous proposions d'acheter ce dont nous avions besoin; nous avions tous soupé à bord du grab, et je m'en revenais vers le schooner avec Zéla. La nuit était claire et paisible, quand un bruit soudain interrompit le silence des vagues; j'entendis le bruit de quelque chose qui se débattait dans l'eau. La surface tranquille de la mer s'agita; des étincelles pétillèrent sur les vagues, et l'air parut rempli de mouches de feu flamboyantes.

– Hâtons-nous de retourner à bord! fit Zéla. Les insulaires viennent de terre à la nage. J'ai entendu mon père dire qu'ils attaquent souvent les bâtiments en les surprenant de cette manière.

Je hélai le grab, qui était justement sur notre avant, et

1. Ou *shadock*, autre nom du pamplemoussier. *(NdE)*

l'ayant averti du danger, je m'empressai de regagner le schooner. J'éveillai mes gens et les fis mettre sous les armes. C'est alors que j'aperçus distinctement de l'écoutille une multitude de têtes noires dont les longues chevelures flottaient sur l'eau. Elles s'approchaient de nous rapidement. Je les hélai en six langues différentes, mais ces êtres ne répondirent que par le clapotis de leurs mouvements et un cri aigu. Quelques-uns de mes marins allaient faire feu sur eux, mais ayant observé que, malgré leur nombre et leurs intentions apparentes, nous avions affaire à des gens sans armes, je les en empêchai. Zéla et sa petite Adou s'écrièrent alors :

– Mais ce sont des femmes! Que veulent-elles?

En effet, c'étaient des femmes.

Un éclat de rire bruyant et simultané partit du grab, et mon quartier-maître, qui regardait avec une lunette de nuit, s'écria :

– Voyez, capitaine : une troupe de sirènes abordant le grab!

Ne sachant pas encore ce que cela signifiait, j'ordonnai à mon équipage farouche et armé de se retirer, et je fis signe de la main à ces visiteuses aquatiques de monter à bord. Ce signe fut compris sur-le-champ, et en peu de minutes nous fûmes abordés en toutes directions par ces dames flottantes, qui grimpèrent par les chaînes et les passavants, par l'avant et par l'arrière, jusqu'à ce que notre pont en fût encombré. Il n'y avait plus de doute sur le sexe de cet ennemi inattendu; nos matelots, avec leurs pistolets, leurs coutelas et leurs piques d'abordage faisaient une figure ridicule auprès de ces dames qui, loin d'avoir des armes offensives ou la moindre pièce d'armure pour se défendre, n'avaient que celles que la nature leur avait données. Leur seule couverture était en effet une profusion de cheveux noirs et longs qui les couvraient comme un voile.

A l'aube du jour, ces femmes amphibies se rassemblèrent sur le pont, comme une bande de sarcelles; elles avaient glané en abondance les cadeaux des marins galants : des boutons, des clous, des grains de chapelet, de vieilles chemises, des gilets, des jaquettes et d'autres pièces d'habillement. Ces heureuses nymphes, ainsi parées, offraient la mascarade la plus ridicule. Enfin, leur étonnement et leur jalousie se concentrèrent sur une horrible harpie qui avait eu le bonheur de gagner les bonnes grâces du quartier-maître; elle l'avait tellement ensorcelé qu'il lui avait donné, pour robe d'honneur, avec la prodigalité d'un prince, un vieux gilet écarlate. A la vue de cette brillante sirène qui s'avançait orgueilleusement au milieu de ses compagnes, telle une reine au milieu de sa cour, toutes ces beautés marines claquèrent des mains, avec un sentiment mêlé d'envie et de plaisir; en suite de quoi elles reculèrent et, voulant éviter toute comparaison, s'empressèrent de cacher l'infériorité de leurs ornements en se jetant à la mer la tête la première. Pendant leur trajet jusqu'au rivage, elles ne cessèrent de babiller.

Afin d'éviter la répétition de ces orgies nocturnes, nous mîmes à la mer et passâmes avec précaution, et non sans difficulté, à travers différents groupes d'îles, dont plusieurs étaient inconnues ou n'étaient encore marquées sur aucune carte. Nous débarquions dans l'une ou l'autre, tandis que nos navires nous attendaient au large en prenant des bordées; et sitôt que le temps était au calme, nous changions d'île, et nous trouvions généralement des fruits et de l'eau dans celle où nous entrions.

Après une longue navigation, nous découvrîmes les îles Arou; l'une d'elles est si belle que celui qui l'a vue ne peut jamais l'oublier. L'oiseau du soleil (ou, comme on l'appelle généralement, l'oiseau de paradis) est indigène de cet Eden, ainsi que les lories [1], dont les teintes riches et variées surpassent en splendeur celles de la plus rare tulipe. On y trouve le mina bleu foncé, plus foncé que celui du ciel, avec la crête, le bec et les pattes d'un or brillant; on y voit aussi le paon et une infinité de petits oiseaux rouges comme l'écarlate, éblouissant les yeux de leur extrême beauté, tandis que les épices qui leur servent de nourriture embaument l'air de leurs parfums délicieux. Zéla poussait des cris de joie; elle

1. Ou *lori :* sorte de perroquet d'Inde. *(NdE)*

pleurait pour aller à terre, mais les insulaires sauvages nous empêchèrent de débarquer.

Découvrant au loin Papua ou la Nouvelle-Guinée, nous voguâmes au nord pendant quelques jours, mais, commençant à manquer de provisions salées, nous changeâmes notre course vers l'est et retournâmes, par une ligne parallèle, jusqu'à ce que nous fussions arrivés à Amboyna [1], l'île des épices hollandaises. Les habitants de cet établissement étaient dans une grande agitation, ` cause d'une attaque qu'ils attendaient de la part des Anglais, mais à laquelle le gouverneur ne croyait pas. De Ruyter était trop bon politique pour leur donner sa véritable opinion sur ce sujet : il avait peur qu'ils ne fissent des efforts pour nous retenir afin de les aider dans leur défense, ou qu'ils ne vinssent à nous refuser les provisions dont nous avions besoin. Nous achetâmes à la hâte ce qu'il nous fallait, ou plutôt ce que nous trouvâmes, et partîmes. Nous ne tardâmes pas à faire une prise, c'était la troisième depuis le début de cette croisière. Le bâtiment que nous prîmes était frété avec des clous d'épice, des macis et des noix muscades. Nous transportâmes ces épices à notre bord et laissâmes partir l'embarcation.

Nous dirigeâmes ensuite notre course vers l'île des Célèbes et nous ancrâmes près du fort Rotterdam, à Macassar, établissement hollandais.

1. Amboine, au sud des Moluques. *(NdE)*

CHAPITRE VINGT-SIXIÈME

Réparations
dans la baie de Boni.
La baie des Requins. Zéla et Adou blessées.
Un ouragan. En route vers
l'île de France.

Ce fut un véritable bonheur pour nous, après une navigation si longue et si dangereuse, que de nous trouver ancrés dans un havre sûr, près d'une très jolie ville européenne qui pourvut à tous nos besoins. La discipline se relâcha pendant quelques jours parmi nos équipages, et ce ne fut à bord que plaisir et joie au milieu de l'abondance, du luxe et d'une imperturbable tranquillité. Ayant trouvé dans ce port un vaisseau neutre, nous y embarquâmes Darvell et les hommes que nous avions sauvés avec lui. Mon ami et moi laissions ce jeune et brave officier avec un profond regret.

De Ruyter ayant découvert que le beaupré du grab était faussé et que les deux bâtiments avaient besoin d'esparres, nous levâmes l'ancre et nous fîmes le tour de la côte, près de la terre, dans la spacieuse et magnifique baie de Boni, sur la côte méridionale de l'île. De Ruyter avait déjà obtenu du rajah un ordre pour que les Bogis, ses sujets, ne missent en aucune façon obstacle à nos travaux. Nous profitâmes de ces dispositions amicales en envoyant le maître charpentier avec une escouade de marins, afin de choisir et de couper le meilleur bois. Pendant que De Ruyter s'occupait à faire abattre ses mâts et à réparer son beaupré, de notre côté nous relevâmes les agrès du schooner, et nous nous mîmes à détruire les rats et les insectes, ainsi que les centipèdes, scorpions, cloportes et autres hôtes indésirables installés à notre bord.

Durant ces préparatifs, je faisais des excursions fréquentes à terre, entretenant des relations amicales avec les Bogis, qui sont, après les Malais belliqueux, le peuple que j'aie le plus estimé. Ils sont aimables, francs, hospitaliers, honnêtes, entreprenants et braves. La politique que les Hollandais suivent avec eux est celle que les Anglais observent dans le continent de l'Inde : ils excitent et nourrissent des guerres intestines entre les princes du pays, afin d'assurer et d'étendre leurs possessions.

Dans une de mes excursions autour de la grande baie, je m'étais pourvu d'une seine [1] pour pêcher et d'armes pour la chasse. Comme nous voguions le long du rivage le plus méridional, nous pénétrâmes par une entrée fort étroite dans une baie des plus exiguës. Le calme le plus parfait régnait partout, mais la houle de terre s'y roulait avec furie. Sur sa pointe s'élevait une montagne rocailleuse et escarpée; quoique stérile et nue sur ses versants, elle était cependant couronnée d'une végétation séculaire. Sur les côtés de la baie, la terre était élevée, brisée, hérissée de rocs pointus et détachés, dont les sommets aigus, formant une ligne successive, présentaient un aspect repoussant et inhospitalier. Les vagues avaient étendu sur tout le rivage de la baie un tapis du sable le plus fin et le plus doux. Sur cette nappe jaunissante brillaient de rares mollusques épars entremêlés d'os décharnés par l'eau salée et blanchis par le soleil, mais sans qu'il y eût un seul caillou au milieu des dépouilles de la mer. Le bleu transparent qui embellit ces eaux était plus remarquable encore par le contraste qu'il formait avec la surface aride et sauvage de ces bords.

Tout plein de l'idée que cette baie devait être excellente

1. Sorte de très long filet à manches, que l'on traîne dans l'eau sur les fonds de sable réguliers.

pour y jeter la seine, je dirigeai ma chaloupe de ce côté, favorisé par la houle. A la moitié de notre bordée, je lofai, virant du côté de la mer, pour affaler ensuite sur la plage. Les rives de ce bassin tranquille s'élevaient à pic, presque aussi perpendiculairement que les murs d'une citerne. Cependant nous y débarquâmes notre palan et une petite tente que je portais toujours pour Zéla. La chaloupe se remit à la mer, et tandis que l'équipage cherchait vers le centre de la baie l'endroit le plus favorable pour jeter la seine, nous parcourûmes, Zéla et moi, la solitude de la plage, ramassant les coquillages les plus jolis que j'eusse jamais vus. Au premier coup, nous retirâmes presque du fond de la baie, où l'eau avait le plus de profondeur, une si grande quantité de poisson riche et varié que nous en fîmes littéralement des tas sur le sable, aussi élevés que des meules de foin; plus notre pêche était heureuse, plus nous jetions la seine avec plaisir. Enfin nos yeux se rassasièrent, car nous n'étions que sept hommes, et nous avions arraché à l'océan assez de poisson pour approvisionner toute une flotte.

Puis je laissai Zéla sur la plage avec ses femmes malaises. Armé d'un épieu et accompagné d'un Arabe, je gravis les rochers escarpés pour contempler de leur sommet la scène charmante de la baie. Nous montâmes en tournant par les flancs inaccessibles de la barrière qui nous enfermait dans l'enceinte ou plutôt dans le centre de la baie, jusqu'au bord saillant d'un rocher formant une petite plate-forme presque à moitié chemin du sommet; nous nous y arrêtâmes pour nous reposer un instant. Nous étions fatigués; je m'assis, j'allumai ma pipe, puis je contemplai le spectacle de la baie qui se déroulait sous mes pieds.

Les yeux d'aigle de mon Arabe découvrirent au large une ligne de taches noires qui se mouvait rapidement dans l'eau et qui, faisant le tour du bras de mer, entrait dans la grande baie. Il me montra ces objets nouveaux; je crus d'abord que c'étaient des pirogues côtières qui retournaient en lest, mais l'Arabe me dit que c'étaient des requins.

– Cette baie, ajouta-t-il, est appelée la baie des Requins;

leur retraite de la mer est un signe infaillible de mauvais temps.

Je découvris en effet, par le moyen d'une petite lunette d'approche, jusqu'à huit grands requins bleus, dont les épaules effilées et les nageoires étaient entièrement hors de l'eau. Après avoir cinglé majestueusement le long de la grande baie, ils vinrent se placer à l'entrée de la petite, se rangeant en ligne régulière : un des plus grands que j'eusse jamais vus se mit à la tête de la flotte vivante et dirigea dès lors sa course comme un amiral.

A peine avait-il traversé l'entrée de ce port solitaire, suivi de ses sept compagnons, qu'il s'arrêta. Tout à coup un monstre surgit du fond des eaux, qui s'opposa au passage ultérieur des étrangers. Il s'ensuivit un combat acharné. Le brave défenseur de la baie était une licorne marine, le poisson à épée, chevalier errant des mers, toujours prêt à se battre contre tous ceux qui osent profaner ses domaines. Sa tête est dure comme un roc, et de son centre croît horizontalement une lance d'ivoire, plus longue et plus solide que celle d'aucun guerrier : c'est l'arme, c'est la défense de l'empereur. Le requin, avec des mâchoires plus fortes que celles d'un crocodile, une bouche plus vaste et plus profonde, frappe aussi son ennemi de sa queue avec une force et une rapidité extraordinaires, et il renouvelle ses attaques jusqu'à ce que cet ennemi soit étourdi. Alors il se retourne sur le dos pour se mettre de nouveau en état de se servir de sa bouche. L'astucieux et expérimenté requin, n'osant se retourner pour ne pas découvrir sa partie la plus vulnérable à l'épée de son adversaire, s'élança sur lui, le frappa de sa lourde queue, qu'il agitait comme un homme agite un fléau, et couvrit les flots d'une écume bouillonnante. Pendant ce duel, ses sept compagnons restèrent à l'écart sur leurs nageoires, sans se mêler en aucune manière à ce combat. J'observais par le clapotis de l'eau et les cercles concentriques qu'elle formait en s'éloignant que le grand requin avait plongé jusqu'au fond, soit pour s'y réfugier et se délivrer de son ennemi en remuant les sables, soit, ce qui est plus probable, pour entraîner dans cette manœuvre l'empereur qui, dans un accès de rage, n'aurait pas manqué de heurter les rocs du fond, brisant alors sa corne – ou, si le fond était mou, s'y enclavant et devenant une proie facile.

La lutte dura longtemps, évidemment au désavantage du requin. Il est probable que la transparence des eaux de la baie fut favorable à la licorne, dont les coups sont funestes au squale lorsqu'il les reçoit dans sa descente. Je crus qu'il l'avait blessé. Le requin bleu n'approche que très rarement des bancs et des bas-fonds; cependant notre athlète plongea au fond de la baie tout en veillant à en agiter la surface, la couvrant d'écume, se roulant et tanguant comme un vaisseau désemparé. Son vainqueur le poursuivit pendant quelque temps, puis, se retournant sur lui-même, il disparut.

Le requin s'affala contre la plage; là il se roula sur le sable et battit faiblement la rive de sa queue. Ses compagnons cependant virèrent au cabestan avec une indifférence apparente et quittèrent lentement la baie par le même passage qu'ils avaient emprunté dans l'autre sens. Je descendis précipitamment sur le lieu de l'action, mais tous avaient disparu. L'équipage de ma chaloupe s'était rassemblé dans le centre de la baie, faisant feu sur le monstre énorme qui continuait à se débattre sur le sable. Avant que je pusse les rejoindre, ils l'avaient expédié et son cadavre reposait sur la plage comme un navire échoué. Je le leur abandonnai, et courus un demi-mille le long du rivage, pour regagner la tente de Zéla.

Près des lieux où je l'avais laissée, j'entendis des gémissements; je me baissai pour pénétrer dans la tente, et je vis le sable taché de sang. Je me fis jour à travers l'obstacle... J'étais immobile comme un marbre; mon cœur se serra et mes yeux se troublèrent; je perdis presque l'usage de mes sens... Je distinguai enfin, quoi!... les restes de ma Zéla... son cadavre... Ses noirs cheveux en désordre et tout sanglants couvraient son sein pâle comme un voile mortuaire; sa bouche et ses yeux étaient entr'ouverts; elle ne donnait aucun signe de vie. Les filles malaises, à genoux de chaque côté de leur maîtresse, pleuraient, gémissaient, s'arrachaient les cheveux et déchiraient leurs vêtements. Elles me firent des signes, mais Zéla seule absorbait toutes mes facultés. Je m'efforçai de parler; impossible. J'avais été frappé au cœur; mes genoux fléchirent, et je serais tombé si je ne me fusse soutenu à la tente. J'avais les yeux fixés sur Zéla. Je crus voir qu'elle remuait les paupières; ensuite, le son de sa voix fit frémir tous mes nerfs et me rendit mes moyens, quoique ses paroles fussent inarticulées. Me précipitant sur elle, je tombai à genoux à ses côtés; j'ouvris sa veste, mis ma main sur son cœur et le sentis battre; mes lèvres pressèrent les siennes. Celles-ci étaient pâles mais chaudes. Je levai sa tête et lui frottai les mains; les veines bleues de ses paupières charmantes, de son front et de sa gorge se gonflèrent, son visage se colora d'un léger vermillon. Elle ouvrit ses grands et beaux yeux noirs; et son regard ne put manquer de me rappeler la première fois que je rencontrai leur magique fascination.

– Ma chère Zéla, dis-je en balbutiant, qu'avez-vous?

Zéla me regarda et, faisant un effort pour rassembler ses forces et rappeler ses idées, elle me répondit, avec sa voix douce et musicale, mais d'un ton faible :

– Rien, mon amour, puisque tu es là. Je suis bien... très bien, mais toi, tu es malade, tu sembles bien malade.

Elle fit un effort pour se tourner sur le côté; ce fut en vain. Elle gémit et tomba épuisée sur le dos. Elle tint les yeux fermés environ une minute, puis elle les rouvrit encore et murmura :

– Oh! oui, je me rappelle que je suis tombée et me suis fait un peu de mal, très peu. Où est Adou? Elle aussi est tombée. Va, mon amour, va la voir. Je serai mieux dans quelques instants.

Je fixai la petite Malaise qui soutenait Zéla de l'autre côté. Le sang coulait à flots de sa figure et de ses mains, sans qu'elle y portât la moindre attention. Adou regardait sa maîtresse avec autant d'amour que moi-même; elle essuyait ses larmes avec ses cheveux, et ses traits bronzés brillèrent de plaisir quand Zéla parut la reconnaître. Je lui posai cent questions sur la chute et les blessures de sa maîtresse; pour toute explication elle montra sa tête et quelques parties de son corps. Je maudissais ma folie qui m'avait fait négliger un moment celle sur qui reposait tout mon bonheur; et, guidé par l'espérance, j'examinai les blessures de Zéla d'une main qui n'avait jamais tremblé jusqu'alors. Quand j'eus réussi à lui faire boire un peu de vin avec de l'eau, elle me supplia d'assister Adou la première. Mais, si j'y eusse consenti, la loyale et petite sauvage serait morte sans se plaindre plutôt que de me permettre d'étancher son sang, quand celui de sa maîtresse coulait encore. Zéla était toute couverte de blessures : à la tête, sur le corps, aux jambes; cependant elles ne me parurent pas dangereuses. Son insensibilité provenait des coups qu'elle avait reçus à la tête et d'une grande perte de sang. C'étaient les contusions qu'elle avait sur les épaules et sur le côté qui la faisaient le plus souffrir, et dont les suites m'inspiraient des craintes sérieuses. Lorsque Zéla fut revenue à elle et eut recouvré sa présence d'esprit, elle s'efforça de calmer mes inquiétudes et de ranimer mes espérances. Alors je portai mon attention sur la malheureuse Adou, que Zéla me montra en jetant des cris. La pauvre jeune fille, qu'à peine j'avais remarquée tant que j'avais tremblé pour les jours de sa maîtresse, était tombée sans connaissance sur le sable. Elle avait les jambes et une des mains presque emportées, et le sable où elle était assise ressemblait à un bourbier de sang. Je déchirai le reste de ma chemise pour en faire des bandages; j'arrêtai le sang qu'elle perdait et pansai ses blessures, mais, en dépit de tous nos soins, elle fut longtemps avant de revenir à la vie.

Il y avait quelque temps que les rameurs s'étaient assemblés autour de la tente, avides de nouvelles, car le malheur qui venait d'arriver leur était connu, mais ils en ignoraient les circonstances. Je sortis et leur ordonnai de préparer la chaloupe pour retourner à bord à l'instant même. Le patron me montra la mer, et dit :

– La chaloupe ne peut être mise à la mer, monsieur, avec un temps pareil.

– Quel temps ?... Quoi ! est-ce un calme qui ?...

Je regardai du côté de la grande baie et constatai avec une douleur profonde qu'il était survenu, pour comble de malheur, un de ces grains si fréquents dans les climats des tropiques. Furieux de ce nouveau contretemps et des conséquences horribles qui pourraient en résulter pour Zéla si nous restions dans cette situation pendant la nuit, je gravis le roc qui formait le promontoire de la baie. La première rafale m'aurait emporté si je ne m'étais pas cramponné fortement. C'était un ouragan complet. Le soleil avait disparu dans l'obscurité; la nuit commençait à couvrir l'horizon; les nues étaient noires et basses; la mer présentait une nappe immense d'écume.

Il n'y avait pas à balancer : il était impossible de mettre à la mer avec un temps pareil. Les nuages semblaient chargés de pluie et de tonnerre. Je retournai donc promptement rejoindre mes marins, et nous travaillâmes à retirer la chaloupe de la mer, à la mettre à sec et à fortifier la tente par tous les moyens possibles. On y ajouta les voiles et le palan de la chaloupe; on construisit une espèce de muraille de sable à l'entour, puis on assura les chevilles de la tente avec de grosses pierres et l'on apporta du bois sec pour faire du feu. Nous avions heureusement un baril d'eau et du pain dans la chaloupe, avec quelques autres articles de nécessité, sans lesquels jamais je ne quittais le bâtiment, et, ce qui était de la plus grande importance, un fanal. La tempête croissait avec l'obscurité, vomissant des laves de feu, et grondait si horriblement que les montagnes semblaient se déraciner et trembler autour de nous.

Pendant la nuit, nous fûmes tous sur le qui-vive, d'abord pour éviter que le vent emportât la tente, ensuite pour que la pluie qui suivit ou les torrents ne nous entraînassent pas dans la mer. Les coups de tonnerre étaient si forts et si prolongés que leur écho dans les montagnes les rendait semblables aux explosions d'une mine profonde, employée à faire sauter des rochers. La pluie venait de diminuer la violence de l'ouragan. Je m'étais assis contre le pilier de la tente et tenais Zéla dans mes bras, pour éviter autant que possible les effets de l'humidité du sable. Ce fut le lendemain qu'elle me raconta les détails qui suivent.

– Deux heures après ton départ... hélas! pourquoi m'as-tu laissée? Pourquoi ne m'as-tu pas permis de t'accompagner à la montagne? Tu m'as vue sauter sur les rocs, et tu as dit que le lézard pouvait seul me suivre.

– C'est vrai, lui répondis-je, mais souviens-toi qu'alors tu étais légère comme un oiseau; à présent le fardeau que tu portes te rend moins agile.

– Je parcourais, dit Zéla, le rivage vers la pointe que forment les rochers à l'entrée de la baie et, voyant un lieu secret et ombragé, je voulus m'y baigner avec Adou. L'eau était si fraîche, si pure!... L'autre petite fille fut placée en vedette pour prévenir une surprise. Alors, me rappelant combien tu aimes l'arbre du corail qui croît sous les vagues, et voyant qu'il y en avait là de très beaux, je dis à Adou de plonger et de m'en apporter un rameau. C'était du cramoisi foncé, le plus recherché selon toi, mais nous fûmes longtemps avant d'en avoir une branche entière, à cause de sa fragilité. Pendant que nous cherchions aux alentours, nous entendîmes un grand bruit dans l'eau près de nous. Tu sais qu'Adou a de bons yeux; elle aperçut quelque chose qui venait de la mer, et elle me dit que c'étaient des *benêts* qui s'amusaient à sauter, ce qui était un signe de mauvais temps. Elle précisa que tu arrivais le long de la plage, et ajouta : « Je nage mieux que toi... je vais être la première à lui dire : *Sois le bienvenu.* »

» Elle nageait plus vite qu'un poisson, et je lui dis que c'était mal de faire rougir sa maîtresse, car j'avais promis d'être la première à terre. Elle continua à me railler, jusqu'à ce qu'elle eût mis le pied sur un roc très élevé au-dessus de l'eau, d'un accès difficile, car les algues et la mousse le rendaient très glissant. En même temps j'entendis l'autre fille que j'avais laissée en sentinelle crier : « Des requins! des requins! » Je crus qu'elle plaisantait, mais bientôt je reconnus au changement de son visage qu'elle disait la vérité. J'essayai de grimper au rocher, comme Adou venait de le faire. J'entendais déjà derrière moi le clapotis des monstres; les cris des matelots retentissaient de tous côtés. Adou se pencha pour me donner la main; je la lui saisis précipitamment et fis un effort violent pour monter sur le petit plateau où elle se tenait. C'était ma main droite que la pauvre fille avait saisie; j'avais empoigné de l'autre quelques branches d'algue. Ma crainte me rendait plus lourde, quoique je le fusse déjà trop pour être soutenue par le faible secours des algues. Adou ne voulait pas me laisser tomber, mais elle ne pouvait se tenir ferme sur un terrain glissant et couvert d'herbes marines... Alors nous roulâmes ensemble, mais elle ne tomba pas sur moi, car autrement j'aurais été écrasée... Pauvre fille! Elle se jeta la tête la première en bas du roc et me reçut sur son corps. Les pointes de corail sont terriblement effilées; si Adou et sa compagne ne m'avaient pas tirée de la mer, j'y serais restée pour toujours. Je ne sentais plus rien; à mon réveil, je me trouvai ici, souffrant horriblement. Puis tu es venu, et depuis je me sens beaucoup mieux...

En répétant « beaucoup mieux », Zéla s'endormit, mais son sommeil était agité, à cause de l'épuisement où la perte de sang et la douleur l'avaient plongée. De noirs pressentiments s'emparèrent de mon imagination; je fus tenté d'abréger mes tortures en mettant fin à notre existence, car je ne pouvais me figurer la mort de Zéla sans tomber dans le délire. Mes pistolets étaient près de moi, j'avais les yeux fixés dessus, quand un rameur vint à la porte de la tente m'avertir que la bourrasque était passée et que le temps commençait à se calmer.

Nous attendîmes encore une heure pour laisser à la mer le temps de s'apaiser. Nous profitâmes de cet intervalle pour arranger la chaloupe de la manière la plus commode. La tente fut abattue et, tout préparatif terminé, je transportai Zéla à bord, et ensuite Adou qui ne permettait à personne de l'approcher, excepté moi. Les braves rameurs, pour montrer tout l'intérêt que leur inspiraient les souffrances de celle qui ne leur parlait jamais qu'avec tendresse, et qui ne venait jamais au milieu d'eux que pour leur prodiguer de nouvelles faveurs, poussaient les avirons de toutes leurs forces afin d'accélérer la traversée. La houle se roulait encore avec fureur, mais son mouvement pour une fois nous était favorable; la chaloupe, qui avait été construite pour la pêche à la baleine, avançait avec la rapidité de l'hirondelle. Moi-même je relevais de temps à autre les hommes des avirons, et le travail venait à son tour calmer mon impatience et l'intensité de mes angoisses. Nous fîmes le trajet de trois lieues environ en deux heures. Le pont du grab se remplit de monde quand nous passâmes sous son bord. L'équipage, à la vue de mes efforts et de la célérité de notre barque, avait compris qu'il nous était arrivé quelque avarie, et De Ruyter me demanda ce que j'avais. Sans répondre à ses questions, je le priai de se rendre sur-le-champ à mon bord et d'amener le docteur avec lui. L'équipage du schooner était lui aussi rangé le long du passavant. Un instant plus tard, nous touchions son bord. Une chaise fut descendue de la grande vergue avec des cordes, et l'on hissa Zéla sur le pont. Sans dire un mot, je la portai dans la cabine.

Bientôt le docteur et De Ruyter furent à notre bord. Sitôt qu'ils entrèrent dans la cabine, ils s'aperçurent du changement que vingt-quatre heures avaient produit sur le joli visage de Zéla. De Ruyter frémit involontairement, ferma les yeux et se couvrit la figure de ses mains. Le docteur même, cet homme impassible, qui n'avait ressenti de sa vie la moindre émotion, si ce n'est quand il avait appris la mort de Louis, ôta ses lunettes pour essuyer une larme; ensuite, avec une tendresse étrangère à ses habitudes, il déroula les bandages et examina les blessures de sa gentille patiente. Ni l'un ni l'autre ne posa de questions; durant toute l'opération, on n'entendit d'autres paroles que celles que j'étais obligé de prononcer pour donner des renseignements au docteur.

Après avoir pansé les blessures de Zéla, il examina minutieusement les contusions de son corps, lui donna une préparation d'opium et la laissa. Il n'est pas nécessaire de dire que la pauvre et fidèle Adou partagea les soins qu'on donnait à sa maîtresse; elle était dans une couche en face de la sienne. Il semblait que ses forces étaient plus grandes ou ses souffrances moins aiguës, car sa physionomie n'avait éprouvé qu'un changement léger et presque imperceptible, tandis que celle de Zéla était si contractée par les spasmes qu'on pouvait à peine la reconnaître.

Après avoir veillé sur Zéla jusqu'à ce qu'elle fût endormie, je montai sur le pont, où je trouvai De Ruyter qui m'attendait. Je lui racontai toutes les circonstances de cette fatale calamité, car on ne pouvait m'ôter la conviction que cet accident aurait des suites funestes. Quoique les arguments de De Ruyter fussent forts, ils ne purent ébranler ma croyance. Pour relâcher en moi la tension de ces cordes qui montent du cœur au cerveau, De Ruyter essaya de détourner mes idées mélancoliques en les portant sur des sujets intéressants. Il me dit que, la nuit précédente, il avait reçu par une voie sûre des nouvelles de l'expédition que le gouverneur général de l'Inde préparait, et que le but de cette expédition était de s'emparer de l'île de France et de l'arracher des mains des Français.

– On me le fait savoir, ajouta-t-il, par le moyen d'un marchand arménien, mon correspondant, qui réside au siège du gouvernement et qui a su pénétrer jusqu'au sein du conseil. Il y a longtemps, fort longtemps qu'on médite cette entreprise, mais cette fois on a résolu de la mettre définitivement à exécution. Cela doit changer tous mes plans. Nous n'avons pas de temps à perdre; il faut que nous fassions nos efforts pour équiper promptement nos bâtiments.

Dans un tout autre moment, cette nouvelle m'aurait fait lever précipitamment, mais dans cette circonstance je demeurai impassible à la partie la plus animée de son discours. Lorsqu'il me détailla, avec son talent habituel, les forces navales et militaires que l'on devait employer et les noms de leurs commandants respectifs, je fus saisi d'une torpeur mortelle qui paralysa tous mes membres et s'appesantit sur mon corps comme une masse de plomb. Je m'endormis du sommeil le plus profond...

De Ruyter, comme je le sus après, me couvrit soigneusement avec des drapeaux et plaça une sentinelle près de moi pour empêcher qu'on ne vînt troubler mon sommeil. Je n'avais pas pris de nourriture depuis l'accident de Zéla; il avait réussi, à force de ruse, à me faire avaler une tasse de café, sous prétexte de me tenir éveillé. Il y avait mis de l'opium, pour me procurer un repos sans lequel il prévoyait que mes forces de corps et d'âme allaient s'épuiser totalement. Je ne revins de mon sommeil que vers le soir, et je m'étonnai du long et tranquille repos que j'avais goûté dans une occasion semblable.

Je descendis aussitôt dans la cabine et trouvai le docteur visitant ses malades. Elles étaient toutes deux assises, appuyées sur des oreillers. La jeune fille malaise était beaucoup mieux; quant à Zéla, ses souffrances n'avaient pas diminué, mais ses esprits paraissaient moins agités. Son visage, qui était auparavant vermeil, brillant et pur comme les premières teintes du matin, avait perdu tout son éclat; ses yeux étaient abattus, ses lèvres décolorées. De Ruyter et le médecin restèrent avec nous pendant toute cette nuit pénible, que je passai en grande partie à tenir Zéla dans mes bras, pour qu'elle pût enfin goûter quelque repos.

Le lendemain, cédant aux désirs de De Ruyter, qui avait l'intention de mettre à la mer, je repris l'exercice de mes fonctions. Le travail et la variété de mes occupations me conservèrent la force du corps, qui aurait cédé sans cela sous le poids de mon imagination torturée. Je n'étais plus cet homme au-dessus de l'adversité et qui commandait aux circonstances; ma force d'âme semblait m'avoir abandonné.

Le troisième jour, Zéla fut si mal que je crus sa fin prochaine. Lorsque les secousses et les convulsions violentes cessèrent d'ébranler ses nerfs affaiblis, quand elle tomba dans une stupeur insensible qui la terrassa, soudain raide et immobile, je la crus morte; regardant le médecin, dont les nerfs de fer ne révélaient aucune sensation, je m'écriai :

– Elle est donc morte!

Van Scolpvelt tâta alors le pouls de Zéla et répondit :

– Vous êtes un ignare; elle vit. La crise est passée. Elle n'est pas plus morte que moi, elle dort.

Satisfait de la vérité de cette nouvelle, je montai sur le

pont comme si j'eusse échappé d'un tombeau. Mon humeur se ressentit de ma félicité. Je me hâtai d'aller à bord du grab communiquer mon bonheur à De Ruyter et au vieux raïs.

Je ne fus plus un spectateur indifférent de notre vie maritime; j'y prenais part comme auparavant et remplissais mes devoirs avec zèle. De Ruyter me répéta les nouvelles qu'il avait reçues; après avoir complété nos réparations, nous levâmes l'ancre et mîmes à la mer. Le rajah avec qui De Ruyter était en relation d'amitié lui fit présent, quand il alla pour prendre congé de lui, d'une grande quantité de différents baumes et huiles, pour lesquels cette île est aussi célèbre que Java pour ses poisons. Parmi ces huiles, il y avait une large portion de celle de kiapootee et de colalava, et cet extrait oléagineux d'un arbre fruitier, si connu depuis en Europe sous le nom d'huile de Macassar.

Le voyage que De Ruyter entreprenait avait pour but de retourner le plus tôt possible à l'île de France; il résolut par conséquent de ne pas s'écarter de la ligne de sa route, ni pour toucher à quelques-unes des îles à la hauteur desquelles nous devions passer, ni pour donner la chasse aux bâtiments que nous pourrions rencontrer, à moins qu'ils ne fussent dans notre direction.

En traversant le détroit de la Sonde, il s'approcha assez près de la côte pour communiquer avec la terre, mais sans y faire ancrage.

Il eut une entrevue avec le gouverneur de Batavia, le général Jansens, qui lui confirma les nouvelles que nous avions reçues à l'île de Célèbes. Après avoir pris des vivres et d'autres provisions fraîches, nous partîmes, dans l'intention d'atteindre l'île de France par le plus court chemin : en coupant par le milieu de l'océan Indien. L'idée de De Ruyter était de renoncer à ce que nous poursuivions notre navigation de conserve : chacun de nous suivrait sa route. Il pouvait arriver à l'un ou à l'autre de tomber sur un vaisseau de guerre anglais, car nous savions qu'une flotte se dirigeait, selon nos conjectures, vers l'île de France.

Nous pouvions aussi être poussés par une bourrasque ou

retenus par un calme, ou nous trouver le jouet de mille accidents qui accompagnent toujours un long voyage.

Ces dangers seraient diminués par la précaution que nous prenions de suivre des courses différentes, et l'on pouvait calculer que l'un de nous au moins atteindrait le but d'une expédition dont semblait dépendre le sort de la colonie.

Pour cette raison, je fus muni des doubles des dépêches dont était chargé De Ruyter, et investi de son plein pouvoir pour agir dans ses affaires particulières en son nom et par son autorité.

Cependant toutes ces considérations sages et prudentes cédèrent à mon anxiété. Zéla se trouvait encore dans un état de faiblesse qui laissait craindre pour sa vie et rendait nécessaire l'assistance de Van Scolpvelt.

Il fut donc résolu, finalement, que nous ferions le voyage de conserve, en courant ensemble toutes les chances, si ce n'est dans le cas où nous serions poursuivis par une force supérieure – auquel cas il serait indispensable de se séparer pour mieux échapper à l'ennemi.

CHAPITRE VINGT-SEPTIÈME

Zéla
absorbe du poison. Mort de Zéla.
Son incinération.

Nous étions depuis près d'un mois à la mer, et déjà la santé de Zéla paraissait avoir fait de grands progrès. Une nuit, après avoir comme à l'ordinaire passé toute la soirée près d'elle, je m'étais endormi sur le pont, mais d'un sommeil inquiet, et mon imagination fut saisie d'un rêve affreux : je voyais la harpie venimeuse de Java... lorsque Adou, qui était presque rétablie de ses blessures, vint me délivrer de cette horrible vision. Je lus dans ses traits altérés qu'il était arrivé quelque désastre. Avant qu'elle eût articulé une phrase intelligible, j'étais près de la couche de Zéla. Elle se tordait dans des angoisses mortelles et disait que l'estomac lui brûlait. J'appelai le contremaître pour qu'il fît des signaux au grab et que le médecin vînt à bord, mais malheureusement De Ruyter était hors de vue par l'avant, et nous étions presque dans un calme. Je demandai quelle était la cause de cet accident; Adou me montra du doigt un pot de confitures qui était sur la table.

Voyant que sa maîtresse n'avait rien mangé depuis longtemps, elle et l'autre fille avaient été chercher dans une armoire de quoi exciter son appétit. Elles avaient trouvé ce pot de fruits en conserve, et sa maîtresse, qui aimait les confitures, en avait mangé avec plaisir et en avait donné à la compagne d'Adou, qui souffrait les mêmes douleurs qu'elle.

– Comme je voyais que ma maîtresse aimait cela, nous expliqua Adou, je le goûtai, et quoique je n'aie fait que l'approcher de mes lèvres, je me suis sentie mal. Il y a du poison dans le pot, j'en suis certaine.

Le mot *poison* perça mon cerveau comme une flèche. Je regardai le pot qu'on venait de découvrir et qui avait été bouché plus soigneusement qu'on ne le fait en général, à l'aide d'une gomme résineuse. J'en ôtai quelques fruits. C'étaient des noix muscades sauvages, vertes et jaunes, d'une espèce très belle; on les avait conservées dans du sucre candi blanc. La vipère verte de Java, dont la morsure est le plus subtil des poisons, redressant sa crête sur le bord du pot, n'aurait pas produit sur mes nerfs une plus douloureuse convulsion... Je me rappelai que j'avais mangé une conserve de la même espèce chez ma veuve de Java, et que j'en avais été malade. Elle avait à son service une vieille esclave qui possédait toute sa confiance; j'avais gagné son cœur en lui donnant, pour se l'attacher au bras, une petite boîte en argent qui contenait un morceau de papyrus avec un charme écrit en hiéroglyphes; je lui avais affirmé que c'était là un passeport de La Mecque, grâce auquel l'entrée du paradis lui serait ouverte à elle seule entre tout son sexe. Cette esclave, me sachant malade, m'avait observé longtemps en silence, puis elle m'avait demandé si j'avais déjà irrité sa maîtresse. Cette question m'avait fait rire. Sur quoi la veuve était entrée d'un air très gai dans l'appartement, m'avait administré une tape amicale, puis était sortie me préparer du café. Sitôt que nous fûmes seuls, la vieille avait repris la parole.

– J'allais vous dire que si ma maîtresse est en colère, et que vous ayez mangé des noix préparées par ses mains, vous feriez mieux de garder pour vous-même le talisman qui doit ouvrir la porte du paradis.

» Je lis les intentions de ma maîtresse, elle vous aime encore, elle ne veut pas vous faire de mal. Je puis certes garder le talisman, car bientôt j'en aurai besoin. Mais prenez garde d'offenser ma maîtresse; elle est plus à craindre, quand elle est en colère que le poison du *chetic*, qui croît dans la jungle où ne brille jamais le soleil.

Notre conversation avait été interrompue de nouveau par la veuve, qui entra suivie d'une demi-douzaine d'esclaves portant du café et de l'eau fraîche. L'avis de la vieille femme produisit son effet; je renonçai à manger des confitures, fussent-elles les plus délicieuses du monde, et je me fortifiai dans cette résolution par plusieurs anecdotes que j'entendis raconter avant de quitter l'île.

Tandis que je contemplais le fruit maudit, presque sans savoir où j'étais, il me semblait entendre le rire infernal de la veuve qui me raillait. Je crus la voir, telle qu'elle s'élevait sur la poupe de sa barque, proférant des menaces et des malédictions contre moi, comme je m'éloignais du havre de Batavia. Dans ma rage, je commençai à la payer par de sauvages imprécations. Mes regards, mes cris et mes gestes alarmèrent Zéla, qui, me croyant le siège d'un accès de folie, oublia pour un moment ses propres tortures, me prit la main et m'attira vers son lit, en me calmant avec les plus doux accents.

Le calme où je la voyais parvint à me tromper un moment, mais cet effort de son âme abattit sa frêle machine; elle continua à parler, mais sans liaison, sans suite, et le bouleversement de ses facultés présageait l'approche d'une catastrophe horrible. Tous ses muscles et ses nerfs s'agitaient, comme si chacun d'eux eût éprouvé une douleur séparée; ses traits étaient défigurés. Ce fut en vain que j'essayai toute espèce de remède pour la soulager, nul ne réussit. Le poison agissait sur les principes de la vie.

Lorsque enfin le médecin vint la voir, toute sa science ne put la sauver. Il examina le pot, compara les symptômes de ses malades, et avoua que mes soupçons étaient fondés. Cependant je ne saurais décrire les ravages que, pas à pas, fit le poison sur Zéla. Elle dépérissait de jour en jour, jusqu'à devenir presque une ombre. Je ne l'abandonnais pas d'un instant, et dans ses intervalles de repos, qui étaient très courts, elle s'enlaçait vers moi avec plus de tendresse que jamais.

Zéla ne faisait plus à présent que chanter des fragments d'airs arabes et tracer des lettres sur son lit avec les grains de son fruit favori, la grenade. Ces lettres, de la couleur du rubis, me rappelaient les jours de notre félicité, quand nous nous entendions par hiéroglyphes, car nous ignorions la langue l'un de l'autre. Une nuit elle tressaillit au retentissement d'une voix qui annonça sur le pont que l'île de France était en vue. Elle s'écria :

– Tant mieux! j'en suis contente, très contente, mon cher époux! Seulement prends-moi dans tes bras pour me porter à terre; je suis trop faible pour me soutenir.

Elle se jeta dans mes bras dans un dernier effort. J'étais à genoux près de sa couche; elle croisa les mains autour de mon cou et murmura :

– A présent je me sens mieux, je suis heureuse! je vis dans son cœur!...

Ses lèvres se pressèrent contre les miennes... et elle expira!

Ce serait courir après une ombre et m'épuiser en vain que de vouloir peindre ce que je sentis alors, et même ce que je sens à présent. Les chagrins que j'ai éprouvés par la suite n'ont ressemblé en rien à cette douleur primitive, car mes sens étaient comme anéantis. L'opium, que j'appris alors à fumer comme les Chinois, par le moyen d'un tuyau de canne, augmentait encore cette apathie stoïque que le Turc le plus grave ou le plus guindé des lords m'aurait enviée et n'aurait pu imiter. En dépit de sa connaissance du cœur humain, De Ruyter ne savait comment expliquer ce changement de caractère aussi bizarre qu'inattendu. A en juger par mon extérieur, mon âge semblait avoir triplé dans un seul jour. Il m'aurait cru fou, mais toutes mes actions montraient une régularité méthodique dont je n'avais donné aucun signe durant les jours de mon bonheur. Je ne pleurais jamais, jamais une plainte ne sortait de ma bouche.

Après avoir informé De Ruyter de mes intentions par rapport aux restes de Zéla, je mis une grande partie de mon équipage à bord du grab, et nous nous séparâmes. Le grab alla directement à Port-Saint-Louis, et je tournai vers Port-Bourbon, sur le côté sud-est de l'île, où nous avions mouillé lors de notre première arrivée dans ces lieux. De Ruyter devait venir par terre me rejoindre, avec le bon vieux raïs et le docteur, dès qu'il aurait remis au gouverneur les dépêches qu'il apportait de Java. Je n'avais retenu dans le schooner que les hommes qui étaient nécessaires pour la manœuvre; c'étaient principalement des Orientaux, la tribu fidèle qui n'avait plus de chef. Dans la nuit du même jour, j'ancrai dans le bassin de Port-Bourbon.

Durant le court intervalle qui sépare dans ce climat la mort de la décomposition, j'avais médité sur la manière la moins déchirante à employer pour disposer des restes de Zéla. La terre, asile commun des morts, vint naturellement la première à mon imagination. Je choisis l'enceinte que nos mains avaient ornée de fleurs dans le jardin de De Ruyter, mais bientôt je repoussai cette idée avec horreur, en me rappelant les milliers de vers et d'insectes impurs que nous avions trouvés en retournant le sol.

Qui pourrait l'inquiéter dans le sein clair et profond du bel élément que j'aimais, et sur lequel nous avions passé les plus heureux de nos jours?... Bientôt la scène horrible qui avait suivi l'enterrement de Louis détruisit aussi cette pensée. Alors je voulus embaumer son corps et le conserver toute ma vie près de moi, mais il y avait tant d'obstacles insurmontables à cela que je fus forcé de renoncer à cette consolation. Enfin je pensai à la cérémonie des païens : détruire le corps par le feu, ou plutôt ne pas le détruire, mais le rendre à son état primitif, en le mêlant aux éléments dont il n'est qu'un atome. Le bûcher funéraire, la purification par le feu, les rites simples mais touchants, les exemples des philosophes semblables aux dieux, dont les corps avaient été sacrifiés de cette manière, tout vint à la fois à ma mémoire et contribua à fixer ma détermination sur ce point. De Ruyter l'approuva; quant au docteur, il se chargea de me procurer tout ce qui était nécessaire et de diriger la mise en œuvre d'une théorie avec laquelle il était parfaitement familiarisé. C'était pour cela que je m'étais dirigé vers l'endroit le plus solitaire de l'île.

A la pointe du jour, je désignai un endroit dans le centre du havre et j'envoyai quelques Arabes y dresser une tente et ramasser du bois sec. Puis je m'enfermai dans ma cabine où je passai toute la journée, la dernière que je pouvais employer de cette manière, à contempler celle qui avait été pour moi ce que le soleil est pour la terre.

La petite Malaise qui avait partagé du fruit empoisonné souffrait encore; on la transféra à un autre endroit du bâtiment. La robustesse de sa constitution, que nulle maladie précédente n'avait ébranlée, et le peu de fruit qu'elle avait mangé, dont les effets avaient été neutralisés par les antidotes que le docteur lui avait appliqués, la sauvèrent. Non seulement elle vécut, mais on eut quelque espérance qu'elle se rétablirait entièrement. Cependant elle avait tant pleuré qu'elle était tombée dans une espèce d'insensibilité stupide; c'était par force qu'il fallait lui faire prendre quelque nourriture.

Minuit venait de sonner quand je fus interrompu dans mes contemplations solitaires par un homme qui m'avertit du pont qu'on faisait un signal à terre.

C'était l'appel concerté avec De Ruyter pour m'annoncer son approche. Les canots étaient prêts; j'en envoyai un pour lui et sa suite, et j'équipai le grand canot du grab, qu'il m'avait prêté pour cette occasion. J'avais habillé Zéla avec le plus riche habit de son pays; sa veste jaune était brodée de petits rubis; sa chemise et ses pantalons flottants de crêpe indien vert de mer étaient bordés d'or; ses vêtements de dessus consistaient en un voile tissé dans la mousseline la plus fine de l'Inde; ses pantoufles, les fichus brodés qui entouraient ses cheveux, ceux qui masquaient sa gorge et la partie inférieure de son visage étaient couverts de perles. Je ne conservai qu'une boucle de sa longue chevelure, noire et soyeuse, que je plaçai sur ma poitrine. Je lui baisai les paupières, les joues, les lèvres. Enfin je l'enveloppai soigneusement d'un large barican arabe, ample manteau blanc de poil de chameau, et je la portai au canot.

J'étais une pure machine. Le sang était arrêté dans mes veines; je me rappelle seulement que, quand je voulus faire des efforts pour parler avec calme à De Ruyter, mes forces m'abandonnèrent. Lorsqu'il me dit que tout était prêt sur le rivage, je craignis de ne pouvoir marcher jusqu'au canot, mais je refusai tout appui.

Sitôt que nous eûmes touché terre, je quittai la barque, pressant étroitement contre mon cœur mon précieux fardeau et, le défendant des atteintes des vagues, je fis quelques pas en direction de la plage. Le froid de l'eau me redonna des forces : je parvins en chancelant jusqu'au lieu de ses funérailles. Tout semblait confus autour de moi. On plaça sur le bûcher un fourneau de fer semblable à une bière. Après être resté quelques instants à côté du cercueil, je repris, je ne sais comment, assez de forces pour sentir que je devais continuer ce que j'avais entrepris. Je mis le corps dans la caisse de fer avec la tendresse d'une mère qui couche dans le berceau son enfant endormi. Ensuite De Ruyter et le vieux raïs, aidés de plusieurs matelots, m'entraînèrent à quelque distance et me retinrent là malgré moi. Je sus après qu'on avait jeté sur le bûcher de l'huile, des épices, du musc, du camphre et de l'ambre gris. Des bambous secs et des roseaux humides couvraient le tout, en sorte que quand le bûcher fut allumé je ne pus apercevoir qu'une colonne de fumée noire et impénétrable. Je m'efforçais en vain de parler, car j'avais la gorge sèche et brûlante; je fis inutilement des signes pour qu'on me lâchât; on me saisissait plus fortement encore, et il ne me restait plus assez de forces pour me dégager. Dans un moment de confusion, dont alors j'ignorais la cause (il s'agissait de sauver Adou qui voulait se précipiter dans les flammes), je me sentis en liberté, et j'en profitai pour me jeter moi aussi sur le bûcher. Mais soit faiblesse, soit que quelque objet m'eût fait trébucher sur mon chemin, je tombai sur le sable si près du feu que j'en eus les mains horriblement brûlées. J'ignore ce qui s'ensuivit, car je perdis tout sentiment. Quand je revins à moi, je me trouvais sur le pont du schooner en proie à une étrange commotion; je ressentais tout ce que l'homme peut endurer de souffrances. Je maudis mille et mille fois la vigueur de ma constitution, plus dure et plus forte que l'acier, car je voulais mourir; mon corps retenait mon âme prisonnière, malgré tous ses efforts pour s'échapper.

Des affaires pressantes retenaient De Ruyter, mais il venait me voir fréquemment pendant la nuit. On me remit une petite caisse contenant les cendres de Zéla; elle était toujours près de moi. De Ruyter m'avait prié avec instance de l'accompagner à la ville ou à sa maison de campagne, mais je ne voulais pas quitter le schooner pour l'instant.

CHAPITRE VINGT-HUITIÈME

Fin d'Adou.
En route pour l'Occident. Entrevue de De Ruyter avec Napoléon Ier. Départ de De Ruyter. Sa mort.
Conclusion.

Un mois s'était presque écoulé, lorsqu'une nuit De Ruyter vint à bord. Il me trouva plus calme et plus attentif à ses discours que je ne l'avais été depuis longtemps. Il me dit que le gouverneur de l'île l'engageait de la manière la plus pressante à faire voile pour l'Europe et à se charger des dépêches dans lesquelles il transmettait à son gouvernement les nouvelles que De Ruyter lui-même lui avait communiquées, et qui étaient confirmées par des autorités irrécusables. Le mot Europe me fit d'abord tressaillir, car je haïssais ce continent, et je regardais l'Orient comme ma seule patrie. Cependant les circonstances étaient bien changées; je désirais, avant de partir, dire adieu aux objets qui m'entouraient; je voulais me retirer à l'autre extrémité du monde, n'importe où, pourvu que le changement que procure une vie active pût dissiper mes tristes pensées. Comprenant l'embarras où je me trouvais, De Ruyter me donna le temps de réfléchir. Quand il me demanda ce que je pensais de la mission qui lui était offerte, je lui répondis que je ne me sentais pas en état de coordonner mes idées, et par conséquent de donner un conseil. Je lui fis savoir quels étaient mes désirs et l'engageai à s'en rapporter à sa propre expérience.

– Je suis franc, répondit-il, et toujours prêt à manifester mon opinion. Il est évident que les Anglais vont avoir le dessus pendant quelque temps dans les affaires de l'Inde et qu'ils vont chasser tous les autres Européens des établissements qu'ils ont formés dans les îles. Notre séjour ici ne peut arrêter le cours des événements. Lorsqu'un homme sage se trouve mal dans un lieu, il doit s'en éloigner. Je voulais seulement savoir quels étaient vos désirs. Ainsi préparez le schooner à mettre à la voile; il faut que vous tourniez le cap pour vous rendre à Port-Saint-Louis. Le grab ne peut servir que pour ces mers; je vais le vendre ou le laisser ici; nous partirons ensemble à bord du schooner. Mais il faut se hâter; allons, profitez de cette brise de terre...

C'est ce que je fis, reprenant extérieurement la fermeté stoïque qui m'avait abandonné pendant quelque temps. J'arrivai le lendemain de bonne heure à Port-Saint-Louis, et commençai les préparatifs qu'exige un long voyage de mer. Les magasins du gouvernement, les ouvriers, les marins, tout contribua, par l'ordre du gouverneur général, au prompt équipement du navire. Comme j'avais perdu l'appétit et le sommeil, et que je ne quittais plus le bâtiment, tout fut prêt au bout de quelques jours, et nous nous trouvâmes en état de pouvoir partir dès qu'on nous en donnerait l'ordre.

Je consultai De Ruyter sur les moyens qu'il fallait prendre pour assurer l'avenir d'Adou, de l'autre petite fille que j'avais achetée et des douze Arabes qui seuls restaient de la maison de Zéla. Il en parla aussitôt avec le vieux raïs. Sa libéralité sans bornes ne pouvait manquer de se montrer dans cette occasion. De Ruyter proposa au raïs de lui donner, sans aucune condition, toute une plantation sur ses possessions de l'île de France, ou de l'argent pour acheter un navire avec lequel il pourrait faire le commerce ou retourner dans son pays et passer le reste de ses jours dans l'aisance, au sein de sa famille et de ses compatriotes. Le vieux marin, tout fils du désert qu'il fût, avait une tête et un cœur que ni l'âge ni les fatigues n'avaient pu rendre insensibles. Après avoir conféré avec lui sur ses intérêts, De Ruyter crut voir que son désir était de retourner à la terre de ses pères. On résolut donc que les Arabes de Zéla et ses deux servantes s'en iraient avec lui. Les Arabes en effet avaient demandé à accompagner le raïs, lequel était déterminé à adopter les deux jeunes Malaises.

Les Orientaux qui faisaient partie de nos équipages furent congédiés, le grab vendu, et les Européens embarqués à bord du schooner. Il ne fut pas difficile de compléter notre équipage, tant il y avait de matelots qui voulaient retourner au pays! De Ruyter s'acquitta de différentes manières de la reconnaissance qu'il devait à ses plus anciens serviteurs; quelques-uns furent récompensés par des donations qu'il leur fit sur ses domaines, et pour ne rien laisser en chemin, il fit enregistrer la liberté de ceux qu'il avait émancipés.

Ce fut une année après notre séparation que je reçus la nouvelle de la fin déplorable d'Adou. Lorsque cette malheureuse fille se fut aperçue que le schooner avait quitté le port, emportant les cendres de sa maîtresse, elle avait, contre ses habitudes, prêté quelque attention aux consolations du bon raïs; mais cette attention était l'effet d'une détermination inflexible. Une nuit, elle parvint à tromper sa vigilance, et, se jetant à la mer, elle gagna un bâtiment côtier du pays, détacha le canot, puis, prenant la haussière entre ses dents, elle sortit du bassin à la nage en traînant l'embarcation après elle, jusqu'à ce qu'elle se crût hors du danger d'être découverte. Alors, prenant place à bord, elle gagna au large, dans le vain espoir d'atteindre le schooner.

Le matin, quand le raïs s'aperçut de la fuite de sa fille, il découvrit avec une sagacité remarquable la ligne qu'elle avait suivie. Sans perdre un moment, il loua une grande chaloupe, l'équipa avec ses Arabes, suivit à distance la course que nous avions faite, et croisa pendant deux jours, dans l'espérance de découvrir la fugitive. N'ayant pas réussi, il nota soigneusement la direction des lames et des courants depuis la nuit de la disparition de la jeune fille, retourna vers l'île, côtoya le long de la partie orientale, puis questionna les pêcheurs et ceux qui étaient sur la plage, mais en vain.

Il y a deux petites terres à l'extrémité orientale de l'île de France, appelées les îles Rondes. Ce fut en se dirigeant du côté de l'une d'elles qu'il trouva le petit canot arabe. Il était fracassé, rempli d'eau et échoué sur les rocs, où l'avait poussé le ressac des brisants. L'île était déserte et n'avait pas d'eau douce. Cependant on visita tous les lieux, depuis le sommet des rochers jusqu'au fond des cavernes, sans découvrir le moindre vestige de la fidèle Malaise. Il examina aussi l'île voisine. La mort de la jeune fille paraissait certaine; comment au juste était-elle survenue? Ce fut alors et c'est encore aujourd'hui un mystère.

Je ne me rappelle aucun événement digne d'être rapporté avant notre départ de l'île de France ni durant notre navigation vers l'Europe. On nous donna souvent la chasse, mais il y avait peu de bâtiments qui pussent atteindre le schooner, quelque temps qu'il fît. Dans le canal de la Manche, les croiseurs anglais formaient une barrière aussi redoutable que les îles de corail dans l'archipel de Sooloo. Nous avions évité les périls des unes, il fallait échapper aux dangers des autres. Après un passage dont la promptitude n'a pas eu d'exemple, nous ancrâmes dans le port de Saint-Malo, qui était alors encombré de corsaires et de bâtiments de guerre français.

Il n'y avait pas encore une heure que nous étions à l'ancre que De Ruyter suivait en poste la route de Paris, pour délivrer ses dépêches au gouvernement, tandis que je restais chargé du soin de notre navire.

Après sept ou huit jours, De Ruyter s'en revint. Il avait eu plusieurs conférences avec l'empereur des Français. Il m'apprit que celui-ci était tellement occupé de ses plans pour son agrandissement personnel en Europe qu'il faisait peu de cas de ce qui se passait au-dehors, et qu'il lui avait assuré que quand même il serait en son pouvoir de monopoliser, comme les Anglais, le commerce de l'Inde, il ne permettrait pas ce type d'établissement colonial qui enrichirait quelques individus et finirait par ruiner toute la nation :

– Voilà, ajouta-t-il, ce que les Anglais vont faire s'ils continuent leur marche.

De Ruyter lui avait répondu qu'il était du même avis; mais que, comme le commerce était la base du pouvoir politique de l'Angleterre, c'était là qu'il fallait frapper, et surtout à l'île de France, qui avait deux ports excellents, celui de Saint-Louis et celui de Bourbon, outre le havre de l'île Bourbon...

– Quoi! s'était écrié Napoléon, sacrifiera-t-on l'or et le sang de la France pour lui conserver des îles dans l'océan Indien? Ce ne sont que des pyramides pour consacrer le nom d'une dynastie maudite, qu'il faudrait effacer des pages de l'histoire, et à jamais.

– Qu'est-ce qu'un nom? reprit De Ruyter avec une courageuse franchise. Il serait...

– Un nom! interrompit Napoléon précipitamment. Un nom, mais c'est tout! Ces chétifs rochers, appelés l'île Bourbon, sont de peu de valeur en eux-mêmes; cependant, que les Anglais s'en emparent, et vous verrez s'ils ne tirent pas parti de la légitimité de ce nom. Dites-moi, car je m'en rapporte entièrement à vous pour tout ce que je désire savoir de l'état présent de l'Inde, peut-on y faire quelque chose? Qu'en pensez-vous? Nous avons entendu parler de vous, et vous avez un grand nom [1]. Il a dormi pendant longtemps, mais, d'après ce qu'on dit, son esprit revit en vous. Je veux vous servir et vous ouvrir un chemin pour augmenter encore sa gloire.

» Vous avez un exemple, continua l'empereur après une pause de quelques instants, vous avez un exemple, dans votre pays la Hollande, de la rapidité avec laquelle une nation commerciale peut devenir grande, mais cette grandeur passe. Elle n'a jamais duré, elle ne durera jamais. Pour qu'une nation subsiste, il faut qu'elle construise ses fondations dans son propre sol. Nous n'avons pas de difficulté à trouver des chefs pour nos soldats. Voyez ces hommes (il montrait du doigt un régiment de sa garde rangé devant les Tuileries), la plupart peuvent devenir, et certes plusieurs deviendront des

1. Allusion au souvenir laissé par l'amiral De Ruyter, 1607-1676. *(NdE)*

généraux habiles, mais c'est en vain que j'ai cherché dans toute la nation un seul De Witt, un De Ruyter, un Van Tromp; autrement j'aurais hâté la chute d'une rivale dont les remparts de bois, comme la muraille de la Chine, ne sont effrayants que pour des peuples moins puissants. Nos Français sont bilieux. Sur terre, la bile est pour eux un éperon; sur la mer, ils ont mal au cœur. J'aurais été marin si mon foie me l'avait permis, mais je ne suis jamais entré dans un bateau sans me sentir malade et faible comme un enfant. Nos amiraux, c'est pis encore. Je me souviens qu'à Boulogne les deux plus vieux avaient des nausées à la vue du balancement des navires dans le port. Au contraire, lorsqu'un Anglais a été douze mois en mer, il est malade le huitième jour de son débarquement. Mais notre empire est sur terre, et trente millions d'hommes dans le cœur de l'Europe seront et doivent être aussi fermes que la terre elle-même.

Napoléon posa plusieurs questions à De Ruyter sur les princes de l'Inde, voulant savoir leurs forces, la population de leurs États, leurs divisions personnelles, leurs religions, leurs revenus, leur caractère; par-dessus tout, il souhaitait des informations sur leur bravoure et leurs talents. Pendant que De Ruyter lui répondait, il faisait des observations rapides d'un ton très bas, comme s'il lui eût été égal qu'on l'entendît ou non.

De Ruyter ajouta que l'empereur l'avait engagé à le revoir, lui faisant entendre qu'il voulait l'employer et lui donner, comme marque de générosité, une monnaie qui n'avait pas même la valeur d'un shilling : le ruban de la Légion d'honneur...

– Il m'aurait déshonoré, nota-t-il, en me créant chevalier, car je serais plutôt chevalier d'industrie... Allons! disposons plutôt de notre cargaison et finissons l'affaire qui nous a conduits ici. Moi, je n'ai *servi* qu'un homme, c'était Washington! J'étais encore enfant. Après, je voulus achever en France mon apprentissage de liberté à l'époque de la Révolution; j'y trouvai plusieurs théoriciens qui se vantaient de m'instruire, quand j'en avais assez appris de mon premier maître pour découvrir qu'ils n'étaient que des charlatans.

» Politique à part, mon cher ami, voulez-vous agir prudemment? Voulez-vous retourner dans votre pays? Voyez quels changements sont arrivés dans votre famille. Vos parents sont nombreux et riches; sans doute il y en a qui sont dignes de votre amour. C'est une folie que de vous arracher par caprice à tous les biens de la société; votre santé a besoin de repos. Un voyage d'hiver en Amérique vous tuerait; essayez de rester quelques mois dans votre climat. Ce temps expiré, je reviendrai ou, si des événements imprévus m'empêchent de revenir, vous pourrez venir me rejoindre en Amérique ou partout ailleurs.

De Ruyter eut une peine extrême à me faire consentir à cet arrangement; je ne me déterminai à suivre son conseil que lorsqu'il eut quitté Saint-Malo. Le moment du départ arriva. La plupart des gens de son équipage se composaient d'Américains, échangés contre des matelots français et d'autres étrangers. Or les Américains, et l'on ne doit pas s'en étonner, ne peuvent souffrir qu'on les retienne dans un autre pays que le leur.

Il m'est tout à fait impossible de décrire ce que je ressentis quand le moment arriva de me séparer de l'homme que j'avais aimé mille fois plus que jamais homme n'en a aimé un autre. Le soleil plongeait derrière l'horizon; la nuit devait être froide, car mes membres tremblaient, et je pouvais à peine me soutenir. Je prenais grand soin de m'appuyer sur la balustrade bordant l'escalier qui descendait du quai où je devais embarquer. Quand nous fûmes arrivés en bas, à hauteur de la barque, je ne sentis pas l'eau qui montait jusqu'à mes genoux. J'étais épuisé comme si j'avais couru une grande distance; cependant mes mouvements étaient aussi solennels que ceux d'un chef de deuil à l'heure des funérailles. De Ruyter lui-même était ému; son visage basané avait la couleur du plomb; bien qu'il parlât, ce me semble, distinctement et avec calme, de tout ce qu'il me dit alors je n'ai pu me rappeler que ces mots : « Adieu, mon cher enfant! » Puis, pour ajouter quelques paroles de consolation, il s'efforça de dire, sur un ton enjoué :

– Dans six mois nous nous rejoindrons.

Sa main m'envoya un dernier adieu. Mon cœur, je croyais que rien ne pouvait plus le toucher, eh bien! il se brisait, et mes paupières, qui depuis la mort de Zéla étaient sèches et brûlantes, se gonflèrent de larmes. Le cœur est l'organe de la véritable sagesse; il jouit du pouvoir prophétique, il perce l'avenir. Mon ami avait eu beau me promettre : « Nous nous rejoindrons », prédiction si raisonnable que moi-même je ne pouvais refuser d'y ajouter foi, mon cœur, lui, ne doutant pas un instant que ce qu'il pressentait ne dût s'accomplir, n'écoutait pas ces serments, auxquels il se contentait de répondre en secret : « Adieu pour toujours! »

Comment pouvais-je me détacher de De Ruyter? Je le regardais comme un homme suspendu par une corde tout en haut d'un abîme... et je croyais voir, en le quittant, cette corde se rompre.

La nuit de notre séparation, De Ruyter retourna à Paris.

L'empereur le chargea d'abord d'une mission secrète en Italie. J'en connais seulement le but principal : il s'agissait d'agir contre celui qui, en profane, s'appelle le vicaire de Dieu, et contre cet *équipage* blasphémateur qui se prétend inspiré par le Saint-Esprit. Si Napoléon eût détesté cette vermine avec sincérité, s'il eût agi sans crainte comme De Ruyter avait coutume de faire, il ne se serait pas contenté de couper quelques vastes rameaux, mais il aurait encore déraciné l'énorme tronc qui étend au loin son influence funeste, et l'aurait arraché du sol pour toujours. Tandis que, pour le bien du genre humain, De Ruyter cherchait les moyens de parvenir à son but, il fut frappé par derrière d'un coup de stylet, dans l'angle obscur d'une rue étroite aux pieds du palais d'un cardinal. Cette circonstance et plusieurs autres suffirent : on put imputer l'attentat à ces prêtres atroces et lâches dont les bas rouges disent comme un emblème la nature sanguinaire. Mais De Ruyter, aidé de sa présence d'esprit et d'une main rapide comme l'éclair, avait détourné vers le cœur de l'assassin le coup qui lui était destiné. Il ne reçut qu'une légère blessure, termina sa mission avec zèle, et retourna à Paris.

Quelque temps après son retour d'Italie, il s'embarqua à Toulon sur une corvette française, se rendit en Corse et en Sardaigne, puis il gagna, de là, le golfe de Cabès [1], sur la côte de Barbarie. En faisant rumb pour Tunis, le vaisseau tomba sur une frégate anglaise. Le commandant de la corvette, qui était placé sinon sous les ordres du moins sous le contrôle de De Ruyter, et qui était aussi brave qu'entêté, persista jusqu'au dernier moment à soutenir que le bâtiment anglais était une corvette, et non une frégate comme De Ruyter l'affirmait. Il alla plus loin, il stimula De Ruyter par des allusions pompeuses à sa patrie, à son devoir, à sa réputation, et à l'honneur sans tache de la grande et invincible nation.

De Ruyter était sur le tafaret, à la place la plus exposée. Il jetait ses dépêches à la mer lorsqu'un boulet emporta les drisses du pavillon français. A l'instant où il s'apprêtait à hisser de nouveau les couleurs, le bâtiment fut criblé par la mitraille des caronades de la frégate, qui balayèrent en même temps presque tout le pont.

On trouva le corps de De Ruyter enveloppé dans les replis d'un drapeau tricolore, sous lequel il avait combattu si longtemps victorieusement. Ce fut son linceul. Un poète russe a composé l'épitaphe de cet homme fort; comme les vers sont dignes de lui, et de loin supérieurs à ceux que je pourrais jamais trouver moi-même, je les cite :

Il vécut. Sa courte existence
Fut un long et sanglant combat,
Mais de la gloire un faux éclat
N'enflamma jamais sa vaillance.
Il lutta pour la vérité,
Il brisa les fers des esclaves,

1. Gabès. *(NdE)*

Et, toujours le premier des braves,
Il périt pour l'humanité.

« Dans six mois nous nous rejoindrons! » Ces mots retentissaient à mes oreilles pendant que le canot tournait la jetée du port et s'éloignait des murs de la ville. Je perdis de vue le havre, et les voix des hommes du schooner qui saluaient mon départ s'évanouirent dans l'espace. Je fus obligé de me lever pour gouverner le canot, qui était de la plus petite espèce, véritable rat de carène de quinze pieds de long et cinq de large. Mon équipage se composait d'un homme et d'un enfant. Nous avançâmes très peu durant la nuit. Il régnait une brise légère, mais constante, de nord-ouest, précisément par notre proue. Nous bordâmes le rivage, voguant avec nos deux avirons vers Cherbourg. Après avoir lutté sept heures contre la brise, nous jetâmes le grappin, et mes deux compagnons se couchèrent. Je restai debout. On apercevait au loin des barques de pêcheurs, et un dogre armé en course se traînant au large et gagnant avec beaucoup de difficulté son vent par bordées vers la côte. Nous ne fûmes pas découverts : il n'était pas facile de repérer un objet si enfoncé dans les vagues et aussi peu considérable que notre canot.

Un marin consommé ne dort jamais plus de quatre heures à la fois. Au bout de ce temps il était jour; le vieux matelot se leva, jetant de côté une vieille jaquette verte à l'épreuve de l'eau et se secouant comme un mâtin qui sort de son chenil. Le petit requin, blotti sous l'avant du canot, dans un lieu où un épagneul aurait pu difficilement se coucher, reçut bien des malédictions et quelques coups de pied avant de se résoudre à quitter sa niche. Après quoi l'autre mit deux doigts dans l'eau et se frotta les yeux (c'est ce que l'on appelle la toilette du corsaire), puis il leva un petit baril de dix gallons, le plaça sur ses genoux et le caressa comme un tendre nourrisson. Le petit requin lui remit une écope de bois avec laquelle on vidait le canot; il retira le bondon, remplit d'eau-de-vie les trois quarts du siphon et, me demandant si je voulais prendre la goulée du docteur, il l'avala comme du lait chaud, en donna un peu à son jeune compagnon et replaça le baril.

Ainsi rafraîchi, il tira de sa poche une espèce de lunette d'approche, avec laquelle il examina l'horizon et, déclarant que la côte était claire, il ordonna au mousse de lever le grappin, tandis qu'il hisserait le mât du canot. Nous fîmes force de voiles avec une petite civadière et un petit foc, sans suivre d'abord notre direction, car la marée remontait le canal et nous poussait contre le vent.

Associé à des hommes de diverses nations, j'avais acquis l'habitude d'étudier la différence de leurs caractères. Celui qui m'accompagnait ne ressemblait en rien à aucun de ceux que j'avais vus jusqu'alors; mon attention, malgré mes tristes souvenirs, se fixait par degrés sur l'individu que j'avais devant les yeux. Comme tous les vieux marins, il était remarquablement taciturne; il était impossible de deviner, par son langage ou par sa figure, s'il était Anglais ou Français. Il parlait indifféremment les deux langues, et prononçait aussi mal l'une que l'autre. Son visage était dur et aussi raboteux qu'un roc, dont il semblait un fragment. Jamais peigne n'avait torturé ses cheveux, qui, collés ensemble et pétris par l'eau de la mer, auraient pu être comparés à des algues noires toutes mangées d'incrustations de sel; une barbe grisonnante d'une semaine couvrait son menton et sa gorge; sa taille était petite, ses formes singulièrement carrées. Si je l'avais trouvé sur un rocher dans l'Inde, avec son bonnet rouge, sa vieille jaquette verte qui lui tombait jusqu'aux genoux et ses culottes toutes goudronnées, je crois que j'aurais fait feu sur lui, le prenant pour un cheval marin ou pour quelque autre amphibie. Je sus enfin qu'il était né à Guernesey, mais qu'il avait émigré à Jersey, où il avait épousé la veuve d'un contrebandier qui s'était noyé. Elle avait hérité de feu son premier mari une petite chaumière, construite à l'entrée d'une baie de sable; il était plus fier qu'un lord des droits et privilèges de ce domaine, quoiqu'il fût entièrement entouré de sable stérile, mais les vagues venaient y déposer les dépouilles des naufragés, et cela faisait sa richesse. Il se livrait à la contrebande au petit pied, mais plus souvent encore il prêtait, comme son aide pilote, aux contrebandiers qui travaillaient à grande échelle, car il n'avait pas quitté le canal depuis vingt-cinq ans qu'il était en mer, et il connaissait par conséquent toutes ses baies, ses criques et ses anses. D'ailleurs il n'était pas trop scrupuleux dans ses services, puisqu'il lui arrivait de piloter des bâtiments de guerre des deux nations, dont les côtes lui étaient également connues.

Nous virâmes au vent dans la journée; comme la brise était fort légère, nous étions obligés de faire usage des rames. En même temps le vieux nautonier profitait de l'avantage de la marée et des courants, sans quoi nous n'aurions pu avancer. A l'entrée de la nuit, il déclara :

– Il nous faut gagner ces rochers-là, au vent, tandis que la marée le permet; nous y resterons jusqu'à trois heures, *in the morning;* lorsque nous aurons pour nous la marée, nous continuerons.

Nous abattîmes donc le mât et voguâmes vers les rochers. Ce sont quatre ou cinq rocs qui ne sont pas plus grands que les bateaux qu'on emploie pour transporter du limon dans la Tamise. Je gravis le plus grand, et le vieux pilote me confia :

– Je viens presque toujours ici quand je veux attraper quelques *habits rouges*... je veux dire quelques écrevisses de mer [1].

Et il se lança dans une longue histoire d'anguilles et d'écrevisses : il me raconta leurs goûts et leurs guerres; les écrevisses avaient beau se cacher au creux des rochers, les anguilles s'entendaient à les déloger et à en faire leur souper.

– Pour les prendre, ajouta-t-il, elles se mettent à l'entrée des trous où les écrevisses vont se blottir; quand elles se dépouillent de leurs *vieilles jaquettes*, pour peu qu'elles se hasardent à sortir avant d'avoir leur nouvelle écaille, les anguilles les attaquent et les dévorent.

1. Il s'agit tout bonnement de homards... Mais la formule fait plaisamment allusion à l'uniforme habituel de l'armée britannique. *(NdE)*

Ensuite il se mit à travailler avec une espèce de harpon, et réussit à prendre à la fois et des écrevisses et des anguilles, pendant que le petit requin, avec un couteau, arrachait des huîtres, des moules, des limaçons et des pervenches. Après ce souper de marin, le pilote, à qui de fréquentes libations d'eau-de-vie avaient délié la langue, me raconta plusieurs histoires curieuses de flibustiers anglais et français. Enfin, m'ayant donné la voile du canot en guise de lit, il se coucha sur les rocs effilés, et s'endormit profondément.

Ce ne fut pas la dureté de ma couche qui m'empêcha de dormir ce soir-là, moins encore l'idée de me voir placé comme un oiseau sur un roc solitaire au milieu de la mer : c'était là un asile digne d'un malheureux proscrit comme moi, comme moi abandonné de l'univers entier. En voyant devant moi s'ouvrir une ère nouvelle, je sentais mes pensées rentrer naturellement dans le chaos de mes tristes souvenirs. Je demeurai assis, réfléchissant à la bizarrerie de ma destinée et rêvant sur le terme qui fermerait ma carrière.

Mais je m'occupe d'achever ici l'histoire de ma vie... A mon retour en Europe, je pus voir que tous les vieux despotes avaient rassemblé leurs gladiateurs pour rétablir sur le trône la dynastie maudite des Bourbons. J'entendais partout le cri de guerre qui marquait l'inviolabilité et la toute-puissance des tyrans légitimes, tandis que les ilotes, les fanatiques et les fous étaient lâchés pour exterminer la liberté. Partout l'on mettait à prix les têtes des patriotes; on les volait, on les poursuivait, on les assassinait juridiquement, puis ils étaient chassés de la société, comme les parias dans l'Inde. S'associer avec eux, c'était perdre sa caste et partager le martyre. Moi qui avais tant souffert de la tyrannie, j'abhorrais l'oppression du fond de mon âme. Je me mis du côté des faibles contre les forts; je jurai de me dévouer de cœur et d'âme, au besoin en tirant le poignard, à la guerre contre la triple alliance de ces imposteurs couronnés, contre leurs ministres et leurs prêtres. Quand la tyrannie triompha, je suivis la fortune de ces esprits invincibles qui erraient dans l'exil par toute la terre, et je leur prêtai mon faible appui pour dévoiler les fraudes de ces légendes vermoulues qui ont si longtemps trompé le genre humain.

Hélas! ces êtres nobles et généreux ne sont plus! Ils sont tombés martyrs de cette cause sublime, qu'ils ont défendue avec un talent si admirable, mais ils ont laissé des monuments perpétuels, et leurs noms vivront toujours. Oh! s'ils avaient vécu, ils auraient vu fleurir l'arbre qu'ils ont aidé à planter!... S'ils avaient vu l'an 1830, puis l'an 1831 qui l'a glorieusement suivi, comme ils se seraient réjouis de voir la ligue des tyrans dissoute, leurs sectaires muselés et déjouée la conspiration qui devait étouffer la liberté des peuples!

Le monde a le droit d'espérer que la France, par sa position, par son instruction générale, se mettra à la tête du mouvement et qu'elle saura garder sa place. Des opinions libérales et sages se sont progressivement répandues par toute l'Europe : « Il est dans la marée des choses humaines un jusant qui pousse les espérances des naufragés vers un port sûr, lorsque les tempêtes sont passées... »

Ainsi que du volcan le grondement profond
Ébranle l'univers sur sa base éternelle
Au milieu de la nuit une voix solennelle
Fit de la Liberté retentir le grand nom.
Ce nom divin! le ciel, l'océan et la terre
Avec transport l'ont répété,
Et de l'un à l'autre hémisphère
Mille joyeux échos répètent : « Liberté! »

Oui, le soleil de la liberté se lève sur les lâches esclaves de l'Europe; il va les réveiller de leur longue léthargie. L'esprit de la liberté plane comme un aigle sur la terre et ses reflets d'or brillent aux âmes des hommes. Que la France imite l'aigle que jadis elle prit par raillerie pour emblème et qu'à présent elle doit prendre en réalité : qu'elle apprenne à ses enfants son vol sublime; qu'elle leur apprenne à regarder sans être éblouis l'astre de l'univers dans toute l'apogée de sa gloire. Les espérances et les yeux de bien des gens sont fixés sur la France; tout cœur animé d'un souffle de générosité vibrera, à son nom, d'une noble sympathie. Je crois que ceux qui vivent aujourd'hui ont survécu à tout un siècle de désespoir.

TABLE

T. C. BOYLE
Water Music

W. WILKIE COLLINS
La Dame en blanc
Pierre de lune
Sans nom
Armadale

LUDWIG LEWISOHN
Le Destin de Mr Crump
Crime passionnel

DEBORAH SCALING KILEY
Albatros

JEAN MALAQUAIS
Les Javanais

WILLIAM TREVOR
En lisant Tourgueniev
Ma Maison en Ombrie

CHARLES MATURIN
Melmoth

AHMAD AL-TIFACHI
Les Délices des cœurs

CHRISTIAN CHARRIÈRE
La Forêt d'Iscambe

VICKI BAUM
Shanghaï Hôtel
Grand Hôtel

HEINRICH VON KLEIST
La Marquise d'O... et autres nouvelles

MARTINE ROFFINELLA
Elle

SHUSHA GUPPY
Un jardin à Téhéran

CHRISTIAN DEDET
La Mémoire du fleuve
Le Secret du Dr Bougrat

GEORGE SAND
Consuelo
La Comtesse de Rudolstadt

OLIVE SCHREINER
La Nuit africaine

MEYER LEVIN
Crime

PATRICIO MANNS
Cavalier seul

ROBERT MARGERIT
L'île des Perroquets

NEIL BISSOONDATH
Retour à Casaquemada

MAURICE COYAUD
Fourmis sans ombre

JACK LONDON
Le Peuple d'en bas
Les Enfants du froid
John Barleycorn
(Le Cabaret de la Dernière Chance)
Patrouille de pêche
Le Fils du Loup
Le Vagabond des étoiles
La Route
Martin Eden

LEO PERUTZ
Le Cavalier suédois

CHARLES SIMMONS
Les Locataires de l'été

MIKA WALTARI
Les Amants de Byzance

PIERRE MAC ORLAN
L'Ancre de Miséricorde

JAMES MORIER
Les Aventures de Hadji Baba d'Ispahan

MERIWETHER LEWIS
WILLIAM CLARK
Far West
I. La Piste de l'Ouest
II. Le Grand retour

La Poésie arabe

JOSEPH O'CONNOR
Desperados

SIR ERNEST SHACKLETON
L'Odyssée de l'« Endurance »

WALLACE STEGNER
Vue cavalière

ROBERT PENN WARREN
L'Esclave libre

ALEXANDER KENT
Cap sur la gloire
Capitaine de Sa Majesté

FERDYNAND OSSENDOWSKI
Bêtes, Hommes et Dieux

HELEN ZAHAVI
Dirty week-end

ROBERT MARGERIT
La Terre aux Loups

MAX AUB
Crimes exemplaires

SERGE FILIPPINI
L'Homme incendié

ROBERT LOUIS STEVENSON
La Route de Silverado
Intégrale des Nouvelles (2 vol.)

MATHIEU BELEZI
Le Petit roi

ANTOINETTE PESKÉ
La Boîte en os

DANIEL ARSAND
La Province des Ténèbres

NORMAN LEWIS
Le Sicilien

Les Mille et Une Nuits, tome I
Les Mille et Une Nuits, tome II
Les Mille et Une Nuits, tome III
Les Mille et Une Nuits, tome IV

GILLES LAPOUGE
Les Pirates

SIR ARTHUR CONAN DOYLE
La Compagnie blanche
Sir Nigel

« D'AILLEURS »
AUX ÉDITIONS PHÉBUS

PAUL DEL PERUGIA

Les Derniers Rois mages
Chez les Tutsi du Rwanda : chronique d'un royaume oublié

CHRISTIAN DEDET

La Mémoire du fleuve
L'Afrique aventureuse de Jean Michonet

Le Secret du Dr Bougrat
Marseille – Cayenne – Caracas : l'aventure d'un proscrit

LOUIS GARNERAY

Corsaire de la République
Voyages, aventures et combats

Le Négrier de Zanzibar
Voyages, aventures et combats (II)

Un corsaire au bagne
Mes pontons

JACQUES YONNET

Rue des Maléfices
Chronique secrète d'une ville

ROBERT LOUIS STEVENSON

La Route de Silverado
En Californie au temps des chercheurs d'or

L'Esprit d'aventure

ROBERT LOUIS ET FANNY STEVENSON

Notre aventure aux Samoa

GILLES LAPOUGE

Les Pirates
Forbans, flibustiers, boucaniers et autres gueux de mer

CARLO GOZZI

Mémoires inutiles
Chronique indiscrète de Venise au XVIIIe *siècle*

LAURIE LEE

Rosie ou le Goût du cidre
Une enfance dans les Cotswolds

Un beau matin d'été
Sur les chemins d'Espagne 1935-1936

SIR ERNEST SHACKLETON

L'Odyssée de l'« Endurance »
Première tentative de traversée de l'Antarctique 1914-1917
Préface de Paul-Émile Victor

THÉODORE CANOT

Confessions d'un négrier
Aventures du capitaine Poudre-à-Canon,
Trafiquant en or et en esclaves 1820-1840

FRANK BULLEN

La Croisière du « Cachalot »
A bord d'un baleinier 1875-1878

GEORGE BORROW

La Bible en Espagne
Un Anglais excentrique sur les traces de Don Quichotte 1835-1840

PETER FLEMING

Un aventurier au Brésil
Au fond du Mato Grosso sur les traces du colonel Fawcett

Courrier de Tartarie

DANIÈLE DESGRANGES

Autopsie d'un massacre
Mountain Meadows : une lacune dans la mémoire de l'Ouest

MICHEL VIEUCHANGE

Smara
Carnets de route d'un fou du désert
Préface de Paul Claudel

JAN YOORS

Tsiganes
Sur la route avec les Rom Lovara
Préface de Jacques Meunier

La Croisée des chemins
La Guerre secrète des Tsiganes 1940-1944

LOUIS LECOMTE

Un jésuite à Pékin
Nouveaux mémoires sur l'état présent de la Chine 1687-1692

DANIEL DEFOE

Histoire générale des plus fameux pyrates
I. Les Chemins de fortune
II. Le Grand Rêve flibustier

GEOFFREY MOORHOUSE

Au bout de la peur
Le Désert en solitaire

Le Pèlerin de Samarcande
Un voyage en Asie centrale

FRANCIS PARKMAN

La Piste de l'Oregon
A travers la Prairie et les Rocheuses 1846-1847

JAN POTOCKI

Au Caucase et en Chine
Une traversée de l'Asie 1797-1806

SYBILLE BEDFORD

Visite à Don Otavio
Tribulations d'une romancière anglaise au Mexique
Préface de Bruce Chatwin

JACQUES MEUNIER
ANNE-MARIE SAVARIN

Le Chant du Silbaco
Chronique amazonienne

MARY KINGSLEY

Une odyssée africaine
Une exploratrice victorienne chez les mangeurs d'hommes 1893-1895

FAWN BRODIE

Un diable d'homme
Sir Richard Burton ou le démon de l'aventure

ODETTE DU PUIGAUDEAU

Pieds nus à travers la Mauritanie
1933-1934
Tagant
Au cœur du pays maure 1936-1938
Le Sel du désert

PATRICK LEIGH FERMOR

Courrier des Andes
Chronique nostalgique du pays inca

MERIWETHER LEWIS
WILLIAM CLARK

Journal de la première traversée
du continent nord-américain 1804-1806
I. La Piste de l'Ouest
II. Le Grand retour

DENIS RICHER

Pays perdu
Avec les Maïa, parias de l'Amazonie

JEAN-BAPTISTE LABAT

Voyage aux Isles
Chronique aventureuse des Caraïbes 1693-1705

WILLIAM DAMPIER

Le Grand Voyage
Le tour du monde d'un flibustier 1681-1691

IDA PFEIFFER

Ma Tête à couper
Une puritaine chez les cannibales 1851-1853

WASHINGTON IRVING

Astoria
Le roman vrai de la première conquête de l'Ouest 1810-1814

MARY JANE G. SEACOLE

Je suis une mal blanchie
La vie aventureuse d'une cousine de l'Oncle Tom 1805-1881

NIKOLAÏ MIKLOUKHO-MAKLAÏ

Le Papou blanc
Naufragé volontaire chez les sauvages
de la Nouvelle-Guinée 1871-1883
Préface de Léon Tolstoi

ARMIN VAMBERY

Voyage d'un faux derviche en Asie centrale
1862-1863

THOR HEYERDAHL

Aku-Aku
Le Secret de l'île de Pâques

L'Expédition du « Kon-Tiki »

CHARLES DICKENS

Voyage en Amérique

NICCOLO MANUCCI

Un Vénitien chez les Moghols

FERDYNAND OSSENDOWSKI

Asie fantôme
A travers la Sibérie sauvage 1898-1905

Bêtes, Hommes et Dieux
A travers la Mongolie interdite 1920-1921

FRANÇOIS LEGUAT

Les Naufragés de Dieu
Aventures d'un protestant et de ses compagnons exilés
en deux îles désertes de l'océan Indien 1690-1698

ALFREDO DE TAUNAY

La Retraite de Laguna
Récit de la guerre du Paraguay 1864-1870

NORMAN LEWIS

Le Chant de la mer
Naples 44
La Fourmilière heureuse

DEBORAH SCALING KILEY

Albatros
La Croisière de la peur

PHILIP MEADOWS TAYLOR

Confessions d'un Thug
En Inde, au cœur d'une secte d'assassins professionnels 1815-1830

SHUSHA GUPPY

Un jardin à Téhéran
Une enfance dans la Perse d'avant-hier
A Girl in Paris
Une Persane à Paris
dans les années 50

WALTER STARKIE

Les Racleurs de vent
Avec les Tsiganes de la Puszta et de Transylvanie

JOHN STEINBECK

Voyage avec Charley

JASON GOODWIN

Chemins de traverse
Lentement, à pied, de la Baltique au Bosphore

MARC TRILLARD

Cabotage
A l'écoute du chant des îles,
Cap-Vert 1993
Si j'avais quatre dromadaires

JOSEPH BULOV

Yossik
Une enfance dans le quartier du Vieux-Marché
de Vilna (Lituanie) 1907-1920

MARCO POLO

Le Devisement du monde
Le Livre des Merveilles

ALAIN BOMBARD

Naufragé volontaire

A. O. ŒXMELIN

Les Flibustiers du Nouveau Monde
Histoire des flibustiers et boucaniers
qui se sont illustrés dans les Indes

JAMES BRUCE

Aux Sources du monde
A la découverte de l'Afrique
des montagnes Abyssinie 1769-1772

RICHARD E. BYRD

Seul
Premier hivernage en solitaire
dans l'Antarctique, 1934

WILLIAM SEABROOK

Yakouba
Le Moine blanc de Tombouctou
1890-1930

L'Ile magique
En Haïti, terre du vaudou
Préface de Paul Morand

ANDRÉ BERNIS

Les Nuits du Yang-Tsé
Chez les pirates du Grand-Fleuve
dans la Chine des années 20
Préface de Joseph Kessel

THEODOR KRÖGER

Le Village oublié
Bagnard en Sibérie (1914-1919)
Préface de Jean Raspail

JACQUES BACOT

Le Tibet révolté

Vers Nepemakö, la Terre Promise des Tibétains (1909-1910)

A.W.KINGLAKE

Eothen

Au Pays de l'Aurore
Un dandy en Orient, 1834-1836

GERALD DURRELL

Les Limiers de Bafut

Au pays des souris volantes
Cameroun, années 50

PIERRE MAC ORLAN

Quai de tous les départs

BERNARD OLLIVIER

Longue marche

A pied de la Méditerranée jusqu'en Chine par la Route de la Soie
I. Traverser l'Anatolie

Vers Samarcande

Longue marche II

JEAN-FRANÇOIS DUVAL

Boston Blues

FREDERICK G. BURNABY

Khiva

Au galop vers les Cités interdites d'Asie centrale, 1875-1876

MAX RADIGUET

Les Derniers Sauvages

Aux îles Marquises, 1842-1859

Cet ouvrage
réalisé pour le compte des Éditions Phébus
a été reproduit et achevé d'imprimer
en avril 2001
dans les ateliers de Normandie Roto Impression S.A.
61250 Lonrai
N° d'imprimeur : 011016

Dépôt légal : mai 2001
I.S.B.N. : 2-85940-740-5
I.S.S.N. : 1285-6002